# 改革　创新　示范　引领

## ——国家级实验教学示范中心建设成果集
## （经济管理学科）

高等学校国家级实验教学示范中心联席会经管学科组　编

中国财经出版传媒集团

经济科学出版社
Economic Science Press

图书在版编目（CIP）数据

改革　创新　示范　引领：国家级实验教学示范中心建设成果集：经济管理学科/高等学校国家级实验教学示范中心联席会经管学科组编．—北京：经济科学出版社，2017.8
ISBN 978 – 7 – 5141 – 8329 – 0

Ⅰ.①改…　Ⅱ.①高…　Ⅲ.①高等学校 – 经济管理 – 学科建设 – 文集　Ⅳ.①F2 – 4

中国版本图书馆 CIP 数据核字（2017）第 187103 号

责任编辑：于海汛
责任校对：徐领柱
版式设计：齐　杰
责任印制：潘泽新

**改革　创新　示范　引领**
——国家级实验教学示范中心建设成果集（经济管理学科）
高等学校国家级实验教学示范中心联席会经管学科组　编
经济科学出版社出版、发行　新华书店经销
社址：北京市海淀区阜成路甲 28 号　邮编：100142
总编部电话：010 – 88191217　发行部电话：010 – 88191522
网址：www. esp. com. cn
电子邮件：esp@ esp. com. cn
天猫网店：经济科学出版社旗舰店
网址：http://jjkxcbs. tmall. com
北京中科印刷有限公司印装
787×1092　16 开　34.25 印张　660000 字
2017 年 8 月第 1 版　2017 年 8 月第 1 次印刷
ISBN 978 – 7 – 5141 – 8329 – 0　定价：138.00 元
（图书出现印装问题，本社负责调换．电话：010 – 88191510）
（版权所有　侵权必究　举报电话：010 – 88191586
电子邮箱：dbts@ esp. com. cn）

　　为了进一步推进高等学校实验室建设和实验教学改革与创新，促进创新人才成长，提高人才培养质量，教育部自 2005 年起开始进行国家级实验教学示范中心的建设和评审工作，其目的在于适应国家战略需求和区域经济社会发展需要，支持一批高等学校以学校优势学科专业特色为基础建设国家级实验教学示范中心，形成优质资源融合、教学科研协同、学校企业联合培养人才的实验教学新模式，探索满足新时期人才培养需要的实验室建设和教学改革方向，建立创新人才成长环境，支撑拔尖创新人才培养，服务国家科教兴国战略和人才强国战略。

　　经过十多年的国家级实验教学示范中心建设，特别是十二五以来，其成效突出体现在：首先，实验室资源有效整合。根据学校办学特色和学科专业特点，统筹相关各类实验资源，鼓励学科专业交叉，建立有利于复合型、创新型人才培养的实验体系，构建功能集约、资源优化、开放充分、运作高效的专业类或跨专业类的实验教学平台，为学生自主学习、自主实验和创新活动创造条件；其次，教学科研紧密结合。打通教学科研实验室壁垒，统筹教学科研实验室资源，促进科研支持实验教学、服务人才培养，把科研成果转化为实验教学内容，将科研方法融入实验教学活动，向学生传授科研理念、科研文化、科研价值，使学生了解科技最新发展和学术前沿动态，激发科研兴趣，启迪科研思维，培养科研道德，提升学生科学研究和科技创新的能力；最后，学校与科研院所、行业、企业密切联合。建立专业实验与专业训练、专业技能培养与实践体验相结合的实验教学模式，打造贴近实际的模拟、虚拟、仿真实验环境，联合科研院所、行业、企业、社会共同建设实验室、研发基地等，实现专业实验与科学研究、工程实际、社会应用相结合。以实验室为载体，探索学校与科研院所、行业、企业协同培养人才的新机制。

在这样一个大背景下，我们有理由相信，作为经管学科专业的国家级实验教学示范中心建设成果汇编的《改革　创新　示范　引领——国家级实验教学示范中心建设成果集（经济管理学科）》，对于经管类实验教学的进一步改革创新，特别是在示范中心建设中，如何进一步凝聚校内外各方力量，促进优质资源深度融合和充分共享，推动教学科研协同发展，引导学生在科学研究中学习，在社会实践中学习，提高学生勇于探索的创新精神和善于解决问题的实践能力，具有很好的参考价值和积极的借鉴意义。

我们希望通过高等学校国家级实验教学示范中心建设，进而推动整个人才培养模式的创新，探索新形势下高等学校实验教学示范中心的管理新机制，支持建设一批虚拟仿真、开放共享的实验教学项目和平台建设。我们要全面贯彻党的十八大精神，深入学习贯彻习近平总书记系列重要讲话精神，全面贯彻党的教育方针，落实立德树人根本任务，以"创新、协调、绿色、开放、共享"五大发展理念为引领，以支撑创新驱动发展战略、服务经济社会发展为导向，深化教育教学改革，着力推进创新创业教育，着力优化人才培养结构，着力完善协同育人机制，着力促进教育教学与信息技术深度融合，着力加强教学质量保障体系建设，不断增强学生的社会责任感、法治意识、创新精神和实践能力，全面提高高校教学水平和人才培养质量，不断涌现出更多更新的成果。

教育部高教司实验室处　高东峰

2017 年 7 月 20 日

序二 PREFACE

　　为了进一步加强高等学校国家级实验教学示范中心、国家级虚拟仿真实验教学中心之间的合作与交流，落实国家中长期教育改革和发展规划纲要，推动示范中心建设工作的深入开展，更好地发挥示范中心优质资源的示范作用和辐射效应，实现共同发展的目的，教育部建立了高等学校国家级实验教学示范中心联席会，统筹指导全国本科院校国家级实验教学示范中心的建设工作。联席会下设示范中心工作委员会，由 20 个学科管理组、5 个区域管理组组成，其中经管学科组在推动高等学校经管类实验教学改革和实验室建设，促进高校经管类优质教学资源的整合和共享，提升学校办学水平和创新人才培养质量等方面发挥了积极的作用，这部由经管学科组编辑出版的《改革　创新　示范　引领——国家级实验教学示范中心建设成果集（经济管理学科)》集中展现了十年来高等学校经管类国家级实验教学示范中心、国家级虚拟仿真实验教学中心的建设成果，这是广大从事实验教学和实验室建设的教师和管理人员改革创新的实践结晶，对实验教学改革的进一步深入提供了很好的理论思考和实践经验。

　　该成果集内容丰富，包含了各个经管类国家级实验教学示范中心、国家级虚拟仿真实验教学中心结合自身特色，在经管类实验教学课程体系改革方面，在经管类示范中心管理模式和机制改革（包括政策、制度与措施）方面，在研究与开发经管类创新性实验项目方面，在建设优秀的经管类实验教学团队方面，在改善经管类实验室条件与环境、加强信息化和网络教学资源建设等方面，涌现出的一批具有国内先进水平的成功经验与成果。同时，这些成果也再次说明，高校经管类实验教学体系建设是高校经管类教育教学体系建设的重要内容，是培养学生动手能力、实践能力、创新意识和创新能力的摇篮，也是学科建设、人才培养、科学研究、社会服务和知识创新的重要途径，对于深化理论知识、激发学生学习兴趣、培养创新型及应用型人才具有非常重要的意义。因此，为了培养和造就"宽知识、厚基础、应用型、创新型"的复合型人才，必须在开展理论教学体系建设的同时，注重实验教学体系建设，着力于学生创新精神、创新思维的培养，以提高学生创新能力和综合素质能力，提高学生动手和解决实际问题的能力，使实验教学体系建设成为人才培养中必不可少的重要组成部分。

目前，教育部正式颁发了《国家级实验教学示范中心管理办法》，为贯彻教育部办公厅关于印发《国家级实验教学示范中心管理办法》的通知精神，促进各中心的沟通交流与协同发展，破解实验教学示范中心建设发展难题，联席会最近举办了多次全国高校实验教学示范中心管理水平与建设能力提升研讨活动，我们相信，这部成果集的正式出版，对于各高校示范中心建设工作的深入开展将会具有积极的参考借鉴意义。我们需要总结，我们需要在总结中升华理念，我们需要在新的起点上进一步提升示范中心建设与管理水平，增强各中心的自建能力，充分发挥示范与辐射作用。我们也衷心祝愿经管类各个国家级实验教学示范中心、国家级虚拟仿真实验教学中心的改革探索更上一层楼，为人才培养模式的改革创新做出更大的贡献。

**高等学校国家级实验教学示范中心联席会工作委员会主任**

张瑞辉

2017 年 7 月 21 日

前言 PREFACE

经济学与管理学历史渊源长久，对人类的发展与进步起到了重要的作用。目前，我国高等教育中经济管理学科及其专业的师生人数规模之大，在各个学科专业中名列前茅，经济管理类实验教学是经管类专业人才培养模式创新的重要途径之一，并取得了可喜的成果。

经济管理类实验教学经历了一个曲折的发展历程，直至近三十年来，以史密斯为代表的一批以实验经济学成果荣获诺贝尔经济学奖为标志，极大地促进了经济管理类实验教学的发展。在教育部的指导和具体部署下，特别是"高等学校实验教学示范中心"、"国家级虚拟仿真实验教学中心"的建设与评审，让高校的经管类实验教学的发展速度更加迅猛，创新成绩硕果累累。实验教学在提高大学生的动手能力、应用能力、创新能力以及提升学生的综合素质水平方面发挥了巨大的作用，对人才培养模式改革和教育理念创新具有深远地、历史性地影响。

经过数十年的努力耕耘，经济管理类实验教学已进入了深挖内涵、共享应用、与社会经济紧密结合的新建设阶段：实验教学理念由"单纯教学手段"向"人才培养模式创新"的转变；实验教学定位由"教学辅助的手段"向"教学科研并重的重要平台"的过渡；实验教学内容由"单项实验、验证实验"向"跨专业、跨学科综合实验创新实验"的递进；实验教学手段由"手工实验＋计算机演练"向"计算机仿真模拟＋现代网络信息技术应用"的深化；实验教学场地由"单专业实验室"向"综合集约化多功能实验室"的拓展;实验教学组织形式由"自然班课内教学"向"线上线下跨专业跨校协作"的探索;实验教学队伍由"专职实验教辅"人员向"专职实验教学 + 教辅"团队的扩展;实验教学运作体制由"专业实验室"向"实验教学中心"的改革;实验教学资源建设由"项目开发 + 精品建设"向"资源共享 + 协作创新"的推进;实验教学项目开发由"校内设计"向"校校合作 + 校企合作 + 校研合作 + 校政合作"的创新。

过去的成果已成为历史,《改革 创新 示范 引领——国家级实验教学示范中心建设成果集(经济管理学科)》的出版,目的是积极总结经验,进一步发挥"国家级实验教学示范中心联席会经管学科组"这一平台的积极作用,使其在更广范围、更深层次上发挥示范辐射作用,引领更多的高校一起为高等学校人才培养模式的改革与创新做出新的贡献。

本成果集的出版得到高教司实验室处领导、高等学校国家级实验教学示范中心联席会领导的大力支持,高东峰处长、张新祥主任多年来对经济管理学科实验教学中心的建设给予了多方位的指导,本成果集出版之际又应邀作序,更是对我们的莫大鼓励。各高校经管学科实验教学示范中心的同仁积极响应学科组的号召,精心凝练各自实验中心的建设成果,奉献出高质量的成果材料;周红刚、杨海军为成果材料的收集、整理付出了辛勤的劳动。经济科学出版社财经分社于海汛社长更为本成果集的顺利出版提供了巨大的帮助。在此,向各位领导、同仁等一并表示最诚挚的感谢!

由于时间仓促及水平所限,本书中难免有许多不妥之处,敬请读者批评指正。

**高等学校国家级实验教学示范中心联席会经管学科组**

# 目录 CONTENTS

# 广东财经大学经济与管理实验教学中心的改革与探索

## 一、中心基本情况

| 学校名称 | 广东财经大学 |
|---|---|
| 中心名称 | 广东财经大学经济与管理实验教学中心（国家级实验教学示范中心）/广东财经大学企业综合运作虚拟仿真实验教学中心（国家级虚拟仿真实验教学中心） |
| 署名 | 任晓阳　刘强　王超杰 |

## 二、摘要

广东财经大学经济与管理实验教学中心以人才培养模式创新为宗旨，经过25年的改革探索，创建了一套涵盖课程单项性实验、课程综合性实验、专业综合性实验、跨专业综合性实验、校内仿真综合实习、创新创业实践的实验实践教学内容体系，发挥"教学改革成果孵化、实验教学与仿真实习、实验案例建设、实习师资培养、社会咨询服务"功能，现已成为学校具有鲜明特色的、具有国内先进水平的应用型人才培养重要示范基地。中心2006年荣获国家级实验教学示范中心，2013年荣获国家级虚拟仿真实验教学中心。近十年来先后荣获国家级教学成果二等奖1项、国家级精品课程1门、国家级教学团队1支，省级教学成果一等奖1项、二等奖4项、省级精品课程2门。

## 三、主要内容

### （一）中心建设的发展历程

**1. 中心概况**

广东财经大学经济与管理实验教学中心（以下简称"中心"）作为学校的教

学单位，以人才培养模式创新为宗旨，经过 25 年的改革探索，创建了一套涵盖课程单项性实验、课程综合性实验、专业综合性实验、跨专业综合性实验、校内仿真综合实习、创新创业实践六个层面，面向全校所有经管类专业开设的实验实践教学内容体系。建成了集实现"教学改革成果孵化、实验教学与校内模拟实习、实验教学案例建设、实习指导师资培养、社会咨询服务培训"五大目标功能的经管类专业实验教学中心，现已成为学校具有鲜明特色的、具有国内先进水平的应用型人才培养重要示范基地。

目前，中心承担全校 29 个经管类专业和 14 非经管类专业的经管类实验实训教学任务，近五年学生年均实验人次数 12905 人次，年均实验生时数 548407 小时，开设 107 门实验课程共计 944 个实验实训项目。实验室使用面积 10953 平方米，拥有 3142.5 万元仪器设备固定资产，依托管理信息系统、虚拟现实、多媒体、人机交互、数据库和网络通讯等技术，构建了高度仿真的实验环境和实验内容，搭建起一个各经济学科类专业、管理学科类专业交叉互动、高度综合的校内实验教学平台，在创新经管类本科应用型人才培养模式方面取得了令人瞩目的成绩。

### 2. 发展经历

第一阶段（1992～1996 年）：初创奠基阶段。广东财经大学（原名广东商学院）早于 1992 年就建立了统计学系计算机模拟实验室、会计系计算机模拟实验室、投资系计算机模拟实验室、税务系计算机模拟实验室等 4 个经济管理实验室，为我校的经济管理类专业实验教学的发展奠定了良好的基础。

第二阶段（1996～2002 年）：整合探索阶段。1996 年，学校将 4 个系部实验室合并整合为学校的经济科学中心实验室。1997 年，为了进一步推动经济管理类实验教学建设，将科级建制的经济科学中心实验室提升为处级建制的经济管理实验中心。1999 年，又在该中心的基础上建成了广东省高校第一个省级经济与管理重点实验室，并以此为平台，在全校范围内推广实验教学，其成果引起了教育部高教司和省教育厅的关注和肯定。

第三阶段（2002～2006 年）：改革突破阶段。2002 年，学校新建 ERP 实验中心，首创大规模跨专业跨学科综合型实验教学模式并取得显著效果，获得了省内外高校的广泛认同和企业界的高度评价。编写由科学出版社正式出版发行国内第一套经管类高等教育实验教学系列教材；2003 年国家新世纪教育教学改革工程"经济管理专业实验建设问题研究"项目按期获准结项，出版国内第一本经济管理实验室建设专著《经济管理（IT）实验室建设与管理》；2004 年，ERP 实验中心被评为广东省 IT 类经济管理重点实验室。该中心的模拟体验式教学改革成果荣获广东省教学成果二等奖。在此基础上，学校将 2 个省级重点实验室（经济管理重点实验室和 ERP 实验中心）整合成立为学校经济与管理实验教学中心，率先提出课程单项型实验、课程综合型实验、专业综合型实验、跨专业跨学科综合型实验的分类模式，率先搭建起一个各经济学科类专业、管理学科类专业交叉互动、高度综合的模拟体验式实验教学平台，2005 年中心获批广东省高校实验教学示范中心；2006 年，中心获批国家级首批两个经管类实验教学示范中心之一。

第四阶段（2006～2010 年）：创新示范阶段。以跨专业综合实验教学、校内仿真实习、校内创新创业实践为主要着力点，不断深化实验实践教学改革，在校内搭建起各经济学科、管理学科交叉互动、立体化、网络状的实验实践教学平台，形成了一套理论教学与实践教学紧密衔接，手工手段与电子手段相得益彰，以学生为主体，教师为主导，充分体现能力与素质教育要求，由涵盖课程单项性实验、课程综合性实验、专业综合性实验、跨专业综合性实验、校内仿真综合实习、创新创业实践六个层面较为完善的实验教学体系，在经管类应用型本科人才培养模式创新方面进行了卓有成效的探索，形成了学校的办学优势与鲜明特色。2008 年，以仿真模拟实验教学平台建设为基础的《经管类实验室建设改革与探索》荣获广东省省级教学成果二等奖；2009 年，实验课程《企业运作模拟》荣获教育部国家级精品课程和广东省省级精品课程，《经管类专业校内仿真综合实习探索与实践》荣获广东省级教学成果一等奖、教育部国家级教学成果二等奖；2010 年，中心的经管类跨专业综合实验教学团队荣获教育部国家级教学团队；同时积极开展国内外交流活动，较好地发挥了中心的示范效应。

第五阶段（2010 年至今）：提升共享阶段。进一步明确了"围绕一个目标，建设五个基地，实施两大工程"的经管类实验教学示范中心建设思路，即：紧紧围绕"人才培养模式创新"这一核心目标，按照建设具有良好的示范作用与鲜明特色的"教学改革成果孵化基地、实验实习创业实践基地、科研与社会服务研究基地、实验教学数据库开发基地、实验教学师资培养基地"的任务要求，以高等学校本科教学质量与教学改革工程和"校内融合、省内共享、国内辐射"三位一体的实验教学平台创新工程为抓手，即包括"校内融合平台（广东财经大学经管实验中心）建设子项目、省内共享平台（广东省高校经管实验实习基地）建设子项目、国内辐射平台（全国高校企业仿真综合运作辐射系统）"三位一体的经管类实验教学平台建设项目。第一期（2010～2013 年）项目完善了"校内融合平台"软硬件设施建设，解决了我校实验教学场地不足和实验设施老化问题，2010 年开始正式立项启动自主开发设计企业综合运作虚拟仿真综合实验教学系统，开展课程单项性实验、课程综合性实验、专业综合性实验、学科综合性实验、校内仿真跨专业综合实验与校外实地跨专业综合实验、创新创业实践等层面的仿真体验式教学实践活动；第二期（2014～2017年）项目，进行了"省内共享平台"软硬件设施建设以及相应的开发设计管理，建成广东省高校"企业运作跨专业虚拟仿真实验教学"为目标的经管类实验实习基地；通过实施"校内融合、省内共享、国内辐射"三位一体的虚拟仿真实验教学平台创新工程，中心率先搭建起一个基于现代信息技术的专业交叉互动、高度整合的经管类虚拟仿真综合实验教学平台，首倡并建成了一个经管类虚拟仿真综合实验教学体系，率先实施了基于资源共享和协同创新基础上的经管类虚拟仿真实验教学基地，2013年，中心荣获首批国家级虚拟仿真实验教学中心和广东省虚拟仿真实验教学中心。目前正在积极筹备第三期（2017～2018年）项目，计划进行"国内辐射平台"软硬件开发设计建设，已经着手设计企业仿真综合运作共享辐射，包括课程业务、教学辅助、综合组织、技术支持、成果分享、实习教学研讨六个子系统，运用远程教育手段面向全国高校经管类专业交流共享实验实习资源和优质课程。

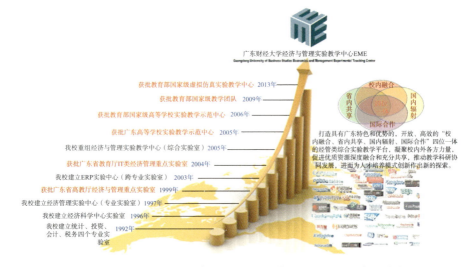

**图1 "十三五"规划经管实验中心发展战略关键词——资源共享**
**有效整合 教学科研紧密结合 协同创新产教融合**

## （二）经管类实验教学的改革实践

### 1. 科学构建实验实践教学内容体系

针对经管类专业学生实践能力特别是综合实践能力、创新创业能力不强的问题，我校根据实验实践教学的功能定位，构建了一套"6×6×6"的实验实践教学内容体系，即：涵盖课程单项性实验、课程综合性实验、专业综合性实验、跨专业综合性实验、校内仿真综合实习、创新创业实践六个层面，实训、实验、社会调研、专业实习、综合实习（毕业实习）、毕业论文（设计）六个环节，通识课实验、学科基础课实验、专业主干课实验、专业方向课实验、专业拓展课实验、综合运用课实验六个模块，面向我校所有经管类专业开设、与理论教学紧密衔接、四年不断线的实验实践教学内容体系。

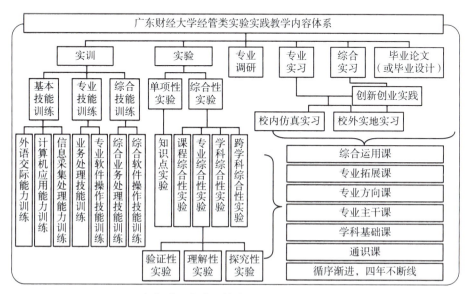

**图 2　广东财经大学经管类实验实践教学内容体系**

在设计实验教学内容体系时，我校十分重视基于现代网络信息技术的模拟或仿真实验项目的开发，十分重视综合性实验项目尤其是跨专业综合性实验项目、校内仿真实习项目和校内创新创业实践项目的开发，以充分发挥现代网络信息技术对实验教学的支撑作用，突破经管类应用型人才综合实践能力、创新创业能力不强的瓶颈。目前，我校面向经管类专业开设了 944 个实验教学项目，其中，单项性（知识点）实验 185 个，课程综合性实验 81 个，专业综合性实验 134 个，跨专业综合性实验 76 个，校内仿真实习 452 个，校内创新创业实践 16 个。上述项目中，属于基本型实验 171 个，占比 17.2%，属于综合设计型实验 588 个，占比 59.1%，属于研究创新型实验 236 个，占比 23.7%；

为了激发学生自主学习的热情，满足学生个性化发展的需要，除设置必修性实验实践项目外，还设置了 34 个限选性实验实践项目和任选性实验实践项目，目前实验项目必修 418 个，占比 42%，限选 318 个，占比 32%，任选 259 个，占比 26%。

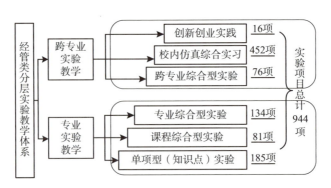

**图 3 经管类分层实验教学体系**

遵循实验实践教学规律，我校循序渐进地安排实验教学内容，即从组织学生模拟少变量环境下的企业经营，到模拟多变量环境下的企业经营，再到仿真环境下的企业经营；从要求学生掌握基本业务流程和方法，提升到训练学生的综合执行能力、综合决策能力和创新创业能力。

为了使理论教学在实验教学中得到深化，不仅开设了一系列研究型实验项目，还在校内仿真实习的各个单元开辟"思考与研究"栏目和进行实习基地学生科研立项，引导组织学生对仿真实习中接触到的大量经济现象自觉进行创新探索和理论研究。

**2. 系统搭建实验教学平台**

为了确保经管类专业实验教学内容体系有效实施，我校搭建起了一个专业实验室与跨专业综合实验室相互衔接，软件、硬件与相关教学条件互相匹配，课内与课外相互补充，校内与校外紧密结合，融入先进教育教学理念、具有较高技术含量和鲜明特色的经管类实验教学平台。

近年来，我校加大实验教学投入力度，进一步优化经济与管理实验教学中心的软硬件环境。形成一个由金融模拟分室、计量经济分室、财务会计分室、财政税务分室、物流管理分室、统计分析分室等系列专业实验室和由 ERP 学习分室、沙盘推演分室、决策应用分室、企业行为分室、仿真实习分室、创业实践分室等系列跨专业实验室组成的现代化经管类实训实验室体系以及能够满足经管类实验教学与跨专业综合实验教学需要的软件体系，建成了网络化实验教学和实验室管理信息平台，实现网上辅助教学和网络化、智能化管理。创新搭建的实验教学管理信息系统，包括实验教学管理系统、实验教学技术管理系统、实验教学辅助教学系统、实验教学系统、示范教学信息系统。中心的网络化实验教学信息平台上的实验教学资源主要包括实验教学课程资源、实验教学参考资源、实验教学数据库资源、学生实验成果资源四大类，总计 28220.03GB 的教学资源容量，各类网络实验教学资源结构完整、内容丰富，特别是自建、购置和积累的上市公司数据库、宏观经济数据库等为实验教学设计奠定了扎实的基础，并且在教学过程中不断扩展和完善，实时动态更新。

**图4 经济与管理类实验教学平台**

另外，我校还进行了实验教学条件建设，包括自行开发设计模拟企业运作的实物沙盘与电子沙盘、沙盘教学系列方案、沙盘对抗演练综合评价系统软件包等；进行了模拟企业运作相关条件建设，包括采集企业案例资料并进行教学化处理，设计企业模拟业务流程，制作企业模拟业务表格、凭证和单据，创设企业模拟文化环境，开发沙盘模拟软件等；进行了学生自主学习平台建设，包括开发专业知识和相关知识学习网站，开发教学拓展资源库，开辟网上论坛，建设网络辅助课程等，实现"三维课堂"与网上"虚拟课堂"有机链接；进行了多种教学技术手段的组合建设，形成由计算机、网络、多媒体、手工工具、实物沙盘、电子沙盘、微格技术等组成的实验教学技术手段体系；进行了校内实习基地与校外实习基地的整合建设和精品建设，使校内实习基地与校外实习基地相辅相成、相得益彰。依托虚拟现实、多媒体、人机交互、数据库和网络通讯等技术，功能齐全，设备先进，构建了高度仿真的虚拟实验环境和实验对象，学生在虚拟环境中开展实验，达到教学大纲所要求并且实验教学成效显著的经管类应用型人才培养重要基地。坚持"科学规划、共享资源、突出重点、提高效益、持续发展"的指导思想，以全面提高高校学生创新精神和实践能力为宗旨，以共享优质实验教学资源为核心，以建设信息化实验教学资源为重点，建成了具有示范、引领作用的国家级虚拟仿真实验教学中心，持续推进实验教学信息化建设，推动我校实验教学的改革与创新。

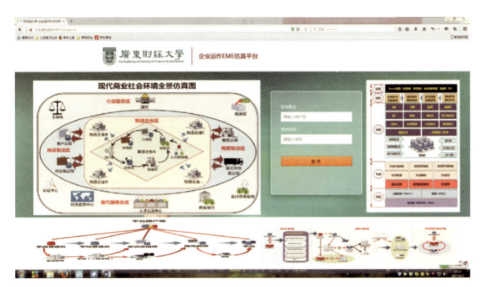

**图5 广东财经大学企业运作 EME 仿真平台**

近年来，按照建设"校内综合、省内共享、国内辐射"三位一体的经管类跨专业综合实验与仿真实习教学平台的规划，完成第一期建设工程——新建经管实验大楼"校内综合平台"设施建设，设立了实验教学区、开发设计区、管理服务区和综合功能区，实验室设计、设施、环境体现以人为本，根据模拟体验式教学要求自主创新设计了多种实验教学环境。目前，经济与管理实验教学中心总面积达到10953平方米，设施设备3110台（件、套），仪器设备固定资产总值3142.5万元，软件59种，专业知识与相关知识学习网站8个，网上教学案例库5个，网上教学拓展资源库2个，网上学习社区21个，自制模拟业务表格、凭证与单据1251种，开发或引进教学案例8981个，开发企业模拟对抗实物沙盘3类、电子沙盘4类，建设含有实验的网络辅助课程或网络辅助实验课程87门。

**3. 大胆创新实验教学组织形式与方法**

在实验教学的组织形式方面，为了进行跨专业综合实验教学，我校打破自然班界限，将不同专业的学生混合编组，学生按专业背景进行角色分工，组成模拟公司或市场组织。在实验教学活动中，学生既是模拟市场环境的创立者，又是模拟企业的行为人；既是学习的主体，又是学习活动的组织者。我校改变按专业或课程设置教研室的通行做法，由来自不同教学单位、不同专业的教师组成虚拟教研室和项目工作室；同时扩大实验教学教师的外延，组建了一支由实验教学中心的专职教师、教学院系的专业教师、特聘校外教师与高年级学生助教组成的实验教师队伍。来自实验教学中心的专职教师，主要负责跨专业综合实验项目的研发、校内仿真实习和校内创新创业实践的总体设计与策划、相关条件的建设；来自教学院系的专业教师，主要负责专业实验教学和校内模拟实习活动的分项设计、策划和实施指导，协助实验教学中心专职教师完成相关工作任务；特聘校外教师的主要任务是结合企业实际与现实经济运行开设专题讲座或报告；来自高年级的学生助教的主要任务则是配合教师对开放性实验实习活动进行组织和辅导。为确保跨专业综合实验教学与校内仿真实习的人力、物力投入，确保跨专业综合实验教学的顺利进行，成立了由广东财经大学主管教学副校长牵头，教务处、设备与实验室管理处、人力资源处主要负责人和各教学院（系）主管教学的院长（主任）参加的领导小组，对跨专业综合实验教学、校内仿真实习工作进行统筹与协调。我校现已形成一支敬业奉献、团结合作、具有较高水平的国家级教学团队。

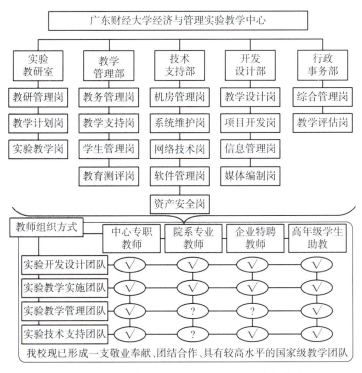

**图6 经济与管理实验教学中心组织形式与方法**

在实验教学方法方面也进行了诸多创新。我校将沙盘演练法、博弈对抗法、团队学习法、项目驱动法、自主互动法、网上答疑法、专题讨论法、点评法等多种方法引入实验教学过程，既极大地激发了学生的学习热情，大幅提高了实验教学的效率，也使师生关系发生了显著变化。教师从以讲授知识为主，转变为以策划教学内容、创设学习情境、配置学习资源、引导学习方向、解答学习疑难、监控学习过程、评估学习效果为主；学生从知识的被动接受者，转变为知识的积极探究者。

**4. 着力突破实验教学的重要环节**

根据对经管类专业人才必须具有复合的知识结构与较强的综合决策能力、综合执行能力和创新创业能力的要求，我校在抓好其他实验实践教学方面和环节的同时，特别着力抓好跨专业综合实验教学、校内仿真实习和校内创新创业实践三个重要环节。

跨专业综合实验教学，着力拓展学生专业知识面，开发、训练学生综合运用本专业及相关专业的理论知识、基本方法解决实际问题的能力。为实现跨专业综合实验教学的既定目标，我校设置了由"企业资源计划——ERP 实验"、"企业行为模拟实验"和"企业运作仿真综合实习"等组成的必修课模块，使学生得以在实验教学平台上融会主修专业知识和相关专业知识，在与其他相关专业互动过程中强化自己的主修专业技能。

校内仿真综合实习，着重开发、训练学生从事经济管理的综合决策能力、综合执行能力。为实现校内仿真综合实习教学目标，首先，我们以生产制造业务链为中心设计了一系列经济组织及其业务流程、业务规则，并深入企业采集大量业务数据并进行教学化改造和组合，作为仿真企业运作的初始数据。其次，通过精心设计与开发，形成一个科学的仿真实习内容体系。再次，根据实习学生的专业背景和知识能力结构的特点，把来自不同专业的数千名实习学生配置到数百个仿真企业、外部管理和服务机构的不同工作岗位，对处于复杂市场环境下的企业经营进行大规模的仿真运作。以 2016 届实习为例，打破自然班界限将不同专业的学生混合编组，16 个专业 2569 人的所有实习业务统一置身于一个庞大而复杂的仿真实习业务体系中，这个体系包括：A、B、C、D、E、F 共 6 个仿真国家，每个国家下设 2 个国内区域仿真市场和 1 套企业外部公司和社会管理机构，每个仿真市场由相互竞争与博弈的 8 家生产制造公司组成，每个国内区域仿真市场构建 4 家原材料设备供应商、分属三类不同区域市场的 11 家客户公司、2 家第三方物流公司以及 2 家租赁公司；这些外部公司面向本地市场 8 家或本区 16 家生产制造公司提供服务，同时每个国内区域仿真市场构建 1 个工商局、1 个税务局、1 个认证中心、1 个票据中心、2 个人才交流服务中心、2 个综合信息中心、2 家商业银行、2 家投资银行、2 家会计师事务所、1 家税务师事务所、1 家律师事务所、1 家新闻中心和 1 家广告公司。仿真企业按照实际业务规则流程，集中进行

6 周的仿真运作。实习时间尽管只有短短的 6 周，实习学生却参与了仿真企业及相关职能部门、服务机构多样性决策，处理了仿真企业及相关职能部门和服务机构纷繁复杂的业务，经历了仿真企业及相关职能部门和服务机构的基本业务环节和流程，撰写了丰富多彩的业务文书，编制了多种多样的工作计划、工作方案、工作报告、工作总结等。仍以 2016 届校内仿真综合实习为例，2569 名实习生处理的业务单据多达 30 多万份，撰写各种计划、方案、报告、总结多达 9342 份，编制的各类管理制度多达 617 个，形成的文字材料多达 2570 万字。

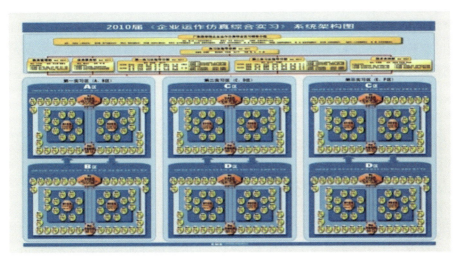

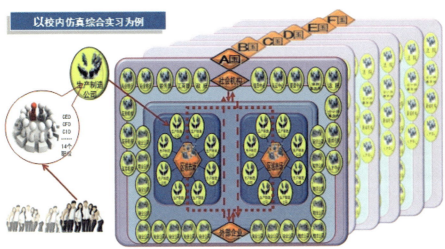

图 7　校内仿真综合实习

校内创新创业实践着力训练学生的创新创业能力。校内创新创业实践依此按照读、看、思、评、演、试、做七个环节进行。"读"，即要求学生阅读 150 ～

180 个企业家的创业故事；"看"，组织学生到若干企业进行实地考察；"思"，安排学生撰写"生产——市场——资本运作"三个阶段的纪实性心得；"评"，要求以小组为单位对被考察企业经营的成败得失进行评论；"演"，要求各小组模仿三个企业案例进行创业演练；"试"，要求各小组策划一个创业项目并试运作；"做"，要求各小组实操一个创业项目以积累创业经验。经济与管理实验教学中心的创新创业实践室，除承担上述创新创业实践教学任务外，还面向全校学生开放。近 4 年来，我校学生利用校内创新创业实践平台，撰写市场调查策划书 1433 份，完成创业设计 386 项，编制商业策划书 328 份（其中已被校外企业采用 39 份），经济与管理实验教学中心支撑"大学生创新性实验项目"10 项，自主组织的竞赛活动 22 项，参加竞赛的学生数 1362 人次，指导学生获得的成果数 247 项。

### （三）经管类实验教学的改革成效

经过多年的努力，我校实验教学改革取得丰硕成果，在全国同类院校中具有较强的影响力，较大的示范作用，较高的知名度。

**1. 经管类实验教学改革效果好**

实验教学改革的深化大大提高了我校应用型人才培养的质量，增强了学生创新创业能力，提升了学生综合素质，拓展了人才培养空间，缩短了人才培养周期，提高了人才培养效率，多年来我校毕业生总体就业率连续均在为 99% 以上，居全省高校前列。毕业生跟踪调查显示，我校的毕业生专业理论基础扎实、综合素质高、实践能力强、有实干精神和创新精神，用人单位的满意率达 95% 以上。

实验教学改革取得丰硕成果。我校在国内首创跨专业综合实验为主体的实验实践教学内容体系，首创基于 ERP 平台的校内同步仿真综合实习，首创数据库意义的实验资源库，出版国内第一套《经管类仿真综合实习》系列教材（13 册）等。2006 年，经济与管理实验教学中心成为国家级首批两个正式命名的经管类实验教学示范中心之一，2013 年成为首批国家级虚拟仿真实验教学中心。近十年来，中心在实验教学改革方面荣获省部级以上标志性成果有：荣获国家级教学成果二等奖 1 项、国家级精品课程 1 门、省级教学成果一等奖 1 项、二等奖 3 项、省级精品课程 2 门；在实验队伍建设方面，荣获国家级教学团队 1 支。在实验室管理创新方面，荣获省级教学成果二等奖 1 项。

遵循先进的实验教学理念，顺应经济社会发展和学科建设的需要，改革实验教学内容、实验教学方法、实验教学手段、实验教学组织形式，为经管类专业应用型人才培养模式创新提供了有力支持，我校逐步形成并保持了鲜明的实验教学特色：实验教学的系统性，包括实验教学项目的系统性和实验教学功能的系统性；实验教学的综合性，包括实验教学内容的综合性、实验教学技术平台的综合性和实验教学团队的综合性；实验教学的多元性，包括教学手段的多元性、教学工具的多元性、教学方法的多元性、学习组织形式的多元性；实验教学的自主性，包括学生学习的自主性和学生学习管理的自主性；实验教学的人文性包括实验教学以人为本、实验管理以人为本和实验室环境与条件以人为本。

**2. 经管类实验教学改革示范作用大**

十年来，前来我校经济与管理实验教学中心考察、交流的国内外高校多达900多所。2007年，国家教育部高教司在我校召开经管类实验教学改革与"校内仿真综合实习"现场观摩会，有100多位高校校长和教务处长参加，给予我校的实验教学成果高度肯定。2008年，30多名教育部全国高等院校实验教学指导委员会委员亲临中心指导，给予中心的实验教学成果高度评价。教育部经济学教指委主任委员、南开大学原副校长逄锦聚教授任组长，教育部高校实验教指委副主任委员、清华大学副教务长陈刚教授，教育部高校实验教指委副主任委员、教育部经济学教指委委员、东北财大副校长马国强教授，教育部高校实验教指委委员、广西大学副校长韦化教授，教育部工商管理学科教指委委员、上海财大副校长孙铮教授，教育部经济学教指委委员、西南财大副校长刘灿教授，国家教育部高校实验教指委秘书长、东南大学教务处副处长熊宏齐教授，国家教育部电子商务教指委委员、广东外语外贸大学信科学院院长姜灵敏教授为成员的专家组，对我校的"经管类仿真综合实习"的评价意见为："广东商学院秉承先进的教育教学理念，将经管类专业毕业实习以仿真形式引入校内，首创仿真综合实习模式，打破专业、学科界限，整合知识、能力、素质三大目标，科学构建仿真综合实习项目内容体系、手段方法体系、组织形式体系、实习绩效考评体系，并基于现代信息技术的应用，搭建起了一个经济与管理类各专业交叉互动、立体化、网络状的校内仿真综合实习平台。来自经济与管理类不同专业的学生配置到仿真企业、仿真管理和服务机构的不同工作岗位，按照实际业务流程和规则，在复杂动态的仿真社会市场环境中进行企业模拟运作，大大增强了自身的创新创业能力，提升了自身的综合素质。从而拓展了人才培养空间，提高了人才培养效率，在经管类应用型人才培养模式特别是毕业实习模式创新方面取得了突破性进展和令人瞩目的成绩，特色十分鲜明。该项目得到教育部肯定，被评定为首批两个经管类国家级实验教学示范中心之一，大量院校前来参观交流，具有重要影响。本鉴定组认为，该项成果具有原创性，在国内居领先地位。具有广阔的推广应用价值和重要的示范作用。"

2012年，教育部国家级实验教学示范中心验收专家组评价意见为："1. 国内首创——该中心课程单项型实验、课程综合型实验、专业综合型实验、跨专业跨学科综合型实验的实验教学体系属国内首创，并且成效显著；2. 国内唯一——该中心首创仿真综合实习模式，是国内唯一的国家级精品课程，受到国内外高校的高度评价和教育部的充分肯定；3. 率先实施——该中心率先实施校内融合、省内共享、国内辐射'三位一体'的经管类跨专业综合实验与仿真实习教学平台建设工程取得初步成效，在资源共享和形成协同创新机制方面得到教育部、财政部及广东省的肯定和支持"。

### 3. 经管类实验教学改革社会评价高

我校经管类实验教学改革及其成效受到了上级领导、同行专家和国内外院校的高度评价。全国政协原副主席钱伟长院士、教育部副部长张保庆、广东省副省长卢钟鹤、李鸿忠、宋海、陈云贤，教育部高教司副司长杨志坚，广东省教育厅厅长许学强、郑德涛、罗伟其、张泰岭、魏中林等先后莅临我校经济与管理实验教学中心视察指导；中国工程院院士李京文教授、著名教育学家潘懋元教授及国内两百多所高校领导先后莅临我校经济与管理实验教学中心交流。国内ERP最大厂商用友、金蝶等公司将我校ERP实验中心作为合作典范。《光明日报》、《中国教育报》、《南方日报》、《羊城晚报》、中国教育电视台、广东卫视、广东人民广播电台等媒体就我校经管类实验教学改革情况及成效作了专题报道。

我校经管类实验教学改革及其成效还得到了国外同行、专家的高度评价。近十年来，来自美国、法国、加拿大、澳大利亚、西班牙、丹麦、英国、波兰、日本、新加坡、马来西亚等国家的56所高校的专家学者前来考察我校的经管类跨专业实验教学，均对建设成果给予高度评价。美国加利福尼亚州罗素中心国际管理学院院长John Toppel，英国东伦敦大学教育专家Smith女士，波音中国有限公司副总裁肖禄民，在无线卫星通讯、在线教育、远程企业资源管理、信息安全方面具有丰富实践经验的德国IT行业资深专家Yesser Ben博士，美国大学中国联盟董事长理查德·费恩博士等先后参观了我校经济与管理实验教学中心，均给予该中心很高的评价。波音中国有限公司副总裁肖禄民说"该中心的教学方式和教学条件毫不逊色于美国的大学。"英国东伦敦大学教育专家Smith女士说："这里的教学设施和教学内容给我留下了深刻的印象，尤其是你们的沙盘模拟对抗教学，是一种很新颖、很有效的教学方式。我希望有机会跟你们合作，将来让我们的学生到这里来进行模拟体验式的学习。"德国IT行业资深专家Yesser Ben博士说："我曾经去过中国各地的高校，这里无论是教学设施还是教学理念都非常先进，是一流的，能在这个平台学习的学生很幸运，因为他们有机会使用最先进的教育技术，接受最先进的教学模式。我也希望自己能够利用这个平台，和你们协作，双方配合，共同开发一些教学项目。"美国大学中国联盟董事长理查德·费恩博士说："该项目非常令人鼓舞，我非常希望看到这种高校教学方式将来能走向世界。"

　　尽管我校在经管类专业实验教学改革方面进行了积极的探索，收到了显著效果，但距我国经济社会发展的需要和高等教育改革发展的要求还存在着差距。我们将按照教育部对示范中心"资源共享有效整合、教学科研紧密结合、协同创新产教融合"的建设指导思想，进一步加大力度开发一批学术研究含量较高的精品实验项目，强化实验教学的理论教育、创新教育的功能，实现经管类实验教学中心的教学功能与科研功能的统一；进一步加强国家级实验教学示范中心标准化建设，制定、修改和完善在实验教学、开发设计、技术支持和服务管理模式的标准化规范，包括目标指向、显示原因和结果、准确、量化具体、现实等要素，把标准化向纵深推进，进一步加快以云计算、大数据为代表的新一代信息技术在实验教学中的应用创新，设立大数据实验室进行试点，从教育战略层面探索设计云计算在实验教学方面的应用，力争有所突破创新；进一步有效开展示范中心资源共享和协同创新。加快推进"校内融合、省内共享、国内辐射、国际合作"四位一体的经管类跨专业综合实验教学建设工作，以适应我校乃至广东省、国家实验教学的改革与发展要求；进一步深化经管类实验教学改革，再彰特色，再上水平，全面提高我校实验教学工作的总体水平，为经管类应用型人才培养目标模式创新作出新的贡献。

## 四、标志性建设成果

## 五、中心团队集体照

# 理工科院校经济管理实验教学的改革与创新

## ——上海理工大学经济管理实验中心建设成果

## 一、中心基本情况

| 学校名称 | 上海理工大学 |
|---|---|
| 中心名称 | 国家级经济管理实验教学示范中心/国家级现代企业运营虚拟仿真实验教学中心 |
| 署名 | 陶田　于明亮　赵庚升　项培军 |

## 二、摘要

　　上海理工大学经济管理实验中心 2006 年 12 月获得教育部授予的第一批"国家级经济管理实验教学示范中心"称号。2016 年 1 月，又获得教育部授予的第三批"国家级虚拟仿真实验教学中心"称号，自获批国家级实验教学示范中心起，取得了一系列的可喜建设成果。在实验教学内涵建设上，根据理工科院校的特点，构建了适合理工科院校的经管实验教学体系与实验项目资源库，积极推进实验教学技术与方法革新，自主开发 18 个专业化实验软件；在创新创业实验实训平台的建设上，开设了一批创新创业实验课程，指导了一批创新项目和专利，组织了多种竞赛；在信息化平台建设也取得了实质性的进展，打造了一个崭新的开放式实验教学平台，为学生提供了一个互动的网络实验教学环境；在校企合作方面，已与 31 家企业在共建实验室、项目合作开发、实验教学培训、咨询与指导等方面建立了紧密的合作关系。多年来，上海理工大学经管实验中心在建设过程中进行了积极的探索，在实验教学体系建设、科研成果向实验项目的转化、校企合作实验项目开发、实验项目社会化利用、实验教学优质资源共享等方面取得了突出成效，形成了鲜明创新特色。

## 三、Abstract

The Experimental Center of Economics and Management in the University for Shanghai Science and Technology was awarded as one of the first "National Demonstration Centers of Experimental teaching in Economy and Management" by the Ministry of Education in Dec 2006. Moreover, the center was awarded as one of the third "National Virtual Simulation Experimental Centers" by the Ministry of Education in Jan 2016. Ever since the acceptance of the "National Demonstration Center of Experimental teaching in Economy and Management", the center has achieved encouraging results. For the intensive experimental teaching construction, a customized experimental teaching system of economics and management and experiment project resource pool designed for science and technology university students. 18 specialized experiment software have been developed to improve experimental teaching skills and methods. For innovation and entrepreneurship experimental training platform, several innovation and entrepreneurship courses have been added to the curriculum. Teachers have instructed some innovation projects and patents. In addition, many competitions have been held to enhance students' practicing skills. For the informatization platform, a novel open experimental teaching platform have come to use to establish an interactive internet experimental teaching environment. For school-enterprise cooperation, the center has intensive cooperation on lab co-construction, project co-development, experimental teaching training, consulting and instructions jointly with 31 enterprises. The center has explored actively during construction for decades to emphasize on innovation and gained distinct achievements on the experimental teaching system development, the transformation from scientific research results to experiment projects, the joint development of experiment projects with enterprises, the social utilization of experiment projects and the experimental teaching resource sharing etc.

## 四、主要内容

### (一) 中心概况

上海理工大学是一所以工为主、经管文协调发展、多科性研究型大学，创立至今已有百年历史，重视实践能力培养是其办学的优良传统。多年来，学校高度重视经济管理实验教学改革与创新，2006 年 12 月获得教育部授予的第一批"国家级经济管理实验教学示范中心"称号。2009 年以来，学校根据教育部实验教学示范中心建设要求，加大信息化建设，扩建了一批虚拟仿真实验室，构筑了开放的新型虚拟仿真实验教学平台，采用数字化、智能化方法，有计划、分阶段地开展了虚拟仿真实验教学。2016 年 1 月，又获得教育部授予的第三批"国家级虚拟仿真实验教学中心"称号。我中心目前下设 9 个实验室，以及实验教学管理办公室、实验教学研究室和产学研合作办公室，累计投入 2159 万元。中心拥有工业工程与物流模拟实训系统、多媒体直播与互动实验教学系统、全球金融咨询分析与模拟交易系统等一批高水平专业实验设施和设备，配置了高性能的服务器、路由器、交换机，建立了实验设备之间的高速网络，实现了 1000M 网络连接速度；更新和采用 VMware vSphere 和 VMware View 等先进的虚拟服务器软件系统，实现了服务器虚拟化管理。

自获批国家级实验教学示范中心以来，我中心在建设过程中也取得了一系列的可喜成果。以经济管理学科创新创业实验教学的探索实践为基础的"上海理工大学创新创业人才培养的探索与实践"项目获 2009 年国家级教学成果二等奖；"高校经济管理类专业跨校实践云平台建设与实践"等 8 个项目获得省部级教学成果奖；"中国电子商务示范平台"等 5 个项目获得省部级科技类奖项。还获得上海高校教学名师奖 1 项。2007 年，在我实验中心积极努力下，成功申请了"国家级创新创业人才培养实验区"建设项目，在该项目支持下，积极探索与研究了创新创业实践教学新模式。我中心共组织 18 项全国及省市级的大学生竞赛活动，指导学生获得全国"挑战杯"等各类学科竞赛奖项 156 项，组织培训参加校内外竞赛人数达 14763 人次，支持"大学生创新性实验项目"102 项。中心的建设特色明显，示范与辐射作用突出，得到国家相关部委、上海市教委、众多高校专家的一致肯定，标志着上海理工大学经济管理实验中心建设已经走在全国的前列。

## （二）建设成果

### 1. 实验教学内涵建设

经管实验中心自获批国家级实验教学示范中心起从实验教学体系的设计、实验平台的构建、实验项目的研发、实验方法的创新、实验队伍的整合、科研成果的应用、实验室的开放运行等方面，突出以制造行业为背景的实验教学内涵建设具有鲜明特色，实现了真实企业环境下的经管类实验实训教学。如：我中心针对理工类和经管类专业方向，设计了两套不同的实验教学体系平台。对经管类专业方向，在实验项目的设置上着重培养经管类学生在金融工程、企业投资理财、制造业营销战略等方面的能力；对理工类的学生，在实验项目的设置上突出其工程技术背景，着重培养学生在生产制造过程中的生产组织与规划、项目管理与投资、组织与决策能力。又如在工业工程与物流实验室及人因工程实验室的建设上，充分考虑呈现真实制造业环境，实验中结合运用工程技术基础知识，较好地把经济管理与工程技术有机地结合在一起。

（1）实验教学理念与实验课程体系建设。

围绕学校的理工科背景，配合卓越工程教育的推进，我中心对经济管理实验教学理念注入了新的内涵：以培养具有经管素质的工程技术人才与具有工程背景的经济管理人才为目标，以创新创业教育为主线，以信息技术为手段，实现实验体系的优化整合，实验方法科学实用，实验教材与软件先进，实验队伍素质优良，实验管理规范严密。为此，我中心分别制定了适合理工科专业与经管类专业的实验教学体系，建立了以不同学习层次和实验类别，以模块化和综合性为基础的，集仿真模拟、实战体验为一体的适应学生基本专业技能与个性化发展需要相结合的实验教学课程平台。

该实践课程体系包括在实验室环境下实现的经管类实训课程，在虚拟仿真环境下实现的经管类实验课程，以及基于各类实习基地的实习教学（见图1）。其中经管类实训课程包括以基本技能训练为目标的基础技能实训课程；以专业级综合技能训练为目标的提高性实训课程；以学生创新创业能力为实训目标的研究性实训、竞赛性实训、创业性实训课程。经管类实验课程则多以虚拟仿真及验证型实验手段实现的单向型实验、专业性实验、综合性实验、研究性实验。

（2）实验项目资源库建立。

经过多年的实验项目建设与积累，我中心已形成了不同专业方向的91门单独设课的实验课程和一批专业课程实验，共计684个实验项目，建立丰富的实验项目资源库。在创建实验项目库时，注重模块化设计，既可按照知识链生成项目链，也可按照知识群共享实验项目，极大地满足了经管实验的需要。近5年中，我中心还为我校工业工程、机械制造、出版印刷、能源与动力工程等非经管专业新开发了多个方向的一批综合实验项目，大大提高了经管实验教学在全校的专业覆盖度。

（3）实验教材的建设。

实验中心十分重视实验教材的建设，随着实验教学改革的不断深入，新的实验课程不断推出，根据实验需要，我中心实验教学团队教师正式出版了36本实验教材，自编了23套实验讲义。这些教程在使用中获得了良好的教学效果，同时，扩大了其辐射与受益面，增强了中心的示范效应。

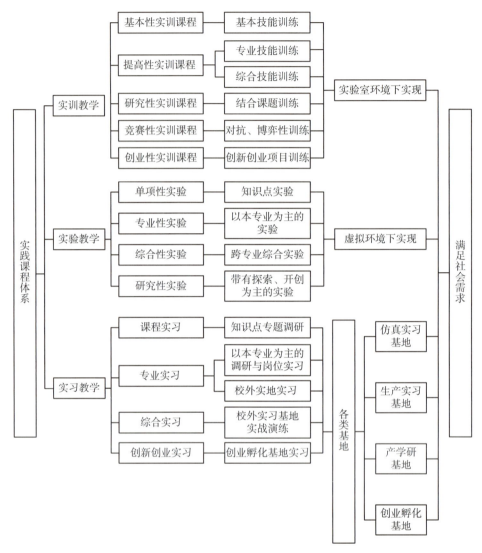

**图1 经管类实践课程分类体系**

（4）积极推进实验教学技术与方法革新。

我中心每年都会投入一定的费用改善实验条件。如在2009年建成的网络互动与网络直播实验教学平台，使同学通过网络能够在线点播精品实验课程视频，如图2所示，根据视频资料进行在线实验操作，实现了与实验教师进行在线互动，如2010年改建的沙盘模拟实验室就是为解决多款物理沙盘的集成问题，则采用了分屏触控实验技术，实现多种实验沙盘的电子化与集成。如在2011年，为了提高学生金融咨询分析与模拟交易的实验效果，我中心在证券期货模拟实验室原有设备基础上，更换了多屏金融终端系统（见图3）。如2013年建设的汽车制造 ERP 流程展现实验平台，通过声、光、电的流程呈现，对实验室环境进行崭新的打造与包装，为学生营造了一个崭新的、贴近汽车制造企业现实的实训环境（见图 4）。如 2014 年基于协作云平台的建设项目，就是通过服务器虚拟化、虚拟桌面、瘦客户机等硬件设备，将实训资源共享平台、互动教学平台、多媒体互动平台集成于一体。如 2016 年金融咨询终端大屏升级改造（见图 5），就是为了提高学生金融咨询分析与模拟交易的实验效果。2016 年沙盘模拟实验室则采用了自主研发的企业运营电子触控一体式沙盘。

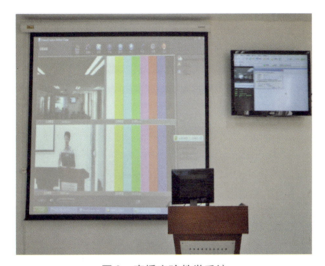

图 2　直播实验教学系统

图 3　多屏金融终端系统

图 4 汽车制造企业 ERP 实验室

图 5 金融咨询终端大屏

（5）实验软件开发与共享。

本中心在实验项目的开发过程中，注重自主研发和联合开发相结合，注重项目与企业的实际相结合，注重培养学生参与研发项目的能力，鼓励研发项目与教研、科研相结合，并注意了综合性、创新性、设计性实验项目的比例配置。迄今为止，自主开发 18 个专业化实验软件见表 1。开发的全程电子商务平台已被上海市及全国 30 余所学校采用，连续 5 年作为全国电子商务创新、创意及创业挑战赛上海赛区总决赛的基础比赛平台，参赛队伍总数超过 1000 支，近 30000 学生使用。

中心与上海财经大学、上海商学院、重庆工商大学、浙江财经学院等兄弟院校合作开发的"跨高校经济运营管理虚拟实践教学平台"已拓展到全国十几所高校，年受益学生5000余人。

表1                      实验中心自主开发软件一览表

| 序号 | 软件名称 | 序号 | 软件名称 |
|---|---|---|---|
| 1 | B2C电子商务网站建设软件 | 2 | B2C电子商务运营管理软件 |
| 3 | B2B门户网站搭建与运维系统 | 4 | CA认证与电子签名仿真软件 |
| 5 | 电子合同谈判与签署软件 | 6 | 客户关系管理系统 |
| 7 | 商业企业供应链管理软件 | 8 | 全程电子商务管理软件 |
| 9 | 网络安全管理软件 | 10 | 生产管理与布局优化系统 |
| 11 | 生产管理与任务分配系统 | 12 | 生产管理与效率优化系统 |
| 13 | 电子采购仿真系统 | 14 | 网上采购销售仿真系统 |
| 15 | 资源在线回收软件 | 16 | 金融供应链仿真软件 |
| 17 | 企业资源管理软件 | 18 | 电子商务信用管理软件 |

资料来源：上海理工大学经济管理实验中心。

### 2. 构建创新创业实验实训平台

（1）深化创新创业实验教学工作。

我校在长期的实验实践教学过程中，以培养学生的创新创业能力为目标，积极建设了创新性实践教学系列平台。我中心通过创新创业实验实训、创新创业实践训练营、创新创业大赛、创新创业项目申请等一系列实战型、体验式、真实性的教学手段，构建了创新创业人才培养实践教学体系。该体系的建设为我校教学成果项目"上海理工大学创新创业人才培养的探索与实践"（国家二等奖）和教育部质量工程建设项目"国家级创新创业人才培养实验区"的成功申报提供了有力的支持。

作为我校创新创业的实验实训基地，我中心在长期的创新创业实训教学实践中，开发了一批创新创业综合性实验实训课程与实验实训项目，出版了创新创业实验、实训教材，为国内首个创业专业开设了创新创业实验教学课程和实训项目，为我校创新创业教育做出了有益的探索。

（2）指导学生创新创业项目与组织竞赛活动。

国家级实验教学示范中心获批以来，我中心在国家级创新创业人才培养实验区建设项目支持下，在学生参与创新实验项目方面取得了一定成果，为了推动大学生创新创业活动的开展，培养学生创新创业的意识和实践能力。本中心充分运用经管实验中心的优质资源，积极指导大学生创新创业实践活动的开展。中心成立以来，指导大学生创新创业项目达 100 余项，指导学生发表论文近 150 篇，并获得 42 项国家专利。

同时重视组织创新创业类竞赛型实验教学活动，积极组织与指导学生参加全国及上海市各类竞赛活动，近几年来共组织学生参加了"挑战杯全国大学生创业综合模拟大赛"、"全国大学生电子商务创新、创意、创业挑战赛"、"金蝶杯全国高校企业经营实战模拟精英赛"、"用友杯大学生沙盘大赛全国总决赛"、"上海市大学生决策仿真实践大赛"、"上海市大学生企业经营模拟沙盘大赛"、"上海市大学生网络商务创新应用大赛"等的竞赛活动，并取得了可喜的成绩。通过各项竞赛活动，培养了学生创新创业的意识与能力，历练了一批有志于创业，献身祖国经济建设的青年学子。本中心还主办了 2014 年首届跨校联盟杯暨第一届五校虚拟商业社区企业经营模拟大赛，承办 2016 年上海市大学生企业经营模拟大赛，积极扩大了我校的社会影响力。此外，本中心自 2010 年以来，在校内与管理学院共同举办了 8 届"庞源杯"企业模拟经营（ERP）大赛上海高校邀请赛，每年参赛队伍 100 余个，共计培训上海市各类学生近 5000 余人，为学生创造较好的第二课堂学习活动。

**3. 信息化平台建设**

近几年来我中心信息化平台建设取得了实质性的进展。实验中心先后投入资金上百万元，打造了一个崭新的开放式实验教学平台，为学生提供了一个互动的网络实验教学环境。实验教学信息化平台建设的主要内容包括实验教学管理平台、实验教学资料库、网络虚拟实验室、网络互动与网络直播实验教学平台。

（1）实验教学信息化管理平台。

实验中心信息化管理平台以中心门户网站（http：//emlab. usst. edu. cn）为依托，以服务实验教学、便利实验管理为宗旨，在原有的实验教学、实验平台、中心公告、中心制度、实验安排等五个栏目的基础上，对实验教学预约、实验课程安排查询、实验设备管理等功能进行了进一步的优化、完善与提升，提高了我中心实验教学信息化水平。目前实验教师与学生均能通过该平台预约实验中心设备与实验资源。中心老师也可通过该平台完善中心的教学管理与数据统计。

（2）实验教学资料库。

我中心完善了由纸质教材、视频教程、电子讲义、多媒体课件共同组成的立体化教学资源库。学生可以通过访问我中心网站的资料下载栏目，下载与实验教学相关的资料与讲义，以达到开放性实验教学与自助式实验学习相结合的目的。

（3）网络虚拟实验室。

中心高度重视网络虚拟实验室的建设，目前已建设了 4 个网络虚拟实验室：外贸实验虚拟实验室、金融投资虚拟实验室、电子商务虚拟实验室、企业经营模拟虚拟实验室。为了开展网上实验，中心还建设了"沪江电子商务网"（http：//www.usstec.com/）、"中国电子商务示范平台"（http：//cecmodel.usst.edu.cn）。并开发了包括国际贸易综合实训、B2B 电子商务实训、电子商务谈判决策支持实训、电子商务综合实训、人力资源实训、电子政务、税务模拟、市场营销模拟等 16 个在线的开放性实验实训项目，实现了校内在线实验教学。针对开放性实验项目，我中心建设了配套的电子讲义、在线实验指导书、实验教学视频，逐步形成以开放性实验项目为中心的网上实验教学资源体系。

（4）网络互动与网络直播实验教学平台。

我中心前几年建设的网络互动与网络直播实验教学平台，已为我校各专业同学，包括外校同学营造了一个网络互动与网络直播的实验教学环境。使同学通过网络能够在线点播我中心精品实验课程视频，根据视频资料进行在线实验操作，并能与实验教师进行在线互动。

**4. 校企合作**

本中心自获批国家级实验教学示范中心以来在校企合作方面已与 31 家企业建立了紧密的合作关系，主要从校企共建实验室、实验项目合作开发、实验教学培训、咨询与指导等三个方面展开了积极探索。并在合作的基础上对经管类实验教学各个层次进行了革新，建设了一批理论与实践并重，基础学习、实践学习与创新创业学习互融的校企合作立体教育体系。

（1）校企共建实验室。

共建实验室，共同研发实验项目。本中心已有 5 个校企共建实验室，与用友软件股份有限公司、北京瑞智汇达有限公司、上海齐鑫自动化设备有限公司、上海电气集团、东方钢铁等公司签订了实验室合作共建协议，共同就教学模式、实验体系、实验资源、信息化管理、实验教师队伍、实验环境等方面进行了积极有效的探索与实践，形成了"学以致用"、"产学研相融"的鲜明特色。

（2）共同研发实验项目。

联合研发各类虚拟仿真实验平台。如与金算盘上海分公司、宝山钢铁有限公司等企业，以真实行业数据为背景联合开发了"全程电子商务平台"、"B2B 钢铁交易模拟实验系统"、"电子商务基础实验平台"、"电子合同谈判签署平台"、"大学生就业创业平台"等。通过校企项目合作不仅将基于云计算技术、移动通信技术应用到虚拟仿真实验中，而且提升了实验教学、专业建设和人才培养的水平。

（3）实验教学培训、咨询与指导。

实验中心利用教学场地、实验技术和设备，不定期地为企业举办有关培训和指导。如为上海电气集团管理干部进行培训及实训室建设的指导，与东方钢铁电子商务有限公司（宝钢）联合，建立了上海张江国家自主创新示范区人才培养产学研联合实验室，合作培养电子商务、跨境电子商务等新兴产业急需人才，推进协同创新深入发展。

（三）创新特色

多年来，上海理工大学经管实验中心在建设过程中进行了积极的探索，在实验教学体系建设、网络平台建设、科研成果实验项目转化、校企合作实验项目开发、实验项目社会化利用、实验教学优质资源共享等方面取得了突出成效，形成了鲜明特色。

**1. 依托行业构建实验教学体系**

实验中心根据专业教学目标和特点，经过多年的努力，形成了以业务流程为主线的网络化实验教学模式和现代企业运营创新人才能力培养的实验教学体系。实验课程覆盖专业基础实验、专业综合实验、跨专业综合实验、创新创业实验等不同层次；实验内容突出以行业为背景，强调真实数据为实验要素，围绕学科知识点，创建实验项目库；实验设计注重模块化，既可按照知识链生成项目链，也可按照知识群共享实验项目。

**2. 重视实验与科研结合，多项实验项目来自科研，又服务社会**

本中心十分重视实验教学与科学研究的结合。近年来，实验教学人员积极承接企业应用性科研项目，不断将研发成果转化为实验项目，真正实现实验的"仿真"效果。近5年来，先后已有"自动化仓储系统对上海现代化物流产业链提升作用的研究"、"惠农在线电子商务项目报告"、"基于电子签名的电子合同谈判平台研发"等29项科研成果转化为实验项目。

同时，中心注重将实验项目成果服务社会，反哺市场。一方面，注意从实验项目中总结经济与管理事务中的客观规律，并将这些规律应用于国内外标准和规范的起草中。本中心在电子商务实验教学中总结出一批电子商务交易的操作流程，从而为国内外法规、规范和标准的制定提供了强有力的支持。表2反映了上海理工大学经管实验中心有关电子商务的实验流程在国内外法规和标准制定中的应用情况。

表 2　　　　　　　　　实验项目在相关法规与标准起草中的应用情况

| 序号 | 实验教学内容 | 国内外规范和标准 | 采用单位 | 转化说明 |
|---|---|---|---|---|
| 1 | 跨境电子商务交易流程 | 《跨境电子商务争端解决：程序规则》（文件号：A/CN. 9/833），联合国国际贸易法委员会第四十八届会议，2015 年 6 月 29 日至 7 月 16 日，维也纳 | 联合国国际贸易法委员会 | 该文件接受了中国代表团、哥伦比亚与美国、欧盟的提案。中国代表团的提案中，用图示表示了跨境电子商务争议解决的流程。这一流程，参考了跨境电子商务交易实验流程 |
| 2 | 电子商务交易流程 | 《中华人民共和国电子商务法》总体框架，2015 年 4 月 1 日，全国人大杭州会议采纳 | 全国人大 | 该总体框架参考了电子商务交易实验流程 |
| 3 | 电子支付流程 | 《电子支付问题研究》，2014 年 | 全国人大财经委、上海市人大财经委 | 该研究是《中华人民共和国电子商务法》12 个研究分课题之一。起草过程中参考了电子支付流程 |
| 4 | 电子交易流程 | 《电子交易信息安全保障制度研究》，2014 年 | 全国人大财经委、上海市人大财经委 | 该研究是《中华人民共和国电子商务法》12 个研究分课题之一。起草过程中参考了电子交易流程 |
| 5 | 电子合同与谈判与签署实验流程 | 《电子合同在线订立流程规范》（中华人民共和国国内贸易行业标准，SB/T 1109 - 2013） | 商务部 | 该标准所依据的电子合同订立流程是根据电子合同与谈判与签署实验流程构造的 |
| 6 | 电子商务交易实验 | 《第三方电子商务交易平台服务规范》商务部公告 2011 年第 18 号 | 商务部 | 该规范所依据的第三方电子商务交易的流程是参考了 C2C、B2C、B2B 实验的流程 |
| 7 | 电子合同与谈判与签署实验 | 第三方电子合同订约平台服务规范（2015 年 6 月提交，正在审查过程） | 商务部 | 该标准所依据的电子合同订立流程是根据电子合同与谈判与签署实验流程构造的 |

资料来源：上海理工大学经济管理实验中心。

### 3. 践行校企合作研发之路，实现网络资源共享和协同创新

本中心自成立以来，坚持与多家企业进行深度合作，通过强强联手，协同创新，实现了社会、学校与企业间网络资源共享。如与金算盘上海分公司、宝山钢铁有限公司等企业，以真实行业数据为背景联合开发了"全程电子商务平台"、"B2B 钢铁交易模拟实验系统"、"电子商务基础实验平台"、"电子合同谈判签署

平台"，"大学生就业创业平台"等。通过校企项目合作不仅将基于云计算技术、移动通信技术应用到虚拟仿真实验中，而且提升了实验教学、专业建设和人才培养的水平。本中心已有5个校企共建实验室，与用友软件股份有限公司、北京瑞智汇达有限公司、上海齐鑫自动化设备有限公司、上海电气集团、东方钢铁等公司签订了实验室合作共建协议，共同就教学模式、实验体系、项目研发、信息化管理、实验教师队伍、实验环境等方面进行了积极有效的探索与实践，形成了"学以致用"、"产学研相融"的鲜明特色。

**4. 优质资源共享效果突出**

本中心所建立的实验教学资源已经走出校园，面向社会、兄弟院校、行业和企业，不断扩大成果的共享内容、数量与范围，增强本中心实验成果的影响力，取得了显著成果。例如本中心研发的"全程电子商务实验教学平台"实现校际共享，该平台包含20多个电子商务实验，内容涵盖电子商务网站运营、商品购销和财务管理，实现了商业运作、商业服务和商业平台管理的实验功能，有效提高了学生企业运维和前后端管理的能力。目前平台已被上海市及全国30余所高校采用。2013年，中心申报的《电子商务实验教学平台的建设与应用》成果获得上海市教学成果奖二等奖。

## 五、标志性建设成果

**图6　自主研发的企业运营电子触控一体式沙盘**

图7　自行研发的电子合同谈判流程用于联合国国际贸易法委员会
关于网上争议解决的技术指引

## 六、中心团队集体照

图8　上海理工大学经管中心集体照

# 研究型大学经管类实验教学的探索与建设

## ——厦门大学经济与管理实验中心建设成果

## 一、中心基本情况

| | |
|---|---|
| 学校名称 | 厦门大学 |
| 中心名称 | 经济与管理国家级实验教学示范中心（厦门大学） |
| 署名 | 朱孟楠　周红刚 |

## 二、摘要

厦门大学经济与管理国家级实验教学示范中心以"建设高水平研究型大学"的发展战略为指导，根据自身的条件和特点，建立了分层次、多模块、跨专业、跨学科实验教学课程体系，初步建立了与创新型、高素质人才培养要求相适应的新型经济管理类实验教学体系。通过全面加强实验教学内容建设，初步建立了理论教学、实验教学、理论课程实验工具等教学手段相结合的立体化教学模式，增加了实验教学的深度；通过校企合作、建立实习基地等方法拓展实验教学的广度，从而全面提升学生的实践能力；通过开展开放性实验、创新型实验，有效培养了学生发现、分析、解决问题的能力，塑造了学生以自主意识和团队合作为主要特征的创新人格，培养了学生以信息素养为主要特征的创新技能。

## 三、Abstract

Based on its own conditions and characteristics, the National Experimental Teaching Demonstration Center of Economics and Management of Xiamen University is based on the development strategy of "building high level research university". Based on its own conditions and characteristics, a hierarchical, multi-module, interdisciplinary and interdisciplinary experimental teaching system. Initially established with the innovative, high-quality personnel training requirements to adapt to the new economic management experimental teaching system. Through the comprehensive construction of the contents of experimental teaching, the three-dimensional teaching mode of theoretical teaching, experimental teaching and theoretical teaching tools is established, which increases the depth of experimental teaching. Through the cooperation between schools and enterprises, the establishment of practice base and so on The ability of students to discover, analyze and solve problems, and create the innovation of students 'self-consciousness and team cooperation as the main features of the students through the practice of open experiments and innovative experiments, so as to cultivate students' ability to discover, analyze and solve problems Personality, cultivate students with information literacy as the main features of the innovative skills.

## 四、主要内容

### (一) 中心概况

厦门大学经济与管理教学实验中心自成立以来,依托厦门大学理论经济学、应用经济学、管理学、统计学等国家级重点学科群的优势,本着"依托重点学科,将现代教育技术与学科建设和教学改革紧密结合,为教学、科研和人才培养提供全面服务"的建设思想,树立"以学生为本"的教学理念,根据学科发展需要,积极探索经济管理类科学研究与实验教学系统融合的有效机制,较早对经济管理学科实验教学的手段、内容和管理体制等方面进行了全面大胆的改革和实践,经过多年的探索和实践,中心形成了一套比较健全的管理制度和具有特色的研究型大学经济管理类实验教学体系,为学科建设和人才培养做出了自己的贡献,取得了丰硕的成果。

厦门大学经济与管理类的教育和研究有着悠久的历史,拥有理论经济学、应用经济学、工商管理 3 个一级国家重点学科,1 个国家经济学基础人才培养基地,全国首个文理交叉经济学教育部重点实验室"计量经济学实验室",还拥有宏观经济研究中心、会计发展研究中心 2 个教育部文科重点研究基地,"宏观经济分析与预测"以及"财务管理与会计研究"2 个国家哲学社会科学创新研究基地,1 个"计量经济理论与应用创新引智基地"(简称"111 计划"),1 个福建

省 "2011 协同创新中心"，1 个福建省统计科学重点实验室，3 个福建省人文社科重点研究基地等。

为了有效地将现代教育技术、信息技术发展成果与学科建设及教学改革紧密结合起来，进一步地为教学、科研和人才培养提供全面服务，厦门大学早在 1993 年就成立了厦门大学经济信息（实验）中心，1998 年在 "211" 工程一期 "经济理论与管理" 子项目下，对经济管理教学实验室进行了重点建设，2001 年 "经济管理教学实验室建设和教学手段改革研究与实践" 获得国家级优秀教学成果二等奖（全国高校文科实验教学首个国家级教学成果奖），2005 年成立经济与管理教学实验中心，2007 年获批为国家级实验教学示范中心建设单位，2009 年 "经管类统计学教学体系改革与创新研究" 获国家级教学成果一等奖，"计量经济学实验室" 获批为全国首个文理交叉经济学教育部重点实验室，"统计学实验室" 获批为福建省重点实验室，2012 年中心以全优成绩通过国家级实验教学示范中心建设验收，2015 年 "经济学科虚拟仿真实验教学中心" 获批为国家级虚拟仿真实验教学中心。

经过多年的探索和实践，厦门大学经济与管理教学实验中心以 "建设高水平研究型大学" 的发展战略为指导，根据自身的条件和特点，建立并不断完善分层次、多模块、跨专业、跨学科实验教学课程体系，逐渐改进传统的教学实践活动，积极参与高等教育教学课程体系改革，稳步提高实验教学的地位和作用。通过全面加强实验教学内容建设，初步建立了理论教学、实验教学、理论课程实验工具等教学手段相结合的立体化教学模式，增加了实验教学的深度；通过校企合作、建立实习基地等方法拓展实验教学的广度，从而全面提升学生的实践能力；通过开展开放性实验、创新型实验，有效培养了学生发现、分析、解决问题的能力，塑造了学生以自主意识和团队合作为主要特征的创新人格，培养了学生以信息素养为主要特征的创新技能。近年来，学生在 "挑战杯"、"数学建模大赛" 等多项赛事中均取得了优异的成绩，厦门大学经济与管理教学实验中心已初步建立了与创新型、高素质人才培养要求相适应的新型经济管理类实验教学体系，在研究型大学的经济管理类实验教学建设方面走出了一条新路。

（二）明确思想，构建研究型大学特色实验教学体系

厦门大学经济与管理教学实验中心坚持以厦门大学 "建设高水平研究型大学" 的发展战略为指导，依托学校经济管理类国家级重点学科群的传统优势，根据经济与管理学科的特点，在建设过程中注重与社会经济发展的需求与特点相结合，通过边研究、边实践、边检验、边提高、边推广的方法，创新实验课程体

系、教学模式、教学内容、教学方法和教学手段，强化学生实践能力、创新意识和创新能力的培养，将实验教学与理论教学及科学研究有机结合，最终实现具有创新意识和创新能力的研究型人才培养目标，以满足现代经济和管理人才培养的需要。

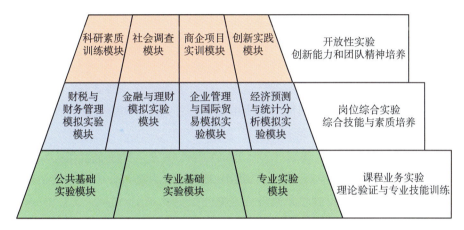

**图1 厦门大学经济与管理实验教学体系**

（1）一个核心——以加强对学生创新意识和创新能力的培养为核心，促进具有创新意识和创新能力的经济与管理类研究型高级人才培养目标的实现。

（2）三个层次——按照经济管理实验教学规律，打破原有的课程界限，将实验教学按照"课程业务实验、岗位群综合实验和开放性创新实验"三个层次，进行一体化设置。

（3）模块化实施——整合实验教学内容，以精选的实验内容为载体，把相关的实验知识，实验技术和实验方法有机结合，将实验分为11个模块，按照循序渐进的原则安排实验内容，分类实施。

（4）开放教学——开放性实验的实验项目、内容、形式和实验时间对学生全面开放。学生自主选择实验时间，从事其所感兴趣的实验内容。通过打通学科之间、年级之间的界限，进行自由组合，衔接科技创新实践平台、学科竞赛平台，营造多样化、层次化、综合化、开放式的创新型实验教学环境。

**（三）规范管理，加强实验环境与平台建设**

为了加强领导，经济学院、王亚南经济研究院、管理学院合作成立实验中心指导委员会，委员会根据中心的建设规划，全方位地指导和监督本项目的规划制订和组织实施工作。

中心确立"教学为纲、辅助科研、服务社会"的目标，定位于建设有特色的研究型实验教学示范中心，为进一步加强制度化、规范化建设，学校和中心陆续制定了一系列管理文件和相关政策，对加强实验教师队伍建设、深化实验教学体系改革等方面给予了大力的支持。这些制度包括：体制与规划类 9 项，师资管理类 16 项，实验室建设与管理类 22 项，实验教学管理与创新类 11 项。同时，中心在原有基础上，进一步理顺了实验室管理体制，打破科研实验室与教学实验室之间、不同专业实验室之间的壁垒，建立了经济管理类实验教学资源的全面共建共享机制，实现了实验场地统一使用，实验教学统一安排，实验人员统一调配，实验教学设施集中统一购置、使用与管理，从而实现了资源共享、人员合理流动和实验平台开放，实验资源利用率和使用效率明显提高，实验中心工作进入了制度化、规范化、高效化的运行轨道。

中心充分利用"985 工程"、"211 工程"等专项资金及校企合作、校友基金会等自筹资金，保证经济与管理教学实验中心的建设力度，使中心在软、硬件环境等实验平台建设方面得到不断改进和完善。

**1. 建立并不断升级 HPC 高性能服务器计算集群**

中心与 SAS、DELL、微软等厂商合作，建立了 HPC 高性能服务器计算集群，该系统具备 5120 亿次浮点运算的能力，可提供 300 个计算节点供使用者同时进行海量科研数据的处理，为经济与管理学科的科学研究及实证模拟提供了更强大的计算工具，显著地提升了厦门大学经济与管理学科的综合研究及实验能力。

**2. 先后成立计量经济学教育部重点实验室、福建省统计科学重点实验室、经济学科国家级虚拟仿真实验教学中心**

2009 年，计量经济学教育部重点实验室（厦门大学）获批立项，成为全国首个文理交叉的经济学科教育部重点实验室，目前已完成"实验经济学"子项目的建设。该实验室以计量经济学为核心，并辐射到与之相关的其他学科领域，包括统计学、数学、实验心理学、生物学、医学统计学、物理学等，凸显文理交叉特色，这不仅填补了国内文理交叉实验室的空白，而且有利于培养从事文理交叉科学研究的具有国际视野的复合型、研究型、创新型人才，为国家经济社会发展提供咨询与政策建议。同时还为不同学科、不同领域的海内外学者提供了交流和合作的平台，实现经济学科在教学、科研等方面与国际接轨。

福建省统计科学重点实验室（厦门大学）于 2010 年获批立项，它是基于统计学科的文理交叉重点实验室，定位于建立一个国内领先、国际上有一定影响，高水平、开放性的现代统计科学重点实验室。该实验室将强化数理统计、生物统计、经济与金融统计、保险精算和风险管理等研究方向，在争取科研立项支持的同时，充分发挥厦门大学统计学各专业分支的特色和优势，加强各专业分支或学科之间的相互渗透、相互促进与合作研究，建立新型的文理交叉统计实验室，为国家经济建设和社会发展提供高质量的统计研究成果与统计技术咨询，努力成为推进我国统计学术发展和服务海西经济建设的重要创新平台。

为进一步实现科研与教学资源的互通共融，提高资源效能，2010 年在厦门大学经济与管理国家级教学实验中心的基础上，专门成立了经济学科虚拟仿真实验教学中心，并于 2015 年获批为国家级虚拟仿真实验教学中心，中心的设立旨在充分利用网络虚拟技术，打破科研与教学、课堂与社会间的壁垒，将科研成果、社会实际需求转化为实验教学内容，有效提高学生的实践能力与科研素质。

中心还与厦门大学数据挖掘研究中心共同成立了数据挖掘实验室，整合并发挥统计学、计量经济学、数量经济学、信息管理学等学科的交叉优势，为教学科研提供了新的平台基础，在此平台上研究发布的"海西金融、旅游、消费信心指数"反映了国家政策和群众对经济前景的心理预期，已成为政府决策的重要参考依据，在社会上引起了强烈反响。

**3. 加强实验教学软环境建设**

中心非常重视实验教材的建设，为了有效增加实验教学环节的比重，促进实验课程及实验项目的开出，中心以项目立项的方式资助教师和实验工作人员联合开发软件、编写教材，并且切实应用到教学过程中，开出对应的实验课程及项目。

通过这种"开发一种软件、撰写一本教材、建设一支队伍、开出一门课程"课程的模式，出版了《财税管理模拟实验教程》、《多元统计分析：方法与应用》等 25 本实验教材，联合开发了"电子政务模拟实验系统"、"税收管理模拟实验系统"等 7 个实验教学系统，开出了一系列切合实际的实验课程。

中心充分利用专职人员拥有的复合教育背景优势，自主开发、构建教学支持平台，中心自主开发的"网络辅助教学支撑系统"、"开放性实验管理系统"、"智能题库及考试系统"等十三项教学支持及管理系统已广泛应用于经济、管理两院的教学及科研工作中，有效提高了教学和科研工作的效率。中心还特别加强了数据资源库、教学资源类网站的建设，建立了教学科研信息数据库及支撑平台、学术报告多媒体数据库、网络课程和精品课程专用网站、网络智能题库系统等，供师生 24 小时开放使用。

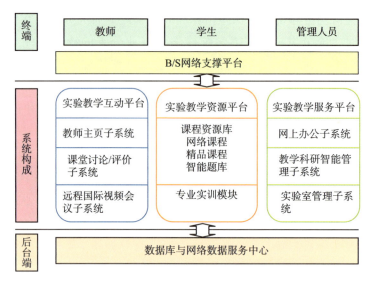

**图2　经济与管理教学实验中心教学支持平台示意图**

## （四）不断创新，打造研究型大学实验教学特色

厦门大学经济与管理教学实验中心积极尝试将学科资源、社会需求与人才培养紧密融合的实验教学有效途径，充分利用虚拟仿真技术将科研与社会资源引入实验教学过程，在研究型大学经济学科人才培养实验教学体系建设与改革上进行了有益的探索，并形成了自身的特色。

**1. 探索创新学科交叉实验教学新模式，多学科协同发展，扩充优质实验教学资源的受益范围**

学科交叉是社会发展的必然趋势，因此，在中心建设过程中，我们尝试着打破文理学科界限，经济学院、管理学院、王亚南经济研究院、公共管理学院等多个学院共同协作、交叉互补，全面整合经济学、管理学、数学、生物学、社会学等多类学科的科研与教学资源，设计开设了实验经济学等学科交叉型的实验课程或实验项目，多学科共享中心的实验教学资源，取得了良好的效果。中心同时还积极横向联合发展，与信息学院、数学学院联合建设统计学福建省重点实验室，与台湾研究院、复旦大学、中科院联合建设两岸和平发展协同创新中心等，将多方资源共同融合并转化为中心的实验项目。这一实验室联合建设方式打破了传统的学科壁垒，为厦门大学培养了一批高素质的复合型人才。

**2. 积极配合学科的国际化改革，全面推行实验教学管理的国际化**

国际化经济学人才的培养，要求在教学内容、教学方法、教学工具等各方面均要实现与国际接轨，为实现这一目标，中心积极配合学校进行国际化经济学人才培养机制的试点改革。首先是课程设置的国际化，中心按国际化标准，并结合中国实际开设实验课程，采用国外教材并逐步实施全英文教学。其次是师资队伍建设的国际化，中心利用从康奈尔、哥伦比亚大学等世界名校引进的优秀海归教师，让其积极参与实验教学及实验室建设管理工作。再次是教学管理的国际化，中心按国际标准成立了实验教学委员会，实行教授治理，大大提供了实验教学管理的水准。

**3. 打破教学与科研实验间的壁垒，探索研究型的虚拟仿真实验教学模式**

作为研究型大学，中心在实验教学中，既重视操作性的重复验证型虚拟仿真实验，培养并提高学生的基础实践与动手能力，更注重发展探索研究型的教学。中心通过开设科研型实验课程、组织学生科研创新团队、设立学生科研项目等多种形式，将教师的科研成果和科研内容转化为实验教学内容，激发学生的科研兴趣，引导学生更多地参与科研工作，培养学生的科研理念、科研文化和科研技能。创新实验的主旨是"以科研课题、热点经济问题依据，以项目的形式引导学生组成科研团队，培养提高学生科研动手能力和分析解决社会实际问题的能力"，为广大学生（特别是高年级学生）提供了更多的参与科研训练、学习学科前沿科研方法及仿真训练的机会，扩展了学生的国际视野，对学生基础科研能力及实践能力的提升起到了显著的促进作用。在实验项目的选择上，中心特别注意高水平的虚拟仿真实验，重点关注那些需要学生自行设计、自主探索的仿真实验，选择那些在普通环境不能在实现的关键环节进行模拟，特别是在企业经营、量化教育、算法交易等关键场景的交易，让学生在实时的市场环境下，研究不同经营管理、投资策略的不同结果。

**4. 校企联动、协同开发与自主开发有机结合，打造低成本高成效的实验教学平台环境**

中心通过与行业、企业的积极合作，充分发挥中心实验师资专业教学优势，利用行业在业务实践、人才能力需求方面的经验，结合企业在技术开发上的资源优势，在建设过程中，逐步探索形成了多种形式的合作共建模式，从"共建、共享"模式逐步深入到"共赢"模式，在现代经济与管理学科创新人才培养面向社会，服务社会方面的探索取得了一定的经验和成效。中心与 SAS、SAP、用友、厦华、福耀、世华等国内外知名企业机构合作共建有关实验室，开展实验教学活动。如与网中网公司合作，投入 200 万元建设了网中网会计实训教学平台，包含基础会计实训教学平台、会计综合实习平台、会计作业平台以及会计专业智能试题库系统等实验教学软件平台，并在此基础上开发了《会计实践》、《会计虚拟实习》2 门本科实验课程、与广东兰贝斯信息科技有限公司合作开发财税管理模拟实验教学系统、与厦门亿星软件公司合作开发国际贸易实务模拟实验系统填补了财税专业、国际贸易专业综合实验教学方面的空白，为学生实践训练方面能力的锻炼提供了平台。

**5. 充分利用云计算、大数据等技术资源，建设基于云平台的优质实验资源的共享模式**

中心通过规划调整、政策引导等方式，完全实现了教学与科研实验在师资、场所、设备等方面的共享，并在教学与科研内容、方法、工具的对接与共享机制建设方面进行了一些有益的探索，从而使实验教学能够更加贴近社会现实。在满足学校教学与科研任务需求的基础上，中心的优质科研资源还在更广的范围内对国内外兄弟院校提供共享服务，目前已与多所国内外知名高校和科研院所建立了稳定的合作关系。部分来自 cornel 大学、香港中文大学学生也使用我们的平台进行学习与研究。中心还援建了西藏民族学校经济学院的实验中心。

**6. 合理规划，不断自我改革与完善，科研与教学成果突出**

**（五）积极交流，发挥中心示范辐射作用**

**1. 探索研究型大学经管类实验教学改革模式，形成一批在全国范围内有较大影响的建设成果**

厦门大学经济与管理实验教学改革与建设自 2006 年开始实施以来，实验教学在经济学科人才培养过程中所发挥的作用日益显著，中心在建设过程中不断总结、不断完善，使我校经济学科的实验教学在教学观念更新、教师队伍建设、教学资源优化配置、教学内容建设以及教学质量评价等多方面都得到了跨越式的发展，达到了国内领先水平。中心的建设与发展同时也为教师提供了物质环境与人力资源的支持与保障，中心教师承担了大量的科研与教改项目，且项目数呈现历年递增的趋势，2009 年"经济管理类统计学专业教学体系的改革与创新"获得国家级优秀教学成果一等奖及福建省优秀教学成果特等奖；2014 年"国际化创新型经济学人才培养模式"又荣获国家级优秀教学成果二等奖及福建省优秀教学成果特等奖；"计量经济学"实验室成为全国首个文理交叉经济学教育部重点实验室，4 门实验教材由高等教育出版社正式出版，7 门课程获国家级精品课程。

**2. 与国内外各高校积极交流合作，共同探索经管类实验教学改革路径**

2007 年至今，中心已接待国内外数百所高校近万人次同行专家及学者的来访与考察，通过组织或参加各类实验教学研讨会等方式，中心在制度建设、实验环境建设、创新型开放性实验建设等方面与兄弟院校分享了自己的建设经验，受到兄弟院校的一致好评。中心还充分发挥地区领头羊的作用，通过实验教学专题会议、学科建设会议、交流与互访等多种形式，将中心的建设成果与改革经验与兄弟学校分享，加强省内高校间的交流与合作，共同推动省内高校经管类实验教学的建设工作。

**3. 共享优质实验资源，充分发挥资源的使用效率，提升实验室建设的层次，丰富实验内容**

中心除了利用自身的建设成果与经验引领和协助本校各学科实验中心建设，包括文科类（如新闻）与理工类（如海洋）实验中心的建设，另外将中心的各类优质资源在更广的范围内进行共享。比如，实验经济学实验室与美国康奈尔大学、新加坡理工大学等国外高校的科研人员合作开展科研项目，为其提供实验系统；中心专门抽调技术力量帮助学校多个部门（包括财务处、资产处等核心部门）建设信息平台并开展应用技能培训等。

经济与管理教学实验中心充分发挥信息平台的作用，共享中心所拥有的教学资源。中心网站由专人负责维护，保证一年365天全天候24小时运行，兄弟院校及社会企业可随时访问中心资源，中心所有的精品课程、优秀网络课程等教学资源完全对外免费开放。

**4. 建设成效社会影响广泛，社会效应好**

中心注重与企业间的协同创新与合作发展，向社会及企业推介中心的优质教学资源，通过横向课题等方式积极引入社会资源，与企业共同建设实验室、实训基地或开发实验软件，同时也将优质教学资源在空闲时间提供给企业使用，一方面使教学与社会实际结合得更为融洽，另一方面也对中心在资金、技术等方面形成了有力的补充。中心建设成效引起社会广泛关注，得到多个部门领导及专家的肯定。微软、用友、国泰安等知名企业纷纷表达合作意向，除共建实验室外，还在实验教学内容改革上展开共同协作。

**5. 发挥示范中心联席会经管学科组组长单位作用，推动高校经管类实验教学改革与建设**

厦门大学经济与管理教学实验中心是国家级实验教学示范中心联席会经济与管理学科组的组长单位（2008~2016年），也是福建省实验教学示范中心联席会经管学科组的组长单位。为切实履行示范中心的示范义务，发挥辐射作用，中心积极发挥组长单位的作用，通过组织各类会议与活动，促进各高校间的交流合作，不断提升实验教学交流与研究的层次水平，推动经管类实验教学的内涵建设工作，总结各高校实验室建设的经验与教训，积极向各级主管部门献言献策，共同推进高校经管类实验教学的改革与建设工作。

## 五、标志性建设成果

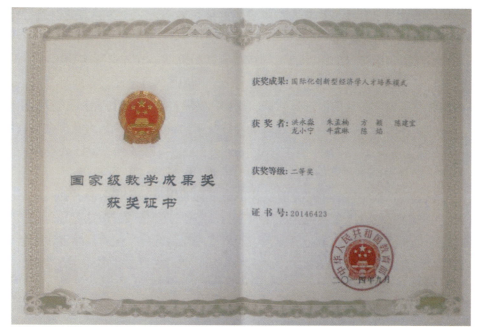

图3 "国际化创新型经济学人才培养模式"又荣获国家级
优秀教学成果二等奖及福建省优秀教学成果特等奖（2014年）

图4 "经济管理类统计学专业教学体系的改革与创新"获得国家级
优秀教学成果一等奖及福建省优秀教学成果特等奖（2009年）

图 5　计量经济学实验室获批为全国首个文理交叉教育部重点实验室（2009 年）

## 六、中心团队集体照

图 6　厦门大学经济与管理教学实验中心专职人员

# 山东大学管理学科实验教学示范中心建设成果

## 一、中心基本情况

| 学校名称 | 山东大学 |
|---|---|
| 中心名称 | 管理学科国家级实验教学示范中心（山东大学）/管理学科国家级虚拟仿真实验教学中心（山东大学） |
| 署名 | 戚桂杰　崔鲁光　张惠萍　杨海军　张向伟　刘昌 |

## 二、摘要

山东大学管理学科实验教学示范中心按照"全局规划、系统设计、分步实施、可持续发展"的建设原则，建设了基于"五化一体"的开放型管理学科实验教学示范中心和"要素＋模块"的两库三平台开放型管理学科虚拟仿真实验教学中心，在人才培养和教学科研方面取得了丰硕的成果。

## 三、Abstract

National Demonstration Center for Management Education（Shandong University）is constructed in accordance with the principles of the construction of the "overall planning，system design，implement step by step，sustainable development". With the open platform，Management Laboratory Demonstration Center of Shandong University has made great achievements in personnel training and scientific research.

## 四、主要内容

### （一）中心概述

山东大学管理学科实验中心始建于1983年，2007年被批准为"国家级管理学科实验教学示范中心建设单位"，2012年通过教育部专家组验收成为"国家级实验教学示范中心"，2014年被批准为"国家级虚拟仿真实验教学中心"。中心以建设培养多层次、复合型、创新型管理人才的实验教学环境为核心任务，以"模拟时代环境，领略管理丛林，感悟大师思想，凝练运筹韬略"为建设内涵，以"厚基础、跨专业、大综合"的教学理念为设计依据，构建了实体实验环境（示范中心）与虚拟实验环境（虚拟仿真）虚实互动、相互补充的建设体系，为学生营造了"认识管理、体验管理、感悟管理、享受管理"的实验环境，初步建成了基于"五化一体"的开放型管理学科实验教学示范中心和"要素＋模块"的两库三平台开放型管理学科虚拟仿真实验教学中心。

### （二）建设内容

山东大学管理学科实验中心以建设国家级实验教学示范中心和国家级虚拟仿真实验教学中心为契机，以"五化一体"的建设模式，初步建成了开放型管理学科实验教学示范中心和"要素＋模块"的两库三平台开放型管理学科虚拟仿真实验教学中心，探索出一条实践教学与科学研究互相促进良性发展道路。

**1. 基于"五化一体"的开放型管理学科实验教学示范中心建设**

山东大学管理学科实验中心以培养人才、服务社会的目标为核心，从资源建设模块化、培养体系柔性化、管理职能协同化、过程管理信息化、人才培养开放化五个方面进行实验室建设，建成了一个"五化一体"的开放型管理学科实验教学平台（见图1）。通过该平台确保实验资源和组织管理的有效融合，形成一个健康、开放、共享且可持续发展的虚拟仿真实验室生态系统，集课堂、案例、实验、实习、创业等环节于一体，把人的行为、企业的行为、生产和管理流程等融入管理教学实践，创新管理学科教学模式。

（1）资源建设模块化。

中心采用实验模块对应课程群的方式建构了实践与理论教学互动机制，以资源、校企合作为建设基础完善了面向"任务"的实验模块体系及实验项目库。把教学知识点所涉及的实验室建设、资源搭配、组织调度、计划安排、质量控制和过程管理等人才培养的各个环节，按照"虚拟仿真实验平台"的软硬环境建设规则，形成数据接口规范，把各环节中的"资源"提炼出来统一模块化设计、分环节同步建设虚拟组织体系，把各环节中的实体职能转化为角色，形成柔性实验体系及教学管理组织模式（见图2、图3）。

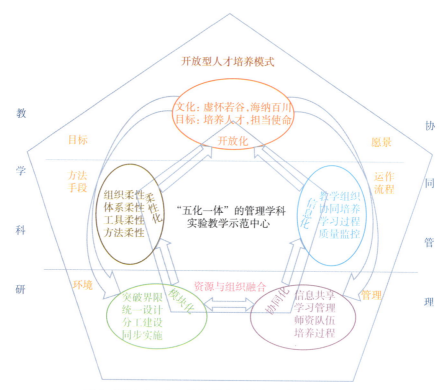

图1　基于"五化一体"的实验教学示范中心建设模式

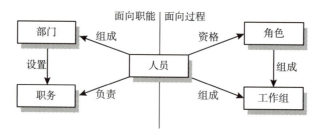

图2　实验平台实体与虚拟组织的转换模型

（2）培养体系柔性化。

中心利用信息化手段，从组织、体系、工具和方法多方面建设柔性教学体系。在实验资源模块单元的基础上设计可自由组合的数据库结构，通过实验项目的敏捷组合，构建个性化的实验大纲和培养方案，形成柔性实验体系（见图4）。通过开发课程库、实验项目库、案例库动态关联表，使得各专业在制定培养计划时，课程体系与实验体系、实习体系一体化生成；教师通过信息化平台组合知识点编制课程大纲和内容，通过关联关系自动生成实验大纲、实验项目群和实习与设计项目，形成资源数据库。

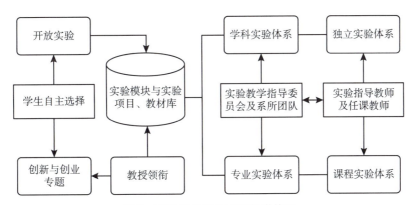

**图3　实验平台柔性实验教学体系**

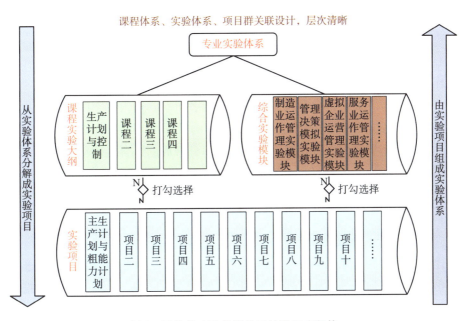

**图4　柔性化实验教学体系的数据库架构**

（3）组织管理协同化。

中心实施校、院（部）二级管理的委员会统筹体制，即"W"型协同管理模式，形成教授领衔、结构合理的实验教学队伍。将学校、学院、社会等实体纳入该模式，打通组织间边界（见图5），建立组织间有效的沟通协调机制，使各职能部门以多种形式参与实验中心建设，实现了理论教学、实践教学和科学研究的有效结合，保障了实验教学的效果。

图5 "W"型协同管理模式

（4）过程管理信息化。

中心通过自主开发、企业引进、资源整合等方式建设了一批拥有自主知识产权、有特色的虚拟仿真实验教学资源。这些教学资源有效弥补了商业软件的不足，实现了网上网下大平台、模块化可任意组合的虚实互动的虚拟仿真实验环境，将企业虚拟运行管理与真实的实验室运行管理融合到一个网络平台中。将试验中心日常管理信息化，让学生能够在日常学习和生活过程中体验虚拟的管理实践工作。

中心建设了开放的信息系统架构，将院内各科室、校内各学院、校院及校企在网络空间连接起来，建设了适应发展趋势的云服务环境，见图6。在此基础上，自主开发了涵盖实践教学各个方面的、对外开放的综合管理信息化平台。通过网络平台将校内、校外、校企等实体联系在一起，构建了突破时间和地域限制的虚拟的示范中心，进一步促进了协同化的建设发展，为开放化建设奠定了平台基础。

（5）人才培养开放化。

建设开放化的人才培养环境、培养优秀管理人才、服务地方经济、促进社会进步是实验中心建设的最终目标和愿景。按照"五化一体"的总体思路，把文化建设与目标建设融合为开放化，作为示范中心建设任务顶层设计的切入点。

中心搭建了互联互通的网络环境，支持应用型、复合型、创新型人才培养。通过与企业合作建设SAN/NAS融合的存储矩阵，实现了结构化数据与非结构化数据同步转移、更新，利用存储矩阵高加密型特征，建设了小服务器群、大存储的高安全性、高效的网络环境。基于先进的硬件网络环境，实验中心自主开发了

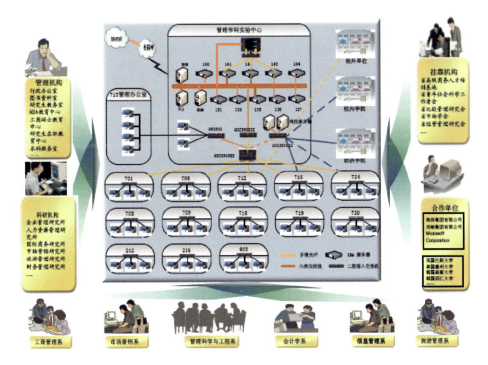

**图6 中心网络与信息系统架构**

一套具有信息发布、数据收集分析、互动交流、成绩评定、成果展示等集企业管理功能与实验室管理功能并行的虚拟仿真实验教学平台。学生通过该平台可实现从数据采集、标准制定、系统设计、过程观测等认识管理的过程，也可以利用所采集数据进入数字虚拟仿真环境下实战演练，亲身体验管理并写出分析设计实验报告，通过对人的行为、企业的行为、生产和管理流程的虚拟仿真理解管理实践并感悟管理理论，支持应用型、复合型、创新型人才培养。实验中心通过开放化建设，构建了虚实结合的实践和科研环境，实现了建设资金来源多元化的发展模式，为学生提供了与外接交流的窗口，形成了课堂、实验、案例、实习、科研、社会服务为一体的多层次、模块化的创新创业教学环境，培养社会需要的优秀人才，承担社会责任。

（6）一体集成——集"五化"于一体，建设实验室良性生态系统。

"五化"的建设在一定程度上解决了实践教学和人才培养中遇到的难题，但不能"五化"建设成更高层次孤岛，必须将其集成为一个整体。"教学、科研、实验、学生"等管理职能协同化和"硬件、教材、体系"等资源建设模块化是该模式的资源和组织管理基础，组织管理信息化和培养体系柔性化是该模式的运作和建设手段，培养优秀管理人才、担承社会使命是示范中心建设的最终目标。

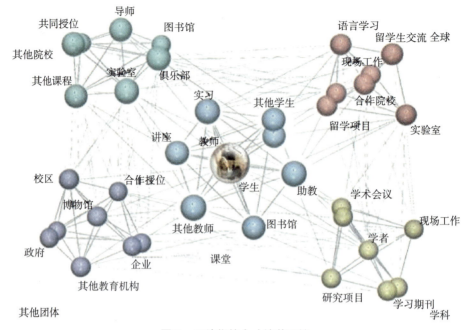

**图7  开放化的人才培养环境**

通过由上至下的循环，从实验资源和组织管理两个方面实现了对最终人才培养目标的战略分解，为示范中心建设提供顶层指导；通过由下至上的循环，在组织保障、工具方法和项目体系三个维度（见图8）阐述了具体可行的建设方法，为示范中心建设和人才培养提供细节引导。"五化"之间相互促进，通过实验资源和组织管理的有效融合，独创性地将示范中心管理和实验教学结合，构建了一个健康、可持续发展的良性实验室生态系统。

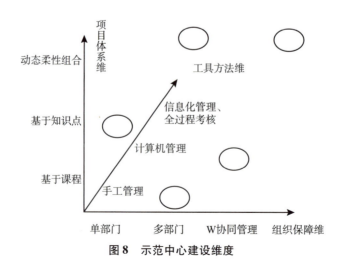

**图8  示范中心建设维度**

**2. "要素＋模块"的两库三平台开放型管理学科虚拟仿真实验教学中心建设**

山东大学管理学科实验中心创新性地构建了"虚拟要素＋实验模块"的两库三平台实验教学体系。"两库"是指虚拟要素资源库和实验教学项目库，"三平台"是指面向山东大学管理学院工商管理类、管理科学与工程类和旅游管理类三个一级学科建设而成的虚拟仿真实验教学平台（见图9）。

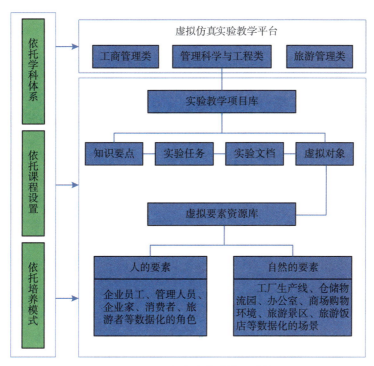

**图9 两库三平台实验教学体系结构图**

（1）虚拟要素资源库。

虚拟要素资源库（见表1）是虚拟仿真实验教学中心的基础教学单元，管理学科仿真实验中心建设的总的指导思想就是构筑一个由人、自然和网络集成的虚拟仿真系统，因此虚拟要素资源库按照人和自然两个类别进行虚拟仿真。目前，从"人"的视角来看，已经实现企业员工、企业管理人员、企业家、消费者、旅游者等多角色模拟；从"自然"的视角来看，已经实现工厂生产场景、企业管理情境、仓储物流场景、消费购物环境、校园生活环境、旅游景区环境、饭店内部环境等多场景模拟。

**表 1**　　　　　　　　管理学科虚拟仿真实验教学中心虚拟要素资源库

| 要素类型 | 依托专业 | 虚拟要素 | 数据指标 | |
|---|---|---|---|---|
| 人 | 工商管理 | 员工 | 人口统计学指标 | 性别 |
| | 人力资源 | 管理人员 | | 年龄 |
| | 企业管理 | 企业家 | | 学历 |
| | 工商管理 | 投资人 | 特定角色指标 | 岗位 |
| | 市场营销 | 消费者 | | 薪资 |
| | 市场营销 | 营销经理 | | 核心诉求 |
| | 工程管理 | 项目经理 | 个性角色指标 | 行为效率 |
| | 工程管理 | 工程师 | | 人际关系 |
| | 旅游管理 | 旅游者 | | 人格特征 |
| | 旅游管理 | 旅游规划师 | | 活动偏好 |
| 场景 | 企业管理 | 工厂生产线 | 场景要件指标 | 场景面积 |
| | 物流管理 | 仓储物流园 | | 核心功能 |
| | 人力资源 | 办公室 | | 空间布局 |
| | 市场营销 | 商场购物 | 场景视觉指标 | 色彩 |
| | 人力资源 | 大学校园 | | 光线 |
| | 工程管理 | 施工现场 | | 视角 |
| | 旅游管理 | 旅游城市 | 场景听觉指标 | 声音 |
| | 旅游管理 | 旅游景区 | | 音量 |
| | 旅游管理 | 旅游饭店 | | 音调 |

资料来源：山东大学管理学科实验教学示范中心。

（2）实验教学项目库。

实验教学项目库（见表2）是虚拟仿真实验教学中心的基本教学模块，管理学科仿真实验中心建设的目标是通过管理实践情境"再现过去、替代现实和模拟未来"的虚拟仿真，以验证或探索管理科学规律，因此不同专业不同课程根据教学大纲设定的教学任务调取虚拟"人"和虚拟"自然"要素资源组合形成管理实践情境，针对需要验证和探索的管理问题完成实验教学设计。

表2　　　　　　　管理学科虚拟仿真实验教学中心实验教学项目库

| 实验教学项目 | 调取"人"要素 | 调取"场景"要素 | 课程名称 | 依托专业 |
|---|---|---|---|---|
| 生产系统仿真实验项目 | 员工 | 工厂生产线 | 生产运作管理 | 工业工程 |
| 采购库存实验项目 | 员工 | 仓储物流园 | 物流园区规划 | 物流管理 |
| 企业信息化综合实验项目 | 管理人员+员工 | 办公室 | ERP实践 | 信息管理 |
| 现代生产系统设计实验项目 | 企业家+管理人员 | 工厂生产线 | 企业流程再造 | 企业管理 |
| ERP销售管理实验项目 | 员工+消费者 | 商场购物环境 | 市场营销 | 市场营销 |
| 饭店运营情景模拟实验项目 | 员工+旅游者 | 旅游饭店 | 旅游饭店管理 | 旅游管理 |
| 旅途意外事故处理实验项目 | 员工+旅游者 | 旅游景区 | 旅游景区管理 | 旅游管理 |
| 旅游区开发规划实验项目 | 旅游者+旅游规划师 | 旅游景区 | 旅游规划与开发 | 旅游管理 |
| 财务链实验项目 | 管理人员 | 工厂生产线 | 财务管理 | 会计学 |
| …… | …… | …… | …… | …… |

资料来源：山东大学管理学科实验教学示范中心。

（3）虚拟仿真实验教学平台。

针对各专业不同的培养目标，由教授领衔带领各系所的教师，构建了由基本认知能力、专项运作能力、综合运作能力、创新和创业能力四个层次构成的专业实验教学框架。在虚拟要素资源库和实验教学项目库建设的基础上，逐渐集成了完善的虚拟仿真实验教学体系。通过"四层次、四模块"循序渐进的系统训练，使学生能够体验和感悟管理，进而潜移默化地培养并提升学生的实际管理能力。面向工商管理、管理科学与工程、旅游管理等三个一级学科的13个本科专业开设了基础型、综合型、研究型和创业型四个层次的实验教学项目350多个，涵盖54门课程；构建了以跨学科为基础的面向各专业的综合实验教学体系，形成了分层次、多模块、既相对独立又相互衔接的实验教学环境。为提高实验资源的利用效率，中心组织教授团队以知识点为媒介，构建包含知识点和管理元素的集成建设单元，将虚拟仿真实验资源进行集成，创造性的构建了柔性的实验体系。遵循实体实验环境（实验中心）与虚拟实验环境（虚拟仿真）虚实互动、相互补充的建设原则，按照管理教育及管理学科发展的基本规律，提炼不同学科的特征和人才培养要求，建成了工商管理类虚拟仿真实验教学平台、管理科学与工程类虚拟仿真实验教学平台和旅游管理类虚拟仿真实验教学平台。

**3. 构建实践教学与科学研究良性互动机制**

中心积极探索实践教学与科学研究的良性互动机制，两者互相促进、成果互相转化。在此基础上，中心依托旅游管理系青年教师黄潇婷博士主持的国家自然科学基金项目"基于旅游者时空行为规律的旅游时间规划方法研究"，结合实验中心的旅游学虚拟仿真实验资源，利用实验中心的功能跑台、心肺功能测试仪、眼动仪、视频监控系统、微气候仿真模拟舱等设备，配合移动 APP 采集平台、实验数据集成平台，建设了山东大学游行为虚拟仿真实验室，该实验室的建设被教育部旅游管理教指委主任田卫民列为近年来旅游学界的三件标志性事件之一，在人才培养和科学研究方面取得重要影响。

（1）微气候仿真模拟舱。

中心搭建了一个微气候仿真模拟舱（见图 10、图 11），通过控制温度、湿度、气压、光照、风速、噪音等参数，来模拟不同地域、不同景区的气候环境，使被试者在实验室即可真实感受被研究区域的气候环境。

**图 10　微气候仿真模拟舱内景**

（2）眼动仪实验环境。

利用眼动仪软硬件环境（见图 12），通过更改展现在屏幕上的刺激材料（包括图像、视频、文档、网页、问卷、实验程序、游戏等），采集注视和扫视等眼动数据。

制造商信息　　　　　　有页面　　　　　　　　　实时曲线

参数设置　　　手动操作　　　运行状态　　　　　历史数据

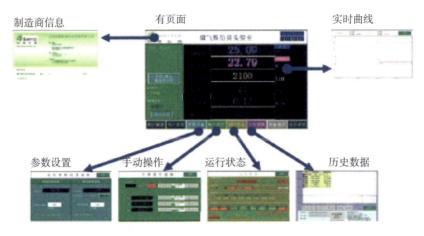

**图 11　微气候仿真模拟舱数据采集平台**

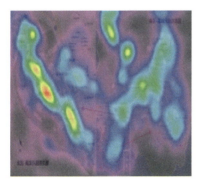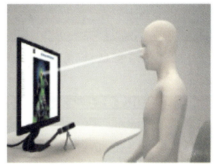

**图 12　眼动仪实验环境**

（3）多功能跑台＋心肺功能测试仪。

结合实验中心定制的多功能跑台，利用被试者佩戴的心肺功能测试仪，实现对受试者每一次呼吸氧气消耗量及二氧化碳产生量的实时监测，对被试者在静息及走路、跑步、骑自行车等日常体力活动的能量消耗进行测定，为研究旅游者体力活动水平、旅游者疲劳指数提供科学依据（见图13）。

（4）旅游者时空行为数据集成平台。

实验中心自主开发了数据集成平台，将微气候舱、眼动仪、心肺测试仪等数据集成，构建大数据平台。同时，开发移动端旅游者时空行为采集 APP，扩大数据采集范围，构建大数据基础。同时，基于移动终端及数据平台的实验数据，支持网络共享（见图14、图15）。

图 13 利用多功能跑台测试被试者生理指标

图 14 APP 轨迹采集页面

**图15　数据集成分析平台**

## （三）建设特色

山东大学管理学科实验中心是在不断总结管理学科教学经验和实验经验基础上，结合管理实践和信息技术最新发展，适应新时代对多层次、复合型、创新型管理人才的需要而不断建设和完善。经过多年的发展，虚拟仿真实验教学中心取得了特色鲜明的建设成果，促进了管理实践与理论研究的互动发展。

### 1."五化一体"的管理学科实验中心建设模式

实验中心围绕人才培养、服务社会的实验室建设目标，从实验教学和组织管理两个方向进行战略目标分解，指导实验教学资源建设和实验室管理。以培养人才、服务社会的目标为核心，从管理职能协同化、资源建设模块化、培养体系柔性化、过程管理信息化、人才培养开放化五个方面进行实验室建设，建成了一个"五化一体"的管理学科虚拟仿真实验教学互联网共享平台。通过实验资源和组织管理的有效融合，构建了一个健康、开放、共享且可持续发展的虚拟仿真实验室生态系统，构筑并实施了一套全新的实验中心建设模式。

### 2."要素＋模块"结构化虚拟仿真实验教学体系

明确界定"管理学科虚拟仿真实验是采用由人、自然和网络集成的虚拟系统，实现管理实践情境'再现过去、替代现实和模拟未来'仿真环境，是一种验证或探索管理科学规律的实验方法"。针对管理学科研究对象具有系统性、复杂性等学科特征，创新性地采用"虚拟要素＋实验模块"思路构建了结构化的虚拟仿真实验教学体系，解决了管理学科虚拟仿真实验虚拟对象复杂多变的难题。注重科研成果对实验资源的转化，通过对人的要素、自然的要素进行数字化转换，多渠道完成了虚拟要素资源库的建设；通过对虚拟要素的调取和组合，形成依托学科、专业课程、教学任务、知识要点的虚拟仿真教学实验项目，构建了模块化的实验教学项目库；在教学实验项目库的基础上，逐层搭建了工商管理类、管理科学与工程类和旅游管类三个虚拟仿真实验教学平台，进而形成了完整的管理学科虚拟仿真实验教学体系。

**3. 教学科研互动、产学研协同的国际化管理人才培养平台**

实验中心基于互联网和大数据思维，做到了系统全开放和资源共享，有效地促进了与国内外高校的教学与科研协同创新，更好地实现了相关产业、企业、政府管理部门与管理学科研究和教学的融合互动和有机结合，构筑了一个产学研协同的国际化管理人才培养平台。实验中心立足山大、面向国际，不仅直接为高校实验教学、企业和组织发展及国家经济建设服务，而且以服务促教学实现虚拟实验教学中心的可持续发展。通过产学研协同创新，为学生参与校企合作、科研项目等提供了机会，形成"由虚至实"的国际化管理人才创新培养模式。

## （四）建设成效

山东大学管理学科实验中心建设成果丰硕。2008 年获国家级教学成果二等奖一项，2010 年建设了基于互联网的管理学科实践教学平台，2011 年原中心主任徐向艺教授被评定为国家级教学名师，2012 年以优异的成绩通过了"十一五"国家级实验教学示范中心验收，2013 年杨蕙馨教授的协同创新团队获教育部立项，2014 年再获国家级教学成果二等奖一项、被认定为国家级虚拟仿真实验教学中心，2016 年积极开展实验教学案例研讨并包揽首届全国高校经管类实验教学案例大赛管理组前三名。

山东大学管理学科实验中心的建设大大增强了学生创新创业能力，提升了学生的综合素质，拓展了人才培养空间，逐步成为管理学科多层次、复合型、创新型管理人才培养的重要基地，在创新人才培养、教学与科研业绩提升以及校际交流、辐射和服务社会等方面取得了丰硕的建设成果。

**1. 创新人才培养**

➤ 实验教学中心被学校审定为创新人才培养基地；

➤ 全国创业计划大赛，七届共获奖牌 17 项，其中金牌 8 项；

➤ 各类创新、创业大赛和社会实践活动，共获得省级以上奖励 94 项（其中国家级 35 项）；

➤ 毕业生就业率持续达到 95% 以上。

**2. 教学与科研**

➤ 工商管理专业被评定为国家级特色专业，工商管理专业被评定为国家级教学团队；

> 信息管理等四个专业被评定为山东省重点建设专业；
> 原实验教学中心主任徐向艺教授被评定为国家级教学名师；
> 实验教学中心教师承担省级以上教学研究项目 24 项（其中国家级 7 项），省级以上科研项目 215 项（其中国家级 45 项）；
> 实验教学中心获得省级以上教学科研奖励 59 项；获第六届和第七届国家级教学成果二等奖各一项；
> 实验中心 2012 年以优异的成绩通过了"十一五"国家级实验教学示范中心验收，2014 年获评国家级虚拟仿真实验教学中心；
> 新建设精品课程 27 门，其中 10 门获国家级课程称号。

**3. 校际交流、辐射和服务社会**

> 实验教学中心接待 400 多所国内外高校的参观交流，其中国外高校 16 所、港澳台地区高校 7 所；
> 举办国内外学术会议 25 次，承担了教育部"高等学校经济管理类实验教学共享资源建设项目"以及企业的横向课题 100 多项；
> 完成了微软 ERP、CRM，WITNESS 系统仿真、管理决策模拟等具有国际交流功能的网上实验室建设，与海外 6 所高校签订联合培养协议。

## 五、标志性建设成果

图 16　2008 年与 Lanner 集团合作共建管理决策仿真模拟实验室

图17　2009年中心建设成果获国家级教学成果二等奖

图18　2011年中心主任徐向艺获国家级教学名师

图19　2014年中心建设成果获国家级教学成果二等奖

图20　2016年承办首届旅游行为学术研讨会及旅游行为虚拟仿真实验室剪彩仪式

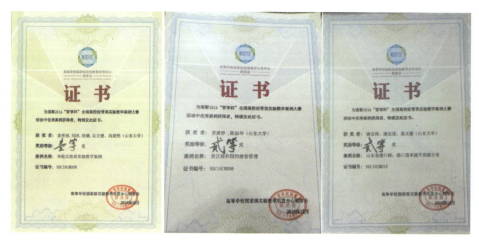

图 21　2016 年包揽首届全国高校经管类实验教学案例大赛管理组前三名

## 六、中心团队集体照

图 22　中心团队集体照

# 中南财经政法大学经济管理实验教学中心建设成果

## 一、中心基本情况

| 学校名称 | 中南财经政法大学 |
|---|---|
| 中心名称 | 经济管理实验教学中心、经济管理行为仿真实验中心 |
| 署名 | 陈池波　熊胜绪　陈锋 |

## 二、摘要

按照教育部的要求，我校以培养创新型人才为目标，建立了三个层次、五种类型的实验教学体系。理论验证型、工作实训型是第一个层次的实验教学，这是比较基础性的实验教学，其目的帮助学生理解理论和培养学生的动手能力。决策模拟型实验教学是第二个层次的实验教学，目的是培养学生的判断力和决策能力。而理论创新型和实践创新型实验教学则是高层次的实验教学，主要目的是培养学生的创新能力和创业能力。

我校还将科学研究同人才培养紧密结合，在实验教学的研究中厘清了理论教学与实验教学的关系，强化了实验教学队伍的建设，推动了实验课程的建设，提出了 SPS 实验教学模式，创立了基于公司运营的创新人才培养模式。SPS 实验教学模式，是指以模拟训练（Simulation training）、项目研究（Project study）和学习讨论（Seminar）方式进行的实验教学模式。我校还首创并实践了"基于公司运营的创新人才培养模式"，其中南湖人才开发公司（模拟）的成立探索了一条"政产学研"相结合培养创新型人才的道路，实施了"基于模拟公司的实验学习模式"和"基于管理咨询项目的实验学习模式"，鼓励学生开展"主体性、探究型、开放式"的学习。

## 三、Abstract

In accordance with the requirements of the Ministry of Education of the P·R·China, our university has established new experimental teaching system, which includes three levels and the five types of experimental projects, to cultivate innovative talents. Theoretical verification and work training experimental projects are the first level of experimental teaching, which is basic experimental teaching and aims to help students understand the theory and develop students'practical ability. The decision-making simulation experimental teaching is the second levels of experimental teaching whose goal is to raise student's judgment and decision-making ability. The theoretical innovative and practical innovative experimental teaching is higher-level experimental teaching whose main purpose is to cultivate students' innovation ability and entrepreneurial ability.

Scientific research has been closely combined with talent fostering in our university. We have clarified the relation between theoretical teaching and experimental teaching, strengthened the construction of teaching staff, promoted the construction of experimental courses, put forward the SPS experimental teaching mode and created training mode of innovation talents based on the operation of the company. SPS experimental teaching mode refers to the experimental teaching mode which contains simulation training, project research and seminar. Our school also has pioneered and practiced the training mode of innovative talents based on the operation of the company. For example, Nanhu Talent Development Company (Simulation) has explored a way of government-industry-academy cooperation and implemented the "experimental learning mode based on simulated company" and "experimental learning mode based on project management consulting", encouraged students to carry out "Subjectivity, inquiry, open" learning.

## 四、主要内容

中南财经政法大学经济管理实验教学中心于 2007 年获批为"国家级经济管理实验教学示范中心建设单位"，2012 年顺利通过了"国家级经济管理实验教学示范中心建设"项目的验收。中心于 2013 年获批为"国家级虚拟仿真实验教学中心"，成为全国首批百家"国家级虚拟仿真实验教学中心"之一，也是湖北省唯一一家经济管理类双国家级实验教学中心。

中心占地面积 4375 平方米，设备 3000 多台套，设备价值 2000 多万元。中心下设工商管理、财税、会计、金融、经济学、统计与数学六个实验教学区，以及电子商务、会计、财税业务等 18 个实验室和经济管理实践教学研究所。中心现承担 24 个经济管理本科专业的实验与实践教学任务，并为 40 个专业的硕、博士研究生的教学与科研提供实验平台。已开设实验课程 191 门，实验项目 470 项，年均实验教学工作量达 39 万多人时数。

中心主任为博士生导师陈池波教授。陈池波教授是湖北名师，享受国务院政府特殊津贴，现任工商管理学院院长兼农村发展研究所所长、湖北省高等学校人文社科重点研究基地"WTO 与湖北发展研究中心"主任，教育部高等学校农业经济管理类教学指导委员会委员，湖北省人民政府咨询委员，武汉市人民政府决策咨询委员，湖北省有突出贡献中青年专家，湖北省高等学校优秀中青年科技创新团队负责人，国家社科基金重大项目首席专家。

## （一）特色

### 1. 依托学校经、法、管的学科优势，整合资源，构建起适合本校特色人才培养模式的实验教学体系

几年来，中心以我校 60 年积淀形成的经济学、法学和管理学学科优势为依托，通过整合财政学、会计学、经济学、金融学、工商管理和统计学等六大学科的资源，实现了经济与管理多学科交叉，使分散于各个专业学院的教学与科研资源通过实验教学实现了真正的融合。并实现了原本具有内在联系的各财经专业学科知识体系、理论教学与实验教学、学科建设与实验室建设三方面的有机结合。

### 2. 通过与实际部门和外校的深度合作，构建开放式的教学团队，探索贴近实际的特色鲜明的实验教学模式与方法

中心通过与武汉众孚管理公司、春天药业公司、中冶南方工程技术有限公司、凯迪电力有限公司、信诚人寿保险公司武汉分公司、武汉越秀人力资源服务有限公司、中国市政工程中南设计研究院、中国人民银行武汉分行、中南电力设计院等 20 多家企事业单位合作，建立了一支实践导师团队。同时还与武汉大学、湖北经济学院和湖北警官学院等学校合作，建立了一支校外兼职教师队伍，并依托这两支教学团队，开展了贴近实际的实验教学模式与方法的探索，提出并实践了"SPS 实验教学模式"，推出了"基于模拟公司运营的实验教学方法"以及"基于管理咨询项目的实验教学方法"。实践证明，这些这支教学团队和创造的新的教学方法对培养我校大学生的实践能力起到了明显的作用。

### 3. 以实验教学研究和实验室建设的改造升级为抓手，推进教学和科研的有机结合

中心通过与校内相关部门合作，以实验教学研讨会、资助实验教学项目研究

等形式，推进实验教学理论与方法的研究。中心还结合学校人才培养目标的定位和实验教学理念，新建"经济科学实验室"、"行为科学实验室"等研究型实验室，并对传统实验室进行改造升级，使之成为教师从事教学和科学研究的平台。

**4. 依托创新创业教育基地，发挥重点学科优势，凸显创新性实验与实践教育的重要地位**

中心注重学生知识的传授与理性认知能力培养的结合。中心于 2009 年被湖北省授予"湖北省大学生创新实践基地"，2010 年，学校又被授予"大学生创业活动基地"，中心成为学校创业教学的机构之一。除了组织学生参与"大学生创新实验计划项目"外，中心依托这两个基地，发挥我校财政学、金融学和会计学三大国家重点学科，以及企业管理、统计学等 10 个省级重点学科的创新人才优势，与"中国投资研究中心"、"湖北财政与发展研究中心"、"WTO 与湖北发展研究中心"密切结合，支持教师吸收大学生参与国家、省部等各类科研项目的研究。中心还设立了"大学生创新实验活动项目"，资助大学生在对实践问题的探讨中研究性学习和自主式学习。学校还设立了创业设计大赛，每年组织学生开展创业设计，并支持学生开展创业实践。

## （二）建设举措

### 1. 学校支持政策与举措

我校一直将实验教学视为培养创新人才的重要途径，采取了一系列促进实验教学发展的政策与措施。2005 年，学校将经济管理学科专业实验室的建设纳入学校中长期发展规划，成立了正处级的独立建制设置的校级实验教学机构——经济管理实验教学中心，全面负责管理经济管理学科的实验教学管理与建设工作。2007 年，该中心获批"国家级实验教学示范中心建设单位"后，学校高度重视这一"质量工程项目"，为确保其实现建设目标，取得预期成效，在组织保障、政策扶植、经费支持、队伍建设、教学改革等方面给予了中心全方位的支持，主要体现在：

（1）组织保障。

学校专门成立了由分管校长任主任，有关职能部门负责人和专家组成的"实验室建设领导小组"和"经济管理实验教学指导委员会"，每年召开 4~6 次会议专门研究中心实验室建设和实验教学问题，包括审议实验室建设方案、中心年度建设规划和任务，对建设目标、内容、方案、措施等给予论证和指导。实验教学指导委员会下设由相关专家和专业教师组成的工作小组，定期召开会议研究示范中心建设中出现的具体问题，以确保其建设质量。

（2）制度保障。

2009 年，学校在重新修订的本科全程培养方案中规定：实践教学环节占总学时的比重不低于 15%。其中实验教学环节 5 个学分，每个专业至少开设一门独立的实验必修课程（3 个学分）和 2 门实验选修课程，专业基础课和专业课程中，开设有实验内容的课程不得少于全部课程数量的 50%。学校还制定了实验教学队伍建设的详细规划。

（3）激励保障。

2008 年以来，学校每两年举行一次的全校青年教师教学竞赛，给经济管理实验教学中心设定实验教师参赛名额，实验课优胜者除获得物质与精神奖励外，还与职称评聘和年度业务考核挂钩，其中一等奖获得者，其晋升副教授职称的指标单列，破格直接晋升为副教授。2009 年以来，经济管理实验教学中心每年举办一次实验教学竞赛，对优胜者给予物质与精神奖励，并在晋升高一级职称时同等条件下优先。为调动教师参与实验教学的积极性，学校调整了教学工作量的计算标准，教师承担的实验教学课按 1.5 倍计算教学工作量。学校每年举办一次经济管理实验教学研讨会和总结表彰大会，对在实验教学与管理中涌现出的先进集体和个人给予表彰奖励。

（4）经费保障。

学校在实验室建设和实验教学改革的经费投入方面已形成了系统完整的政策扶持和制度保障体系。中心实验室维护运行经费、师资队伍培养等均纳入学校年度预算，经学校统一审核通过后拨付。对于实验室新建或改造项目，由中心提出申请，经专家论证、校长办公会议审议通过后，可列入修购专项资金或学校专项资金开支。学校对实验教学改革、实验课程建设、信息化平台建设以及大学生实验创新项目等都设立了专项经费。

**2. 实验教学改革**

（1）构建和完善适合我校"应用型、融通性、开放式"特色人才培养模式的实验教学体系。

2008 年，中心根据国内外高校经济管理学科实验教学的发展现状，提出了"每个本科专业至少开设一门独立的实验必修课程，每个专业的专业基础课和专业理论课程中，有实验内容的课程不得少于 50%，且每门课程的实验课时不得少于总课时的 20%。"的实验教学改革方案。经学校本科教学指导委员会审议通过，该方案列入了学校当年修订的本科专业全程培养方案，从 2009 级开始执行。

（2）加强实验课程与实验项目的建设，优化实验教学资源。

根据实验教改方案和新的实验教学体系的要求，中心狠抓了实验教材的建设，第一批选定了 12 本经济管理学科的实验系列教材，其中 10 本已编写完成，并陆续由经济科学出版社出版。同时，中心组织任课教师编写实验教学大纲（含理论课内实验项目）或实验指导书，并编印成册。中心还安排专人收集整理了大量的实验教案、教学课件、多媒体资料等，建立了内容丰富的资源数据库，为教师的教研活动和学生的学习实践活动提供了良好条件。

为进一步提高实验课程的教学质量，中心开展了精品实验课程的建设探索。目前，人力资源管理实验被确定为校级精品实验课程，由学校资助建设，财税实验、证券投资实验、电子商务实验等 8 门课程被确定为精品实验课程，由中心资助建设。

2009 年以来，中心每年资助"经济管理实验教学项目开发研究课题"，这些课题都是来自我校实验教学的实际，具有很强的实用性，"埃奇沃思实验"、"供应链牛鞭效应仿真"等一批实验项目已开发完成并投入使用，新增实验项目数156 项。

（3）开展实验教学模式与教学方法的改革与创新探索。

为整合我校的优势学科资源，提高实验教学的质量，中心提出了构建多学科融通、多模块、一体化实验教学模式的设想。在充分进行可行性论证的基础上，中心依托财税学科，以财税业务模拟实验室和公共经济实验室为试点平台进行专题研究。目前已开发成功公共决策、部门预算、集中支付、政府采购、国债五个相对独立的实验教学模块，并开发出数据接口软件，实现了在互联网环境下五个实验模块的一体化运作。

**3. 实验教学队伍的建设**

（1）形成了一支结构合理、高水平的实验教学与管理团队。

经过九年的建设，中心已构建起一支由各专业学科带头人为核心，以中青年教师为骨干，多学科交叉、专业覆盖全面，年龄、职称结构合理的复合型、高水平的实验教学与研究团队。目前，在实验中心从事实验教学的 258 位专职教师中，有教授 60 人，副教授 86 人，讲师 62 人，具有博士学位的教师 180 人，具有硕士学位的老师 40 名。中心专职实验人员 24 人，其中高级实验师（高级工程师）5 人，实验师（工程师）7 人。实验专职人员占实验教学人员总数的10.6%。其中 80% 以上具有多年实验教学和实验室工作经历，理论知识与实践经验丰富。

（2）建立起与学校创新型人才培养体系相契合的实验教师构成体系。

为提高实验教学的质量，中心根据实验教学的要求，要求担任实验教学的专业教师应当在理论与实践相结合方面具有较丰富的经验，青年教师须经过相关考核合格后才能担任实验课教学或开展实验教学项目的研究。此外，中心在提高校内专职实验教学队伍水平的同时，通过与20多家企事业单位合作，建立了一支实践导师团队。同时还与武汉大学、湖北经济学院和湖北警官学院等学校合作，建立了一支校外兼职教师队伍。通过这些举措，使学生了解社会实际，把握实践发展的脉搏，开拓他们的视野。

（3）以实验教研项目为抓手，进一步促进师资队伍理论与实践相结合能力和教学水平的提高。

2008年以来，学校每年拨付中心13万元资金资助"经济管理实验教学改革研究项目"；中心设立了"经济管理实验精品课程建设"的专项经费，鼓励专业教师和专职实验人员开展相关研究。同时中心还为学校或各学院承担的国家、省级科研课题的研究、精品课程项目的建设提供实验或开发环境。中心教学团队成员承担并完成各类科研项目649项，其中国家、省级自科基金和社科基金项目326项，发表学术论文1000多篇。承担种类教学研究项目145项，其中国家级和省级项目31项。发表教学研究论文408篇，其中实验室技术人员发表论文26篇。与此同时，中心成员共获得106项各类教学成果奖，其中国家级奖1项，省（部）级奖9项，校级奖96项。这些成果许多已经在校内外的实验教学中推广应用，受到用户的好评，同时也进一步促进教学团队尤其是广大青年教师理论与实践相结合能力以及教学水平的提高。

**4. 条件与环境建设**

（1）硬件设施建设。

根据国家级实验教学示范中心建设目标，学校重视实验教学条件与环境的完善，先后升级和改造了六个实验教学区的所有实验设施，其中主要项目有：

2009年，投资70余万元新建使用面积100平方米公共经济实验室；

2010年，投资32万元，购置6台服务器，为经济管理实验教学优质资源共享系统提供了所需的硬件设施；

2011年，投资50万元新建管理行为科学实验室；

2012年，投资360万元新建使用面积360平方米经济科学实验室；

2012年，投资758万元对工商、会计、金融、财税、统数教学区的实验室进行了全面升级改造；

2016年，投资320万元新建了审计环境仿真实验室。

中心还十分重视实验教学辅助设施的健全配套与优化完善。2010年，投资23万元为各实验室安装了视频教学与监控系统，不仅可用于实验教学，而且可作为实验室安全监管的手段。

（2）软件环境建设。

在加强实验教学中心硬件设施建设的同时，中心也加大了实验教学软件环境的建设力度。中心先后投入 180 多万元用于购置实验教学软件系统，中心现有各种实验教学软件 76 套，软件资产总值约为 310 多万元（不包括校外机构或企业赠送的软件）。

（3）校企合作共同建设实验项目。

除学校和相关学院的持续投入外，随着我校经济管理实验教学中心示范辐射效应的逐渐增加，近年来，一些企业和机构也纷纷与中心合作建立实验室或实践基地，并提供了总计价值数百万元的实验器材、设备及配套软件。

### 5. 信息化平台建设与利用

中心围绕实验教学信息化平台的建设与应用，以建立网络化实验教学平台和实验教学资源共享系统两大项目为龙头，从网络与配套设施的升级完善和教学资源的内容充实与质量提高两个方面开展工作。

（1）完善与优化中心 Web 网站的内容与功能，使之成为一个兼备教学与管理、教学资源共享的综合性实验教学平台。

2008 年以来，中心每年投资 1 万元用于中心网站（http：//jgsyzx. znufe. edu. cn）的运行维护与建设，如今，网站的功能合理完善，其教学资源总容量达 382. 2GB。除营销模拟、电子商务、物流管理等远程实验教学系统继续发挥作用外，企业经营决策模拟、ERP、经营之道、创业之星等一批教学系统也实现了远程化。利用网站不仅在时空上延伸了实验资源的应用范围，同时也实现了实验教学管理的远程化和智能化。

（2）初步建立起经济管理实验教学优质资源共享系统。

该项目于 2010 年初启动，目前已初见成效。该系统一方面实现了六个实验教学区资源配置的科学化，从实验环境、设备的功能介绍和使用说明，到实验室的规章制度全部实现数字化或多媒体化，以数字化方式发挥出与传统环境相同甚至更佳的功效；另一方面，在校园网基础上，针对远程教学的环境，结合经济管理专业实验的特点，完善和优化了实验教学资源，包括现有实验教学项目相关资料的教学资源数据库已通过网络教学互动平台向校内外提供全方位开放服务。

（3）开发研制与经济管理专业实验项目配套的数据库系统。

2011 年以来，随着行为科学实验室、经济科学实验室等一批新的高层次实验教学项目建设的启动，中心与有关学院合作，以财政学、会计学两个国家级重点学科的资源为核心，着手开发"公共财政资源数据库"、"会计财务报表数据库"，以及"人才素质测评标准数据库"、"实验项目共享资源多媒体数据库"，目前部分子库已在"预算调整方案的审批"、"企业财务管理"、"生产运作（ERP 子项目）"、"人才素质测评"等实验项目中使用，其效果良好。

（4）开发建立了基于 WiFi 的开放式实验教学管理与服务支持系统。

该项目于 2012 年由中心组织实施。该系统具有两大主要功能：其一，利用 WiFi 实现经济管理实验区的全无线网络覆盖，将原来基于 Web 的实验教学系统的资源平移到基于 WiFi 的 WLAN 环境下；其二，通过 WLAN 平台实现实验教学管理的无线网络化，师生可通过手机、iPad 等移动设备享用各种实验教学资源，学校相关部门及中心也可利用该系统进行实验教学的管理工作。

（三）成效

**1. 实验教学的水平和质量跃上新台阶**

通过一系列加强实验教学的措施，与中心成立之前相比，我校的实验教学水平实现阶跃式提升，不仅是独立的实验课程与课程实验项目的数量增加了，更重要的是实验项目的质量有了新的提高，一批验证型或操作体验型的模拟实验被淘汰，取而代之的是更多综合应用型、创新设计型的实验；一批以教师为中心的指导型实验被越来越多地演变为以学生为主的师生互动型实验；一批教师的科研成果和大学生实验创新项目成果成为新的实验项目。

**2. 学生的创新能力明显增强**

近几年来，除加强实验教学外，各学院和学校的创业学院、大学生实践创新基地等均依托实验中心的开放实验平台，为学生提供各种校园创新实验活动。据不完全统计，共有近 3000 名本科生参加了教师承担的各类科研项目 150 余项。我校本科学生获各种专利 40 余项，在全国核心期刊上发表学术论文近 600 篇，有 300 多篇论文获得湖北省大学生科研论文、优秀学士学位论文等各级奖励，在武汉地区高校中名列前茅。学生的创新精神和创新能力有了进一步提高。

**3. 学生的实践能力明显增强**

2008 年以来我校获得国家级大学生创新实验计划项目逐年增长，学生参加全国或全省各类实践竞赛获得的奖项等级越来越高，数量也来越多。2009 年度有关专业学生参加各类竞赛分别获得了全国物流设计大赛一等奖，2009 全国大学生管理决策模拟大赛一等奖，2009 全国大学生创业大赛一等奖，第十一届"挑战杯"全国总决赛一等奖和三等奖，2009 全国大学生数模竞赛 2 个一等奖，2 个二等奖的好成绩。2012 年获全国大学生企业竞争模拟大赛一等奖，管理决策模拟大赛二等奖。2016 年获全国管理决策模拟大赛一等奖。

## 五、标志性建设成果

**1. 实验教学成果**

经济管理实验教学中心教师先后多次获得省高等学校教学成果奖，其中一等奖 3 次, 二等奖 3 次。

湖北省高等学校教学成果奖

**获奖证书**

成果名称: 工商管理类专业"产学研用"实践教学体系研究与实践

完成单位: 中南财经政法大学

主要完成人: 赵琛徽、张新国、熊胜绪、陈池波、陈志浩、
王淑红、陈锋、周进华

获奖等级: 一等奖

证书编号: 20130396

二〇一三年二月

**图 1   中心教师获奖证书**

**2. 学生创新创业成果**

中心注重学生知识的传授与理性认知能力培养的结合。中心于 2009 年被湖北省授予"湖北省大学生创新实践基地", 2010 年, 中心被学校授予"大学生创业活动基地", 成为学校创业教学的机构之一。自 2009 以来, 经济管理实验教学中心累计资助"湖北省大学生创新实践基地"项目 120 项, 总计经费 48 万元人民币。

受会计手工实验课的启发，中南财经政法大学金融学专业 2006 级王辰同学对手工制作产生了浓厚的兴趣，在课外，通过自己的摸索，发明了一种可用于智力开发的学习用具"一种组装玩具、教具组件"，经过她的申请，这一手工产品于 2009 年获得了国家知识产权局颁发的实用新型专利证书。

图 2　王辰专利证书

### 3. 实验教材

经济管理实验教学中心资助教材出版 26 本，已出版 12 本，资助经费 39 万元。

图 3　中心资助出版的部分实验教材

**4. 实验教学竞赛**

中心在建设国家级实验教学中心过程中注重提高教师的实验教学水平，从 2009 年以来，中心举办了 7 次实验教学竞赛。2013 年中心选派的优秀实验教师参加学校的青年教师教学竞赛，获得全校第一名。

图 4　第一届实验教学竞赛颁奖仪式

图 5　第五届实验教学竞赛现场

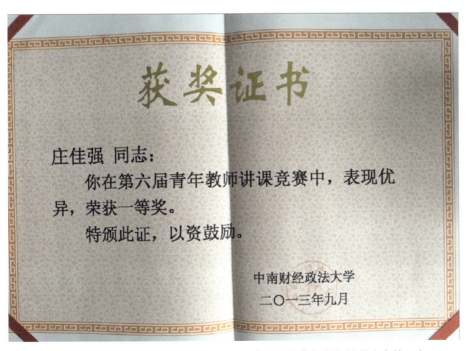

图 6　庄佳强"个人所得税税收实验"课获得全校青年教师教学竞赛第一名

## 六、中心团队集体照

图 7　中心领导与部分工作人员的合影

# 经济管理国家级实验教学示范中心（嘉兴学院）建设成果

## 一、中心基本情况

| 学校名称 | 嘉兴学院 |
|---|---|
| 中心名称 | 经济管理国家级实验教学示范中心（嘉兴学院） |
| 署名 | 潘煜双　邓昶 |

## 二、摘要

**1. 以岗位训练为点，跨专业协同为线，创业实战为面的实验教学体系创新**

"点线面"实验教学一直是中心实验教学的突出特色。经管类大部分专业均已形成较完善的岗位训练实验模块。中心组织出版了以"点线面"能力构架体系为特色的系列专业实验（实训）指导书。该系列实验指导书体现了先进的教育理念和实验教学观念，整合了实验教学内容，引入、集成现代信息技术和方法，加强了综合性、设计性、创新性实验，具有鲜明的特色。

**2. 以技能训练为点，能力发展为线，素质培育为面的人才实践能力培养路径创新**

中心以专业能力解构为切入点，将经管类各专业的培养目标与能力规格进行了细致的分解，形成了从素质、能力到技能的层次化解构框架。中心通过跨专业协同、创业实战的虚实衔接，提升人才素质。

**3. 以项目研发为点，成果转化为线，联合培养为面的实验教学平台创新**

中心积极探索专业岗位训练实验项目，开发了系列经管类专业仿真模拟沙盘。中心已拥有自主研发的专业沙盘及配套教具 8 套，各专业沙盘仿真的岗位训练实验教学已日臻完善。中心注重鼓励专业教师将科研成果转化为实验教学项目，较好地弥补了传统实验项目过于侧重验证、时效性不强、无法满足本地化需求等问题。

## 三、Abstract

Use duty training for the point, cross disciplinary collaboration for the line, entrepreneurial practice for the surface to innovate an experimental teaching system.

PLS (point-line-surface) experimental teaching has been the prominent characteristics of the center. The perfect job training module has been formed in most major of the Economic and Management. The Center has published a series of professional distinctive experimental guiding books which reflected the PLS framework system, the advanced experimental teaching concepts and strengthened the comprehensive, designing, innovative experiments using the modern information technology.

Use skills training for the point, ability development for the line, quality cultivation for the surface to innovate a talent practice ability training path.

The center uses professional capabilities structure as a breakthrough point, to carefully analyze the economic management majors' training target and capability specification, for building a layering deconstruction framework. It enhances the quality of talents by connecting cross disciplinary collaboration and entrepreneurial practice.

Use project research for the point, achievement transformation for the line, joint training for the surface to innovate an experimental teaching platform.

The center have actively explored the professional training program and developed a series of professional simulation sand table of Economics and Management. The center has 8 sets of professional sand table and supporting teaching tools which have been independently developed. It focus on encouraging professional teachers to transform scientific research into experimental teaching projects, which made up the problems of the traditional experimental projects which been extra emphasis on verification, lack of timeliness and unable to meet the localization requirements.

## 四、主要内容

（一）经济管理国家级实验教学示范中心（嘉兴学院）的发展历程、建设概况

2002 年 3 月，学校调整了实验室建制，将原分散在各院系的多个经管类实验

室合并组建了校级经济管理实验中心。中心建立了学术委员会，并通过学科负责人兼实验室主任等措施，建立了"中心学术委员会—中心主任—二级实验室主任—实验员—学生助理管理员"管理体系，理顺了中心和相关学院之间的关系，明确了各自的权、责、利，保证了中心的顺利运行。

2002 年 10 月，学校召开了以加强实践教学、完善实践教学体系为主题的第 2 次全校教学工作会议，明确了"一主线、两体系、三突出、四结合"的实验教学思路，逐步形成了"点、线、面"相结合的实践教学体系。

2004 年被列为省级示范中心建设单位，2005 年成为全国经济管理专业实验室工作研究会常务理事单位，2007 年被列为全国 29 家经管类国家级实验教学示范中心建设单位之一，2009 年通过浙江省经济管理实验教学示范中心验收，2013 年通过国家级经济管理实验教学示范中心验收，在全国同类院校中有较大影响（见图 1）。

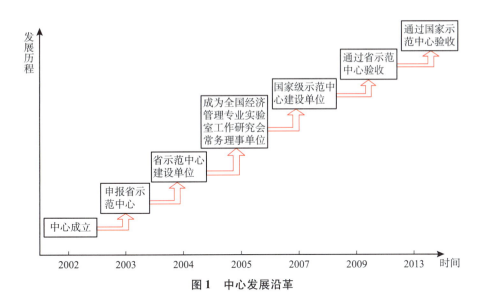

**图 1　中心发展沿革**

为加强经管类专业学生实践动手能力和创新、创业能力的培养，中心以"模拟社会风云、探寻无形之手"为理念，经过多年的探索与实践，已形成专业系统化的能力解构与培养体系，实践教学目标指向明确，教学成果支撑厚重。中心依托标准化共享服务、专业化开放平台、校际网络共享的运行，从资金投入和已经产生的效益看，节约了资源，并大大提高了设备利用率。目前，中心拥有一幢实验室面积 6000 多平方米的独立实验楼（见图 2），面向学校 8 个学院的 17 个经管类及相关专业开设实验项目 600 多个，每年受益学生达 6000 多人。

图2　中心大楼与大厅

经济管理实验中心在教学和管理中采用了多媒体技术、仿真技术、计算机网络技术、终端服务技术、BB教学平台、FTP技术、VPN技术、"一卡通"智能化管理系统等先进的实验教学技术，在网上开放了证券交易模拟、国际贸易、工商企业管理、银行综合业务、电子商务等数十多项综合训练实验项目，利用中心的各类网络服务器实现了全方位的开放，实现了实验实训的时间和空间的扩展，极大地提高了实验室的利用效益，走出了地方本科院校经管实验室发展的特色之路。

中心五年内共投入建设经费950万元，现有仪器设备1500余万元，软件资产近500万元，并建有丰富的实验教学信息资源库，包括课件与习题库、案例库、金融资讯库、大中型企业和上市公司的月报年报数据库、海关进出口数据库、经管类政策信息库、学科理论库等。中心下设经济综合实验室等4个二级实验室，20多个实验分室（见图3），拥有各类设备1319台套，其中计算机600余台，可实现一生一个终端，其他实验教学实现小班化教学，设备数量充足。中心年均完成计划内实验教学38.5万人时数，开放实验28.9万人时数。

嘉兴学院经济管理实验中心的建设，解决了学生下企业实习困难、实习成本高、效果差等问题，同时还激发了学生的学习兴趣、增强了学生的自学能力，学生的创新实践能力得到明显提升。

近年来，我校经管类学生在"挑战杯"课外学术科技作品竞赛、"三创"杯、"大学生数学建模"竞赛等各类国赛中，获得全国特等奖1项、全国二等奖5项、全国三等奖5项、全国优秀创新奖、创意奖、创业奖各1项，优胜奖3项；在浙江省大学生财会信息化竞赛等各类省级大赛中，获得特等奖2项，一等奖31项，二等奖113项，三等奖228项，获奖人数2000多人（见表1）。近三年商学院经管类专业平均一次性就业率为95.14%。

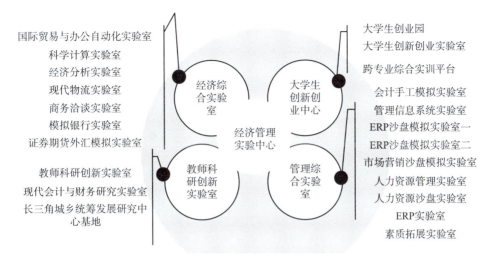

国际贸易与办公自动化实验室
科学计算实验室
经济分析实验室
现代物流实验室
商务洽谈实验室
模拟银行实验室
证券期货外汇模拟实验室

教师科研创新实验室
现代会计与财务研究实验室
长三角城乡统筹发展研究中心基地

大学生创业园
大学生创新创业实验室
跨专业综合实训平台
会计手工模拟实验室
管理信息系统实验室
ERP沙盘模拟实验室一
ERP沙盘模拟实验室二
市场营销沙盘模拟实验室
人力资源管理实验室
人力资源沙盘实验室
ERP实验室
素质拓展实验室

**图3　经济管理国家级实验教学示范中心（嘉兴学院）实验室分布图**

**表1　　　　大学生参加全国、省各类科技竞赛获奖情况汇总统计**

| 获竞赛奖级别 | 竞赛名称 | 获奖类别 | 合计 |
|---|---|---|---|
| 国赛奖 | 1. 全国高校创新、创意、创业电子商务挑战赛<br>2. 全国高校数学建模 | 全国特等奖 | 1 |
| | | 全国二等奖 | 5 |
| | | 全国三等奖 | 5 |
| | | 全国优秀创新奖 | 1 |
| | | 全国优秀创意奖 | 1 |
| | | 全国优秀创业奖 | 1 |
| | | 优胜奖 | 3 |
| 省赛奖 | 1. 浙江省大学生电子商务竞赛<br>2. "用友杯"全国大学生创业设计暨沙盘模拟经营大赛<br>3. 浙江省"挑战杯"大学生课外科技作品竞赛<br>4. 浙江省大学生财会信息化竞赛<br>5. 浙江省大学生多媒体设计作品竞赛<br>6. SRT<br>7. 浙江省大学生科技创新活动"新苗人才" | 省特等奖 | 1 |
| | | 省一等奖 | 13 |
| | | 省二等奖 | 53 |
| | | 省三等奖 | 89 |
| | | SRT立项 | 220 |
| | | 新苗人才计划 | 38 |

资料来源：经济管理国家级实验教学示范中心（嘉兴学院）。

（二）经济管理国家级实验教学示范中心（嘉兴学院）的特色与创新

PLS即Point（点）、Line（线）、Surface（面），来源于实验教学中的"点线面"教学法，早期内涵为通过单元实验（点）、课程实务训练（线）与综合训练（面）的层次结构与内容关联来构造能力训练体系，以提升实验教学效果。

　　"点线面"教学法一直是嘉兴学院经管类专业实验教学的应用特色。随着虚拟仿真实验教学改革的深入，中心进一步创新了"点线面"教学的内涵与外延，将"点线面"教学的解构建构原理应用于虚拟仿真实验的建设与教学实施，形成了以"点线面"架构为核心特色的实验教学体系、能力培养路径、平台与管理模式（见图4）。

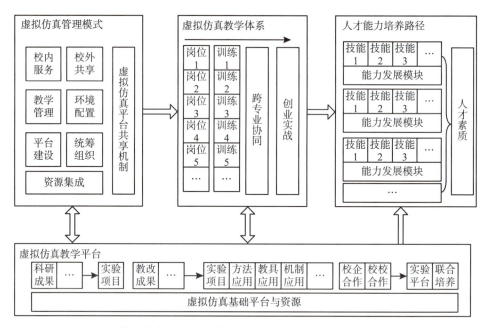

**图4　基于"点线面"架构的经济管理 PLS 虚拟仿真实验中心**

　　近年来，经济管理实验教学中心在实验教学体系改革、人才能力培养路径、实验教学资源的开发与共享，实验教学管理模式与机制等方面不断创新，形成了面向应用型人才培养的鲜明特色：

**1. 以岗位训练为点，跨专业协同为线，创业实战为面的实验教学体系创新**

　　"点线面"实验教学一直是中心实验教学的突出特色。早于2005年，"点线面"实验教学就率先在会计学等专业中成功应用，并完成了同主题的浙江省新世纪教学改革项目，积累了大量教学成果并成功推广。经管类大部分专业均已形成较完善的岗位训练实验模块，并自主研发了系列专业仿真沙盘。

　　目前，中心通过内部优化与外部合作，已形成岗位、跨专业、创业三层次的"点线面"实验教学体系。此外，中心根据社会需求变化，已将"应急仿真"为主题的仿真教学内容列入建设计划，并在部分经管类专业开展试点。

中心组织出版了以"点线面"能力构架体系为特色的系列专业实验（实训）指导书。主要包括经济学、财务管理、市场营销、人力资源管理等 10 个专业，其中《市场营销专业实验（实训）指导教程》入选国家"十二五"规划教材。该系列指导书也受到评审专家们及同行的好评。专家们认为：该系列实验指导书体现了先进的教育理念和实验教学观念，整合了实验教学内容，引入、集成现代信息技术和方法，加强了综合性、设计性、创新性实验，具有鲜明的特色。

**2. 以技能训练为点，能力发展为线，素质培育为面的人才实践能力培养路径创新**

中心以专业能力解构为切入点，将经管类各专业的培养目标与能力规格进行了细致的分解，形成了从素质、能力到技能的层次化解构框架。中心依据实验教学项目化要求，组织各个专业进行虚拟仿真实验教学项目设计，将专业技能和实验项目相对应。目前已形成涵盖 17 个专业的 600 多个实验项目，并明确了各专业的能力培养目标。在中心的组织下，各专业以能力培养为主线，借助实验平台，建构实验模块，并探索实施专业能力评价体系。最后，中心通过跨专业协同、创业实战的虚实衔接，提升人才素质。

近几年来，中心已探索出一条较成熟的与人才能力提升相适配的"点线面"培养路径，并取得了较好的专业能力培养效果。目前以人力资源管理、会计学等专业为试点实施的能力评价体系，通过能力评测衡量实验教学效果，有效地构建了实验教学与人才能力培养之间的联系，形成了一定特色。

**3. 以项目研发为点，成果转化为线，联合培养为面的实验教学平台创新**

近年来，中心积极探索专业岗位训练实验项目，开发了系列经管类专业仿真模拟沙盘。目前，中心已拥有自主研发的专业沙盘及配套教具 8 套，经过几年的实践应用，各专业沙盘仿真的岗位训练实验教学已日臻完善。

中心注重鼓励专业教师将科研成果转化为实验教学项目，目前由成果转化的实验项目达 33 项，较好地弥补了以往实验项目过于侧重验证、时效性不强、无法满足本地化需求等问题。

中心积极探索校企共建、共管实验室的合作模式与机制，与嘉兴精创教育科技有限公司、用友软件股份有限公司、金蝶软件（中国）有限公司、五矿期货有限公司、中国铝业公司等在软件开发、实验项目设计、人才培养等方面开展多种形式的紧密合作，将企业员工招聘与甄选、生产运作、银行结算、证券交易、商务谈判、财务管理等实时场景引入中心，供学生进行模拟实习。中心还与同济大学浙江学院等学校建立校际合作关系，由中心提供校际网络共享资源。"专业·企业·行业：经管人才校企协同培养体系的探索与实践"获得浙江省教学成果一等奖。

### （三）"三位一体"中心队伍

中心在实验教学队伍建设中大胆尝试，积极创新，积极探索"学科专业实验教学团队＋跨学科专业实验教学团队＋技术管理队伍"的"三位一体"实验教学师资队伍建设模式。各系所根据专业实验教学需要，组建学科专业实验教学团队，并进行动态调整。中心根据学科平台实验课程和学科竞赛的需要构建跨学科专业的实验教学团队。实验管理与技术队伍则保证中心的技术开发与维护和正常运行的管理。中心实验教学队伍总数达到90人，其中，实验教师82人，实验技术与管理人员8人。中心队伍职称结构合理，教授16人，副教授42人，讲师（实验师）31人，高级职称比例超过60％；学历结构得到明显改善，博士28人，硕士45人，实验教师中博士比例达到31.1％；专业结构更趋合理，实验教学队伍覆盖了经济学、会计学、金融学等全部经管类专业；年龄结构更加优化，实验教师队伍中，45岁以下青年教师占67.8％（见图5、图6、图7）。

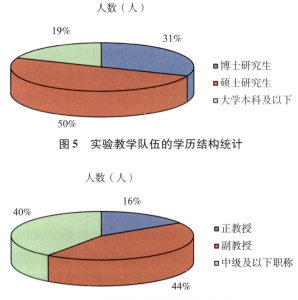

图5　实验教学队伍的学历结构统计

图6　实验教学队伍的职称结构

最近几年来，共有200余所高校组团到我中心参观交流。中心于2016年11月作为秘书单位举办"全省大学生企业经营模拟沙盘竞赛"，荣获2015～2016年度浙江省高校实验室工作先进集体，中心的建设成就得到了教育部领导及来我中心参观交流的高校老师一致好评。

人数（人）

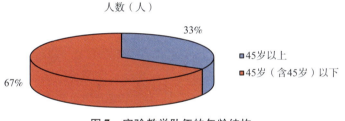

**图7 实验教学队伍的年龄结构**

经济管理国家级实验教学示范中心（嘉兴学院），将紧紧围绕应用型高级专门人才的培养目标，进一步在校企共建、共管实验室的合作模式、跨校优质实验教学资源共享机制、实验教学质量标准建设等方面，探索创新，对同类高校实验教学中心建设与改革发挥示范和引领作用。

## 五、标志性建设成果

**1. 以创新实践能力培养为导向，构建多层次、模块化实验教学内容体系**

通过以能力为引导的实验教学体系的顶层设计，建立起以能力培养为核心，分层次的实验教学体系。积极推动经管类专业实验教学改革，经济学等11个经管类专业围绕应用型人才培养目标进行能力和素质分解，构建出各专业能力框架。（见图8）"专业·企业·行业：经管人才校企协同培养体系的探索与实践"获得浙江省教学成果一等奖。

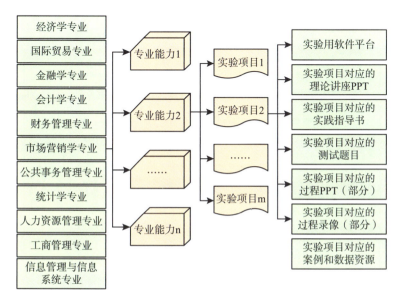

**图8 专业能力框架**

**2. 基于能力素质分解的系列实验（实训）指导书（见图9、图10）**

图9 基于能力素质分解的系列实验（实训）指导书

| | 姓　名 | 职务（称） | 所在单位 |
|---|---|---|---|
| 评审组专家名单 | 王兴邦 | 教授，国家示范中心联席会秘书长 | 北京大学 |
| | 朱孟楠 | 教授，经济学院副院长，经管学科组组长 | 厦门大学 |
| | 曾小彬 | 教授，副校长 | 广东商学院 |
| | 陶田 | 教授，经济管理实验中心主任 | 上海理工大学 |
| | 乐清华 | 教授，教务处处长 | 华东理工大学 |
| | 陈畴镛 | 教授，党委副书记 | 杭州电子科技大学 |
| | 鲍铁虎 | 高教处实践教学主管 | 浙江省教育厅 |

**评审意见**

　　为了进一步强化经管学科的实践与实训教学环节，嘉兴学院经济管理实验中心在认真总结、凝练成果的基础上，组织11个专业编写了系列实验指导书。2010年7月9日到10日，专家组对11个专业的系列实验指导书进行了评审和实地考察，一致认为：

　　嘉兴学院经济管理实验中心从培养经管专业人才能力和目标的要求出发，将经管实验实训教学作为一个系统的实验课程体系，编写了11部实验实训指导书，对提高经管类学生的实验实训教学水平，特别是对于地方院校经管类专业教学改革和应用型人才的培养具有重要的现实意义。

　　该系列实验指导书体现了先进的教育理念和实验教学观念，整合了实验教学内容，引入、集成现代信息技术和方法，加强了综合性、设计性、创新性实验，具有鲜明的特色。

　　建议在充分吸收专家组提出的修改意见的基础上，进一步修订完善并出版，充分发挥国家级实验教学示范中心建设单位的示范作用。

专家组组长签字：王兴邦

2010年7月10日

专家成员签名

图10 实验（实训）指导书专家评审意见

### 3. 由科研成果转化而来的实验教学内容

在新形势下经管类专业实验教学急需更多综合性、设计型的实验项目，中心在实验教学改革中依托了教师科研成果充实实验教学内容，提升实验教学水平，鼓励教师充分利用各种科研资源并将其有效地转化为实验教学项目，完善实验教学体系，使实验教学更具有实践性、综合性、系统性、开创性及创新性的特色（见表2）。

表2　　　　　　　　　科研成果转化实验教学内容统计表

| 序号 | 科研成果名称 | 科研成果级别、属性 | 成果完成人（第一、二） | 科研成果完成时间 | 所转化的实验教学形式（验证型、设计型、综合型） | 所转化的实验教学内容 |
|---|---|---|---|---|---|---|
| 1 | 地方本科院校"三维立体化"的实践教学体系构建 | 《文教资料》论文 | 顾骅珊 | 2010 | 综合型 | 经济学专业实践教学体系设计 |
| 2 | 经济学专业综合性实验的设计与实践 | 嘉兴学院教改一般 | 雷媛玲 | 2010 | 设计型 | 经济学专业综合实验项目 |
| 3 | 工程监理企业成本分析与控制 | 企业委托课题 | 胡桂兰等 | 2010 | 综合型 | 成本分析与控制 |
| 4 | 企业内部控制标准设计依据及其适用性评价研究 | 浙江省财政厅课题 | 尹启华等 | 2010 | 综合型 | 企业内部控制标准设计 |
| 5 | 基于消费者偏好的家用轿车市场分析与营销策略 | 论文 | 方芳 | 2010 | 设计型 | （1）省新苗人才项目；（2）市场营销技能训练；（3）《市场调查与预测》课程实训项目 |
| 6 | 《区域经济学》理论教学改革实践与探索 | 嘉兴学院课堂改革专项 | 刘晓红 | 2012 | 设计型 | 《区域经济学》探究式教学改革案例集 |
| 7 | 地方本科院校《西方经济学》教学困境与改革 | 《合作经济与科技》论文 | 范叔春 | 2013 | 综合型 | 西方经济学实验教学内容 |
| 8 | 成本会计案例设计教学方法实践与改进 | 嘉兴学院课堂教改专项课题 | 胡桂兰等 | 2013 | 综合型 | 成本核算流程设计 |
| 9 | "会计实践教学"特色培育 | 浙江省教学科学规划课题 | 胡桂兰等 | 2013 | 综合型 | 成本案例设计方案 |

续表

| 序号 | 科研成果名称 | 科研成果级别、属性 | 成果完成人（第一、二） | 科研成果完成时间 | 所转化的实验教学形式（验证型、设计型、综合型） | 所转化的实验教学内容 |
|---|---|---|---|---|---|---|
| 10 | "能力导向"的会计教学方法改革——基于嘉兴学院会计专业特色与优势建设 | 《嘉兴学院学报》论文 | 胡桂兰 | 2013 | 综合型 | 会计学原理、财务会计、成本会计等课程实践教学 |
| 11 | 网络团购模式下拍卖代理商最优拍卖策略研究 | 教育部青年基金项目结项成果 | 钱大可 | 2013 | 综合型 | （1）省新苗人才项目《网络团购运行机制研究》；（2）《市场营销理论前沿》课程拍卖实训；（3）市场营销技能训练Ⅱ |
| 12 | 基于探究式教学的创业经济学课程教学改革 | 嘉兴学院课程教学改革专项 | 范叙春 | 2014 | 设计型 | 形成产业经济学课程案例集 |
| 13 | 校企协同，创新深度合作办学模式，实现人才多元化培养的探索实践 | 省级（教学成果奖） | 严从荃、徐永良 | 2014 | 综合型 | 实验人才培养方案形成 |
| 14 | 风险感知、风险偏好对农户土地流转意愿的影响机制及风险管理 | 国家自然科学基金青年科学基金项目中期成果 | 杨卫忠 | 2014 | 综合型 | 市场营销技能训练 |
| 15 | 依托产业集群打造区域品牌 | 横向政府委托课题 | 钱大可 | 2014 | 综合型 | （1）省新苗人才项目；（2）校重点SRT项目；（3）市场营销技能训练 |
| 16 | 秀洲区品牌经济发展研究 | 横向政府委托课题结项成果 | 翁胜斌 | 2014 | 综合型 | （1）国家大学生创业创新活动计划项目；（2）《营销策划》课程实训项目 |
| 17 | 网页中产品属性文本信息对消费者购买决策的影响机制研究 | 教育部青年基金项目中期成果 | 章璇 | 2014 | 综合型 | （1）省新苗人才项目；（2）市场营销技能训练Ⅰ |
| 18 | 农户风险感知、风险偏好对农村土地流转意愿的影响机制及风险管理策略 | 浙江省自然科学基金一般项目（面上基金）中期成果 | 杨卫忠 | 2014 | 综合型 | 市场营销技能训练Ⅰ |

续表

| 序号 | 科研成果名称 | 科研成果级别、属性 | 成果完成人（第一、二） | 科研成果完成时间 | 所转化的实验教学形式（验证型、设计型、综合型） | 所转化的实验教学内容 |
|---|---|---|---|---|---|---|
| 19 | 基于文本挖掘的在线商品评论信息的决策影响机制研究 | 省教育厅规划项目成果 | 章璇 | 2014 | 设计型 | 《消费者行为学》实训项目 |
| 20 | 《技术经济学》项目化重构及其教学组织改革 | 浙江省教育厅课改项目 | 雷媛玲 | 2015 | 设计型 | 《技术经济学》课程实验 |
| 21 | 课程的项目化重构及其在我校经济学专业中的实现 | 浙江省教育厅校改项目 | 唐铁球 | 2015 | 综合型 | 经济学专业课程体系设计 |
| 22 | 成本会计任务驱动式实践拓展：学生案例设计教学 | 浙江省课堂教改专项课题 | 胡桂兰等 | 2015 | 综合型 | 成本核算流程设计 |
| 23 | 管理会计应用研究——国网嘉兴供电公司预算管理、项目成本管理、运营成本管理实践创新模式 | 浙江省社科规划办委托课题 | 胡桂兰等 | 2015 | 设计型 | 作业成本法 |
| 24 | 地方本科院校经管类专业创新创业教育模式的探讨 | 《创新与创业教育》论文 | 顾骅珊 | 2011 | 综合型 | 经济学专业实践教学体系设计 |
| 25 | 会计学国家特色专业"实践教学改革"思考 | 《高教论坛》论文 | 胡桂兰 | 2011 | 验证型 | 会计学原理、财务会计、成本会计等课程模拟实训 |
| 26 | 普通本科院校经济学专业学生创新能力培养的模式构建 | 《中国大学教学》论文 | 徐永良 | 2011 | 综合型 | 经济学专业实践教学体系设计 |
| 27 | 基于仿真模拟的CRM实验教学系统 | 2011年浙江省高校教师教学软件评比三等奖 | 蒋定福 | 2011 | 综合型 | 转化成了《客户关系管理》课程实验内容 |
| 28 | 网络消费享乐性、功利性态度实证研究 | 论文，核心期刊 | 苏海林 | 2011 | 设计型 | （1）省新苗人才项目；（2）市场营销技能训练 |

续表

| 序号 | 科研成果名称 | 科研成果级别、属性 | 成果完成人（第一、二） | 科研成果完成时间 | 所转化的实验教学形式（验证型、设计型、综合型） | 所转化的实验教学内容 |
|---|---|---|---|---|---|---|
| 29 | 《物流学》课程"探究式"教学方法的创新与实践 | 嘉兴学院课程教学改革专项 | 丁海军等 | 2012 | 设计型 | 物流学的实践教学内容 |
| 30 | 地方高校金融学本科专业校企合作教育模式研究——以嘉兴学院与五矿实达期货公司合作办学为例 | 校级（重点教改课题） | 佘明龙 | 2012 | 综合型 | 实验人才培养方案形成 |
| 31 | 地方本科院校经管类专业仿真模拟实践教学体系的构建 | 浙江省新世纪高等教育教学改革项目 | 顾骅珊 | 2012 | 设计型 | 形成《经济学专业实验（实训）指导书》 |
| 32 | 基于仿真模拟的人力资源专业实验平台设计与开发 | 浙江省教育技术研究规划课题 | 蒋定福 | 2012 | 综合型 | 转化为了人力资源管理沙盘模拟实验 |
| 33 | 基于专利分析的浙江省自主创新能力评价及预警研究 | 浙江省社科联课题 | 张云、袁顺波 | 2012 | 设计型 | 转化成了竞争情报课程的实验内容 |

资料来源：经济管理国家级实验教学示范中心（嘉兴学院）。

**4. "专业·企业·行业：经管人才校企协同培养体系的探索与实践"获得浙江省教学成果一等奖**

**5. 大学生创新创业中心实施创业路演与实战教学（见表3、图11）**

表3　　　　　　　大学生创新创业中心实施创业路演与实战教学

| 活动名称 | 活动时间 | 活动人数 | 活动效果 | | |
|---|---|---|---|---|---|
| 1. "五芳斋杯"大学生粽子创意大赛 | 2014.5 | 99 个作品 283 人 | 一等奖 | 金庸文化主题《粽横江湖》 | |
| | | | 二等奖 | 十二星座粽——命"粽"注定 | |
| | | | 三等奖 | 冰糖粽子 | |
| 2. 百年校庆《嘉院大观》画册营销活动 | 2014.9 | 193 人参加 | 三天时间共销售画册 628 本 | | |

续表

| 活动名称 | 活动时间 | 活动人数 | 活动效果 |
|---|---|---|---|
| 3.《赢在嘉兴》大学生创业实践挑战赛 | 2014.12 | 2000多人参加 | 签约1800多名创业体验者 http://jyol.zjxu.edu.cn/html/colorful/2014/1229/6494.html |
| 4.“耐尔杯”创意大赛 | 2015.4 | 56个作品 200多人 | 大赛得奖的项目已经进入“创意梦工厂”深度孵化，并得到了耐尔袜业有限公司的大力支持，部分产品已经落地生产。 一等奖《千里之行 始于足下》 二等奖《耐尔主题乐园》、《“足”够健康》 三等奖《YOTA》、《RUN》、《“耐”享一生》 |
| 5.“小创大爱”公益活动暨创业集市爱心助跑溢满湘西 | 2015.6 | 50人 | 为“溢满湘西”公益组织筹得善款822元 |

资料来源：经济管理国家级实验教学示范中心（嘉兴学院）。

**图11 大学生创新创业中心实施创业路演与实战教学**

### 6. 自主开发系列实验（实训）软件（见表4）

表4                                   经管虚拟仿真中心自主研发软件一览表

| 序号 | 软件名称（软著上的名称） | 软件简称 |
|---|---|---|
| 1 | 嘉院人力资源管理仿真模拟系统软件 | 人力资源管理仿真模拟系统 |
| 2 | 嘉院市场营销仿真模拟系统软件 | 市场营销仿真模拟系统 |
| 3 | 嘉院企业管理决策仿真模拟系统软件 | 企业管理决策仿真模拟系统 |
| 4 | 嘉院客户关系管理仿真模拟系统软件 | 客户关系管理仿真模拟系统 |
| 5 | 嘉院国际贸易仿真模拟系统软件 | 国贸仿真模拟系统 |
| 6 | 嘉院贸易经济仿真模拟系统软件 | 贸易经济仿真模拟系统 |
| 7 | 嘉院物流管理仿真模拟系统软件 | 物流管理仿真模拟系统 |
| 8 | 嘉院创业仿真模拟平台软件 | 创业仿真模拟平台 |

资料来源：经济管理国家级实验教学示范中心（嘉兴学院）。

### 7. 大中心管理模式（见图12）

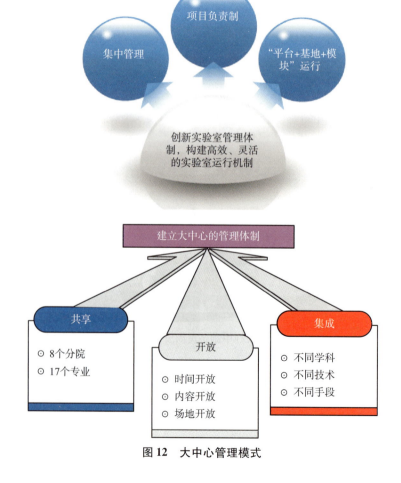

图12  大中心管理模式

**8. 创建网络化信息平台（见图13）**

**图13 中心网站、网络化实验教学平台、信息化管理平台、实验教学网络资源平台**

**9. 构建智能化管理模式**

实现实验课程预约、学生上网控制、软件使用控制、智能化分配实验室、自由上机费用自动结算等智能化管理功能（见图14）。

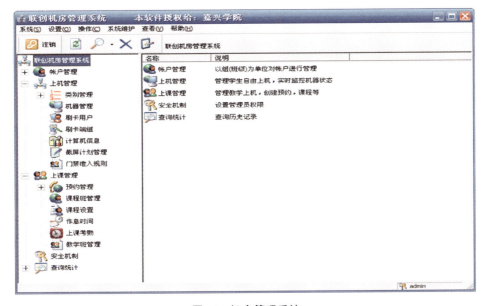

**图14 机房管理系统**

**10.** 中心运行经费保障机制（见图 15）

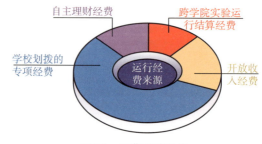

图 15　经费保障机制

**11.** 以创新校企合作机制为手段，联合开发实验项目，提供校际网络共享平台（见图 16）

图 16　校企合作

（1）校企合作协议（见图 17、图 18）。

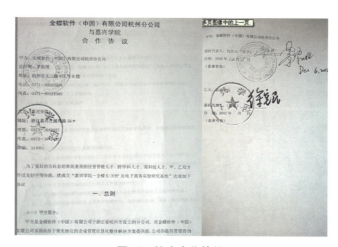

图 17　校企合作协议

**我校举行与五矿期货有限公司、中国建银投资证券有限责任公司合作办学签约仪式**

发表时间：2011-7-18 17:24:10 来源：教学研究 点击：487 次

商学院积极探索应用型人才培养新模式，金融学专业继2010年7月同五矿期货有限公司举行合作办学签约仪式并开始联合培养学生以后，又牵手中国建银投资证券有限责任公司。2011年7月4日嘉兴学院与五矿期货有限公司、中国建银投资证券有限责任公司举行三方合作办学签约仪式，签约仪式在行政楼三楼会议室隆重举行。我校严从荃副校长和五矿期货有限公司上海营业部王建鑫总经理、中国建银投资证券有限责任公司嘉兴证券营业部刘传军总经理签订了三方合作办学协议。签约仪式后，三方就合作办学过程中的诸多问题进行了充分讨论与交流。

图 18　校企合作报道

（2）校企合作联合研发的平台（见图 19 ~ 图 25）。

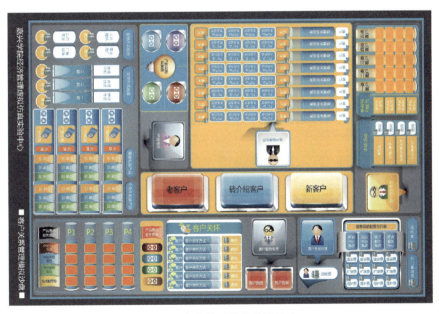

图 19　客户关系管理模拟沙盘

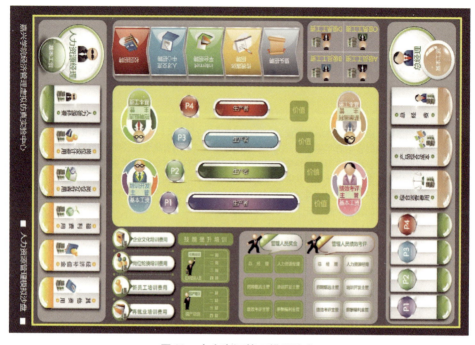

图 20 人力资源管理模拟沙盘

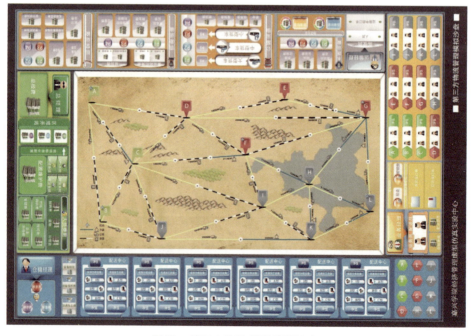

图 21 第三方物流管理模拟沙盘

图 22　公司经济模拟沙盘

图 23　国际贸易模拟沙盘

图 24　贸易经济模拟沙盘

图 25　市场营销沙盘模拟沙盘

## 六、中心团队集体照

图 26　中心团队集体照

# 专业群导航+O2O协同育人

## ——重庆工商大学经济管理实验教学中心纪实

## 一、中心基本情况

| 学校名称 | 重庆工商大学 |
|---|---|
| 中心名称 | 经济管理实验教学中心/经济管理虚拟仿真实验教学中心 |
| 署名 | 饶光明　周莉　詹铁柱　范贵麟 |

## 二、摘要

经济管理实验教学既是获取经济管理科学理论和知识的重要途径，更是培养锻炼学生经营管理科学素养、专业技能和综合实践与创新创业能力的重要手段。重庆工商大学作为国家级经济管理实验教学示范中心和国家级经济管理虚拟仿真实验教学中心，秉承"专业群导航+O2O协同育人"的理念，构建了经济管理实验教学课程体系，搭建了综合实验教学平台、开放实验项目超市和创新创业实验平台。完善了"知识云+项目库+课程群"的专业群导航教学资源和"过程仿真+O2O协同"的一体化实验教学流程，建设了"经济管理+创新创业"的O2O活动链实验教学体系及"4化协同+多方共享"的经济管理实验教学中心。

## 三、Abstract

Students can master economic management science theory and get cultivate exercise on scientific literacy, professional management skills and an important means of comprehensive practice and innovation ability through economic and management experiment teaching. The Economics & Management Experimental Teaching Center of CTBU，as a national economic management experimental teaching demonstration center and national economic management virtual simulation experiment teaching center，adhering to the concept of guide by "clusters of disciplines + O2O synergetic experiments"，has built the economic and management experiment teaching course system，set up comprehensive experiment teaching platform，open experiment project supermarkets and innovative business platform for students，and also perfected the cloud of "knowledge + project + curriculum group" teaching resources guide by clusters of disciplines and the integration of the experimental teaching process guide by the "process simulation + O2O synergy"，the construction of the O2O activity chain experiment teaching system of "economic management + innovation entrepreneurship" and the experimental teaching center of economic management of Collaborative sharing.

## 四、 主要内容

### （一） 基本情况

重庆工商大学经济管理实验教学中心和重庆工商大学经济管理虚拟仿真实验教学中心（以下简称"中心"）是学校直属单位。中心下设经济学、管理学和创新创业三个分中心，综合管理、实验教学管理两个办公室，以及实验教学和创新创业两个研究所，拥有一支 260 余人专兼结合的高素质实验教学和管理服务队伍。通过互联网、22 个专业实验室、3 个实验实训基地、"3 + X"创新创业实战综合商务平台等基础设施以及相应的设备和软硬件开展虚拟仿真实验教学，服务于全校 10 个经济管理类学院、35 个专业、14000 余名本科生和研究生，在国内外产生了显著的影响和辐射作用。

### （二） 建设历程

中心的建设理念是：突出经济管理学科优势与创新创业实践特色，实现"专业群导航 + O2O 协同育人"，在虚拟世界里实验经济管理，在仿真训练中培养学生能力。中心的发展分两步走。

**1. 奠基**

重庆工商大学经济管理实验教学中心成立于 2003 年；2007 年 11 月，被教育部、财政部确定为"国家级实验教学示范中心建设单位"；2012 年 11 月，通过教育部的合格验收，成为"国家级实验教学示范中心"。

该阶段的显著成果：逐步构建了经济管理类实验教学课程体系，建设了综合实验教学平台、开放实验教学平台（开放实验项目超市）和创业教育实验教学平台（学创园）。

**2. 建设**

2013 年以来，为贯彻落实《教育部关于全面提高高等教育质量的若干意见》（教高〔2012〕4 号）精神，根据《教育信息化十年发展规划（2011～2020 年）》要求，持续推进实验教学改革探索和创新发展，学校要求加强经济管理虚拟仿真实验教学体系建设。同时，制定了经济管理虚拟仿真实验教学的一系列实施计划，从实验项目、课程体系、实验平台、教学体系及队伍建设、管理服务机制等层面深入持久推进，重点建设信息化实验教学资源，力争在更大范围、更深层次和更广领域促进优质教学资源共享。

该阶段的显著成果：构建了专业群导航"知识共享云＋开放实验项目库＋O2O 实验课程群"教学资源，搭建了"过程仿真＋O2O 协同"实验→实训→实战→研究一体化教学平台，建设了"能力导向＋经济管理＋创新创业"O2O 活动链仿真实验教学体系及"4 化＋3 互动＋4 共享"的开放型虚拟仿真实验教学中心。

### （三）建设成果

**1. "知识云＋项目库＋课程群"的专业群导航教学资源（见图1）**

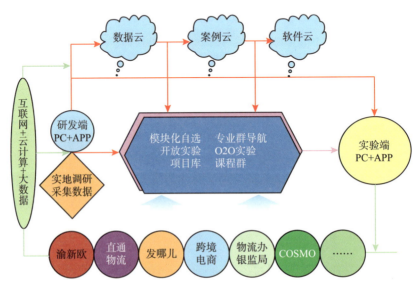

**图1 经济管理虚拟仿真实验教学"云·库·群"资源建设流程**

（1）数据案例软件集成生成知识共享云。

利用信息化、网络化、云端化等手段，将三峡库区人口资源环境经济数据库、大学生创业虚拟仿真实验课程资源平台等自建数据库和大数据分析研究平台等外购数据库整合集成实验数据云，将 3S 与区域经济综合实训案例、供应链模式下物流与电子商务综合实训案例、大学生创业案例库等自建案例和国研网经济管理案例库等整合建设实验案例云，将"发哪儿"贸易物流网络平台、虚拟商务实验区（来吧创业商城）、大数据分析平台等整合形成软件共享云。

（2）模块化自选开放实验项目库。

引进"项目超市"概念，整合重构了模块化自选开放实验项目库（见图2）。即：通过信息化手段，将原有的 222 项独立自选式实验项目和 128 门实验课程内含项目整合在一起，按照"分以自主搭配实现'菜单式'自选实验、合以知识点为脉串成实验课程"的原则，实现合理重构，辅之以数据库、案例库以及实验软件支撑，有机整合，生成 578 项虚拟仿真实验项目，打造网络开放实验和实验室预约开放空间，实现时间、空间和项目的全面开放，形成知识链、模块化、自选式、开放型实验项目资源库。

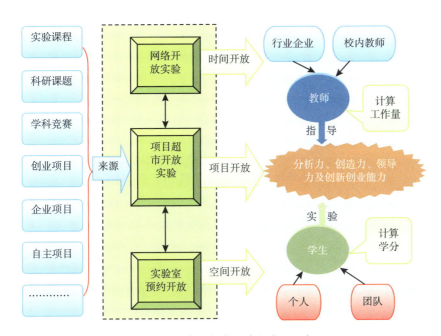

图2　模块化自选开放实验项目库

（3）专业群导航 O2O 实验课程群。

以培育学生的分析力、创造力、领导力及创新创业能力为目标，依据社会经

济发展需求，整合相关学科专业方向，构建区域经济与宏观经济、旅游与城乡规
划、国际贸易与电子商务、物流与供应链管理、创新创业与小微企业成长、社会调
查与统计分析等 11 个专题，统筹所属的 35 个相应专业，形成相应的 11 个专业群，
将宏观经济运行虚拟仿真实训、网络零售与支付模拟实验、商业银行虚拟仿真、职
业经理系统思维训练、企业经营决策模拟、物流系统仿真模拟实验、土地利用规划
实作、社会调查数据处理仿真、大学生创业仿真与小微企业成长等 88 门实验课程
集群在相应专业群下，形成虚实结合、自由组合的 O2O 实验课程群（见图 3）。

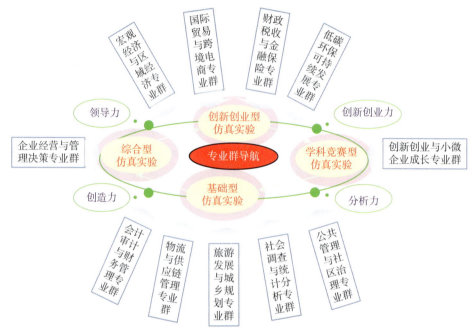

**图 3** "能力导向 + 专业群导航"的 O2O 实验课程群

### 2. "过程仿真 + O2O 协同"的一体化教学平台（见图 4）

（1）学科专业开放自选实验平台。

与"模块化自选开放实验项目库"相配套，搭建学科专业开放自选实验平
台。学生不完全局限于专业和学科，既可以按照学科专业导向选修已有的实验实
训实战仿真课程和项目获得学分，也可以自选相关的实验实训实战仿真课程和项
目组成一个模块获得相应的学分。这种实验项目的创新性、真实性，选修机制的
自主性、灵活性，激励机制的科学性，拓展了网络开放实验和实验室预约开放空
间，实现时间、空间和项目的全面开放，促进了教师和学生积极参与自主学习、
协作学习、探究学习和创新创业学习。

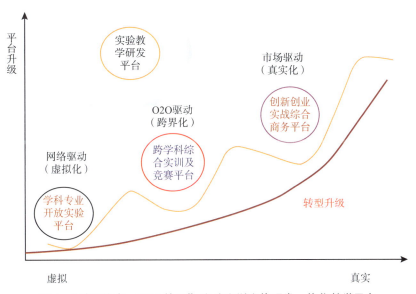

**图4 "过程仿真＋O2O协同"实验实训实战研发一体化教学平台**

（2）跨学科综合实训与竞赛平台。

通过跨学科综合实训与学科竞赛有机结合，建设了经济管理虚拟仿真跨学科综合实训与竞赛平台（见图5），以训备赛，以赛促学，培养学生分析力、创造力、领导力及创新创业能力。一是充分利用实验教学实体空间和网络空间，提供从自主选课、自由组队、角色演练到指导训练、讨论答疑、成绩评定等线上线下全过程仿真的跨学科综合实训环境；二是提供"全国'挑战杯'学科竞赛"、"全国大学生管理决策模拟大赛"、"全国大学生企业竞争模拟大赛"、"中国大学生

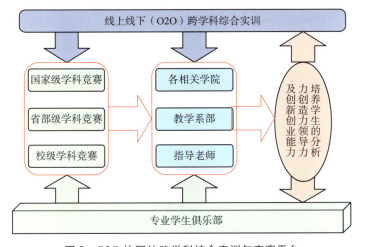

**图5 O2O协同的跨学科综合实训与竞赛平台**

服务外包创新创业大赛"和"'学创杯'全国高校大学生创业综合模拟大赛"等软硬件平台和O2O环境；三是按照"发动学生、依托学生、服务学生、培养学生"的原则，依托"大学生创新创业联盟"、"ERP学生俱乐部"、"大学生投资理财俱乐部"成立专业学生俱乐部平台，引领学生利用实验室和网络平台等虚拟空间自主开展各种竞赛和创新创业活动。

（3）"3+X"创新创业实战综合商务平台。

打造"学创园"、"孵化园"、"香樟林"以及"来吧创业商城"虚拟商务实验区等若干或全真或仿真的创新创业点，形成专业学习与创新创业双向融合的"3+X"创新创业实战综合商务平台，实现了专业教育与创业教育有机融合、虚拟仿真与创新创业有效结合（见图6）。利用该平台，培育孵化国家级、省部级和校级的"大学生创新创业训练计划项目"；组织指导学生开展和参加"中国大学生服务外包创新创业大赛"、"'学创杯'全国高校大学生创业综合模拟大赛"等各级各类的创新创业创意大赛，以竞赛促创新，以创新带创业，教-学-赛-创一体化；成功建立和运行起金桥调查、驴行公社、大学生创业经营集团公司等20多家依托专业的创新创业实战仿真公司。

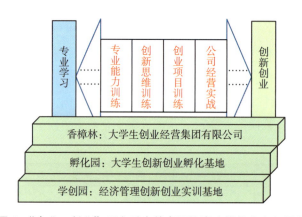

图6 "专业+创业"双向融合的虚拟仿真实战综合商务平台

（4）虚拟仿真实验教学研发交流平台。

成立了经济管理实验教学研究所和创新创业研究所，依托教育部重点研究基地长江上游经济研究中心、重庆市发展信息管理工程技术研究中心、电子商务及供应链系统重庆市重点实验室和成渝经济区城市群产业发展协同创新中心，构建了经济管理虚拟仿真实验教学研发交流平台，虚实结合，实现虚拟仿真实验教学与实训、实战、研发一体化。自主研发了《宏观经济运行模拟实训》、《创新思维训练》、《大学生创业仿真与小微企业成长》等虚拟仿真实验课程、项目，出版了系列实验教材、专著和参考资料，定期编辑出版"国家级实验教学示范中心联席会经管学科组指导刊物——《经管实验创新论坛》"，举办《启智学创论坛》、"大学生创业培育与管理工程国际研讨会暨高校经济管理虚拟仿真实验教学高峰论坛"等会议交流，为经济管理和创新创业的虚拟仿真实验教学改革创新提供智力支撑。

**3. "经济管理+创新创业"的O2O活动链实验教学体系**（见图7）

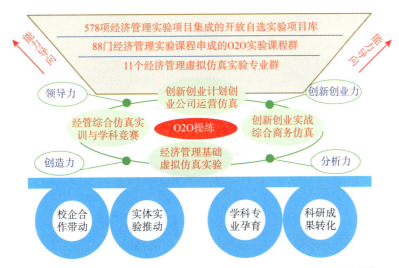

图7 "能力导向+经济管理+创新创业"O2O活动链仿真实验教学体系

（1）能力导向。

遵循信息化社会人才培养的特殊规律，按照"调研人才需求→分析能力构成→设计、研发和构建实验项目和课程→形成实验教学体系"的路径，以分析力、创造力、领导力及创新创业能力培养为目标，利用信息化资源和环境条件，对经管类学科现有实验教学体系进行梳理、整合和再设计，形成了基于分析力、创造力、领导力及创新创业能力培育为导向的经济管理虚拟仿真实验教学体系，纳入了人才培养方案予以实施。

（2）"经济管理+创新创业"O2O活动链仿真。

"经济管理+创新创业"O2O活动链仿真实验是一个线上线下结合的、各环节活动仿真实验串联起来的仿真大实验。它贯穿了从经济管理专业学习与创新创业教育的结合点起步、一直到创新项目落地、创业企业经营并培育企业由小到大、由弱变强的全过程，既需要经济管理等多学科专业知识和技能对活动链仿真全过程的引领与导航，更需要学校、政府、企业、社区、街道的全员参与指导和服务。其内涵如下：

市场进课堂。将市场引进实验课堂，在实验中模拟市场主体，虚拟市场资源，仿真市场行为。让学生在实验中扮演企业的角色，配置虚拟的人、财、物等资源，仿真经营场地设施、管理和服务等软硬件环境条件，学习按照市场运行的自身规律配置资源、发展经济、治理区域、管理运营、创新创业等全过程演练。

多主体驱动。即从创新点子的产生、创业项目的选择到成功创办企业的各个环节的多主体参与仿真实验。高校的学科专业是第一参与者，为大学生创新创业提供点子孵化和项目孕育的思想精髓和智慧火花；科研机构的参与促成了科研成果转化为创新点子和创业项目；实体实验的参与是重要推手——虚实结合帮助创新创业仿真实验落地；校企合作是引路人和投资者，为大学生创新创业仿真实验提供"引子"和"银子"。

多模式实验。包括：学创园的"专业公司型"（依托学科专业仿真创新创业的创造力训练，如旅游专业学生创办的"驴行梦公社"）、孵化园的"跨境电商型"（利用"互联网＋"开展创新创业仿真的市场运作力训练，如留学法国回国的国际贸易专业学生创办的"巴黎妈妈"母婴用品电商平台）、香樟林的"集团控股型"（利用市场机制开展创新创业投融资交易仿真的领导力训练，如 CTBU 大学生实践经营（集团）公司）等模式。

多角色演练。即：在经济管理＋创新创业过程的不同阶段展开多角色的仿真演练。在播种阶段，通过"创新思维训练"、"创业综合实训"等教学和学科竞赛等活动，让大学生从专业技能练习者和创新创业知识学习者做起；在孵化阶段，通过"大学生创新创业训练计划"、"大学生创业实验班（训练营）"等活动，让大学生从创新创业学习者的角色逐渐演变为点子策划者、项目研发者和项目筹资人以及项目经理人等；在成长阶段，通过提供场地、启动资金、政策咨询等，让参与者演变成为公司法人、CEO、CFO、CIO 等多重角色，等等。

多板块对接。包含经济管理基础仿真实验、经管综合仿真实训与学科竞赛、创新创业计划及创业公司运营仿真、创新创业实战综合商务仿真等四大板块的仿真实验。各个板块内部及其相互之间通过线上与线下、虚拟与实体、指导与操作有机对接，互联互通，形成全过程仿真大实验。

全过程培育。创建了"1 学院"——创业学院，统筹、管理和服务创新创业活动链仿真实验的全过程。开辟了"3 场地"——学创园、孵化园和香樟林，形成了分工明确、循序递进的经济管理＋创新创业活动链仿真实验推进器。创办"3 张网"——"网上学创园"、"虚拟商务实验区（来吧创业商城）"和"'三创'大赛"，实现了从网上开店、交易、融资到网下物流、配送、服务等 O2O 实验和竞赛。实现了"2 对接"：一端与实验课程和实验课堂对接，实现学科专业引领创新创业；另一端与地方政府和企业对接，将毕业的大学生创业者和创新创业公司输送到政府管理指导的创新创业孵化园、社区"众创空间"和企业投资经营的创新创业基地深度孵化和培育。

**4. "四化协同 + 多方共享"的经济管理实验教学中心（见图8）**

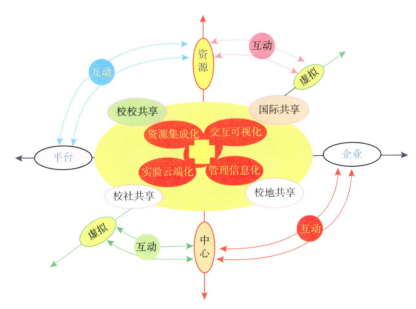

图8　"4化协同 + 3维互动 + 4方共享"虚拟仿真实验教学中心

（1）"四化协同"构建开放型虚拟仿真实验教学大系统。

运用虚拟仿真手段，采集凝练地方经济、行业发展和创新创业的最新成果，并集成转化为"云 - 库 - 群"教学资源，实现了虚拟仿真实验资源集成化。通过"互联网 + 云计算"等技术，搭建虚拟仿真实验教学云平台，支撑实验云端化。利用"互联网 + 运程视频会议系统"等设施，实现了虚拟仿真实验的交互共享可视化。采用"互联网 + 大数据"等技术，建立虚拟仿真实验教学指导、管理与服务的全过程管理信息化。通过组织保障、运行机制，实现"四化"协同，构建起云 - 管 - 端一体的开放型虚拟仿真实验教学大系统。

（2）"三维互动"促进虚拟仿真实验教学高效运行。

"资源—平台"互动。利用自主研发、合作开发、联合攻关等多种形式搭建以互联网为基础的线上线下一体化学习平台，实现实验课程、实验项目、实验软件以及数据库、案例库、其他信息资源等之间的相互衔接和有机耦合，实现虚拟仿真实验教学资源和线上线下一体化平台互动。

"实体实验—虚拟实验"互动。依据经济管理虚拟仿真实验教学的特殊性，按照线上、线下的不同需求和可行性，梳理、分解和整合了现有国家级实验教学示范中心及其相关资源和教学活动，将能在网络上实现的资源共享和教学活动都放到网络上完成，不能在网络上实现的资源共享和教学活动就在线下完成，实现"实体实验＋虚拟实验"有机协同和相互补充。

"中心—企业"互动。与清华在线教育公司合作研发"虚拟仿真实验教学在线平台"；与重庆市政府物流协调办公室、直通国际公司共建"渝新欧物流综合实验平台"和"渝新欧贸易大通道综合实验平台"；与重庆百居易电子商务公司共建"物流产业链协同云平台"和"物流电商综合实验平台"；与洲际集团联合举办英才培训项目，并与该集团的长都假日酒店联合开展"3＋2"模式培养等。

（3）"四方共享"实现虚拟仿真实验教学资源共用开放育才。

①国际合作开放互动共享国际资源。积极开展与世界各国多所大学开放共享。在加拿大瑞尔森大学合作中，通过"巴渝海外引智计划项目"聘请了 Ken Grant 教授到中心做访问教授，举办了"2015 大学生创业培育与管理工程国际研讨会暨高校经济管理虚拟仿真实验教学高峰论坛"，邀请教育部高教司实验室处李平解读国家级虚拟仿真实验教学中心建设申报要求。来自加拿大瑞尔森大学、美国创行大赛全球总部以及国内 60 余所高校的专家学者和地方政府官员共计 200 余人出席本次大会和论坛。出版了英文论文集 "2015 International Conference on Cultivating Undergraduate Entrepreneurship and Management Engineering（cueme－15）（2015，online）"并被 EI 检索。

②全国高校互通互联共享教学资源。中心积极开展与北京大学、清华大学、南开大学、厦门大学、青海大学、重庆大学、广东财经大学、贵州财经大学、石家庄经济学院、重庆三峡学院等全国 200 余所高校的交流合作，通过自主设计和举办国际国内研讨会和高峰论坛、首届"学创杯"全国大学生创业综合模拟大赛及研讨会等，实现课程共建、师资互训、教学观摩、教改创新等方式，实现虚拟仿真实验教学资源共享，推动实验教学改革和创新。

③校社合作服务共享促进开放育才。中心与社会各界合作，聘请企业家、社会名人和相关专家 30 余人作为兼职教授和创业导师，以实际案例传授学生实践知识和能力。同时，中心的 3 名教授被重庆市人大等机构聘任为立法咨询专家，为社会提供智力支持，实现学校与社会优势互补、资源共享、互惠互利、共同发展。

④校地合作互动共享服务地方发展。中心与重庆市南岸区政府合作共建大学生创业仿真孵化基地；与江北区华新街道办 COSMO 微企创业园共建共享大学生企业培育基地升级版；利用测绘乙级资质，开展与地方政府的交流合作，提供第二次土地调查、土地规划、农村建设用地复垦等测绘服务；利用假期，为相关部门和单位组织承办各类职业资格培训等服务。

（四）获得的荣誉

**1. 中心建设及教学质量工程方面**

◇ 2007 年被教育部、财政部批准为"国家级实验教学示范中心建设单位"。

◇ 2008 年经济管理实验教学团队被重庆市教育委员会评为"高等学校市级教学团队"。

◇ 2012 年通过了教育部"十一五"国家级实验教学示范中心验收。

◇ 2013 年被人社部授予"国家创业指导与研究中心"。

◇ 2014 年被重庆市教育委员会授予"重庆市大学生创业示范基地"。

◇ 2015 年被教育部评为"国家级经济管理虚拟仿真实验教学中心"。

◇ 近五年，教学质量工程成效显著：

● 经济学、国际经济与贸易、市场营销、会计学评为"国家级特色专业"；

● 经济学专业获批"国家级本科专业综合改革试点项目"，金融学专业（国际结算）、经济学专业（人文社科创新人才基地班）和物流管理专业（国际物流）等专业被重庆市教委列为"本科人才培养特色项目"；

● 经济学和工商管理获批为重庆市"市级特色学科专业群建设项目"；

● 经济学、贸易经济、会计学、市场营销获批为重庆市市级"三特专业"建设项目；

● 区域经济学被评为"国家级精品课程"；

● 金融学等 16 门经管类课程被评为"重庆市市级精品课程"；统计学等 5 门经管类课程被评为重庆市"市级精品资源共享课程"；

●《具有企业家精神和潜质的高素质应用型工商管理人才培养模式创新实验区》被评为重庆市"市级人才培养模式创新实验区"。

**2. 创新创业人才培养方面**

◇ 近五年，组织学生参与各级各类学科竞赛，荣获省级以上奖励 100 余项。

◇ 获"2013 全国大学生管理决策模拟大赛总决赛"总冠军。

◇ 获"2014 年'创青春'全国大学生创业大赛移动互联网专项赛"金奖等国家级奖项 20 余项。

◇ 近五年，创新创业人才培养成效显著：

● 指导培育了 24 个省部级以上大学生创业训练计划项目；

● 吸纳 20 项大学生创业实践经营项目入住大学生实践经营集团（公司）；

● 学生创办了"夏众传媒"、"大地国际旅行社"等 21 家有限责任公司；

● 学生注册运营"驴行公社"、"巴黎妈妈"等近 20 家大学生创业微型企业；

● 孵化培育"金桥调查"、"研创咨询"、"远线传媒"等 20 余家大学生创业仿真实训公司。

- 鼓励扶持学生创办个体经营户、工作室或项目组开展创业实战近 50 个。

◇ 毕业生就业率连年保持 95% 以上。

### 3. 教研教改方面

◇《西部地区财经院校经管类专业高层次应用型人才培养模式的创新与实践》获"第六届高等教育国家级教学成果奖"二等奖。

◇《地方高校与行业企业合作培养人才的体制机制创新与实践》荣获"重庆市第四届教学成果奖"一等奖。

◇《"三位一体"经济管理实验教学平台建设的实践探索》获"重庆市第四届教学成果奖"二等奖。

◇《创业综合模拟实训教程》、《宏观经济分析综合实训》、《企业经营决策与管理综合实训》、《投资理财综合实训》四本教材于 2013 年 12 月荣获第一届"四川高校出版社图书奖"教材类二等奖。

◇ 出版系列经管实验教材 26 部，出版经管实验专著及论文集 4 部。

◇ 承担经济管理实验教学改革项目 225 项。

◇ 经管实验教学与管理专职人员发表教改论文 49 篇。

◇ 五年来出版《经管创新论坛》10 期（半年刊），汇集国内经管实验教学改革趋势和最新研究与实践成果，成为"国家级示范中心联席会经济管理学科组指导刊物"。

### 4. 交流与示范辐射方面

◇ 实验教材被厦门大学、山东大学、安徽财经大学、浙江工商大学等 30 余所高校采用。

◇ 近五年举办"学创杯"2014 全国大学生创业综合模拟大赛总决赛暨全国高校创业创新实验实践教学研讨会、"2015 大学生创业培育与管理工程国际研讨会及经济管理虚拟仿真实验教学高峰论坛（http：//www. cueme. org）"等国际国内大赛、学术会议 6 次。

◇ 与英国、美国、荷兰、丹麦、韩国、泰国、加拿大、中国香港、中国台湾等十余个国家和地区的 30 余所高校开展国际合作。近 5 年，选派近 250 名学生交换访学和游学。

◇ 近五年，接待 200 余所国内外高校参观交流，其中国外高校 13 所。

◇ 探索高校间人才共享培训机制，为三峡学院、青海大学培养实验教学及管理师资 3 人。

◇ 中心实验教学探索与实践成果受到中国教育报、重庆日报、华龙网等众多媒体关注和报道。

## 五、标志性建设成果

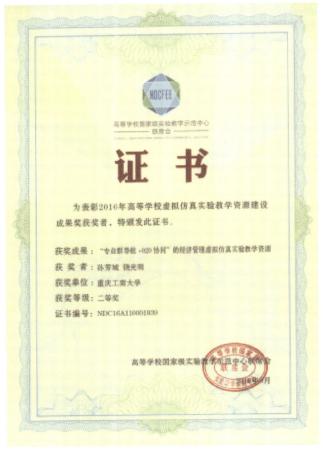

## 六、中心团队集体照

# 多方协同推进经济管理实践教学的改革与创新

——北京工商大学经济管理实验中心建设成果

北京工商大学经济管理实验中心　部馨梅　房成鑫

## 一、摘要

　　整合资源、统筹规划、集中建设、统一管理、协同发展是北京工商大学经济管理实验中心 15 年来建设与发展一直坚守的原则，也是成功的经验。2007 年、2014 年，相继获批为国家级实验教学示范中心和国家级虚拟仿真实验教学中心后，学校给予资金、人力、物力的大力支持，相关职能部门和学院积极配合，校企携手进行多维度合作，中心自身积极思变与创新，不断加强内涵建设，在经管类实践教学方面取得了一些成绩，也存在着很多值得改进的地方。结合学校本科教学综合改革的实际，以网络化、信息化、平台化、共享化为建设目标，进一步探索实践教学的改革与创新，强化大学生实践能力和创新创业能力的培养，将是我们继续努力的方向。

## 二、Abstract

Integration of resources, overall planning, centralized construction, unified management and collaborative development is the principle and successful experience of the economics and management experiment center of Beijing Technology and Business University (BTBU) for the last fifteen-year construction and development. Since we have been approved as a national experimental teaching demonstration center in 2007 and national virtual simulation experiment teaching center in 2014 respectively, there are some achievements in practice teaching of economics and management by means of the funding, human resources and material resources supporting of BTBU, the proactive cooperation of relevant functional departments and colleges, multidimensional collaborations between university and enterprises, motivated innovation and continuous consolidation of connotation by ourselves. However, there are still a lot to improve. Combined with the fact of comprehensive reform of undergraduate teaching in BTBU, we are motivated by the reform and innovation of further exploring the practice teaching and strengthening undergraduates' practical ability and innovative and entrepreneurial capability on the basis of networking, informatization, platformization and sharing.

## 三、主要内容

2001 年，北京工商大学整合经管类各专业分散的实验室资源，统一建立经济管理实验中心（以下简称中心）。2004 年，借新校区统一规划建设之良机，建成理念超前、面积较大、设施设备一流的现代化的经济管理实验中心。2007 年，中心获批为全国第二批国家级实验教学示范中心（建设单位），2012 年顺利通过教育部验收，正式成为国家级实验教学示范中心。2014 年，中心获批为全国第一批国家级虚拟仿真实验教学中心。

自 2007 年获批为国家级实验教学示范中心（建设单位）以来，学校形成了系统的实验教学改革思路，即以构建科学、合理的实验教学体系为核心，以现代教育技术理论与方法为手段，以网络信息平台建设为支撑，实现理论与实践相融，知识与能力并重，人品与才干相长的人才培养目标，从而使学校实验教学在高校乃至名校云集的北京脱颖而出，并享有实验教学领域"北有北工商"的美誉。现将具体的建设经验与成果总结如下：

### （一）科学定位、统一规划、集中建设、资源共享

北京工商大学是北京市重点建设的以经、管、工为主，经、管、工、理、文、法、史等学科相互支撑、协调发展的多科性大学。按照北京市将我校建成现代服务业人才培养基地的定位和部署，学校将"实验教学"和"实践育人"作为办学特色，列入"十一五"和"十二五"时期的发展规划并加以组织落实。

2004 年，学校以良乡新校区建设为契机，根据整合资源、统筹规划、集中建设和统一管理的原则，建成了近万平方米高度仿真的实验大楼，当时设施设备投资 1800 万元。

2007 年，获批为国家级实验教学示范中心（建设单位）后，按照学校培养"德才兼备、知行合一、具有社会责任感、创新精神和实践能力的复合性应用型人才"的目标，中心紧密结合现代服务行业的发展，根据各行业实际工作场景对实验

大楼进行了高度仿真的空间布局；坚持以人为本、科学管理，按教学计划统一安排全校文科类的实验课程和实验时间，主要为经济学院、商学院和法学院17个专业和全校其他专业的本科生提供实验教学的环境、课程教学和学科竞赛等系列服务。从而改变了过去以学院和专业为单位的小而全、互争资源、相互隔绝、重复建设的实验教学与管理模式，满足了大学生全过程、全流程实验教学的需要，实现了优质资源的全校共享和有限资源最大程度的利用与开放，极大地促进了大学生动手实践能力、和创新创业能力的培养。特别是面积为540平方米的模拟法庭、证券交易大厅、跨专业综合实验室、现代企业管理实习区等建成并投入使用，吸引了全国同行络绎不绝的参观学习，在全国经管类实验教学领域起到了良好的表率和示范作用。

2014年，中心获批为国家级虚拟仿真实验教学中心后，为了彰显虚拟仿真的特色，学校投资1000多万元，全国率先打造了理念先进、设计超前、设备一流、人机互动、现代化的虚拟仿真金融智慧实验室、创新创业教育实验室、企业全面运营实验室等，进行了全部计算机和服务器的虚拟化管理，正在研究设计实验教学云平台以方便大学生随时随地、任意终端访问实验教学软件，进行预习、练习和复习，从而真正实现实验教学资源、实验教学管理的信息化、网络化和共享化。仅2015年，就有国内外几十所高校近300多位同行前来学习交流。

### （二）制度先行、措施保障、队伍支撑、部门协同

学校各届领导高度重视实验教学工作，坚持以培养学生创新精神和实践能力为宗旨，出台了一系列的相关政策、管理制度和改革措施，形成了以实践育人为龙头、以资源共享为基础、以高素质实验教学队伍和完备的实践教学环境为保障的实践教学改革思路和方案。

**1. 建章立制，保障了各项工作的平稳运行**

学校教务处出台了《实验教学管理条例》、《优秀实验室评选办法》、《本科生创新实践学分实施细则》、《大学生科技创新基金实施管理办法》、《在校生实践环节经费管理规定》等制度，保障实验教学和大学生实践创新活动的有序开展。

中心相继起草了《实验中心工作管理规定》、《实验中心实习区规则》、《实验中心教学设施管理规定》、《实验中心教学用材料、易耗品管理办法》、《实验中心安全卫生管理制度》、《实验中心实习区实践活动管理办法》、《实验中心仪器设备管理规定》、《实验中心仪器设备计算机软件借用规定》、《实验中心资产管理规定》等规章制度，对设施设备、实验耗材、环境卫生、软件维护、硬件借用等方面进行了严格的管理，确保了实验教学的有序进行。

**2. 政策突破，确保了实验教学的地位和作用发挥**

学校明确将中心定位为实践教学部门，在待遇上与其他教学单位一视同仁；

专门制订实验教师考核的相应规定；在实践教学工作量计算标准上，与理论课教学同等计算；制定专门的实验教师职称评定的相关规定，并将过去的实验技术系列改为讲师、副教授、教授系列；在实践教学的科研和教改立项上给予倾斜和优先支持，仅 2007 年和 2008 年，学校教学改革立项近 50% 是围绕实践教学改革开展研究的；多方面大力鼓励和支持实践类课程的开设，使经济管理类实验课程最高峰时达 81 门，将 3 门纳入经济管理类各专业必修课程；资金投入更是前所未有，仅 2014 ~ 2015 年就投入 1000 多万元，确保了教学环境、人文环境、信息环境和运行环境的优化和强化。

### 3. 队伍建设，保证了实验教学的质量和水平

实验系列职称的评定、专职实验教师岗位的设定、教学名师计划等等，吸引了博士、海归硕士、企事业单位的精英加入实验队伍，同时也极大地调动了理论课教师开展实验教学的积极性，逐步打造了一支职称结构、年龄结构、学缘结构较为合理的实验队伍。即学院教师主讲专业必修实验课；中心专职教师主讲全校必修和公选实验课；外聘兼职实验教师主讲与实际工作联系紧密的特色实验课。

中心先后选派多名优秀实验教师到国外进修和挂职锻炼；积极引导实验教师和管理人员参加各级培训与学术会议；充分发挥了国家级教学团队的骨干作用，带动了青年教师的成长；对实验教师和管理人员进行综合考核，考核结果与年终奖金、职称晋升等挂钩，从而保证了实验教学水平的提升和实验教学管理的科学化、规范化。

### 4. 部门协同，提高了实验教学与管理的效率和效益

中心实行独立建制、二级管理，由教学副校长直接分管，中心主任负责，业务归口教务处，各学院、各部门协同推进，在一定程度上保证实验教学资源的全校共享和中心全面工作的独立开展。

教务处有专门的分管实验教学副处长，设实验教学办公室，专门负责全校实验教学中心的管理和建设工作。中心的全部教学计划、教学运行、教学管理、教学改革、教学质量考评和监控，统一接受教务处的监督管理；教务处负责统筹规划给予中心的专项经费支持。

经济管理类各学院的主管教学副院长负责实验教学工作，教研室主任兼任或有专门的实验教学主任具体负责与中心沟通、协调、研讨各专业本科生培养方案和教学计划、实验课程的安排，并组织落实专业实验课程的教学。

中心主任全面负责中心的建设与管理工作，经常与教务处、国资处、网络中心、后勤处等相关部门和学院进行沟通和协调，在实验室建设项目、教学软件招投标、实验课程开设等方面召开专家和部门评审会，多次论证方案，规避风险，各部门的通力合作确保了实验室环境建设的顺利进行。

## （三）立体多层、模式多样、无缝对接、能力提升

根据学校人才培养的目标，通过对各专业课程体系的深入分析，中心和学院共同构建了包括基础实验、专业综合实验、跨专业模拟创新实验、创新创业实验在内的立体化、多层次、跨学科、跨专业的循序渐进的实验课程体系（见图1）。

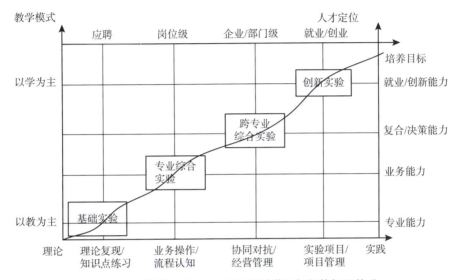

**图1 实验教学体系与人才定位和培养目标间的相互关系**

第一层次：公共基础和专业基础实验课，以认知性、验证性、操作性的课程实验为主。如《初级会计实验》、《中级会计实验》、《宏、微观经济学实验》。

第二层次：专业综合实验课，主要帮助大学生了解、掌握本专业所对应行业部门的业务流程，并学会运用。如《国际贸易模拟实验》、《物流综合模拟实验》、《证券交易实践》等。

第三层次：跨专业综合实验课。以学生创业活动为主体，以制造企业为基础，以工商、税务、银行、会计等现代服务窗口为环境，以实习、实战为特征，通过若干实验项目的交互，帮助大学生融会贯通所学的专业理论知识，为未来适应就业岗位和市场竞争环境打下了良好的基础。如《企业资源规划实践》、《跨专业综合实验》。

第四层次：创新创业实验。以大学生科技创新计划、大学生科研项目、"互联网＋"行动计划、创新创业讲座、创业教育、创业大赛、创业实践等，鼓励大学生自主进行实验方法的设计、实验设备和材料的准备，进行实验数据分析处理、撰写实验报告或学术、落地实施创业项目等，多维度培养大学生创新创业精神和能力。

通过多年的实验教学探索，中心形成了以手工操作类、沙盘类、软件模拟类、信息处理类、现场仿真类、虚拟仿真类训练等为代表的多样化的实验课程教学模式，大大激发了学生的学习兴趣，实现了由以"教"为主向以"学"为主的教学模式的转变。

立体多层的实验课程体系、灵活多样的实验教学模式、丰富有趣的实验内容、挑战自我的学科竞赛，促进了大学生知识、能力、素质的全面培养和综合实践、创新创业能力的不断形成与提升。

### （四）校企合作，软硬兼施，优势互补，成效显著

**1. 与新道的全方位合作，同进共赢**

十多年来，我们与新道科技有限公司在教学软件、师资培训、学科竞赛、学生实习、创新创业教育等方面进行多维度的合作。中心先后购买了"用友 U8"、"用友审易""用友新商战"、"销售沙盘"、"先天特质沙盘"、"VBSE 创业板"等软件，为学校经管类各专业和公选课其他专业的实验教学提供了强大的技术平台；实践课教师积极参与新道教学软件升级换代的研发，促进企业产品质量的提升；担当新道师资研修院的讲师，对其他高校教师进行课程和教法的培训；邀请新道高管为我校实验教师和中层干部进行"行动学习法"、"信息技术在实验教学中的运用"、"翻转课堂"、"互联网＋时代本科实践教学的改革与创新"等实验教学法的培训和专题演讲，为大一新生做"'从大一到金领'成就高价值人生"的创业启蒙报告；中心和教务处共同组织实验教师和中层干部到新道参观学习，座谈交流；参加新道组织召开的"校长论坛"、"TRIZ 创业导师训练营"、"第三届产教融合发展战略国际论坛"等活动，开阔视野，强化创新思维和能力；共同举办第一届和第十一届 ERP 沙盘大盘北京市总决赛和 2016 年第十二届全国总决赛，连续十一年组织学生参加"全国大学生用友杯（新道杯）ERP 沙盘模拟大赛"，相继获得全国冠军、季军、二等奖、三等奖等成绩，在竞赛中获奖的学生还获准进入用友实习和工作，校企双方携手创新大学生培养模式；共同举办沙盘大赛校园赛 3 场、创新创业大赛 2 场，以赛带练、以赛促学；参加新道主持的《创业人生》和《中国经管实践教学发展报告（2015）》的编写；加入由新道发起建立的全国本科院校创业导师联盟；正在酝酿与新道共同创办创业学院。

**2. 与方宇博业共同进行跨专业综合实验的研发，全国领先**

2008 年，中心负责提出整体方案和设计要求，分工设计各仿真训练模块的具体内容和技术指标；方宇博业科技有限公司利用技术的优势，负责仿真平台的技术开发和服务支持，共同推出了国内第一个跨专业、多岗位、全流程经济管理综合实验平台。通过深度挖掘现代企业内部经营管理与外部服务业的内在联系，

借助信息技术仿真模拟经济社会运行，以大学生为主体进行多角色协同实验，为大学生提供了知识学习、职场能力训练、创新创业能力培养的技术支撑平台。中心还在全国率先开设了跨专业综合实验课程，由 14 位专职实验教师组建 4 支教学团队同时在课堂教学，开启了一种崭新模式的综合实验教学。经过 7 年的使用与升级，该平台运行稳定，并在全国其他高校、高职推广运用，受到一致好评。

**3. 与华普亿方公司联合开发教学与管理软件，共同受益**

10 年前，中心开始使用华普亿方的创业教育软件，并以公选课的形式对大学生进行创业教育，走在全国大学生创业教育的前列；随后，双方携手在全国率先研发了《宏观与微观经济学》模拟训练平台、《经济管理实验教学案例库》、《大学生实践创新管理平台》、课程试题库等；近年，中心还通过担当华普公司参与组织的内蒙古创新创业大赛评委，参加其组织召开的创新创业相关会议，购买《电子商务》软件，邀请其老总为学生做讲座等，与华普亿方共同推进学校实验教学的改革与创新。

**4. 与贝腾公司在创业大赛等方面的合作，助力创新创业教育**

2013 年来，中心参加贝腾科技有限公司组织的创新创业论坛，购置其市场营销和创业之星软件进行实验教学，共同举办"学创杯"全国大学生创业综合经营大赛校园赛和北京市总决赛以及"娃哈哈"市场营销大赛区域、全国总决赛，参加"学创杯"区域赛和全国总决赛，进一步推进了学校创新创业教育的深度开展。

**5. 与友邦、康邦、鑫台华等优化实验环境，开启智慧教育先河**

2014 年，在北京市财政专项和学校资金的大力支持下，中心投入 300 多万元，与友邦公司共同打造全新的虚拟仿真金融多功能智慧实验室。该实验室融入了现代化的智慧教育理念，突出了虚拟仿真的特色，契合了自主学习、团队合作、师生互动的实验教学特点，除了满足证券投资分析、外汇投资分析等金融实验教学的需求之外，同时为统计学、管理学、经济学等其他专业提供良好的实验教学环境。它标志着全国首家现代化的、智能化的虚拟仿真金融实验室正式建成，对未来国内高校金融实验实训室的建设起到良好的引领作用。

2015 年，先后投入 300 多万元，与康邦公司合作，分别对两个校区的创新创业教育实验室进行了实验桌椅的升级改造和全新打造，使中心的实验教学环境得到进一步优化，为大学生创新创业实践搭建学习交流的平台，为下一步"众创空间"的形成与发展奠定了基础。同年，中心还花费近百万元，由鑫台华公司对模拟法庭进行了升级改造，进一步完善了亦教亦学，亦会议亦活动的多功能，其借助 iPad 一键式的操作功能，体现了智能化、智慧化技术的独到运用，为中心的管理节省了人力、物力。

（五）以研促教，以赛促学，教学相长，成绩喜人

**1. 以研促教，以教促研，教研相长，成果取得突破性的进展**

目前，中心拥有一支20人的专职教学与管理队伍，其中，教授2人，副教授7人，讲师8人，管理人员3人。"十二五"期间，17位专职实验教师担任12门课程、50门次左右的课程教学任务；3名管理人员管理两校区1万多平方米的实验室，为60多门次左右的课程、7000名左右的学生提供教学服务，学生实验人时数26万/年；为学校中层干部会议和其他部门会议提供40次/年的开放服务；科研实验室每周为教师和研究生开放6天；接待参观200多人/年。

这支队伍还与学院专业教师、外聘兼职教师通力合作，在不断提升教学水平的同时，组建科研团队，积极申报各级各类课题，争取横向课题，以科学研究提升理论知识水平，进而促进教学能力的提高；中心创造条件促使实验教师融入学院的教学科研团队，承担学院理论课的教学任务，成为本科生和研究生的指导老师，进行纵向课题申报和研究。中心教师还承担实验教材和讲义的编写，参加教改项目的研究，发表教学研究论文，出版学术著作。"十二五"期间，中心教师获得省部级以上课题7项，签约横向课题38项，发表论文100多篇，出版学术专著8本。

2009年，中心申报的《开拓创新，建设资源共享的一流经济管理实验中心》获北京市教育教学成果奖一等奖和国家级教育教学成果奖二等奖；编写出版的15本《经济管理实验教学系列特色教材建设》获北京市教育教学成果奖二等奖；"经济管理实验教学团队"分别被评为"北京市优秀教学团队"和"国家级优秀教学团队"。这是学校自成立以来首次获得国家级教育教学成果奖和首支获批的国家级教学团队。

2013年，中心申报的《"经济管理跨专业、全流程、多岗位综合实验平台"建设》、《构建"六位一体"的实践课程体系，全方位培养大学生实践创新能力》分别获第七届北京市高等教育教学成果奖一等奖、二等奖。

2014年，中心黄婉秋获评为"南屏奖"全国首批十大优秀实验教师。

在管理服务方面，2007年荣获"北京工商大学教育创新工程优秀成果一等奖"；2008年被评为"北京工商大学先进集体"；2009年被北京市教育工会评为"首都教育先锋先进集体"；2011年被评为"北京工商大学先进基层党组织"和"北京高校先进基层党组织"。

**2. 依托社团，开展竞赛，以赛促学，成绩优异**

中心分别组建沙盘经营、企业竞争模拟和创新创业等3个学生社团，给予相应的资金支持和业务的指导，并依托学生社团进行了学科竞赛报名宣传、赛前的训练与辅导答疑、裁判的担当等等，培养了学生责任意识和团队合作的精神，形

成了课上与课下，学习与比赛的良性互动和无缝连接。

中心还借助 ERP 沙盘经营大赛、创新创业大赛、学创杯比赛、企业竞争模拟大赛、金融投资品大赛、期货期权比赛等，以赛促学、以赛促教、以赛带练，培养了学生团队合作的精神、敢于接受竞争和挑战的意识。比赛激发了学生学习的积极性、集体的归属感和学校的荣誉感，比赛的成绩对学生出国留学申请、就业岗位的争取提供了很好的材料支撑。

在沙盘大赛方面取得了一系列令人欣喜的成绩，如北京市第一届 ERP 管理会计大赛冠军（2014）等，具体见表1。

表1　2007～2015 年全国大学生"用友杯（新道杯）"沙盘模拟经营大赛成绩列表

| 年份 | 2007 | 2008 | 2009 | 2010 | 2011 | 2012 | 2013 | 2014 | 2015 |
|---|---|---|---|---|---|---|---|---|---|
| 北京赛区 | 一等奖 | 冠军 | 一等奖 | 一等奖 | 二等奖 | 一等奖 | 季军 | 季军 | 二等奖 |
| 全国总决赛 | 一等奖 | 季军 | 三等奖 | | 二等奖 | 三等奖 | 三等奖 | 一等奖 | 三等奖 |
| | | | | | | 信息化实战单项奖 | | | 明日之星第一名 |
| | 优秀指导教师 | 优秀指导教师 | 优秀指导教师 | 优秀指导教师 | 优秀指导教师 | 优秀指导教师 | 优秀指导教师 | 优秀指导教师 | 优秀指导教师 |
| | | | | | | | | | 说课大赛优秀奖 |

资料来源：北京工商大学经济管理实验中心。

在企业竞争模拟比赛方面，获 2007 年全国总决赛冠军和 5 个优胜奖，获 2012 年、2014 年、2015 年全国总决赛三等奖；2013～2015 年还获得了北京市或华北赛区的二、三等奖。

在创新创业比赛方面，获中国青年创新大赛全国三等奖（2007），中国管理创新大赛冠军、亚军和优胜奖（2008），北京市第七届"挑战杯"创业计划大赛 2 个二等奖（2013），"创青春"首都大学生创业大赛银奖（2014）、北京市大学生创业设计竞赛优秀奖（2014、2015），"学创杯"全国大学生创业综合模拟大赛区域赛二等奖（2014）、全国总决赛二等奖（2015）。

**3. 媒体关注，系列报道，影响扩大，示范明显**

学校对于实验教学的高度及实践育人所取得的成绩引起了媒体的关注。2008 年 11 月，《中国教育报》第 1 版和第 5 版以《关注高教质量工程：人才培养模式改革》为大标题，以《北京工商大学建立虚拟与仿真实验教学平台》、《强化应用文科人才的实践环节》、《让文科毕业生就业实现："零适应期"》等为专题，对我校经济管理综合实验教学模式进行了系列报道；2009 年 11 月，《管理观察》杂志对中心师资队伍建设、课程建设、教学效果和社会影响等方面进行了专题图文报道；中央电视台、北京电视台、北京教育（高教版）、中国青年报等媒体也做了专题报道。2015 年 6 月，北京考试报以"虚拟教学重实践，比赛教学促创新"为题，介绍了中心重点推进虚拟仿真实验教学的具体举措。2015 年 7 月，中国科学报以《智慧教室"大练兵"》为题，报道了中心与新道科技公司在中心刚刚建成的虚拟仿真金融智慧实验室共同举办沙盘大赛北京市总决赛的盛况。

## 四、标志性建设成果

图 2　2009 年，开拓创新建设资源共享的一流经济管理
实验中心获国家级教育教学成果奖二等奖

# 荣誉证书

李朝鲜 郭馨梅 卢奇 田芬 王洋:

"经济管理类本科生跨专业、全流程、多岗位综合实验平台"建设，获第七届北京市高等教育教学成果奖一等奖。

北京市人民政府

二〇一三年九月

图3 2013年，"经济管理跨专业、全流程、多岗位综合
实验平台"建设获北京市教学成果奖一等奖

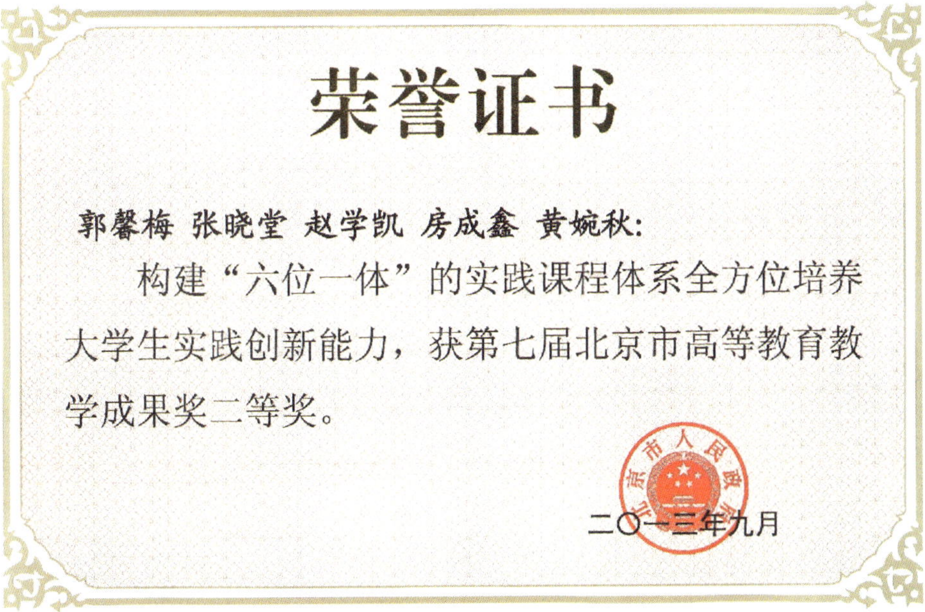

# 荣誉证书

郭馨梅 张晓堂 赵学凯 房成鑫 黄婉秋:

构建"六位一体"的实践课程体系全方位培养大学生实践创新能力，获第七届北京市高等教育教学成果奖二等奖。

北京市人民政府

二〇一三年九月

图4 2013年，构建"六位一体"的实践课程体系，全方位
培养大学生实践创新能力获北京市教学成果奖二等奖

图5 经济管理实验教学团队—北京市优秀教学团队—证书

图6 经济管理实验教学系列特色教材建设—北京市教育教学成果奖二等奖—证书

图7 开拓创新建设资源共享的一流经济管理实验中心—

北京市教育教学成果奖一等奖—证书

图8 中心教师编著的实验系列教材获北京市教育教学成果二等奖

## 五、中心团队集体照

图 9 　北京工商大学经济管理实验中心团队

# 基于虚拟仿真的经管类
# "立体式"实验教学

## ——江西财经大学经济管理与创业模拟实验中心建设成果

## 一、中心基本情况

| 学校名称 | 江西财经大学 |
|---|---|
| 中心名称 | 国家级实验教学示范中心/国家级虚拟仿真实验教学中心 |
| 署名 | 方勤　刘卫　聂鹏　陈积富 |

## 二、摘要

江西财经大学经济管理与创业模拟实验中心成立 2004 年，2007 年立项"国家级实验教学示范中心"，2014 年入选国家级虚拟仿真实验教学中心。

学校高度重视实践教学在教学体系中的关键作用，高度重视实验教学中心在教学体系中的支撑作用，高度重视实践教学师资队伍在教学体系中的核心作用，高度重视实验课程的系统性、连贯性和协同性，为经管类各专业学生提供一个多学科融合、高度仿真、无物理边界、精细化远程管理的虚拟实践教学平台，使不同专业的学生以创新创业教育为核心，在一个高度仿真的虚拟经济社会里完成专业学习。实现了理论教学与实践教学的无缝对接、大学教育与社会需求的无缝对接，达到了融专业教育与实践实务为一体，融积累知识与提升能力为一体，融学习与乐趣为一体的目的。

经过十余年的建设与发展，实验中心已经成为全校经济管理类实验教学平台、学生创新创业模拟实践平台、学生创新科研训练平台、教师科研实验平台、公共基础类计算机实践教学平台和网络教学综合服务平台，建设了一个可供本科生、研究生以及教师实验、实训和科研的，能完成实验、比赛和实训教学和体验的，能打破专业、学校、地区、校企壁垒的，实现多专业、多层次、多学校共享的，无时间、无空间限制的"虚拟、智慧、共享、开放"功能的虚拟仿真实验中心，并取得了一系列具有鲜明特色和创新的改革成果。

## 三、Abstract

Lab Center of the Economic Management and Entrepreneurship Simulation (LCEMES) of JXUFE was founded in 2004, declared *National Experimental Teaching Demonstration Center* in 2007 and promoted as *National virtual simulation experiment teaching center* in 2014.

JXUFE pays close attention to the key role of the practical teaching in the teaching system, attaches great importance to the supporting role of LCEMES in the teaching system, pay high attention to the core role of the practice teacher group in the teaching system, and put a high value on the systematicness, consistency and collaboration of the experimental courses. It provides a multidisciplinary fusion, highly simulation, no physical boundaries, fine remote management virtual practice teaching platform for the management students. The students from different majors complete the specialized learning in a virtual business society environment as the core of the innovation and entrepreneurship education. All these actions implement the seamless connections between the theoretics and the practices, the university education and the social needs. All these actions achieve the purposes of integrating the financial professional education and the practice, integrating the knowledge accumulation and the ability enhancement, integrating learning and funs.

After more than ten years of construction and development, LCEMES has become a economic management experimental teaching platform, a student innovation and entrepreneurship simulation platform, a student innovation research training platform, a teachers' scientific research & experiment platform, a public basic computer practice & teaching platform and a comprehensive teaching service platform based on the networks. LCEMES as a virtual simulation experiment center has been setup and obtained a series of reform results with the distinct characteristics and innovations, which supports experiments, training and scientific research for the undergraduates, the graduates and the teachers by supplying experienceable experiments, competitions and teaching. LCEMES breaks the barriers among.

specialties, schools, regions, and school-enterprises, achieving a hierarchical, multi-specialty, interschool shared, no time & space limiting teaching pattern inspired by virtual, intelligence, sharing and opening.

## 四、主要内容

按照《国家中长期教育改革和发展规范刚要》、《教育信息化十年发展规划》等国家部委有关建设要求，按照我校人才培养目标，坚持坚持体现内涵式发展和高水平财经大学的人才培养方式，推进探究式、项目式、案例式、翻转课堂等教学方式，以国家虚拟仿真实验教学中心的建设要求为准绳，突破传统的"计算机＋软件"的实验室建设模式，建设适合"专业基础"、"专业综合"、"跨专业综合"、"创新创业"实验递进模式的实验环境，以"继承发展、创新建设、整合资源、综合利用"的理念统筹设计，创新融合最新教育技术，采用云端设计架构，构建智慧课堂，优化教学模式，促进学生学习方式变革，不断提升创新创业型人才的培养质量。

### （一）建立统筹协调的"立体式"实验管理体制

#### 1. 实验室管理体制

中心在经管类实验教学管理体制上，努力将实验教学与理论教学统筹管理（见图1）。2004年，成立经济管理与创业模拟实验中心，统筹管理全校经管类实验课程，实现资源共享。2013年，经济管理管理与创业模拟实验中心和现代教育技术中心部分分离重新组建计算机实践教学中心（经济管理与创业模拟实验中心），进一步提升了实验教学的地位，从根本上解决了理论教学与实验教学"两张皮"的问题。同时，还有效解决了原学院实验室主任"有责无力"（具有相应的责任，但由于实验室无人员编制而没有能力履行职责），系主任"有力无责"的矛盾。

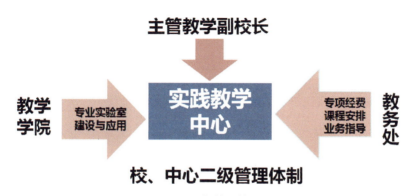

图1　二级管理体制

### 2. 实践育人体系

培养学生能力是理论教学和实验教学的共同任务，以能力为导向构建专业实验教学课程符合人才培养的目标需求。为培养"信敏廉毅"素质的创新创业型人才，在充分调研的基础上，明确学生就业的主要职业岗位群，分析职业岗位群的能力需求，构建了"三类实践、三个平台、四大模块、四项能力"的多层次、立体交叉的实践育人体系（见图2）。

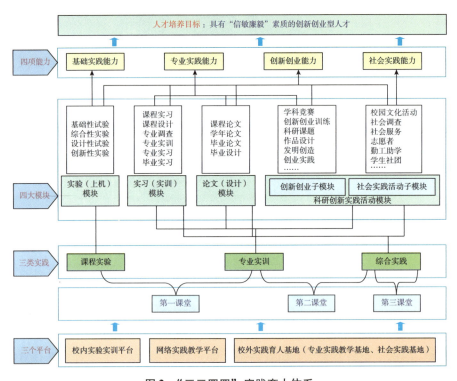

**图2 "三三四四"实践育人体系**

## （二）构建以能力提升为主线的实验课程体系

### 1. 课程体系立体化

建立了具有自身特色的集《企业运营沙盘模拟》、《ERP实验》、《创业模拟与实践》和学科竞赛等学、赛为一体，学科基础、专业技能、创新创业等模块相互衔接，分层次、递进式经管类跨专业的"立体化"实验课程体系，成为培养学生实践能力和创新能力的"立交桥"（见图3）。

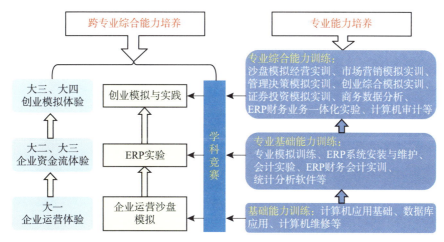

图3 "立体化"实验课程体系

## 2. 教学内容项目化

以必修项目为核心、以选修项目为延伸、以竞赛项目为补充，建设实验课程内容体系，创建按照能力培养需求的实验项目"超市"（见图4）。依据学校实践育人培养体系，按照基础性仿真实验、综合性仿真实验、创新性仿真实验的体系，师生共同建设系列化、层次化、系统化的"菜单式"开放实验项目库，体现了以学生为中心的"自主性、灵活性、创新性、开放性"的现代教学思想，为开放实验探索了一条新的思路。

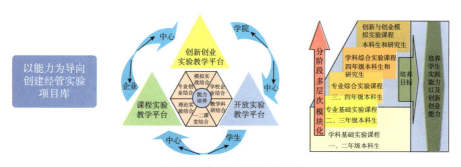

图4 开放"实验项目超市"

## 3. 教学平台一体化

利用计算机网络、大数据分析、虚拟仿真等现代化技术，搭建智能实践教学管理平台、虚拟仿真实验云平台、学科竞赛平台、网络教学平台等集教学、模拟、创新为一体的实践教学共享资源构成的综合实践教学平台，为各专业、各学科之间相互交融、相互渗透，学生自主开展实验、教师指导等提供基础

（见图5）。

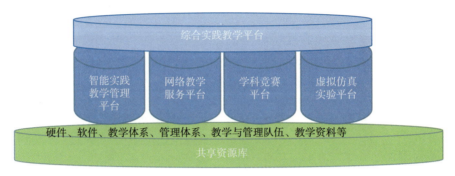

**图5 一体化实践教学平台**

（1）建设智能管理平台。

利用计算机网络技术、数据分析技术、物联网技术，建设信息、数据和资源的智能服务管理平台，实现信息化、节约化、细致化的资源管理，并通过智能化、优质化、个性化的主动服务和可视化、多粒度的统计分析与监测功能，使学校范围内的所有实验室（包括机房、教室和学术报告厅等物理空间）的建设和管理工作从粗放型管理转变为精细化管理、从人工管理转变为信息智能化管理、从被动型管理转变为主动型管理，推动江西财经大学智慧校园的建设，增强我校的智能化水平（见图6）。

**图6 智慧管理系统**

（2）构建网络教学综合服务平台。

学校于2015年搭建了江西财经大学网络教学综合服务平台（简称：网络教学

平台)(见图7),实现 Web 的统一身份认证和课程学生数据的学分制对接。网络教学平台整合了校内网络课程教学资源,对包括慕课在内的教学理念、教学方式与教学管理模式进行信息化管理创新,实现集"课程平台中心、资源中心、教学中心、学习中心和教学管理中心"为一体的在线教学综合服务平台,实现教学互动、资源共享、移动学习等功能,达到教室能够进行课堂建设、教学监控、达到教师能够进行课程建设、教学监控、资源共享、学生能够自主学习的目的,并实现所有数据的整合,最终建设成一个理念领先、技术先进、国际化特色突出的网络教学中心。

**图7 网络教学综合服务平台**

(3)搭建学科竞赛服务平台。

学科竞赛有利于以赛促学,以赛促教,以赛促改。中心建立了赛点网、APP、微信、QQ 以及网络教学平台为一体的"互联网+"学科竞赛培训与服务平台,完善经管类学科竞赛培训体系,采用面授和网络培训相结合的方式,实现报名、培训、比赛和宣传等多功能竞赛服务平台,为校内外学生和老师提供一流的开放的优质服务(见图8)。

**图8 学科竞赛服务平台**

（4）打造虚拟仿真实验云平台。

根据国家级虚拟仿真实验中心"虚拟、智慧、共享、开放"的建设目标，切实做好国家级虚拟仿真实验中心建设的基础工作，打造了虚拟仿真实验云平台（见图9）。

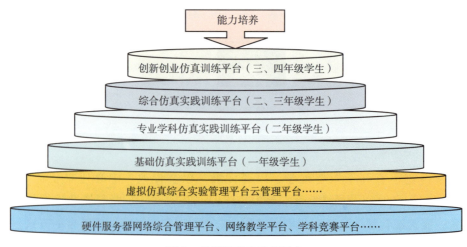

**图9 虚拟仿真实验云平台**

平台采用了基于云技术的虚拟仿真实验室云桌面支持系统实现对虚拟仿真实验课程的实验环境虚拟化和云端化管理，利用虚拟仿真云桌面来整合校园数据资源和仿真软件库等虚拟仿真教学资源，结合虚拟仿真实验室综合业务平台对虚拟实验项目的管理，配置连接虚拟仿真实验教学的资源和加载虚拟仿真软件构成完整的虚拟仿真实验环境。具有以下功能：

①按课程时间表动态调度和分配云端资源使用，充分优化资源使用率。

②虚拟仿真实验课程设置模板化，通过建立共享课程云桌面模板库，大大提升课程标准化管理以及拓宽虚拟仿真实验时间、空间和信息共享方式，实现了校内外、本地区及更广范围内的实验教学资源共享。

③远程云桌面接入技术使得师生突破物理位置的局限，实现随时随地进行虚拟仿真实验。

平台的建设打破了专业、学院、学校、校企壁垒，实现多专业、多层次、多学校共享，实现校企合作，无时间、无空间限制的智慧型资源共享平台。自平台建设以来，不仅为本校师生提供了教、学服务，同时还为江西财经职业技术学院、华南农学院等省内外多所高校提供实验教学资源共享服务。

**4. 教学队伍协作化**

实验教师队伍由专业教师、实验人员和企业界专家组成的教师队伍，形成了三级队伍结构，由经过选拔后的专业教师和实验人员组成的基础师资承担基础实验课程教学，由经过培训的专业老师和外聘专家组成的综合实验师资承担跨专业综合实训教学指导，由具有实战经验且经过培训的专业教师和外聘专家组成综合实验师资承担创业实践的教学指导，并在此基础上组建实验课程教学指导团队和跨专业实训教学指导团队进行教师团队协作教学（见图 10）。目前已建立了由中心、院系、企业三方人员组成的《企业运营沙盘模拟》、《ERP 实验》、《创业模拟与实践》、学科竞赛等 4 个教学团队。

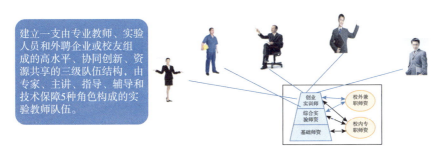

图 10　实践教学团队

## （三）创新以自主学习为基础的实验教学模式

### 1. 教学过程自主化

实验项目自选。建立由课程实验、学生科研和创新创业等项目的实验项目"超市"。学生根据学习要求和兴趣进行自选。

实验团队自组。根据"发动学生、服务学生、依托学生、培养学生"的工作思路，由学生自主成立营销协会、思创社（会计）、ERP 沙盘协会、金融投资协会和未来企业家俱乐部等专业社团，学生自愿参加。由社团或俱乐部协助中心进行部分实验室管理、协助中心组织开展学科竞赛、讲座论坛等活动，实现学生自主性学习、实践性学习、创新性学习、多元化学习，培养科学的思维方式。

### 2. 教学方式多样化

线上线下：以学生学习为中心，以教师教学为主导，以能力培养为轴心，以教学资源为平台，利用虚拟仿真实验平台、网络教学平台和移动学习平台三个现代化手段，打破传统教学对时间和空间的限制，对学生进行多视角、大容量的信息传输，课程全程贯联线上线下、课内课外、自学与辅导、理论性与实践性、个人授课与团队教学、个人考核与团队考核等六结合的教学模式，实现教学全程连动与监管。

虚拟仿真：根据实践课程体系要求，采用真实实验、校外现场实践和课外创新实验相结合的实验教学模式，实现虚拟仿真实验教学（见图11）。

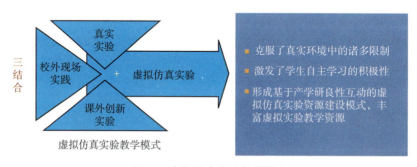

图 11　虚拟仿真实验教学模式

项目驱动。以学科竞赛为依托，设立项目，通过学科竞赛服务平台，推动互联＋开放性学科比赛，实现了全国 136 所高校网上进行 ERP 沙盘比赛、江西省经管类大学生创新创业大赛活动。通过各类大赛，实现了以项目为驱动、以社团为平台、以实验中心为依托,落实了实践教学活动体系,推动了学生自主学习。

### 3. 实验指导角色化

由不同专业背景的教师组建跨专业教学团队,采取个人授课与团队教学相结合方式进行,分为专家指导、主讲课程、指导实验、辅导课程和技术保障 5 种角色进行线上线下教学和指导,提升了教师指导水平。

整个教学过程教学团队利用互联网+模式的三大平台实现了优质教师资源跨校区同播共享,文本、图片、视频、资料多元教学资料共享,实践课程全过程考核管理,考勤移动化、电子化(见图 12)。

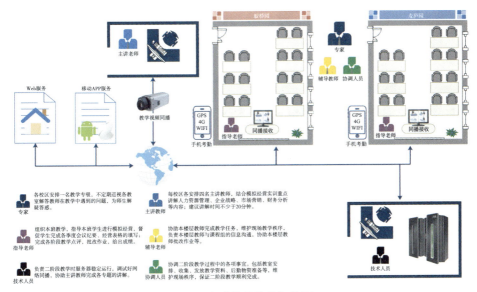

**图 12 实验指导协作拓扑图**

### 4. 教学评价全程化

利用网络教学服务平台进行课外学习和提交作业、移动学习平台签到考核和调查问卷等手段,通过线上线下相结合方式,从课前准备(教师课前准备、学生教师课前准备)、教学活动(教师和学生的双边活动)、教学秩序(课堂控制、课堂纪律)、课堂效果(课堂气氛、学生参与度、学习成果)和教学设计执行情况(教学组织、教学内容、教学资源的利用、课业布置)对个人和团队、实验结果与分析进行过程控制和全程评价。如根据二阶段《创业模拟与实践 I》课程"实战演练"要求,采取半天"实战演练"与半天自学消化现结合方式,2676 位学生和44位老师，分别组成的学生创业团队和教师团队，利用平台进行全程监控取得了很好的效果。

## 五、标志性建设成果

### （一）领导关怀

图13 江西省委书记鹿心社、省委常委、省委秘书长朱虹，省委常委、南昌市委书记龚建华、省委教育工委书记黄小华莅临中心视察工作（2016年）

图14 江西省委副书记尚勇莅临中心开展调研（2012年）

图 15　南昌陆军学院政委李弘、院长黄新炳一行中心进行参观和交流（2012 年）

图 16　江西省人民政府副省长朱虹、省教育厅厅长虞国庆、省政府副秘书长
肖毛根等一行莅临中心视察工作（2013 年）

（二）大赛获奖

**1. 全国大学生统计建模大赛一等奖**

图 17  全国大学生统计建模大赛一等奖

**2.** "第六届全国大学生市场调查与分析大赛总决赛暨第五届海峡两岸大学生市场调查与分析大赛大陆地区选拔赛"一等奖

图 18 "第六届全国大学生市场调查与分析大赛总决赛暨第五届海峡
两岸大学生市场调查与分析大赛大陆地区选拔赛"一等奖

**3.** "第五届全国大学生市场调查分析大赛江西分赛"一等奖

图 19 "第五届全国大学生市场调查分析大赛江西分赛"一等奖

**4.** **"新道杯"会计信息化技能大赛特别成就奖**

图20 "新道杯"会计信息化技能大赛特别成就奖

**5.** 首届"金蝶杯"全国大学生创业大赛南方区半决赛一等奖

图 21　首届"金蝶杯"全国大学生创业大赛南方区半决赛一等奖

**6.** "创新创业杯"全国管理决策模拟大赛总决赛二等奖

图 22 "创新创业杯"全国管理决策模拟大赛总决赛二等奖

**7.** "创新创业"全国管理决策模拟大赛优秀组织奖

图 23 "创新创业"全国管理决策模拟大赛优秀组织奖

### 8. "新道杯"沙盘模拟经营大赛全国总决赛三等奖

图 24 "新道杯"沙盘模拟经营大赛全国总决赛三等奖

### 9. 2010 年国际企业管理挑战赛中国赛区新秀奖

图 25 2010 年国际企业管理挑战赛中国赛区新秀奖

**10.** 全国大学生管理决策模拟大赛优秀指导教师奖

图 26　全国大学生管理决策模拟大赛优秀指导教师奖

（三）媒体报道

图 27　省赛媒体报道

## （四）信息化建设

### 1. 中心开发 8 个信息化项目首次获得 15 项知识产权

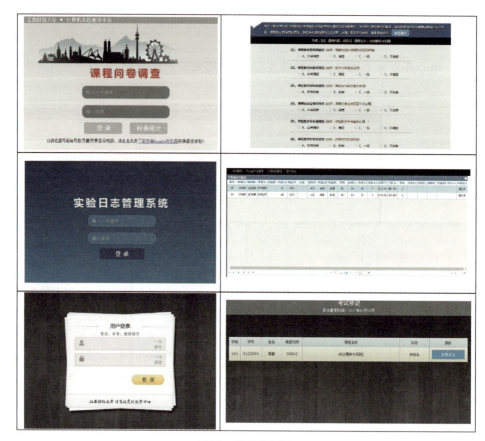

图 28　信息化项目

## 2. 软件著作权成果转化

图 29　软件著作权成果转化

## 六、中心团队集体照

图 30　实验教学中心集体照

# 贵州财经大学国家级实验教学示范中心建设成果

## 一、中心基本情况

| 学校名称 | 贵州财经大学 |
|---|---|
| 中心名称 | 贵州财经大学国家级实验教学示范中心 |
| 署名 | 贵州财经大学实验教学中心 |

## 二、主要内容

我校始终把实验实践教学作为重要教学环节来抓，专门成立了实验教学部，整合实验教学资源，统一实验教学设施设备管理，规范运行体制，向全校师生提供高效共享的实验教学辅助服务；成立专门的实验教学教研室，开展实验教学研究，在实验实践教学体系、实验教学内容设计、实验教学方法与手段等方面进行积极探索；并协同相关部门进行实验教学运行监控，保证实验教学的水平和质量。有力支撑了我校"儒魂商才"的人才培养目标，尤其在学生实践应用能力、创新能力、创业能力、沟通表达、团队协作、经管思维、战略博弈及专业技能方面表现突出。

目前，我部已建成 1 个国家级实验教学示范中心、1 个国家级虚拟仿真实验中心、2 个省级实验教学示范中心。并在实验教学方面，获评国家级教学成果二等奖 1 项，省级教学成果特等奖 1 项，省级教学团队 1 个。

### （一）建立起较完善的实验教学体系，有力支撑人才培养达成度

从 2002 年起，在全校范围内启动实验教学改革工程，进行了一系列全方位的实验教学改革创新与探索，针对各专业知识、能力、素质培养的能力架构矩阵，基本形成了教学目标明确，教学方法特色突出，以经济管理专业为主的较完善的实验教学体系，既独立于传统课堂教学又与其密切配合，有力支撑了学校鲜

明经管特质的高素质复合型人才培养模式。

**1. 课程实验项目**

2007 年开始，学校在本科培养方案中明确要求，加大专业课实验教学学时数的比例，并在实验教学教改立项、校级教学优秀评比、经费投入、实验教学课酬激励等多个方面予以强化支持。到 2016 年底，共计开出实验项目 1156 项，其中经济管理类实验项目 937 项，占比 81%，面向能力（技能）培养的实验项目 614 项，占比 53.1%，编写课程实验大纲 501 部、89 部实验教学讲义、出版了 12 部实验教材，有力地促进了对学生实践应用能力的培养（见图 1）。

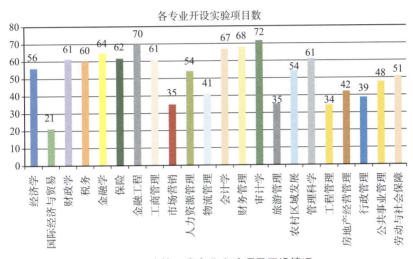

各专业开设实验项目数

**图 1　经济管理类专业实验项目开设情况**

**2. 专业高峰体验课程**

从 2011 级培养方案开始，我校各专业培养方案中均加入了高峰体验课程内容，作为我校实验实践教学层次体系的一个环节，设置在各专业的专业必修课模块中。通过基于各专业的特点，让学生以非传统课堂教学的实践实验方式，把各课程所学的大量相对零散的专业知识，在做中学，做中反思与整合，形成较完整的专业知识和能力体验，最终以完成一系列应用性项目为核心手段，提高解决实际问题的专业应用能力。

**3. 跨专业社会经济仿真综合实验**

2007 年，中心成立了跨专业经管综合实验课程建设小组，开发、设计了符合学校人才培养目标要求以及现实社会需求相结合的跨专业"经济管理仿真综合实验课程"。该课程通过搭建多方位高仿真的虚拟经济社会环境，设计动态市场竞争模型模拟市场主体间的合作、对抗，自主研发智能信息平台支撑复杂实验环境，并采用自助式、非线性的实验教学方法，强化教学效果（见图2）。

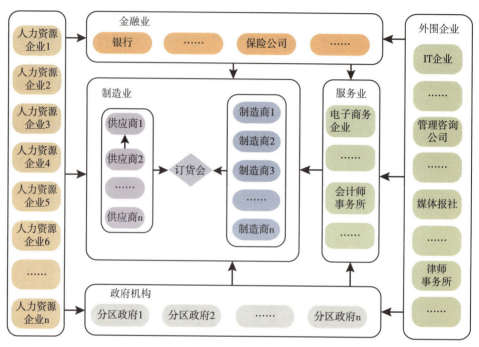

**图2 跨专业经济管理类仿真综合实验课程示意图**

2008年至今，校内参加高峰体验综合实验的本科生人数累计超过两万余人，覆盖管理学、经济学、法学、文学、理学、工学、教育学等学科的45个专业，连续5年在课程满意度调研中名列前茅，是最受欢迎的课程之一，成为我校特色实验课程。调查结果显示，综合实验课程对学生综合能力培养效果较好，尤其在沟通协作能力、团队合作能力和综合知识的应用方面更为显著。该课程取得了显著的教学效果和广泛的社会影响，得到同行的高度认可，国内外多所高校前来学习和交流，北京工商大学、上海财经大学、美国加州大学伯克利分校、马来西亚泰莱大学等100余所国内外高校前来交流学习。2011年课程建设小组获省级优秀教学团队，2013年获贵州省教学成果特等奖。

## （二）良好的实验教学条件和运行规范，有效支撑教学保障

为有效支撑上述实验教学体系的实现，在学校大力支持下，我部在实验教学场地、设施、设备、软件等方面持续投入建设，并强化运行管理，目前已具备数量充足、质量优良、环境感染力强、技术先进、运行有力的实验教学运行条件。对我校"儒魂商才"人才培养目标的实现，强化学生实践能力，起到了重要作用。

**1. 充足的实验教学硬件条件**

目前，我中心共建有各类实验教学场地 3 万余平方米，实验室总间数 92 间，总工位数 4678 位，总设备套台数 7500 余套，生均实验场地面积 1.65 平方米，生均实验设备套台数 0.41 台，设备总值 6080 万元。其中，经管类专业实验室 44 间（国家级经济管理综合实验示范中心），总使用面积 7200 平方米，最大可容纳 2856 人；创新创业实训基地（省级实训中心）总面积 2000 平方米，包括创业孵化园、创客咖啡、项目路演综合厅、创客空间、创业实训基地等，最大可容纳 710 人；大文科类实验室共 20 间（省级文科综合实验示范中心），总面积 3196 平方米，最大可容纳 1308 人；理工类实验室共 14 间（省级理科综合实验教学中心），总面积 2376 平方米，最大可容纳 1000 人。

**2. 经管特色突出的实验软件条件**

我中心下属各实验实训中心现共有各类实验教学软件 285 套，基础平台软件 30 套，为实验教学的开展提供了较全面的支撑。其中，经济管理类教学软件和平台无论规模和特色均较为突出，2014 年获评第一批国家级虚拟仿真实验教学中心。

该中心包含一个网络共享管理平台，及九个教学资源平台，即企业运营虚拟仿真实验教学平台、财务会计虚拟仿真实验教学平台、金融虚拟仿真实验教学平台、旅游管理虚拟仿真实验教学平台、物流及供应链虚拟仿真实验教学平台、电子商务虚拟仿真实验教学平台、财政与税收虚拟仿真实验教学平台、公共管理虚拟仿真实验教学平台和虚拟商业社会实验教学平台（见图 3）。

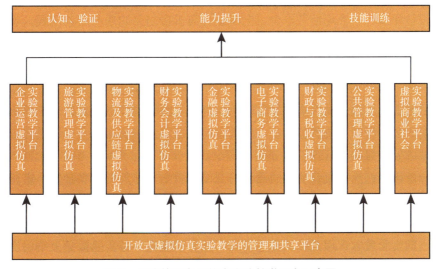

**图 3　经济管理虚拟仿真实验教学平台示意图**

### 3. 开放、个性的实验教学环境设计

根据实验教学内容和教学方式的差异，我部在实验室及环境建设过程中，将实验室设计为分组式教学、流程式教学、团队 PK 式教学、互动式教学、多功能综合型实验室等，不仅体现人性化特点，也对保证实验教学质量，提升实验教学效果起到了促进作用。

同时，我部十分注重对实验实训教学环境的文化建设，针对不同类型实验场所，以及不同功能区域的公共地带，设计了形式多样，具有较好感染力，面向学生专业能力和通识能力的文化宣传内容，不仅美观大方，美化了环境，更重要的是在一定程度上激发了学生的实践学习热情和反思积淀，起到了润物细无声的作用。

### 4. 较先进的实验教学技术条件

我部建有专门的实验教学资源中心，以服务器云平台、云存储、网络虚拟化为基础，实现了服务器计算资源池、教学软件资源池、数据库服务器集群、桌面云数据推送服务器集群等应用，网络吞吐量达 40G，CPU 核心数量 1000 余核，存储 200 余 T，汇聚了全校 90% 的实验教学软件及数据，并已在实验楼周边 100 米区域建成 wifi 网络覆盖。总体上，实验技术条件较为先进，有力支撑了各类实验教学项目的开展，保证了校外实验教学资源和数据的共通共享要求，迎合了移动课堂、微课、幕课等新的实验教学手段变化趋势。

同时，我部加快了实验教学公共资源平台的信息化管理建设的步伐，建立了实验资源管理网站，实现了对 50 余套实验教学资源的统一管理，建成了网络化实验教学和实验室管理信息平台，全面整合与机房相关的各项业务流程，实现了对资源分配、上机管理和服务、数据统计等工作的信息化管理。

## （三）自主建设实验教学管理系统，初步形成质量监控有效度

目前，我校通过采取集中与分散相结合的实验教学管理模式，教务处负责实验教学的运行管理与质量监控；实验教学部承担实验室及部分实验教学建设，并协助教务处进行质量管理；各分院负责组织具体学科、专业实验教学组织管理；各系和教研室；承担实验项目的设计与开设；教学督导负责对实验教学进行外部监控评价，已构建起一套较完善的实验教学管理体系（见图4）。

2012 年，实验教学部协同教务处在逐步完善各实验环节质量标准的基础上，通过一期实验教学管理系统的初步开发、部署、实施，对实验教学大纲、实验教学讲义、实验项目、实验课程进度表和实验教学过程等方面对进行规范管理，开始把实验教学管理纳入科学化、制度化的轨道。但目前还存在协同管理机制不健全，系统功能广度和深度不够的问题。

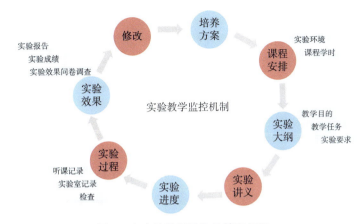

**图4 实验教学质量监控管理闭环**

## （四）搭建创新创业教育框架，大力培养学生创新创业能力

从2012年起，为解决学校创新创业教育零散、脱节、模式单一、方法传统等问题，秉承"创新带动创业，创业带动就业"的基本理念，协同学校其他相关部门，逐步探索并构建了一个逐层递进、内部关联的创新创业实践教学体系，该体系主要包括创新创业基础教育、创新创业仿真教育、创新创业实战教育三个层次。其中，创新创业基础教育在让学生掌握创新创业知识的同时，转变思维方式，培养创新创业的主体意识；创业仿真教育通过模拟、沉浸的方式，强化学生实际创新创业能力；创业实战教育通过搭建多阶段的创新创业平台，帮助学生在真正的创新创业过程中不断成长蜕变（见图5）。

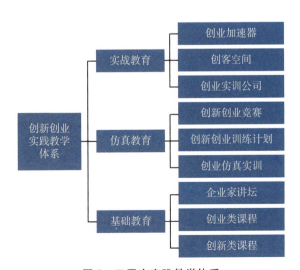

**图5 三层次实践教学体系**

**1. 创新思维训练课程**

创新思维训练课程是我部自主开始的课程，其通过"线上+线下"的混合式教学模式，国内首创设计开发自成体系的教学内容，形成了以自主学习能力为核心的教学法体系，开设以来获得校内外学习者的一致好评，获校级教学成果一等奖，及校级教学范式改革一等奖。

**2. 企业家讲坛**

同时，我部协同学生处、创新创业管理办公室，定期开展企业"企业家课堂"，邀请优秀校友、企业管理者、政府官员等成功人士到学校介绍自我管理与培养、讲授创新创业知识、分享创业经验，通过专题讲座开展创业知识和创业案例教育，目前已开设有 13 期。

**3. 创业实战教育**

创新创业实战教育一方面通过创业孵化园、创业实训公司为学生创业实战和专业实习提供训练平台，有效提升其综合创业能力，另一方面通过跨界众创咖啡，创业孵化园，打造以商业、文化创意为主要方向的跨界服务交流平台，鼓励创客们在创造中寻求快乐，实现由创新到创业的蜕变。

创新创业基础类课程中完成了花溪大学城高校 120 名学生、贵州财经大学 800 余名学生的学习；创新创业仿真教育课程自 2012 年开设以来，覆盖我校经管、理工及文科类的 32 个主要专业，共计 3 万余名学生，并得到广大师生的热烈反响；孵化基地有创业实训公司 3 家，并成功孵化 12 家大学生创业企业，3 家跨界创客咖啡团队，10 家创客团队。

通过对每年开设课程实施效果的多次调查结果显示，学生对创新创业教育教学的满意度达 90% 以上，许多学生在充分肯定创新创业教学对自身能力的培养和作用的同时，都期望继续增加创新创业教学的时间和内容。从 2012 年至今，共接待来自于东盟地区、非洲国家、我国台湾地区以及国内 30000 余人次的参观考察，为他们进行创新创业教育改革提供了宝贵的经验。

## （五）主要成就

我部一直十分重视将实验教学相关经验及成果向全省乃至全国进行推广，在促进实验教学中心的建设起到了良好的推动作用，加强与国内外院校和相关团体的交流合作，产生了较好的示范辐射作用。从 2006 年至今，共接待来自于东盟地区、非洲国家、我国台湾地区以及国内 5000 余人次的参观考察，为他们建立相应实验室及实验教学改革提供了宝贵的经验。

我部主要获奖成果包括：

（1）2007 年，贵州财经大学经济管理实验中心获"国家级实验教学示范中

心建设单位";

（2）2008年，"创新实验教学体系，打造应用型人才培养基地——贵州财经学院创建国家级实验教学示范中心探索与实践"获贵州省高等教育省级教学成果奖；

（3）2009年，"创新实验教学体系，打造应用能力培养平台"获"国家级教学成果二等奖"；

（4）2009年，贵州财经大学文科综合实验中心获"省级文科综合实验教学示范中心"；

（5）2011年，贵州财经大学经济管理综合实验团队获省级优秀教学团队；

（6）2012年，贵州财经大学创新创业实验教学中心获省级实验教学示范中心；

（7）2013年，"基于学生综合能力培养的经济管理综合实验探索与实践"项目获贵州省第八届高等教育省级教学成果特等奖；

（8）2013年，经济管理虚拟仿真实验教学示范中心获国家级虚拟仿真实验教学中心；

（9）2013年，贵州财经大学创新创业实训中心构建了有16人组成的校外专家导师库；

（10）2014年，贵州财经大学创新创业实训中心获贵州省大学生创业学院；

（11）2015年，贵州财经大学创新创业实训中心获贵阳市创业项目开发征集单位；

（12）2011~2016年，贵州财经大学创新创业实训中心孵化学生实际创业典型企业12家；

（13）2016年，创新思维训练课程获校级教学成果一等奖，及校级教学范式改革一等奖。

## （六）存在的主要问题及解决思路

### 1. 面向能力培养的实验教学项目不足

我校打造的实验教学体系，目前较为完善，经济管理类专业特色也比较突出，部分实验项目针对能力培养进行了设计，但目前认知与验证类的实验项目占比偏多（接近50%），在支撑我校儒魂商才人才培养目标，提升学生实践应用能力和综合素质方面，仍然大有可为。下一步，我部将积极与各学院系部对接，做好服务，加强指导，以教学范式改革为抓手，协同优化设计，共同提升实验项目的质量，尤其是加大面向能力培养的实验项目，在数量和水平上再上新台阶。

### 2. 创新创业教学体系及课程建设还需进一步加强

目前，我部开始的创新思维训练课程已取得较好建设成效，但总体来看，通识类课程及创新创业类实训课程，都尚未完善并形成相互关联的课程群，通识类课程对我校其他专业课程的支撑融合也还不够。下一阶段，我部将依托实验教学教研室，加强创新创业师资引进，组织开设更多的通识类课程和创新创业类课程，包括批判性思维、创业基础、创业模拟实训等，并整合校外教学资源，不断优化，更好地支撑我校儒魂商才人才培养目标的实现。

### 3. 实验教学资源共享的内容和范围不足

目前，我中心实验教学资源的引进共享、对外共享和内部共享方面，均存在较大改善空间，共享内容和范围不足。我们将依托花溪高校聚集区优势，以国家级虚拟仿真实验教学中心的建设为抓手，进一步优化以经济管理为主体的实验教学资源共享，努力扩大共享范围，从花溪大学城到省内外各高校，为学生提供更多更好的面向能力（技能）培养的实验教学资源。

中心层面的实践教学管理体制亟须明确，与学校办学定位不协调的是实验中心在学校的职能定位多年来均为教辅部门，但常年从事的是教学与实验设备采购和实践教学管理工作，责权不对等，其执行力必然大打折扣。作为教辅部门，其教学管理职能几近边缘化，在实验教学管理过程中缺乏力度，使得实验教学有关管理规定和教学规范难以执行、落实到位。

实践教学队伍仍显薄弱，随着学校对实验教学越来越重视，教学管理内容、范围不断扩大，包括实验时间教学环节日常管理、制度规范与完善、教学质量监控与检查、教学改革与研究等，随着工作量不断增加，现有人员配置相对薄弱。目前我校实验教学师资队伍青年教师较多，大多从高校毕业后直接走上教学岗位，教师普遍缺乏专业实践工作经历与经验，对职业岗位的具体专业技能要求知之甚少，与用人单位缺乏实际情况的沟通，基本上还是从书本到书本的课堂教学模式。教师的实践教学能力和水平和理论教学相比有比较大的差距，"双师型"教师队伍的建设急需要进一步提高与加强。

# 河北经贸大学经管实验中心建设成果

## 一、中心基本情况

| 学校名称 | 河北经贸大学 |
|---|---|
| 中心名称 | 经济管理实验中心/企业运营虚拟仿真实验教学中心 |
| 署名 | 申富平　史殿元　张瑞锋 |

## 二、摘要

河北经贸大学经济管理实验中心按照"学科支撑、资源集成、平台共享、教学核心"的原则，通过战略规划、合理布局，逐步建成经济管理类专业实验教学和学生创新能力培养的教学基地、河北省信息产业联盟培训基地、国家级实验教学示范中心、国家级虚拟仿真实验教学中心。

中心秉承学校"以人为本、学以致用、全面发展"的教学理念，结合先进的现代教育理念，根据京津冀协同发展对经济管理类人才的培养要求，融合经济学、管理学、信息技术等相关学科理论的最新发展成果，逐步完善企业虚拟仿真实验教学内容，构建了"360°全方位、递进式集成企业运营仿真实验教学体系"；根据钢铁行业在河北经济社会发展中的典型意义，以产品全生命周期为主线，搭建"市场调研、产品研发、设计、制造、销售、回收等各阶段"，用流程把所有的相关教学软件进行整合，构建了"钢铁企业虚拟仿真实验教学平台"；中心与清华大学经管学院合作建设案例教学平台。

## 三、Abstract

The experiment center of economic management Hebei University of Economics and Business according to discipline support, resource integration, platform sharing, teaching the core principle, through strategic planning, reasonable layout, and gradually built teaching training base for economy and management specialty experiment teaching and students' innovation ability, Hebei Province Information Industry Association training base, the national experimental teaching demonstration center, virtual simulation experiment the teaching center of national level.

Adhering to the "people-oriented, the center of the school to the comprehensive development of the" teaching philosophy, combined with modern advanced education concept, according to the Beijing Tianjin Hebei coordinated development of talent cultivation in the management of the economy, economics, management science, the latest achievements of information technology and other related disciplines, gradually improve the virtual simulation experiment teaching content, construct "360 degrees, integrated enterprise operation simulation experimental teaching system of progressive". According to the center of typical steel industry in economic and social development of Hebei, based on the product life cycle as the main line, to build a "market research, product development, design, manufacturing, sales, each stage of" recycling, use the process to integrate all relevant teaching software, construction of the "virtual simulation experimental teaching platform for iron and steel enterprises". The center cooperate with the school of economics and management of Tsinghua University to build a case teaching platform.

## 四、主要内容

### (一) 进一步明确建设思路

经管实验中心是与学院平行的教学单位，以"教学、管理、服务、示范"作为中心的定位，并形成了由学校实验教学指导委员会指导、教务处统一协调、中心直接管理的三层管理运行机制。

多年以来，中心坚持"科学规划、资源整合、开放共享、高效管理"原则，建设面向多学科、多专业的实验教学中心、建设有利于学生自主实验、个性化学习的实验环境，建立健全评价与保障机制，完善并落实实验教学质量保障体系，创新对外交流与合作模式，利用科研院所、行业企业人才和技术优势，建设校内外互惠互利、可持续发展的实践育人条件。经过多年的实践，中心确立了"明确一个目标，建设五个平台，实施五个阶段、组建三个梯队、强化两大保障"的实验中心建设思路，即：紧紧围绕"培养具有创新精神和实践能力的应用型人才"这一目标，按照"基础实验教学平台、专业综合技能训练平台、创新与创业模拟平台、咨询与科研服务平台、开放型实验管理平台"五个功能平台，展开"导入性自主学习、课程性实验学习、专业综合性实训学习、创新性实验学习、创业实训项目实践、递进式的实验教学"，并通过"专、兼、企业聘请"组成的教学团队以及学校在制度、资金上的保证，有力地促进了实验教学的开展。

实验教学中心重点开展了资源、平台、队伍和制度等方面的建设，形成持续服务实验教学，保证优质实验教学资源开放共享的有机整体。几年来取得了显著的建设成效。

## （二）重新构建了实验教学体系

"360°全方位、递进式实验教学体系"注重学生多方面能力的培养，按照三个能力（基础能力、专业能力、综合能力）逐层递进。维度的设置主要根据社会对经济管理类人才，培养的要求，结合河北经贸大学的学科设置现状，并适度考虑社会对未来人才的需求趋势。根据人才培养要求，设置多个同心圆，由内向外逐层递进，体现人才培养的层次，如图1所示。目前，维度设置5个层次，中心的1层代表基础能力需要的培养内容；第3层，表示达到基本合格的培养目标，力争学生在毕业时在自己专业方面达到第5个层次，相关专业方面达到第3个层次。

学生入学时处在0层位置，随着课程及相关实验的进行，基础能力不断夯实。在此阶段，以"厚基础"为原则，注重"通识教育"。相关实验以"验证型"为主，通过对相关理论的验证，加深对学科理论的理解，为进一步的专业学习打下坚实的基础，如图2所示。

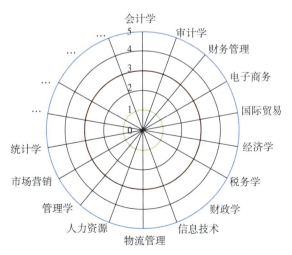

**图1　360°全方位、递进式集成企业运营仿真实验教学体系**

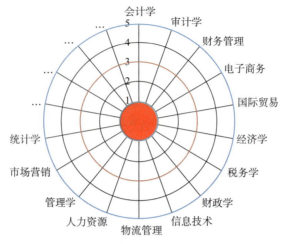

**图 2 基础能力培养体系**

随着课程的深入，相关实验的递进，专业能力得到加强，如图 3 所示。

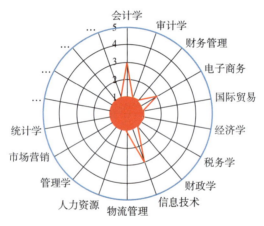

**图 3 专业能力培养体系**

专业能力的培养主要通过专业课程及相关课程中的单项实验和课程综合实验。通过这些实验，学生逐步加深对专业的理解，掌握专业理论，提高专业技能。但相对来说，各方面的技能比较孤立，未能整合在一起，"条块分割"现象比较严重。随着不同课程的融合以及跨专业综合实验的进行，综合能力和复合能力不断加强。以会计专业为例，某个学生毕业时的各方面的能力，如图 4 所示。

"360°全方位、递进式实验教学体系"提供的"跨专业综合实验"，着力于学生综合能力的培养，打破学科壁垒，完善通识教育，注重知识的综合、交叉与渗透，强化复合培养。

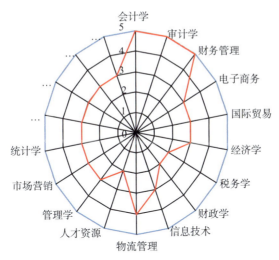

**图4　跨专业能力培养体系**

通过"360°全方位、递进式实验教学体系"对学生进行全方位、多层次的培养，力争达到"厚基础、宽口径"、"通识教育 + 专业培养"的目标。在每个层次，根据学生的特点和专业要求，在不同维度（学科知识和技能）设置相关的细分实验或实验项目。通过细分的实验或实验项目，强化学生的实践能力，提升学生的综合素质。

根据"360°全方位、递进式"的培养理念，中心依托各个相关学院，对专业课程体系，特别是其中的有关实践能力培养方面的课程及相关实验，进行了重组。以会计专业为例，如图5所示。

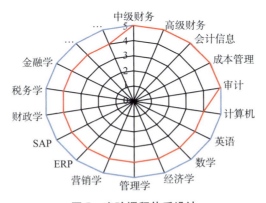

**图5　实验课程体系设计**

相关的实验项目也依据"360°全方位、递进式"的培养理念，根据实验目的和要求设计相关的维度（以应收账款处理为例），如图6所示。

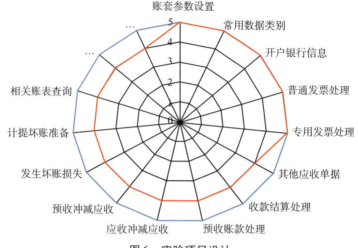

**图6 实验项目设计**

依据"强能力"原则,结合"通识教育 + 专业培养"的培养目标,"360°全方位、递进式实验教学平台"对学生各项技能进行统一规划,如图7所示。

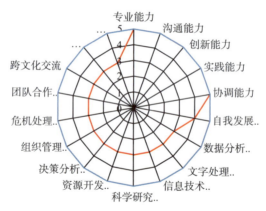

**图7 学生技能培养体系**

总之,"360°全方位、递进式实验教学体系"始终依据"厚基础、宽口径、重实践、强能力"的原则,认真实施"通识教育 + 专业培养"的培养目标,在推进通识教育的基础上,在不同维度上,逐层递进地对学生进行培养,以凸显其专业特色,强化复合培养,提高学生的综合素质和能力。

### (三)资源建设成绩明显

**1. 精心策划、积极推进"钢铁企业虚拟仿真实验教学项目"开发工作**

2014 年河北经贸大学经管实验中心与河北腾软信息技术有限公司合作,组织企业和校内的专家队伍，对河北钢铁企业进行 BPR 等流程梳理与管理诊断，提出"钢铁企业虚拟仿真实验教学项目"，先后三次组织校内专业教师论证。2015 年 7 月 24 日组织武汉大学尤赤矶、东北财经大学赵合喜、北京工商大学郭馨梅等专家对该项目进行论证，专家一致认可该项目的开发工作，并对我校与 SAP 公司的合作寄予了高度评价，希望开发成功能够在全国高等学校实验示范中心联席会经管学科组的各高校得到共享。投资 100 万第一期"钢铁企业虚拟仿真实验教学项目"于 11 月顺利招标，并进入校企实施阶段。这个项目最终实现以河北钢铁大数据为依托，建立起集科研、教学为一体的综合实验平台（见图 8）。这个项目现已完成钢铁大数据的采集、100 个企业流程、80 个表单、六个可视化呈现成果。下一步将集中在经管类课程的开发上，中心已组织三次座谈会，经费已列入 2016 年学校预算中。这个项目在全国高校中都具有开创性得意义。

图8　钢铁企业虚拟仿真综合平台

这次数据开发平台项目的确立，充分体现了学校学科专业优势，积极利用企业的开发实力和支持服务能力，系统整合学校信息化实验教学资源，推动信息化条件下自主学习、探究学习、协作学习等实验教学方法改革，提高教学能力，丰富教学内容，拓展实践领域，降低成本和风险一次有益的尝试。

另外，会计学影像视频教学资源、企业流程视频教学资源项目也在积极的推进中。

**2. 购进了一批实验教学软件**

实验室建设已由硬件建设转向软件与自行开发阶段。2011～2015 年投资 700

万元，购置软件45套，与原有的软件构建了三层次、16类核心实验平台、80个关键虚拟仿真实验模块、上千个实验项目的实验教学环境。

## （四）实验室环境得到改善

2011～2015年完成近500万元的仪器设备投资建设。中心先后与管理科学与工程学院、金融学院和会计学院配合，扩充了工程测量实验室、物流实验室、金融工程实验室及会计信息化实验室的教学环境。特别是这几年加大了中心数据中心的建设，购置了近10台服务器，网络安全环境进行重新搭建，网络、电源线路进行了升级改造，管理更为方便、设备运行更为安全。另外，实验中心信息管理得到加强，监控系统、桌面管理系统等有效地保证实验教学的顺利进行。

目前，中心形成了2000万元资产、3200平方米使用面积、24个专业实验室，以及近百套实验软件实验环境（见图9～图16）。作为全校经管类专业实验教学平台，直接服务32个经济管理类专业，每年约9000多名经管类本科学生在中心进行专业基础课程、专业综合和创新研究等实验教学活动。

**图9 经管实验中心实验大楼**

图 10　ERP 沙盘仿真实验室

图 11　SAP 体验室

图 12 工程管理实验室

图 13 银行业务仿真实验室

图 14　会计手工仿真实验室

图 15　电子商务与国际贸易实验室

**图 16 金融工程实验室**

## （五）实验课程建设有了新进展

在实验教学内容、实验教学方法、实验教学手段、实验教学组织形式等进行一系列探索，为经管类专业本科应用型人才培养模式创新提供了有力支持，逐步形成实验教学特色：

### 1. 实验教学设计的系统性，全程化

经多次人才培养方案修订，经管实验中心以学生能力培养为（基础能力、专业能力、综合能力）核心，以经管专业仿真实习课程《企业运营综合仿真》和《创业模拟与实践》建设为主线，建立了"360°全方位、递进式实验教学体系"，以满足多专业岗位协作综合实验需要，将实验融入应用型人才培养全过程。

完整的课程体系——教学计划—大纲—项目—指导书—实验报告—实验考核；多层递进实验内容——单项型实验、课程综合型实验、专业综合型实验、跨专业跨学科综合型实验，突破专业学科界限，整合知识、能力、素质三大目标，以跨专业综合实验教学、校内仿真实习、校内创新创业实践为主要着力点，形成完整体系。

### 2. 实验教学手段网络化、仿真化

中心建立了多层次、系统化实验教学环境建设。适应实验教学体系的需要，

对实验资源实施整体规划、系统建设，下辖财务会计、财政金融、商务管理、数据挖掘和企业虚拟仿真等五个实验分中心，以及专业基础实验、专业综合实验和创新就业三个层次的实验环境。

开放式、网络化实验教学平台的建设。采取全开放式网络虚拟化合作模式，以高性能服务器机群和高速网络为基础，重点建设立体化、网络化实验平台，打破空间和时间限制，实验者可以通过互联网自由合作。平台以"企业经营模拟平台"和"ERP 综合实验平台为核心"建立网络化实时监控系统，对实验中心进行实时管控。经过几年的规划建设，中心形成了以校园网为核心、以局域网为运行平台的网控结构，现有 24 个专业实验室，一个数据控制中心，一千台设备、近百套实验软件实验环境（见图 17）。

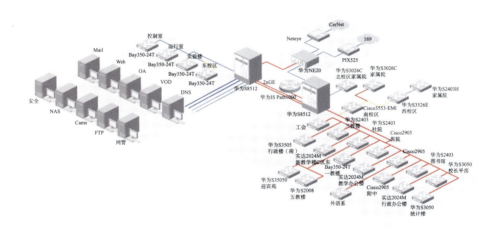

**图 17　河北经贸大学校园网拓扑结构图**

### 3. 实验课程逐年增加

实验中心负责学校八个学院 32 个专业、近百门的实验课程管理（实验课由专业教师来上）。2010～2011 学年，开设实施了 58 门经济管理类实验课程，2011～2012 学年，开设实施了 56 门经济管理类实验课程，2012～2013 学年，开设实施了 58 门经济管理类实验课程，2013～2014 学年，开设实施了 60 门经济管理类实验课程，2014～2015 学年开设课程 64 门。

另外，实验中心直接负责的课程：《ERP 基础》、《企业经营模拟沙盘》、《SAP 综合实验》、《实验经济学》、《SAP 商业智能分析》、《企业运营综合仿真》、《商业管理决策》7 门综合实验课程。《精确管理》和《创业模拟综合实训》两门学校任选课列入 2016 级教学计划。

《企业运营综合仿真》、《SAP 综合实验》2 门为校内精品课。王凤鸣教授主持的《经管类本科专业仿真模拟实践教学模式研究》教研课题获河北省教学研究一等奖。国家教学研究二等奖。

**4. 特色课程——《企业运营综合仿真》**

中心先后对 2008 级、2009 级、2010 级、2011 级、2012 级经济管理相关专业学生，利用暑期社会实践时间开设《企业运营综合仿真》课程以替代经管类专业岗位实习。会计学院、工商管理学院、财税学院、金融学院、商学院、公共管理学院、数统学院的广大学生踊跃报名，积极参加《企业运营综合仿真》实训课程，参加人数 700 多名。

2012 年中心组织学生进行了满意度问卷调查，关于课程内容的设置，有77% 的学生满意，23% 的学生基本满意；94% 的学生认为该课程对掌握专业知识和技能有较大的帮助；92% 的学生认为经过本课程学习实践能力得到了较大的提高；有 32 人认为沙盘仿真对实践能力培养最重要，21 人则认为课程总结重要，15 人认为主题活动重要。说明学生对目前的教学内容是满意的，沙盘仿真在实验教学中的地位也是尤其重要。

2016 年与上海瑞智汇达科技有限公司合作，采用该公司企业国际化运营虚拟综合系统，学生可以完全通过网络自主结组、不受时间、地域限制的自主学习。今年报名参加学习班人数达 300 人。

（六）与清华大学合作，推进案例教学

2014 年 5 月，中心与清华大学经济管理学院中国工商管理案例中心签订合作协议，双方在案例开发与培训、案例教学与使用、案例全球化等多方面建立合作，促使案例研究范围全国化、价值最大化、传播全球化，共同推动中国工商管理案例教育的发展和繁荣。

2014 年 5 月 24～25 日，由清华大学经济管理学院中国工商管理案例中心主办、中心承办的"2014 年春季中国工商案例教学与开发辅导培训班"在我校成功举行，进一步推进了我校案例的开发与教学；同时，也为我校老师与国内经管高校老师之间的交流提供了良好的平台。

另外，中心与北京华图新天科技有限公司合作开发案例教学平台，可将中心的案例和我校自主开发的案例整合在一起，并且实现教学、学生的互动评论等功能，这项工作将于 2017 年投入使用。

2014 年、2015 年对提交的案例进行了校内和清华大学严格评审，最终确定22 篇案例进入"河北经贸大学教学案例库"。

（七）竞赛活动取得新成绩

"以赛促学、以赛促教"是提高经管类实验课程实效性的一种有效形式。学生要想在学科竞赛中取得好的成绩，必须要掌握相关软件，他们自然会主动到实验室操练或实践。目前，中心直接管理四项大赛：全国大学生管理决策模拟大赛、全国大学生"用友杯"沙盘模拟经营大赛、"用友杯"全国大学生会计信息化技能大赛、"学创杯"全国大学生创业大赛。2011～2015年先后获得国赛奖5项，省赛奖13项，校赛奖近40项。在由高校国家级实验教学示范中心联席会经管学科组织的2015年"学创杯"全国大学生创业综合模拟大赛总决赛中获得优秀组织奖，9月23～25日，"学创杯"2016全国大学生创业综合模拟大赛的总决赛如期在我校开幕（见图18、图19），与大赛结合的"创新创业师资培训班"、"创新创业教学研讨会"、"创新创业论文评奖"、"全国高校优秀创新创业项目路演"活动也同步举行，获得了与会师生的一致好评，并得到了学科组领导的高度认可。我校选手连续三年杀进全国管理决策模拟大赛总决赛，2014年二等奖，2015年一等奖，2016年特等奖！并且获得优秀组织奖，可以说三年三个台阶。

**图18　学创杯2016全国大学生创业综合模拟大赛总决赛筹备会**

**图19　学创杯2016全国大学生创业综合模拟大赛总决赛合影**

通过组织学生比赛，一方面为大学创业提供了模拟实践的机会，通过典型案例的实际操作训练，验证了理论知识，锻炼了解决实际问题的能力；另一方面，也为实验教学研究提供了良好的交流机会。

另外，中心还为数据分析大赛、金融股市、会计技能、商道、ERP 沙盘等 17 个课外兴趣小组提供活动环境，1150 多人参加竞赛练习，总机时达到 34500 多个。

## 五、标志性建设成果

### 1. 360°全方位、递进式实验教学体系

"360°全方位、递进式实验教学体系"注重学生多方面能力的培养，按照三个能力（基础能力、专业能力、综合能力）逐层递进。维度的设置主要根据社会对经济管理类人才，培养的要求，结合河北经贸大学的学科设置现状，并适度考虑社会对未来人才的需求趋势。根据人才培养要求，设置多个同心圆，由内向外逐层递进，体现人才培养的层次，如图 20 所示。目前，维度设置 5 个层次，中心的 1 层代表基础能力需要的培养内容；第 3 层，表示达到基本合格的培养目标，力争学生在毕业时在自己专业方面达到第 5 个层次，相关专业方面达到第 3 个层次。

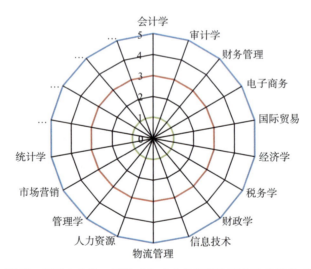

**图 20　360°全方位、递进式集成企业运营仿真实验教学体系**

学生入学时处在 0 层位置，随着课程及相关实验的进行，基础能力不断夯实。在此阶段，以"厚基础"为原则，注重"通识教育"。相关实验以"验证型"为主，通过对相关理论的验证，加深对学科理论的理解，为进一步的专业学习打下坚实的基础，如图 21 所示。

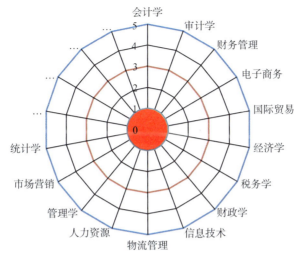

图 21　基础能力培养体系

随着课程的深入，相关实验的递进，专业能力得到加强，如图 22 所示。

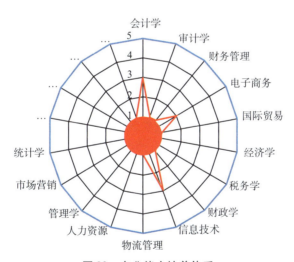

图 22　专业能力培养体系

专业能力的培养主要通过专业课程及相关课程中的单项实验和课程综合实验。通过这些实验，学生逐步加深对专业的理解，掌握专业理论，提高专业技能。但相对来说，各方面的技能比较孤立，未能整合在一起，"条块分割"现象比较严重。随着不同课程的融合以及跨专业综合实验的进行，综合能力和复合能力不断加强。以会计专业为例，某个学生毕业时的各方面的能力如图 23 所示。

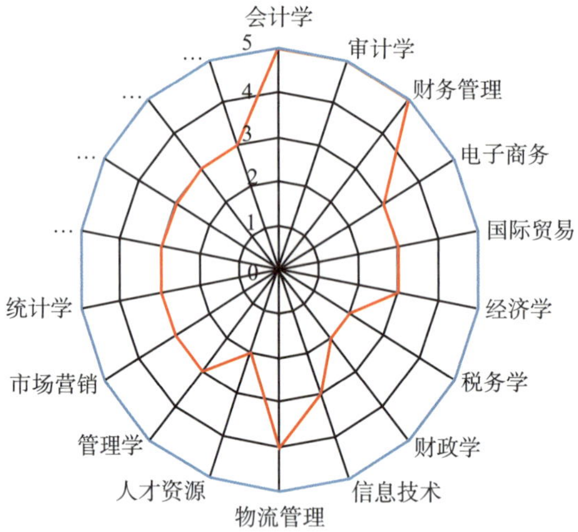

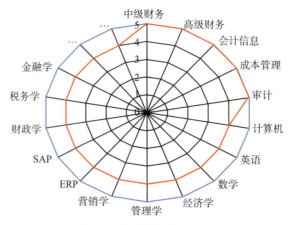

图 23　跨专业能力培养体系

　　"360°全方位、递进式实验教学体系"提供的"跨专业综合实验"，着力于学生综合能力的培养，打破学科壁垒，完善通识教育，注重知识的综合、交叉与渗透，强化复合培养。

　　通过"360°全方位、递进式实验教学体系"对学生进行全方位、多层次的培养，力争达到"厚基础、宽口径"、"通识教育 + 专业培养"的目标。在每个层次，根据学生的特点和专业要求，在不同维度（学科知识和技能）设置相关的细分实验或实验项目。通过细分的实验或实验项目，强化学生的实践能力，提升学生的综合素质。

　　根据"360°全方位、递进式"的培养理念，中心依托各个相关学院，对专业课程体系，特别是其中的有关实践能力培养方面的课程及相关实验，进行了重组。以会计专业为例，如图 24 所示。

图 24　实验课程体系设计

相关的实验项目也依据"360°全方位、递进式"的培养理念，根据实验目的和要求设计相关的维度（以应收账款处理为例），如图25所示。

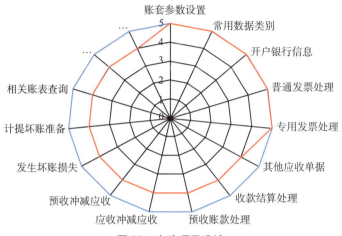

**图25　实验项目设计**

依据"强能力"原则，结合"通识教育＋专业培养"的培养目标，"360°全方位、递进式实验教学平台"对学生各项技能进行统一规划，如图26所示。

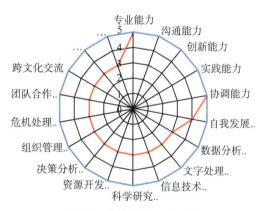

**图26　学生技能培养体系**

总之，"360°全方位、递进式实验教学体系"始终依据"厚基础、宽口径、重实践、强能力"的原则，认真实施"通识教育＋专业培养"的培养目标，在推进通识教育的基础上，在不同维度上，逐层递进地对学生进行培养，以凸显其专业特色，强化复合培养，提高学生的综合素质和能力。

**2. 钢铁企业虚拟仿真实验教学平台**

为了落实河北经贸大学"以人为本，学以致用、全面发展"的办学理念，实现河北经贸大学经济管理实验中心"360°全方位、递进式集成企业运营仿真实验教学体系",在大量调研的基础上,经充分论证,中心根据钢铁行业在河北经济社会发展中的典型意义,结合企业运营管理所具有的"复杂性、随机性、不可逆性"等特点和"大制造、全过程、多学科交叉"的现代制造产业特点,以产品全生命周期为主线,搭建"市场调研、产品研发、设计、制造、销售、回收等各阶段",打通各个实验教学软件,实现数据共享,以及课程体系、教学资源共享,贯穿经管相关专业课程体系、教学资源库,而且用流程把所有的相关教学软件进行整合,构建了"钢铁企业虚拟仿真实验教学平台"(见图27)。现已完成钢铁大数据的采集清洗、100个企业流程、80个表单、六个可视化呈现成果。平台将在此基础上分三期实现设计目标。

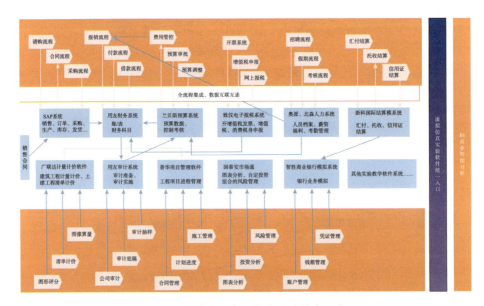

**图27 钢铁企业虚拟仿真实验综合平台**

通过一个网站、一个入口、一个流程、一个资源库、一个管理平台构建"五位一体"的虚拟仿真实验教学软件综合管理平台的模式,实现数据共享、资源整合,并逐步建立各行业的最佳业务流程实践的数据库案例(见图28)。

钢铁企业虚拟仿真实验教学平台的建设,可以进一步促进我校经济管理类学科的有效交叉与融合,提升学科的内涵建设,为学生提供一种学习的实验的高层次平台,强化经济管理的理论知识训练、操作、虚拟仿真,全面提高学生的管理与经济分析能力和综合素质,增强学生的就业竞争力(见图29)。同时,该平台将在教学方式改革、人才培养、师资队伍、科研水平、服务社会上有新的突破,为进一步服务我省经济发展作出新的贡献，并力争走在河北省高校同类专业的前列。

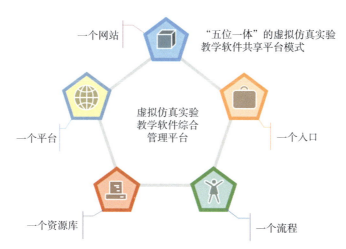

图28  钢铁企业虚拟仿真实验管理平台

虚拟仿真实验教学综合管理平台和共享平台

图29  钢铁企业虚拟仿真实验共享平台

通过一个流程控制把所有的实验软件、经贸大学的实验软件贯穿起来，实现所有教学软件数据的互联互通。

一期已经完成，建成了如下内容：

（1）虚拟仿真钢铁企业组织结构及人员架构——虚拟仿真钢铁企业的组织架构，各部门职责，以及各部门人员信息。

（2）虚拟仿真钢铁企业主数据（包括产品、客户、供应商、大宗燃料）——

虚拟仿真钢铁产品属性，物料代码和特征属性的产品编码体系，基于特征属性的产品规范库，基于物料代码和特征属性的产品数据结构体系。

（3）虚拟仿真钢铁企业业务数据——模拟钢铁行业以"客户为中心"的销售订单数据，模拟生产订单下达，质量管控，成本控制，财务核算，全面建立支撑钢铁企业业务管理与长期发展战略管理的数据流；快速、实时、集成地反映人、财、物及其相关信息的变化，充分实现物流、资金流、信息流三流合一。

（4）虚拟仿真钢铁企业最佳业务流程——建设以"钢铁行业最佳业务流程"为核心的数据架构平台，涉及采购供应、销售、生产、财务、计划、质量、物流80个流程，涉及表单200张。

（5）虚拟仿真钢铁企业经营数据分析——基于虚拟仿真钢铁企业的数据，进行钢铁行业的商务智能分析图模型（具有动态的仪表盘，体现采购成本分析、财务仪表盘数据分析、库存分析仪表盘）。

**3. 与国内重点大学合作的案例教学平台**

一方面，与清华大学经济管理学院中国工商管理案例中心签订合作协议，通过协议，清华大学将帮助我校提升案例开发质量、进一步推进案例教学的改革，提高教学质量，以"推动原创、创新教学、拓展资源、服务企业"为核心任务，努力建设成为国内一流的教学案例中心。

另一方面，与北京华图新天科技有限公司合作开发案例教学实验平台，该平台可将中心的案例和我校的案例整合在一起，并且实现教学、学生的互动评论等功能。

随着案例教学平台的建设完善，我们将开通网络账号，向其他高校辐射，把我校的案例逐步扩展到更多的院校教学中。

图30　2014年春季中国工商管理案例教学与开发辅导培训班合影

## 六、中心团队集体照

实验中心主任由学校正式任命，具有教授职称，教学水平高，教改教研成绩显著。中心实验教师直接从各学院选聘，一方面通过合理界定中心与各相关学院所承担的实验教学任务，分清教学职责，另一方面则通过鼓励中心实验教师定期参加有关专业教研活动，派出中心教师承担部分理论教学任务，聘请相关学院具有较高的学术造诣和较长期的实验教学经历的骨干教师兼任实验室主任或实验课程负责人，吸引部分理论教师兼任实验课程等形式，建立了中心实验教师与理论教师交流互动的良性机制，增强了理论教师与实验教师的交流协作，实现了理论与实验学的合理对接和统筹协调。再者，坚持实施教学、科研同社会经济发展实际相结合，聘请学术造诣较高、理论底蕴较厚的一些企业中高级管理人才到中心兼任实务课程负责人或兼职教授。目前河北省部分金融机构的行长、经理已聘为我校的兼职教授。

经管实验中心管理团队目前有 12 人，其中正式职工 6 人，临聘人员 6 人，正教授 1 人。

图31　河北经贸大学经管实验中心管理团队

# 内蒙古财经大学经济管理实验实训中心建设成果

## 一、中心基本情况

| 学校名称 | 内蒙古财经大学 |
|---|---|
| 中心名称 | 内蒙古财经大学经济管理实验实训中心 |
| 署名 | 石英剑　张战勇 |

## 二、摘要

国家级实验教学示范中心建设工作是贯彻教育部《关于实施高等学校本科教学质量与教学改革工程的意见》文件精神的重要举措。根据国家级实验教学示范中心建设要"推进高校实验教学内容、方法、手段、队伍、管理及实验教学模式的改革与创新"标准要求，内蒙古财经大学经济管理实验实训中心建设遵循"统筹规划，资源共享；设施先进，规范运行；适度超前，持续发展"的原则，围绕"培养具有基础扎实、实践能力强、具有创业创新意识和能力的应用型人才"的目标，坚持把"知识传授"、"能力培养"和"素质提高"贯穿于实验教学全过程，坚持理论教学和实验教学有机结合，构建了多层次、模块化的实验教学体系，并通过校内模拟实习、竞赛式实验、学生社团活动和创业创新性实验项目等延伸载体，以学生自主实验实训为主，根据不同阶段、不同层次的人才培养目标要求，构建了与课程实验互补衔接但又明显具有职业特点的多元实验教学延伸体系，从而形成了具有服务于区域经济特点的实验教学特色，凝练了专业实验教学、跨学科综合实验教学、实验教学研究三个层面的实验教学师资队伍，实验教学效果明显提升，人才培养质量显著提高。

## 三、Abstract

The construction of national experimental teaching demonstration center is an important measure to implement the spirit of the Ministry of education on the implementation of undergraduate teaching quality and teaching reform project. According to the national experimental teaching demonstration center construction to promote college experiment teaching content, methods, means, staff, management and experimental teaching mode reform and innovation "standard, the construction of the Inner Mongolia University of Finance and economic management training center to follow the overall planning, resource sharing; advanced facilities, standardized operation; appropriate, sustainable development" the principles concerning the training with a solid foundation, strong practice ability and entrepreneurial innovation consciousness and ability of the applied talents, adhere to the "knowledge" and "ability" and improve the quality of experimental teaching throughout the whole process, adhere to the combination of theoretical teaching and experimental teaching, to build a multi-level modular experimental teaching system, and through the simulation practice in school, competition experiments, extracurricular activities and entrepreneurial innovation The project extension carrier, the students of experiment and training, according to the different stages and different levels of personnel training objectives and requirements, establish multivariate experiment teaching and experiment of complementary cohesion but obviously has the characteristics of occupation extension system, which has the service to the regional economic characteristics of experimental teaching characteristics, concise experimental teaching teachers in three aspects of teaching experiment teaching, experiment teaching, comprehensive cross, experiment teaching effect is obviously improved, significantly improve the quality of personnel training.

## 四、主要内容

近年来，我国高等教育大众化进程明显加快，为此教育部、财政部于 2007 年颁布了《关于实施高等学校本科教学质量与教学改革工程的意见》的文件，决定"大力加强实验、实践教学改革，重点建设 500 个左右实验教学示范中心，推进高校实验教学内容、方法、手段、队伍、管理及实验教学模式的改革与创新。"并就实验教学体系建设提出了"从人才培养体系整体出发，建立以能力培养为主线，分层次、多模块相互衔接科学系统的实验教学体系，与理论教学既有机结合又相对独立。"① 这对经济管理类专业实验教学体系的建设提出了新的要求，即以培养创新型、应用型、复合型为人才培养目标，建立涵盖基本型实验、综合设计型实验、研究创新型实验的分层次、模块化的实验教学体系，培养学生的创新精神和综合应用能力。内蒙古财经大学经济管理实验实训中心自 2007 年被确定为国家级实验教学示范中心建设单位以来，就确立了以能力培养为核心的经济管理实验教学理念，特别是 2013 年通过国家级示范中心验收工作以来，依照"一条主线，两个提升，三个结合，多层架构"的改革思路，根据实验平台共享化、实验体系层次化、课程开发综合化、教学管理信息化的"四化"原则，开展经管学科专业实验室和实验教学的建设工作，经过几年的建设，经济管理实验实训中心搭建了开放式共享型综合实验教学与数据信息平台，构建了多层次、具有延伸性的实验教学体系，凝练了三个层面的高素质实验师资队伍，使我校的实验教学效果提升明显，人才培养质量显著提高。

## （一）构建以"培养学生实践和创新创业能力"为主线的实验教学延伸体系

针对目前财经类高校主要的实验教学方式与手段，我中心通过设置新型实验项目，来改革原有实验课程，增加新型实践教学环节；通过对实践教学理念、教学组织和策略等顶层设计，构建了以实践能力、职业素养、创新思维为重点，由低年级到高年级的专业技能型、专业综合型、跨学科综合型和创业创新型分层次、模块化实验教学体系；通过学科竞赛、综合实验、学生团体课外实践项目、校内模拟实习、模拟创业等教学延伸载体，并将学分引入各类实践与实验项目中，构建了实验教学延伸体系。

实验教学延伸体系的设计内容和结构直接影响着学生开展自主实验实训的效果，以及在实践中解决问题的思路，运用知识的方法和熟练程度，是提升独立于实验课程教学体系之外，培养具有创新精神的复合型、应用型人才的重要机制。也是丰富学生第二课堂的重要举措。

### 1. 实验教学延伸体系的构建

实验教学延伸体系依托我校经济管理创新实验室和校内模拟实习基地，通过校内模拟实习、竞赛式实验、学生社团活动和创业创新性实验项目等实施载体，以学生自主实验实训为主，根据不同阶段、不同层次的人才培养目标要求，构建与课程实验互补衔接但又明显具有职业特点的多层次、模块化的实验教学及其延

---

① 教育部：《关于开展高等学校实验教学示范中心建设和评审工作的通知》。

伸体系。通过对实验教学理念、教学组织的顶层设计，构建了以综合应用能力与创业创新能力培养为主线，同时兼顾职业素质养成的多元化、多层次、立体式实验教学延伸体系（见图1）。

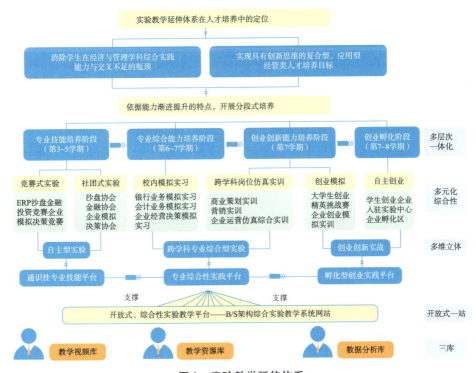

图 1　实验教学延伸体系

第一层次单项专业技能实验（基本素质能力培养阶段）：实验对象主要是二年级经管类专业学生，以开放式学生自主实验的教学模式开展，培养学生的单项专业技能和人文素质。教学形式采取学生网上自主选学、团队协作学习、技能大赛等方式，实验项目模块包括：经济管理类业务软件应用实验、人力资源测评实验、创业计划书设计实验等实验项目。以培养学生掌握学科的基本原理，业务流程为目标。

第二层次专业综合实验（专业综合能力训练阶段）：实验对象主要是三年级经管类专业学生，以巩固实验课程成效、启发学生发现问题和解决问题为目标，安排学科知识综合性较强的实验项目，教学形式采取竞赛式实验、学生社团活动，分组模拟企业岗位等方式，实验项目模块包括：经济管理专业综合实验（主要以会计综合实验、市场营销实战、金融投资分析实验、企业经营模拟实验为主）、ERP 沙盘实验等合作型实验项目。以培养学生综合运用知识、专业领域的应用能力。

第三层次创业创新综合实验（跨学科综合素质训练阶段）：实验对象主要是

四年级经管类专业学生，主要训练学生运用学科知识，分析问题、解决问题的能力，培养学生创新意识和团队精神。教学形式按经管类的职业特点，针对岗位和业务流程的要求，采取全真模拟社会经济环境、创业企业决策环境，组建仿真创业公司，手工加虚拟仿真企业经营全过程的竞争型实验项目。实验模块包括：企业经营决策模拟实验、社会服务组织模拟实验、经济金融分析实验等模块。

三个层次的实验中，专业综合实验重点在于培养学生扎实的基本技能，增强学生的专业感性认识，专业综合实验重点在于训练学生的岗位适应能力，创业创新综合实验则侧重于训练学生思考问题、分析问题、解决问题的决策能力和独立思维的创新能力。

**2. 建立"岗位实训 + 创业模拟 + 创业孵化"的一体化仿真教学模式**

中心形成了学生社团自主实训——课内实验环节——专业综合实验——学科竞赛——校内岗位模拟实习——学生创业孵化，相互衔接、模拟仿真与商业实战相结合的教学实训模式。

校内仿真岗位实训：基于现代商业社会典型的组织架构、典型岗位、典型业务流程，学生模拟顶岗实习。实训目的是帮助学生养成岗位思维和岗位行为，培养从事经营管理所需的综合执行能力、综合决策能力和一定的创新能力。

创业模拟项目：主要是培养学生从知识、技能和思维三个方面收获创业知识、掌握创业方法、熟悉创业流程、激发创业意识，培养发现商业机会的能力和思考方式。

创业孵化项目：主要是针对有创业潜质的学生创业团队，帮助他们从创业想法落地为创业项目，为其提供创业条件和创业指导。

**3. 以校内模拟实习基地为依托，以学科综合实验课程为载体的创业训练**

中心以《ERP 为平台的企业财会审综合实践》、《企业创业经营管理模拟实践》两门大型综合实践课程为基础，建立校内实习基地，全面模拟企业创立、团队组建、决策、经营、管理等所面对的各种经营环境，建立校内实践实习基地。综合运用学生在低年级培养所形成的专业基本技能和专业素养，在竞争性环境下模拟经营，达到学生跨专业、跨学科的综合能力的融合和提升。

**4. 初步形成了具有地方经济管理特色的实验教学模式**

案例实验教学是我校跨专业综合实验和创业创新实验项目的重要内容，我校主持开发的本地化工商管理案例库是具有特色和示范效应的实验教学项目。通过选用具有内蒙古地区本地典型性的企业管理案例，组织学生通过实地实习和课内分析讨论问题、提出解决问题的教学方式，进一步巩固了学生专业理论与实践的结合，充分调动了学生参与积极性，提高了学生对问题的思辨能力、分析能力和解决问题的能力，以及协作与沟通能力。

目前该案例库已建成工商管理和人力资源两个子案例库，共计78个本地企业管理案例。今后要对现有案例库资源进行持续更新，并不断开发和编写新的案例，丰富案例库资源。

## （二）搭建实验教学与数据平台，提升信息化技术水平

经济管理实验教学主要依托现代网络通讯技术和仿真专业软件来实现教学目标，所以经济管理类专业实验室共享性的特征特别突出，针对这一特点，经济管理实验实训中心整合学校经济管理专业实验室，致力于搭建开放式、共享型综合实验教学平台。2007~2016年申报国家财政专项资金项目，新建校内创业创新实习基地和经济管理创新实验室，获得国家建设资金共计2843多万元，设备台数3652台（见图2）。构建完成跨学科综合实验教学平台，进一步完善了实验教学平台。经过几年建设，中心建成了网络化、信息化和智能化的综合实验教学网络信息平台，为开展开放式、专业综合性实验教学创造了条件。

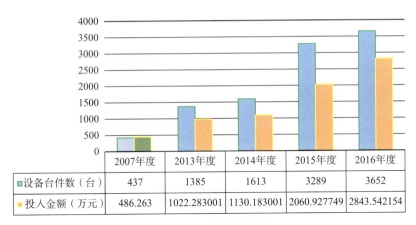

| | 2007年度 | 2013年度 | 2014年度 | 2015年度 | 2016年度 |
|---|---|---|---|---|---|
| 设备台件数（台） | 437 | 1385 | 1613 | 3289 | 3652 |
| 投入金额（万元） | 486.263 | 1022.283001 | 1130.183001 | 2060.927749 | 2843.542154 |

图2　中心设备投入情况表

### 1. 建立综合性实验教学主辅平台

目前我校经济管理实验中心已经建立起较为完善的信息化管理平台，中心各实验室已全部实现网络化，配有FTP服务器，供专业实验教学软件的使用。在综合性实验教学系统选择上，依据专业综合性、学科综合性的选择标准，将我校现有"ERP沙盘模拟经营系统"、企业经营决策模拟系统、VBSE专业综合实训系统、VBSE创新创业实训平台作为综合性实验教学平台的主平台，整合人力资源测评系统、电子商务模拟系统、项目管理系统、电子政务系统搭建成管理学科综合实验辅助平台，整合社会统计分析系统、银行综合业务模拟系统、贸易单证教学系统、资产评估系统，搭建成经济学科综合性实验辅助平台。这些经济学科、

管理学科综合实验辅助平台，通过手工加电子的教学模式配合综合性实验教学主平台，开展模拟社会经济环境、企业经营环境、社会服务环境的全景仿真对抗性企业创业经营模拟实验项目。

**2. 搭建开放式实践教学管理平台**

搭建开放式实践教学管理平台是建设实验教学延伸体系的关键步骤之一，关系到实验教学延伸项目的实施效率，因此，需要进一步完善我校实验室开放运行机制，搭建开放式教学实践管理平台。

一是依托"京胜"校外顶岗实习管理平台，将实验教学延伸体系中的实验项目纳入平台管理当中，对其实习基地管理、基地实习管理、学生自主实习管理、教师顶岗实践管理等功能模块进行使用性质改造，将其改造成为开放式的实验实习管理平台，使其便于实验指导教师对学生模拟岗位和校外岗位实习、实训的管理、控制与交流，真正解决指导教师与学生由于空间与时间的限制导致的实验过程、实验效果流于形式的问题。

二是完善实验室开放运行机制，研制实验室开放预约系统，制定实验开放的相关制度。学生可以通过实验室开放预约系统进行预约和事先预约，实验室实行全天开放值班运行；通过实验教学资源上网工程，使学生在指导教师的指导下，自主选择实验内容，自主预习实验知识，完成实验过程；实现空间上的开放，各教学实验室充分利用现有实验资源统筹规划，即向经济管理各专业的学生开放两个学科综合实验项目，不断扩大实验室开放的范围和覆盖面。

**3. 完善资源丰富的实验教学资源与数据平台**

教学资源数据平台能够为学生提供丰富的实验教学资料和分析数据库，对于自主性综合性、创新性实验项目有效开展至关重要，综合性实验项目由于跨学科、跨专业的幅度较大，需要学生具备较丰富的专业知识，建设资源丰富的实验教学资源是综合性实验开展必要基础。在这方面的建设工作主要是搭建"一站三库"实验教学资源平台。

"一站三库"是指通过建立一个实验项目开放系统网站及教学资源库、教学视频库、经济信息数据库三个资源库，来构建一个互动的资源服务平台，将分散在教师手中的实验资源进行集中管理，形成完善的资源体系，为综合实验提供专业知识支持。具体内容包括：实验教学大纲、实验指导书、实验教学课件、案例库、实验教学视频库、实验专业基础技能知识资料、实验项目模块等。同时依托"京胜"管理平台，实现各种格式资源的整合与组合、编排，资源与实验教学安排相结合，对实验资源、实验计划、实验过程、实验成果、实验交流进行总体管理。经济信息数据库的建设依靠"国泰安 GSMAR 经济研究数据库"，"Wind 资讯经济数据库"结合 SAS、SPSS 等数据分析工具，为学生开放提供国内外宏观经济，各行业统计数据以及上市公司数据资源，便于学生自主开展研究性、创新性实验项目。

近年来，实验实训中心重点支持44门实验课程建设，进一步完善实验课程（项目）教学大纲、实验指导书、实验教材、专业技能知识资料、教学视频库等教学资源，重点实验课程已实现上网计划，将实验课程（项目）建设纳入到校级精品课的建设体系中，每年评选精品示范实验课，并给予建设经费支持。

## （三）实验教学激励机制提升了师资质量

实验队伍建设是实验教学的核心，我校重视实验教学队伍建设，制定了队伍的建设规划。在教学研究立项、职称评定、学习深造等方面给予政策倾斜，鼓励教师参加学术交流和到业务部门实践。

### 1. 建立师资培养的长效资金支持机制

学校划拨各学院的运行经费中，明确了实验教学建设和实验教师队伍培养经费的比例，使各学院能够有效加大专业实验教学建设和师资培养投入力度。学校对层次高、综合性、设计性、创新性强的实验项目定期给予一定的建设经费支持，鼓励高层次的实验项目的开发，将独立设置的实验课程或实验项目纳入校级精品课的建设。同时，新设实验课程或项目采取立项制，立项后建设期两年，验收通过后给予定期建设资金支持。

### 2. 构建三个层面的实验师资队伍

建立三个层面的实验师资团队。第一层面专业实验教学团队，由各学院负责建设，主要从事基本技能实验、专业实验项目的设计、研究和教学工作；第二层面跨学科综合实验教学团队，由实验中心牵头与各学院共同建设，主要开展跨学科综合性实验项目的设计和教学工作；第三层面实验教学研究团队，各学院建立了专业实验教学研究团队，加强实验教学成果建设，学校加大了实验教学成果建设的投入，实验教学课题立项的比重不低于校级课题立项的40%，并划拨经费重点支持层次高、自治区级的实验教学研究项目，积极争取国家级实验教学成果。

### 3. 实验课程教学工作量系数计算上给予倾斜政策

根据学校【2008】204号文件精神，给予实验课程在教师工作量系数计算上的激励。即新建实验课（实验项目）开出第一年，工作量系数为1.5，已开出实验课（实验项目）工作量系数均为1.2，充分调动了实验教师的教学积极性。

在实验教学倾斜政策的积极影响下，中心教师在教学科研方面取得丰硕的成果。近五年，中心教师获得自治区教学成果一等奖两项、二等奖两项，6个教学团队被评为自治区级教学创新团队，三名教师获得自治区级教学名师和教坛新秀奖，公开出版实验教材15部，发表教学研究论文78篇，承担各类教学研究项目102项。

（四）服务于少数民族区域经济的实验教学特色

从 20 世纪 80 年代到现在，我校在内蒙古、黑、甘、青、新等"三北"八省区招收了 30 多届蒙汉双语授课生，目前有市场营销、金融学、会计学等 13 个本科专业采用蒙汉双语授课，蒙汉双语授课学生占在校本科学生的 20.54%。在长期的办学实践中，学校始终坚持服务区域经济发展，以培养少数民族财经人才为己任，不断探索改革少数民族人才培养模式。

按照《内蒙古财经大学民族财经人才培养模式改革与实验工程方案》的要求，配备精通蒙汉两种语言的教师指导实验教学，合理地增加实验教学课时量，建设"多语种经济管理实验教学资源库"和"蒙汉双语授课专业学生汉语、英语语音训练中心"（见图 3）。为师生提供丰富多彩的多种语言互动平台和多用途工具，提高了少数民族学生的实践操作能力和特定环境下汉语言自主学习能力，切实提高蒙汉双语授课专业学生实际动手操作能力。

图 3　蒙文实验流程图

（五）建设众创空间，孵化学生创业企业

2015 年 6 月年我中心申报并获批了自治区第一批众创空间试点，在李克强总理年初提出"大众创业万众创新"精神的指导下，内蒙古科技厅开展了自治区第一批众创空间试点、众创空间试点培育申报工作，我中心积极组织申报，认真论证，梳理相关支撑材料。在众多申报高校中脱颖而出，成为自治区唯一一所首批获批的众创空间试点，这与我中心"十二五"期间坚持学生创业孵化工作取得的成果密不可分。2016年中心申请中央财政支持，完善众创空间建设，新建路演室，学生创业咨询平台，创客咖啡等一系列软硬件设施，丰富了功能，为更多学生提供了创新创业空间。

（六）实验教学的广度和深度得以拓展，教学效果提升明显

经过几年的实验教学资源平台和实验课程建设，我校经济管理实验教学覆盖经济管理两大学科的38个专业，2016年服务本校学生15602人，占全校学生比例75.25%，实验人时数515431学时（含教学计划外实验项目）。通过实验条件的改善，以及实验教学内容、实验教学方法的改革，尤其是网络教学的推广和实验教学的开放，学生的专业基本技能、专业综合能力和经济管理综合素质得以普遍提高，实验教学取得了显著的教学效果。近三年，学生利用课余时间，依托经济管理实验实训中心的实验和科研信息平台，公开发表论文195篇，参与教师主持的横向课题50项，获得全国大学生数学建模竞赛、中国大学生公共关系策划大赛、全国大学生网络商务创新应用大赛全国大学生管理决策模拟大赛、内蒙古自治区"挑战杯"设计大赛、用友杯全国大学生ERP沙盘模拟对抗赛、"世华财讯杯"大学生金融投资大赛、"中华会计网校杯"校园财会实务大赛等课外科技创新竞赛奖项73项，经管类实验教学发展有力地促进了学生参与课外科技活动和创新活动的热情，并取得了良好的效果。

## 五、标志性建设成果

图4　自治区教学成果一等奖

## 六、中心团队集体照

图5　中心团队集体照

# 基于应用型创新人才培养的经管类专业实践教学模式改革与实践

## ——安徽大学经济管理实验中心建设成果

## 一、中心基本情况

| 学校名称 | 安徽大学 |
|---|---|
| 中心名称 | 安徽大学经济管理实验教学示范中心 |
| 署名 | 张洪　丁娟　漆小迅　郑伟 |

## 二、摘要

安徽大学国家级经济管理实验教学示范中心自成立以来，围绕经管类专业应用型创新人才的培养，确立了实践教学全程化、层次化、能力化和标准化的实践教学新理念，明确了中心"1234"实践教学改革思路，构建了满足经管类专业应用型创新人才能力提升需要的"3434"实践教学体系，优化重构了"厚基础、强综合、重创新"与"专业特色实验实训"有机结合的分层次、分模块的4层次实验课程体系，搭建了开放共享、灵活多样和亦教亦研的实验、实习（训）和创新3大平台，并在此基础上，积极推进实验师资队伍建设、实验课程建设和专业改革的"三结合"工程，有效地保证了我校高素质应用型经济管理英才的培养，取得了显著的建设成果。

## 三、Abstract

Since the inception of Anhui University National Economic Management Experimental Teaching Demonstration Center，we established new ideas of practice teaching such as entire process，hierarchy，capabilities and standardization to cultivating innovative talents for application of Economics and Management, determine the way of "1234" practical teaching reform, constructed a "3434" Practice Teaching System, optimized and reconstructed four levels of modular experimental course system hierarchically combined with "deep base, powerful integration, emphasis on innovation" and "professional features of experimental training", and built three open sharing, flexible, researching and teaching major platforms of experiments, training and innovation. On this basis, we actively promoted experimental teaching staff, curriculum development and professional reform experiments of the "three-pronged" project, ensured training excellent students of Economics and Management effectively, and made remarkable achievements of the Center construction.

## 四、主要内容

### （一）引言

安徽大学是国家"211工程"重点建设高校，省部共建、安徽省属重点综合性大学。学校将"培养文化底蕴深厚、基础知识扎实、实践能力突出、国际视野开阔的高素质创新人才"作为人才培养目标，在此目标指导下，学校一直高度重视实验实践教学工作，将国家级实验教学示范中心的建设列为学校"211工程"重点建设项目和亮点工程。1987年学校获得世界银行贷款，建设了全校共享的计算机机房，经管类各专业以此为平台，开始探索利用现代信息技术开展实验教学，尝试建设经济管理类实验模块。1993年，安徽省委、省政府决定重点支持安徽大学进入"211工程"，在此阶段，学校决定在原有的实验模块和实验室的基础上，重点投资建设经管类实验室。如："手工会计实验室"、"档案学实验室"和"电子商务实验室"等。2005年学校整合全校资源在磬苑校区（新校区）成立了安徽大学经济管理实验教学中心（下文简称中心），2005～2008年，学校新增投资约1270万元，资助中心新建了使用面积约3520平方米的计算机模拟实验教学区、综合模拟实验教学区和创新创业实验区等三个实验教学区，更好地满足我校经管类专业应用型创新人才培养的需要。

与此同时，为了鼓励和调动广大师生参与实验教学改革和实验室建设与管理的热情和积极性，学校还制定和出台了一系列政策和措施。2009年以来，学校新颁布了《安徽大学晋升实验类教师专业技术职务申报条件（试行）》和《安徽大学教师进修实施办法和安徽大学非教学、科研人员进修暂行办法》，建立健全实验教学人员职称评定与进修制度，保障了实验师资队伍的稳定和实验教学质量的提升。启动了"安徽大学实验室建设与管理改革项目"和"安徽大学校级精品实验项目"的立项申报,有力地推进我校人才培养实践教学改革的深入开展,加快高水平实验室、精品实验课程和优质实验项目等实验教学资源建设。颁布了《安徽大学关于进一步加强本科实践教育的指导性意见》和《安徽大学国家级大学生创新创业训练计划项目管理办法》,统筹规划实践教育环节,建立健全创新创业教育体系,引导和支持学生积极参加各级各类创新创业竞赛、科研训练计划和实践活动,近五年专项资金支持学生创新创业和科学研究活动已超过 1 千万元,全面提升了学生知识、能力、素质协调发展。

## (二) 中心概况

安徽大学国家级经济管理实验教学示范中心位于美丽的安徽大学磬苑校区,中心自成立以来,紧紧围绕"建设'国内知名,省内一流'的经济管理实验教学中心"的建设目标,以先进的实验教学理念为指导,以人才培养和实践教学质量提高为核心,建设高水平实验教师队伍,优化整合经济、管理两大学科全部实验实践教学资源,建立功能集约、资源优化、开放充分、运作高效的实验教学综合平台,实现资源深度融合和开放共享。近年来,中心在教育部"本科教学质量工程"、中央财政支持地方高校发展和学校"211 工程"三期等资金的大力支持下,实验教学条件有了更大的完善(见表1)。

**表1** **获准立项前后中心建设情况比较**

| 实验教学变化 | | 实验课程数 | | | 实验项目数 | | | 服务本、硕专业数 | 实验学生人数/年 | | 实验人时数/年 | | |
|---|---|---|---|---|---|---|---|---|---|---|---|---|---|
| | | 原有 | 现有 | 新增 | 原有 | 现有 | 新增 | | 原有 | 现有 | 原有 | 现有 | 新增 |
| | | 53 | 64 | 11 | 482 | 606 | 124 | 43 | 6851 | 7304 | 160510 | 531128 | 370618 |
| 条件环境变化 | 实验教学场地用房 | 原有面积(m²) | | 现有面积(m²) | | 新增面积(m²) | | | 现有实验教学区(含实验室)个 | | | | | |
| | | 3520 | | 3982 | | 462 | | | 3(12) | | | | | |
| | 设备情况 | 原有设备台件数 | | 现有设备台件数 | | 新增设备台件数 | | | 报废设备台件数 | | | | | |
| | | 2866 | | 2970 | | 616 | | | 512 | | | | | |
| | | 原有设备总值(万元) | | 现有设备总值(万元) | | 新增设备总值(万元) | | | 设备完好率 | | | | | |
| | | 1280.2969 | | 1576.02 | | 446.02 | | | 98% | | | | | |

续表

| 新增经费投入（万元） | 中央财政示范中心专项经费 | 中央财政支持地方高校建设经费 | 学校示范中心建设专项经费 | 社会捐赠专项经费 | 合计 | 年均运行经费 |
|---|---|---|---|---|---|---|
| | 50 | 100 | 467.02 | 20 | 637.02 | 30 |

| 实验队伍职称、学位结构变化 | 高级 | | 中级以下 | | 博士与硕士 | | 学士以下 | |
|---|---|---|---|---|---|---|---|---|
| | 原有 | 现有 | 原有 | 现有 | 原有 | 现有 | 原有 | 现有 |
| | 49.15% | 58.33% | 50.85% | 41.67% | 66.1% | 66.6% | 33.9% | 33.4% |

资料来源：安徽大学经济管理实验教学中心。

中心现直接承担学校商学院、经济学院、管理学院 3 个经管类学院 18 个本科专业，4 个本科辅修专业，18 个硕士学位点，MBA、MPA、MPACC 等多个专业硕士学位点等的实验教学任务；承担 3 个非经管类专业开设的经管类实验课程的教学任务；承担经管类部分专业本科校内实训专项和创新创业专项的实验教学任务（见图 1）。中心现开设实验课程 64 门、实验项目 606 项。其中：综合性、设计性、创新性实验项目 346 项，能够满足年均超过 50 万人时的各类实验课程和实践活动需要。

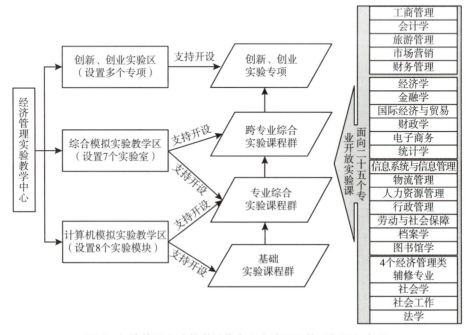

**图 1　经济管理实验教学示范中心实验课程体系与面向专业**

中心现由"计算机模拟实验教学区"、"综合模拟实验教学区"和"创新创业实验区"以及实验教学研究室、实验中心管理办公室组成（见图2）。其中，"计算机模拟实验教学区"集中了大量以计算机系统为主要教学手段的基础实验课程，并对其中跨学院、跨专业开设的实验课程进行统一管理，极大地提高了实验设备、软件和师资三大资源的共享率；"综合模拟实验教学区"由18个专业实验室和实训中心组成（见图2），主要承担各类需要环境模拟的实验课程的实验教学任务，具有鲜明的专业特色，保证了专业特色实验实训的需要；"创新创业实验区"（商科创新实践活动中心）以中心资源为基础，面向全校师生开放，支持教师、学生带项目进入，开展各类创新创业实践活动。三个教学实验区通过功能集约、资源优化，构成了开放共享的实践教学平台，既能最大程度地提高资源利用率，又能满足中心4层次实验课程体系和人才培养要求。中心实验室设计、建设充分体现以人为本的理念，空间布局科学合理，建筑设计规范，设备达到国家标准，安全管理监督制度严格到位（见图3）。

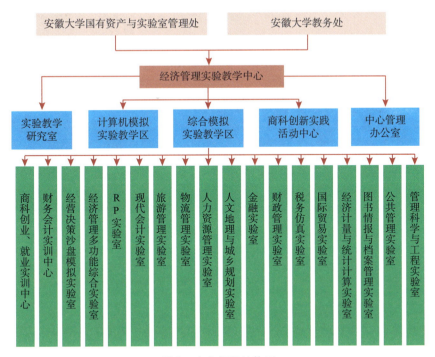

图2　中心组织结构图

**图3 中心专业实验室环境图**

（自上而下，从左到右，依次为：图书情报与档案管理实验室、物流管理实验室、金融实验室、现代会计实验室、商科创新活动实践中心、税务仿真模拟实验室、会计实训中心、经济管理多功能综合实验室、财务管理实验实训中心、经营决策沙盘模拟实验室、旅游管理实验室、财政管理模拟实验室）

　　中心本着"专管共用"的原则，实行校、中心两级管理，中心主任负责的理体制，具体包括：学校负责中心总体规划与建设的指导，中心负责实践教学与实验室的管理和运行，相关学院负责实验教学任务的安排和落实，在管理上既强调各专业实验室的相对独立性，又保持相关学科的联动性，通过资源整合和经济管理跨专业实验教学团队建设，实现了实验教学资源"集中管理、统一使用、共同建设"。同时利用校园网的实验室管理系统，实现中心人、财、物全面管理；利用校园网络平台和中心门户网站，拓展实验室新空间。

为了更好地培养学生的创新意识、创新素养和创新实践能力，中心实施"开放共享"的运行机制。在开放模式上，建立实验室"三级开放制"，其中：第一级开放，实验场地全部交由学生自主使用和管理，目的是满足学生自主式基本技能训练；第二级开放，实行有限开放管理，即按照中心规定的时间或通过申请预约，对教师、学生开放使用，目的是满足师生结合式应用能力提升的需要；第三级开放，在项目实施过程中，涉及的实验室全部开放，采取导师制管理，目的是满足项目研究式综合设计的需要。

## （三）改革创新

安徽大学国家级经济管理实验教学示范中心立足学校"着力培养高素质创新人才、高级应用型人才、优秀复合型人才"的多类型办学特色，基于"211"综合性大学人才培养目标定位，以"培养'兼具国际视野和本土智慧，践行服务社会责任，具有创业创新精神和批判性思维'的经济管理英才"为实验教学目标定位，坚持"实践能力培养贯穿人才培养全过程"的原则，锐意改革，不断探索，在实验教学团队建设、实验课程建设和实验室管理方面形成自身特色。

### 1. 确立"四化"实践教学新理念

"应用型创新人才"是指在人才培养过程中人才类型体现应用型，人才素质和能力结构突出创新要求。基于此，我中心将经管类专业应用型创新人才培养目标定位为：培养适应国家经济与社会发展需要，富有高度社会责任感，具有厚实的经济与管理理论知识、精湛专业能力、良好综合素质、善于将理论或相应科研成果用于创造性地解决经济与管理的实际问题，并且具有创新能力的应用型创新人才。为了实现这一目标，中心提出应系统筹划，整体推进，确立符合经管类专业应用型创新人才培养规律的"四化"实践教学新理念，即：在实践教学的安排上，推进实践教学的全程化；在实践教学的内容上，确保实践教学的层次化；在实践教学的形式上，体现实践教学的能力化；在实践教学的环节上，实现实践教学的标准化。

### 2. 明确"1234"实践教学改革思路

"1234"实践教学改革思路是：把握1个中心，即实践教学质量为中心；推进2个提高，即实验师资水平和实验室管理水平的提高；密切3种联系，即密切跨专业、学院、文理学科实验平台联系，密切实验教学与学生创新创业联系，密切产、学、研联系；完善4层次体系，即完善由基础实验课程群、专业综合实验课程群、跨专业综合实验课程群、创新创业专项构建的4层次实验课程体系。

### 3. 构建"3434"实践教学体系

"3434"人才培养实践教学体系是指以3个教学实验区，4层次实验课程体系为基础，构建实践教学3层平台，培养学生4种能力（见图4）。其中，设置"计算机模拟"、"综合模拟"和"创新创业"三个教学实验区，既可以满足4层次实验课程体系的不同需要，又可以最大限度地提高资源共享率；建立"基础实验"、"专业综合实验"和"跨专业综合实验"课程群以及"创新创业专项"4层次实验课程体系，实现实践课程的全面覆盖和全程覆盖；搭建实验、实训和创新3层平台，逐步培养学生"动手能力"、"发现问题能力"、"解决问题能力"和"创新、竞争能力"。"3434"人才培养实践教学体系的设立和实施，有效地支持了全程化、层次化、能力化和标准化的"四化"实践教学理念的实现，达到培养具有创新精神和实践能力的经管类专业应用型创新人才的目标。

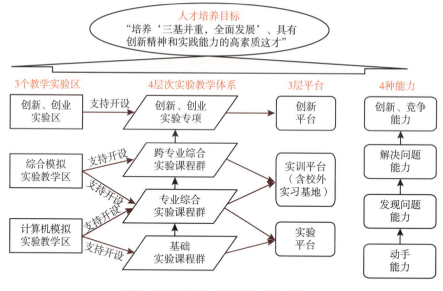

图4 "3434"人才培养实践教学体系

### 4. 优化四层次实验课程体系

四层次实验课程体系是由"基础实验课程群"、"专业综合实验课程群"、"跨专业综合实验课程群"和"创新创业专项"组成（见图5）。其中，"基础实验课程群"具体包括"计算机、网络应用基础实验"和"专业课程基础实验"两个部分，目的是夯实学生的基本实验技能和专业基础知识，培养动手能力，实现"厚基础"的目标。"专业综合实验课程群"和"跨专业综合实验课程群"的设置是为了强化学生专业知识综合能力和学科知识综合能力，弥补知识点之间、课程之间和专业之间的缝隙，培养发现问题和解决问题能力，实现"强综合"的目标。"创新、创业专项"是为了加强学生创新实践能力的培养，具体通过设立大学生创新创业实验计划项目、大学生科研训练计划项目和大学生科技文化竞赛专项，全面检验学生综合运用专业知识进行设计和创新水平，鼓励、支持学生"在参与中实践，在实践中升华"，实现"重创新"的目标。此外，基于专业不同而构建的"专业特色实验实训"课程群，既满足巩固和加强学生专业知识的要求，又培养和强化学生的专业技能和素质，分阶段逐步提升学生的专业修养。总之，将"厚基础、强综合、重创新"与"专业特色实验实训"有机结合起来，推进了学生综合素质与专业修养的同步提高。

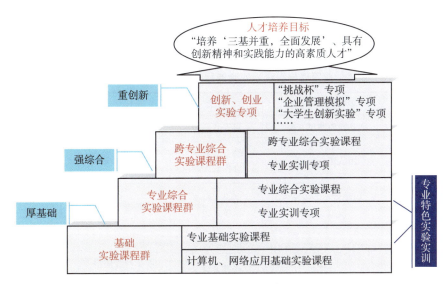

图5　4层次实验课程体系

### 5. 搭建实验、实习（训）、创新实践三大平台

三大平台具体包括："开放共享的实验教学平台、灵活多样的校企联合培养平台、亦教亦研的大学生创新实践平台"。其中，由精品实验课程和优秀实验项目等构成的实验教学资源是基础，基于此而搭建的实验教学平台满足了学生理论与实践相结合，知识认知阶段的需要，培养了学生认识问题与动手能力。由校内仿真实训基地和校外实践教育基地等构成的实践教学资源是提高，基于此而搭建的校企联合培养平台将人才培养与社会需求紧密结合，提高了学生的职业岗位适应性，锻炼了学生发现与解决问题的能力。由大学生创新创业实验计划项目、大

学生科研训练计划项目以及各类大学生科技文化竞赛项目等构成的研究性教学资源是升华，基于此而搭建的创新实践平台启迪了学生学术思维，实现了以研促教、以赛促教，提升学生进入社会的竞争力。三大平台相互支持，互为补充，提升了经管类专业实践教学的质量与水平。

**6. 实现实验教学方法和手段的"三个转变"**

实验教学方法和手段的"三个转变"是指：教学模式上从单纯验证模拟式向自主式、合作式、研究式转变；教学手段上从手工模拟向电子化、信息化模拟转变，从一种教学方法和手段向综合运用、灵活组合多种教学方法和手段转变，形成了计算机软件模拟学方法、商业环境竞争模拟教学法、实践活动创新激励教学法，极大地激发了学生学习的热情和兴趣；考核内容和方式上从理论操作记忆向要求学生创新思维转变。如：获得校级人文与科技素质精品课程立项的《创业管理与实践》课程，通过组建跨专业综合实验教学团队，采用多元化的教学方法和考核方法，培养学生创新创业能力，取得了显著的教学效果（见表2）。

表2　　　　　　　《创业管理与实践》实验课程教学方法与教学手段

| 教学内容 | 实验教学内容 | 实验教学方法 | 实验教学手段 | 培养考核能力 |
|---|---|---|---|---|
| 创业素质 | 创业素质测试实验 | 自主式学习 | 软件仿真模拟 | 自主学习能力 |
| 团队建立 | 团队建立实验 | 情景式教学<br>合作式学习 | 现场仿真模拟 | 实践能力<br>沟通能力 |
| 创建新<br>企业基础 | 创建新企业流程<br>模拟实训 | 情景式教学<br>案例式教学 | 软件仿真模拟 | 动手能力<br>解决问题能力 |
| 管理新企业 | 企业运营与决策<br>沙盘模拟 | 研究式学习<br>合作式学习<br>竞赛式教学<br>案例式教学 | 手工沙盘模拟 | 解决问题能力<br>创新、创业能力 |
| 企业持续发展 | 企业管理决策模拟实训 | 研究式学习<br>合作式学习<br>竞赛式教学<br>案例式教学 | 电子沙盘模拟 | 解决问题能力<br>创新、创业能力 |
| 课程考核<br>内容形式 | 课堂展示＋各部分实验报告成绩＋企业计划书成绩＋现场答辩（含 PPT）成绩 | | | |

资料来源：安徽大学经济管理实验教学中心。

切实可行的创新改革措施，使中心得到学校和上级主管部门给予的高度评价和肯定。2012 年，中心以"基于应用型创新人才培养的经管类专业实验教学模式改革与实践"为题申报的成果同时获得安徽省教学成果一等奖（2012cgj054）和安徽大学教学成果特等奖（JXCG201208），基于该成果而撰写的"管理类专业创新型实验教学体系和教学模式探索"的教学研究论文发表于 CSSCI 期刊《现代教育技术》2012 年 04 期，目前该论文被引用 1 次，下载 108 次（见中国知网）。

### （四）建设成果

经过不断的探索与实践，中心在经管类跨专业实验教学改革和实验室管理方面取得了显著成效和一系列标志性成果。

**1. 显著的实践育人成果**

研究型人才茁壮成长。近年来中心支持经管类专业学生参加"挑战杯"全国大学生课外学术科技作品竞赛获得安徽省三等奖以上奖励 18 项，其中国家三等奖以上奖励 9 项。支持学生发表学术论文达 109 篇。支持学生获批大学生创新性项目 52 项，其中国家级 13 项；获批大学生科研训练计划项目 39 项；获得专利 1 项。

创业人才脱颖而出。涌现出如安徽未来装饰工程有限公司总经理刘义新、自主经营年销售额超亿元网店的张琳琳、1 年内在合肥开设 4 家连锁店的"青岛豆浆"合肥总代理钱寿林等一批创业人才。近年来，中心支持经管类专业学生参加"挑战杯"大学生创业计划竞赛获得全国二等奖 1 项，安徽省金奖 1 项。

创造力强的人才得到用人单位的高度认可。中心高度重视以赛促教、以赛促学，增强学生的创造力。曾在"挑战杯"全国大学生创业计划大赛中获得安徽省"金奖"的 2004 级市场营销专业周跃同学，毕业时以其扎实的专业知识、灵活的交流沟通能力、缜密的逻辑思维、开拓性的营销计划得到前来招聘的宝洁公司领导青睐，当即签订就业协议。2007 年以来，中心支持经管类专业学生参加各级各类大学生科技文化竞赛，获得国家级奖励 24 项，省级奖励 13 项。

**2. 丰硕的教学科研成果**

中心高度重视实验师资队伍的建设，打造一支高学历、强专业、新理念，积极投身于实验与实践教学的骨干教师队伍是中心一直以来的追求和目标。中心教师讲授的实验课程一直深受学生欢迎，实验课程学生网上教学评价均在 90 分以上；近年来，中心教师荣获过"安徽省教育系统先进女教职工"、宝钢优秀教师、安徽省旅游局"我最喜爱的最佳旅游院校教师"、安徽省教坛新秀等荣誉称号，年轻教师参加学校青年教师基本功竞赛荣获一、二、三等奖。在繁重的教学之余，中心教师一直注重教学改革和科学研究。获教学成果奖 12 项，其中省级 10 项；承担省级教学研究项目 12 项；发表教研论文 30 篇；出版实验教材 38 部，编写实验讲义 32 个。承担省级以上科学研究项目 111 项，其中：国家级 20 项，省级 91 项；承担政府及企业委托项目近百项；发表科研论文 700 余篇。

**3. 广泛的示范辐射效应**

一是认真主办、承办实践教学研讨会、各级各类大学生科技文化竞赛和社会人才培训工作，使中心成果得到更广泛的宣传推广。2008 年 5 月，中心主办了安徽省高校首届工商管理类专业实践教学改革研讨会，来自全省 20 余所高校的工商管理类专业近 60 名教师参会，中心所做的题为"工商管理类专业实践教学改革与创新人才的培养"的报告，深受与会代表好评。2012 年 7 月，中心承办了全国经济管理实验教学研讨会暨 2012 年全国大学生管理决策模拟大赛总决赛，来自全国近 80 所高校 400 余名专家、学者和师生参会，中心所做的题为"围绕人才培养目标，打造实验资源整合平台"的报告，得到全国同行的广泛认可。此外，中心还成功承办了"用友杯"全国大学生沙盘模拟大赛安徽赛区总决赛、"全国大学生管理决策模拟大赛"安徽赛区总决赛和全国总决赛，为全国妇联/李嘉诚基金会举办的启璞计划——村"两委"女干部和安徽省企业高级管理人才进行培训，承接合肥市行政执法人员首场业务能力测试等，多途径对外宣传中心和展示中心实践育人理念和成果。

二是积极参加各级各类实践教学研讨会，通过学习、沟通、交流，锻炼队伍，推广成果，提升实践教学质量与水平。2010 年 11 月，中心参加教育部高等学校国家级实验教学示范中心建设成果总结交流展示会，会上成功展示中心构建的"3434"人才培养实践教学体系。2012 年 12 月中心参加安徽省高校实验室工作研究会年会，会上以"跨专业经济管理实验教学示范中心管理模式及运行机制的探索"为题进行主题发言。2013 年 7 月中心参加全国大学生管理决策模拟大赛暨全国经济管理实验教学研讨会，会上以"关于'学科竞赛活动对大学生创新能力培养'的几点思考"为题进行主题发言。总之，中心自 2009 年正式入选国家级实验教学示范中心（建设单位）以来，高度重视与全国同行的交流和自身高水平实验师资队伍的打造，投入资金组织中心实验骨干教师参加国家级实验教学示范中心（经济管理学科组）所举办的全国高校经管类专业实验室建设研讨会、全国经济管理实验教学研讨会和经济管理学科组工作会议等所有与实验教学相关的会议。

三是热情接待兄弟高校来访，与省内外兄弟高校共同交流中心凝练的实践教学理念、构建的实践教学体系和总结的实践育人经验，使中心全新的实践教学模式获得同行专家的广泛认可。中心成立以来，已先后接待来自大连大学、宿迁学院、安徽师范大学、安徽建筑工业大学（管理学院）等省内外 20 余所高校的参观、学习与交流；与阜阳师范学院经济与商业学院签署共建"区域物流规划和优化"安徽省重点实验室合作协议等。

四是主动接受国家级实验教学示范中心联席会专家、上级部门领导等的莅临指导，进一步完善中心实践教学体系，提升中心实践育人能力。以北京大学和厦门大学为代表的国家级实验教学示范中心联席会以及经济管理学科组的专家、教育部高教司实验室处李平处长、安徽省委李锦斌副书记、安徽省委巡视组领导、"211 工程"三期验收工作组专家等多次莅临中心视察，对中心建设与发展以及实践教学改革给予指导，对中心实践教学改革成果给予高度评价和充分肯定。

五是借力媒体，提升中心成果在社会的影响力。培养学生自我管理、服务学生自觉研究而建设的我校一系列创新实验室早在 2007 年 7 月和 11 月《中国教育报》和《中国青年报》就分别以"安徽大学本科生迷上创新实验室"和"本科生领衔安徽大学创新实验室"为题进行了报道。2012 年 7 月全国经济管理实验教学研讨会暨 2012 年全国大学生管理决策模拟大赛总决赛在我校举办后，合肥晚报、安徽教育网、合肥热线、合肥在线、凤凰网等省内主流媒体对此进行了广泛宣传。2013 年 1 月，中心通过教育部国家级实验教学示范中心验收后，中国招生热线、安徽教育网、凤凰网等大型教育网站也以醒目标题进行了广泛报道。

## 五、标志性建设成果

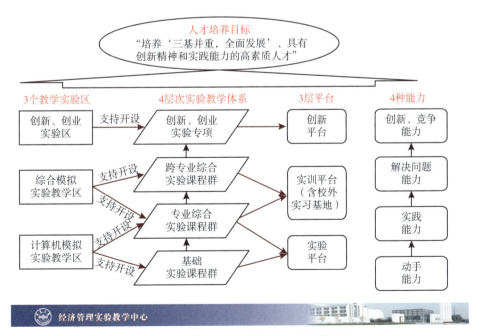

图 6 中心"3434"人才培养实践教学体系

## 六、中心团队主要成员

表 3                                中心团队主要成员

| 姓名 | 性别 | 职务 |
|------|------|------|
| 张洪 | 女 | 中心主任、教务处副处长 |
| 杨勇 | 男 | 中心副主任、计算机基础实验教学中心主任 |
| 汪传雷 | 男 | 中心副主任、副院长 |
| 田淑英 | 女 | 中心副主任、副院长 |
| 罗遐 | 女 | 中心副主任、副院长 |
| 丁娟 | 女 | 中心副主任 |
| 漆小迅 | 男 | 中心办公室主任 |
| 郑伟 | 男 | 中心办公室副主任 |
| 李茂胜 | 男 | 中心办公室副主任 |

# 以实验项目为核心，全面推进实验教学体系建设

——东北财经大学实验教学中心建设成果

东北财经大学　赵合喜

## 一、摘要

东北财经大学经济管理实验教学中心针对社会经济发展对经济管理类人才在知识能力结构的需求，修订本科生人才培养方案，建立健全了与理论教学相互融合的实验教学体系，通过强化实验教学项目建设，进一步细化实验教学内容，按实验教学项目组织实验教学，实现了实验教学标准化、流程化管理。

## 二、主要内容

东北财经大学经济管理实验教学中心成立于 2007 年 10 月，2008 年 7 月被评为辽宁省高校实验室实验教学示范中心，2009 年 1 月，根据《教育部、财政部关于批准 2008 年度国家级实验教学示范中心建设单位的通知》文件，东北财经大学经济管理实验教学中心被教育部财政部确定为 2008 年度国家级实验教学示范中心建设单位。近年来，实验教学中心以实验项目为核心，全面推进实验教学中心建设、取得了一些标志性的建设成果，现将这些建设成果和经验介绍如下。

### （一）东北财经大学经济管理实验教学中心建设概况

东北财经大学是辽宁省所属的一所以经济管理为主的多科性教学研究型大学，现有经济学、管理学、法学、文学、理学五个学科门类，经济学门类中，理论经济学、应用经济学具有一级学科博士学位授予权，财政学、产业经济学、数量经济学为国家级重点学科；管理学门类中，管理科学与工程、工商管理具有一

级学科博士学位授予权，社会保障具有二级学科博士学位授予权，会计学为国家级重点学科。学校现有全日制普通教育本科生 10000 余名，硕士与博士研究生 5000 余名，专任教师 800 余名。

东北财经大学历来重视实践教学。改革开放前，按照毛泽东同志文科以社会为工厂的指示，各教学单位有计划地组织学生到政府部门和企业实习。改革开放后，为解决实习难的问题，学校开始启动实验室和实验教学体系建设。迄今为止，我校实验室和实验教学体系的建设大体分为以下两个阶段：

第一阶段，分散设置、分散管理阶段。

20 世纪 80 年代初，学校部分教学单位为满足实验教学的需要，先后建立了各种专业实验室，如会计实验室、统计实验室、税务实验室、进出口贸易实验室、电子商务实验室等。这些专业实验室的建设，有力地提高了教学质量，也为在全校范围内系统地进行实验室建设积累了经验。

第二阶段，集中设置，集中管理阶段。

2004 年，为进一步推进全校范围的实验教学，建成了经济管理综合实验室，2007 年在此基础上又成立了经济管理实验教学中心，中心作为学校独立设置的教学单位，下设实验室管理部、实验教学管理部和实验教学部 3 个直属机构，其中实验室管理部由教学辅助人员构成，主要承担实验室技术保障与运行的任务，实验教学管理部由行政人员构成，主要承担实验课程管理的任务，实验教学部由教学人员构成，主要承担全校性综合实验的教学任务。此外，实验教学中心还在各学院设有专业实验教学部，如会计财务管理实验教学部、财政税务实验教学部、金融保险实验教学部、工商管理实验教学部、管理科学与工程实验教学部、公共管理实验教学部、国际经济与贸易实验教学部等，分别承担经济管理学科基础实验和专业实验的教学任务。

第三阶段，省级、国家级实验教学示范中心建设阶段。

根据《辽宁省教育厅关于公布第三批省级实验教学示范中心和省级建设单位名单的通知》文件，东北财经大学经济管理实验教学中心于 2008 年 7 月被评为辽宁省第三批省级实验教学示范中心。

根据《教育部　财政部关于批准 2008 年度国家级实验教学示范中心建设单位的通知》文件，东北财经大学经济管理实验教学中心于 2009 年 1 月被评为 2008 年度国家级实验教学示范中心建设单位。

经过近三年的建设，经济管理实验教学中心共建成 38 个专业实验室，固定资产总价值 1600 余万元，建筑面积 5725 平方米，实验工位 1662 个，拥有计算机设备 1465 台，服务器 40 台。中心先后采取校企合作、联合开发、商业购置等方式取得了用友 U8、世华财讯、用友 R9 等软件，价值 330 多万元。

根据功能定位不同，东北财经大学经济管理实验教学中心从 1～5 层分别划分为综合模拟体验区、经济学类实验区、工商管理实验区、公共管理实验区、管理科学与工程实验区，下设经济学科基础实验室、管理学科基础实验室、经济学科专业类（金融、财政、税收、国际贸易、统计分析）实验室、工商管理专业类（会计、企业管理、市场营销、人力资源管理、旅游管理、工程管理）实验室、公共管理专业类（公共管理、社会保障、城市规划、电子政务）实验室、管理科学与工程专业类（信息管理、数学建模与数量经济、管理科学）实验室，此外，实验教学中心还管理了三个计算机应用实验室（硬件实验室、软件实验室、网络实验室）。

目前，经济管理实验教学中心的教学任务涵盖全校 14 个经济管理类学院，22 个经济管理本科专业，涉及学生 8000 余名。部分专业的硕士研究生和博士研究生，也成为实验教学中心的服务对象，实验教学中心在培养高素质、应用型经济管理类专业人才方面正发挥着积极作用。

## （二）东北财经大学经济管理类专业实验教学体系建设

东北财经大学实验教学体系总的建设与发展目标是：为适应经济、社会对经济管理类人才需求，重新制定本科生培养方案，按照教育部有关文件要求，在培养方案中大幅度提高实验课程在总学时中的比例，形成与理论课程相互配合又具有特色的实验课程体系；通过提炼出鲜明的实验教学理念，实施以实验教学项目为核心的实验课程建设，提供优质的实验教学项目资源。

### 1. 实验课程与教材体系建设

东北财经大学为适应经济、社会对经济管理类人才需求，在马国强副校长主持下，经济管理实验教学中心配合学校教务处对 2006 级、2007 级、2008 级各专业本科生培养方案进行了修订，新制订了 2009 级、2010 级、2011 级各专业新的本科生培养方案，在上述培养方案中，进一步加大了实验教学的课时比例（均超过 20%），形成了与理论教学相互配合的、具有东北财经大学特色的实验课程体系。这一实验课程体系与理论教学相对应，包括公共基础实验课程、学科专业基础实验课程、专业实验课程三个类别。

在加强实验课程体系规划和建设的同时，实验教学中心会同教务处和各教学单位很能抓实验教材建设，形成了学科基础实验和专业实验两大系列实验教材体系，详见表 1、表 2。

上述教材在经过二轮试用，根据实验教学的要求普遍都经过了修订和完善，充实了实验案例，更新了实验数据，增加了实验教材的实用性和科学性。

表 1                                   学科基础实验教材统计

| 序号 | 教材名称 | 主编 | 出版社 |
|---|---|---|---|
| 1 | 计量经济学实验 | 王维国 | 东北财经大学出版社 |
| 2 | 统计学实验 | 冯力 | 东北财经大学出版社 |
| 3 | 会计循环网络实验 | 陈文铭 | 东北财经大学出版社 |
| 4 | 数据库基础实验 | 肖文峰 | 东北财经大学出版社 |
| 5 | 管理信息系统实验 | 滕佳东 | 东北财经大学出版社 |
| 6 | 证券、期货、外汇模拟实验 | 李健元 | 东北财经大学出版社 |
| 7 | 计算机应用基础实验 | 徐敦波 刘树安 | 东北财经大学出版社 |

表 2                                   专业实验教材统计

| 序号 | 教材名称 | 主编 | 出版社 |
|---|---|---|---|
| 1 | 电子商务系统综合实验 | 李洪心马刚 | 东北财经大学出版社 |
| 2 | 旅游与饭店信息管理方法与技术 | 吴凯 | 东北财经大学出版社 |
| 3 | 电子政务实验 | 郭劲光 | 东北财经大学出版社 |
| 4 | 供应链管理实验 | 李孟涛 | 东北财经大学出版社 |
| 5 | 物流系统仿真 | 吕明哲 | 东北财经大学出版社 |
| 6 | 市场营销模拟实验 | 毕可贵 | 东北财经大学出版社 |
| 7 | 金融计量学实验 | 曲春青 | 东北财经大学出版社 |
| 8 | 工程造价管理综合实验 | 赵莹华 | 东北财经大学出版社 |
| 9 | 投资决策与可行性研究综合实验 | 宋维佳 | 东北财经大学出版社 |
| 10 | 审计学实验 | 史德刚 | 东北财经大学出版社 |
| 11 | 财务建模 | 刘媛媛 | 东北财经大学出版社 |

## 2. 实验项目体系建设

在完成学校全校经济管理类本科各专业实验课程与教材体系设计、建设的基础上，东北财经大学启动了"东北财经大学实验教学项目建设工程"，其中由经济管理实验教学中心完成《东北财经大学实验教学项目建设指南》编写，各专业实验教学部组织编制了基于工具软件、应用软件、仿真模拟三个类别近 20 个实验教学项目示范案例，此项工作在全国高校实验教学示范中心建设方面具有创新性。

为落实《关于全面开展经济管理类专业实验项目建设的通知》和《关于进一步加强实验项目建设工作的通知》的精神，参照《经济管理类专业实验项目建设指南》要求，实验教学中心于 2010 年度全面启动并完成了实验教学项目验收和评审工作。

实验教学中心于 2010 年 7 月 1 日向各经济管理教学单位下达《关于 2009～2010 年第二学期实验项目验收工作的通知》，委托各教学单位组织实验项目验收小组以《经济管理类专业实验项目建设指南》为参考标准，对 2009～2010 学年第二学期本单位上报的 320 个经济管理类专业实验项目开展验收。并于 2010 年 9 月 10 日前将实验项目卡片、实验项目使用说明、教师手册、学生手册及独立实验的课程大纲等的相关电子文档和《东北财经大学实验项目验收汇总表》的书面和电子版报送实验教学中心。实验教学中心对收集上来的实验项目文档进行了汇总，初步形成了实验项目统计汇总库。目前已经进入实验项目统计汇总库的项目共计 242 个，学院验收结果全部为合格。经实验教学中心汇总整理，最终确定 222 个合格实验项目，并会同财务处一次性给予合格实验项目教师开发费。

在对东北财经大学实验项目的汇总基础上，着眼于学校的实验教学水平发展，建立基于实验项目的实验教学管理体系，学校制定了《东北财经大学精品实验项目建设实施规划》、《东北财经大学精品实验项目管理办法》，精品实验项目建设是学校基于实验项目的实验教学体系建设中一项重要的内容，同时也是能够突显学校实验教学核心理念的独创性特色环节。实验教学中心在参考和借鉴我校精品课程建设成果的基础上，以着重培养学生的实验动手能力为目标，充分发挥精品实验项目的示范和带动作用，按照创新实验模式、丰富实验内容、提升学生能力、一流教学资源的精品实验项目建设标准，以 5 年作为一个建设周期，在全校范围内建成 50 个以上的精品实验项目，并以实验项目带动实验课程发展，提高东北财经大学整体实验教学水平。

**3. 实验教学改革项目研究**

在上述实验教学体系构建过程，经济管理实验教学中心认真总结经验，目前初步完成校级教学改革项目《经济管理类专业实验教学体系建设》（项目编号 GZ08003）研究工作，并将研究成果具体体现在 2008 级、2009 级、2010 级本科生培养方案中。

东北财经大学实验教学项目建设过程中，为探索经济管理实验教学项目建设规律，实验教学中心以教学科研为先导，于 2009 年、2010 年先后启动三项学校实验教改项目，这三个教改项目分别是《基于实验项目的实验教学模式研究》（项目编号为"YW09002"，主持人为马国强教授）、《基于创新目的的计量经济学探索性实验项目研究》（项目编号为"YY09005"，主持人为徐占东副教授）、《金融学科定量教学方法实验化研究——以《金融计量学实验》为例》（项目编号为"YY09006",主持人为曲春青副教授),这些教改项目对推动实验教学改革和创新。

此外,实验教学中心还于 2011 年度和贵州财经学院、广东商学院、西南财经大学、中南财经政法大学、江西财经大学、上海外贸学院、内蒙古财经学院等国家级实验教学中心建设单位联合向教育部申报了《基于能力培养的经济管理类专业实践教学体系研究》项目,此项目将系统总结财经类高校在培养高素质应用型财经人才方面的成功经验。

**4. 启动教学改革实验班教改项目**

为促进东北财经大学在人才培养模式、教学内容、课程体系、教学方法、考试制度等方面的教学改革,学校在会计学院、工商管理学院、金融学院试办"会计学实验班"、"工商管理实验班"、"行为与金融实验班",创办实验班是东北财经大学引入"以行为为导向的跨学科教育"等教学模式而开展的教学改革项目,实践表明这种教育模式实现了对传统的以教科书为导向的专业教育模式的多方面超越,实验班在课程设置方面加大了实验课程的比例(超过 30%),在培养学生实践能力和创新能力方面作了的积极探索,取得了可喜的教学成果。目前学校已举办六届实验班(2007 级、2008 级、2009 级、2010 级、2011 级、2012 级),将在实验班改革实验基础上,全面推广这一全新的经济管理类专业人才培养模式,会计学院已在 2013 级新生中招收实验班,按全新人才培养模式实施教学。

**5. 进一步加强实验教学规范化管理**

实验教学管理制度是实施实验教学体系建设的保障,为了实现实验教学管理的科学化、规范化,实验教学中心制定了《以实验教学项目为核心的实验教学管理办法》,完善了从培养方案、实验课程设置、实验教学项目建设、实验课程教学大纲与实验教学项目卡片编写、实验教师手册与学生实验手册编写、实验教学日历与实验教师工作日志、学生实验报告批改与实验课程成绩管理等各环节的管理措施,利用 URP(高校资源计划管理信息系统)平台,实现了从培养方案、实验课程排选、实验室管理、实验成绩管理的流程化管理。

在总结经验的基础上,经济管理实验教学中心还实施了东北财经大学 2010 年教改项目《东北财经大学实验教学管理标准化流程设计与实施》(项目编号"GZ10002")、参照 ISO9001:2008 标准编制完成了东北财经大学实验教学中心《质量手册》(2010 版),手册内容包括:质量手册说明、质量手册管理、质量方针与目标、组织机构、职责与权限、质量管理体系、资源管理、教育教学服务产品提供、质量监控、分析和改进,这将进一步规范实验教学中心标准化、流程化管理工作,提高管理和服务效率。

在完善上述实验教学管理的实践中,经济管理实验教学中心完成了东北财经大学教学改革项目《实验教学管理体系创新与制度建设》（项目编号 GZ07003）研究工作。

### （三）全面推动经济管理类专业实验室体系建设

**1. 实验室建设定位**

高等学校实验教学是由学校实验室、实验教师、学生、实验课程和项目四要素组成的，学校实验室是高等学校实验教学的重要场所。实验室建设对于高素质应用型经济管理人才培养起着特殊的关键性作用。

基于上述理念，东北财经大学经济管理实验中心将实验室工作的定位为：一是实验室的教学功能，主要是为人才培养服务，核心是通过为学生提供实验场所验证所学理论、培养学生分析问题、分析解决问题的实践能力、研究创新能力等。二是通过为科研服务，为社会服务，全面实现实验室的教学、科研、社会服务功能。

按照教学功能定位，东北财经大学经济管理实验教学中心，下设经济学科基础实验室、管理学科基础实验室、经济学科专业类（金融、财政、税收、国际贸易、统计分析）实验室、工商管理专业类（会计、企业管理、市场营销、人力资源管理、旅游管理、工程管理）实验室、公共管理专业类（公共管理、社会保障、城市规划、电子政务）实验室、管理科学与工程专业类（信息管理、数学建模与数量经济、管理科学）实验室。

按照科研功能定位，东北财经大学经济管理实验中心先后和相关学院合作，建成了会计信息化、金融分析两个省级重点实验室。

按照社会服务功能定位，东北财经大学经济管理实验中心还承担了国家计算机等级考试、大连银行员工岗位技能考试、国家级职业院校骨干教师培训和辽宁省职业院校骨干教师培训等项工作。

**2. 经济管理实验教学中心实验室建设**

经济管理实验教学中心实验室建设目标是：进一步建设一流的实验环境，确保实验教学设备、软件的安全可靠运行，为学校经管类专业。

对照《国家级实验教学示范中心建设评审标准》，经济管理实验中心于 2009 年度对雅言楼的进行了布局改造，其中对雅言楼一层进行装修改造，新增 5 个沙盘模拟实验室、1 个实验综合展示区、2 个具有分组教学功能的经济学科基础实验室、管理学科基础实验室，中心由此新增实验工位 400 个，有效缓解了实验室排课紧张的局面。学校还利用中央与地方共建特色优势学科专业实验室专项目资金 350 万元，新增 400 台联想启天 430E 计算机和 7 台高性能联想 R520 服务器，并按实验功能将雅言楼从 1～5 层分别划分为综合模拟体验区、经济学类实验区、工商管理实验区、公共管理实验区、管理科学与工程实验区。2010年度，在实验中心硬件环境建设方面，新增加实验中心网络安全设备6台，安装了网络防火墙，改善了中心网络安全运行环境，针对世华财讯卫星接收设备的特殊需要，增设防雷设备；为保障整个实验中心网络设备的安全运行，实验中心还对整个雅言楼电源设备进行安全改造，为服务器机房增设了UPS电源，在服务器机房安装了高性能的专业空调设备，上述措施确保了国家级实验教学示范中心有一个较好的设施环境和网络安全环境，进一步提升实验教学中心的技术保障水平。2011年度，针对实验教学软件升级换代后计算机硬件设备滞后的状况，实验教学中心新购319台联想启天M730E计算机，计算机的主频达到3.2GHZ，内存达到2G以上，确保了大型实验教学软件的平稳运行。2013年度，学校运用省部共建实验室建设专项资金将更新386台计算机，投资755万元先后建成了金融专业综合实验室、工商管理专业综合实验室、管理科学与工程（商业智能）综合实验室，其中工商管理专业综合实验教学中心成功获批辽宁省高校省级实验教学示范中心，金融学综合实验教学中心成功获批国家级实验教学示范中心建设单位。

2013年度，实验教学中心还将启动商业银行、证券投资、保险专业实验室、物流专业、人力资源专业实验室、商业智能与管理决策实验室的建设工作，上述实验室建成后，将形成实验教学中心一批特色、创新实验室，实验教学中心的功能将更加完善。

### （四）经济管理实验中心队伍建设

**1. 调整经济管理实验中心组织机构和充实人员编制**

根据学校人事安排，2010年3月，经济管理实验中心由赵国庆任中心主任，配备两名副主任协助赵国庆主任负责中心日常工作，经济管理实验中心下设实验教学部、实验教学管理部、实验室管理部，从学校教务处选调具有丰富教务管理经验的宋涛、隋月辉同志担任实验教学管理部、实验教学部主任，从全校应届研究生中选拔宫宇等人到实验室管理部工作，负责中心网络信息安全和实验数据管理，进一步充实了实验室管理部技术力量。

经济管理实验教学中心还派出实验室管理部的一名技术骨干专门进修学习ORACLE数据库技术，为下阶段开展实验数据库建设与管理积累经验，实验室管理部还派一名技术骨干进修网络安全技术。此外，实验教学管理部对两名职员进行URP（高校资源计划管理信息系统）平台（综合实验教务系）培训，熟练掌握了系统操作与业务处理。

**2. 配备专职实验教师，通过培训提高业务素质**

实验教学队伍建设是经济管理实验教学中心建设和发展的关键，东北财经大学于 2007 年出台《东北财经大学关于进一步加强实验教学队伍建设的意见》，经济管理实验教学中心的实验教师分为专职实验教师和兼职实验教师，专职实验教师专门从事实验课程教学工作，经济管理实验教学中心实验教学部配备了 6 名专职实验教师，各学院每个专业至少配备了 1~2 名专职实验教师；兼职实验教师平时主要从事理论教学工作，根据教学需要在一定的条件下从事实验课程教学工作，为保障实验教学的稳定性，特别是为了保障"东北财经大学实验教学项目建设工程"顺利实施，学校根据实验教学任务的需要，将进一步充实实验教学中心的专职实验教师队伍，在学校编制范围内优先为各专业实验教学部配备专职实验教师。

2010 年，为进一步落实《东北财经大学关于进一步加强实验教学队伍建设的意见》文件，实验教学中心还编制了《东北财经大学"十二五"实验师资队伍建设规划》，2011 年度计划为实验教学中心引进 3 名实验教师，上半年已引进一名博士生。

为进一步提高实验教师的业务素质，经济管理实验教学中心先后组织了电访统计调查系统、工程造价仿真系统、世华财讯证券期货外汇模拟交易系统、金蝶电子沙盘与 K3/ERP 系统、东财 ORACLE 实验室项目培训。通过上述培训，提高了实验教师对应用系统软件和仿真模拟软件的操作能力和教学水平，对下一步开展"东北财经大学实验教学项目建设工程"起到了推动作用。

### （五）经济管理实验教学中心对外交流与影响

#### 1. 通过会议和研修班的形式交流经验

经济管理实验教学中心主任马国强教授作为教育部实验教学指导委员会副主任委员，先后出席国家级实验教学示范中心建设系列报告及现场交流会，第二届全国高校实验室与实验教学工作论坛，分别就实验教学项目建设与管理等问题做了专题报告，为推动全国实验教学中心的深入发展做出了应有的贡献。马国强主任本年度还参加 2009 年财经类高等学校本科人才培养工作研讨会暨高等财经院校第三届校长论坛，就实验教学与人才培养模式等问题做了专题报告。

经济管理实验教学中心与金蝶软件股份有限公司大连分公司合作，举办大连高校实验教师金蝶电子沙盘培训班和 K3/ERP（财务模块）培训班，与用友软件股份有限公司合作，举办辽宁省高校实验教师沙盘培训班。

#### 2. 履行国家级实验教学示范中心建设单位的示范义务，做好参观接待工作

2008 年 10 月至 2011 年 7 月，来我实验中心参观、交流、学习的高校已达近 60 家，经济管理实验教学中心认真地接待，毫不保留地介绍实验中心的建设历程与成败经验及申报体会，并与来访者共同探讨经济管理类实验教学面临的各类

难题，使来访者得到满意的收获，为推动全国高校经济管理类实验教学中心的建设做出了一定的贡献。

**3. 积极参加国家级实验教学示范中心经管学科组主任联席会**

经济管理实验教学中心获批 2008 年度国家级实验教学示范中心建设单位以来，先后参加了在武汉、济南、北京、合肥、重庆、贵阳举行的国家级实验教学示范中心经管学科组主任联席会，在教育部高教司的支持下，针对国家级实验教学示范中心建设过程中存在的问题，和全国经管专业实验教学精英，共同探讨实验教学中心建设的成功经验，为推动全国高校经济管理类专业实验教学中心建设做出贡献。

经济管理实验教学中心于 2012 年 8 月承办 2012 年度高等学校国家级实验教学示范中心联席会经济管理学科组工作研讨会。教育部实验室处高东锋处长、实验教学指导委员会副主任委员马国强教授、经管学科组组长朱孟楠教授、戚桂杰教授、秦艳梅教授、东北财经大学副校长夏春玉教授及来自 27 家经济管理类国家级实验教学示范中心的主任共 60 余人出席了会议，与会代表考察了东北财经大学经济管理实验教学中心，对实验项目建设的成功经验给予高度评价。

**4. 积极参加国家级实验教学示范中心建设成果展**

2010 年 10 月，实验教学中心参加了在北京工业大学举办的国家级实验教学示范中心建设成果展，在成果收集、文字介绍、视频制作、展台布展等方面为经管学科组做了大量工作，在会议期间通过与教育部高教司领导、国家级实验教学示范中心联席会、经管学科组进行了广泛交流，汲取了其他高校在前在国家级实验教学示范中心建设成功经验。

**5. 举办中国首届实验经济学论坛**

2009 年 10 月 31 日，博弈论和实验经济学的世界级权威学者、1994 年诺贝尔经济学奖得主、德国波恩大学莱因哈德·泽尔腾教授专程来东北财经大学出席中国首届实验经济学论坛并发表主旨演讲，会议期间，学校聘任泽尔腾教授为东北财经大学名誉教授和实验经济学实验室名誉学术主席，泽尔腾教授还为东北财经大学实验经济学实验室的建成使用揭幕，认为学校建设实验经济学实验室是非常有远见的决策，对实验室的建设情况非常满意并且对未来的发展寄予厚望，实验经济学实验室将是经济管理实验教学中心的重要科研窗口，将大大提升中心的学术科研水平。

**（六）经济管理实验教学中心建设成功经验与下阶段工作任务**

**1. 经济管理实验教学中心建设的成功经验**

（1）东北财经大学实验教学中心从培养高层次应用型财经类管理人才的目标

出发，针对社会经济发展对财经类管理人才在知识能力结构的需求，修订了本科人才培养方案，增设实验课程，按功能增设公共基础课程实验、学科基础课程实验、专业课程实验和专业实验课程，建立健全了与理论教学相互融合的实验教学体系，各学科实验课程设置及学时学分比例达到 20% 。使现行的课程体系结构日趋科学合理。

（2）东北财经大学实验教学中心根据学校本科生培养方案中规定的实验课程体系，分析支撑实验课程体系的实验室平台建设需求，通过运用省部共建基础实验室专项资金和优势特色专业学科实验室专项资金建设实验教学平台，此外还采用校企合作模式建立联合实验室。降低了实验软件采购成本，提高了专业实验教师培养质量。

（3）东北财经大学实验教学中心根据学校本科生培养方案中规定的实验课程体系，强化实验教学项目建设，进一步细化了实验教学内容，初步实现了按实验教学项目组织实验教学，大大增强了实验教学管理的科学化与规范化。

**2. 经济管理实验教学中心下阶段工作任务**

经济管理实验教学中心经过科学论证，提出下阶段工作任务：

（1）加大专职实验教师的引进力度，完善专职实验教师的培训制度。

进一步落实《东北财经大学关于进一步加强实验教学队伍建设的意见》文件精神，加大专职实验教师的引进力度，多渠道招聘专职实验教师，力争新增15~20 名专职实验教师，为每个经济管理类专业配齐配足专职实验教师，以满足专业实验课程的开设需求。针对实验教师缺少实践经验的现实，鼓励实验教师到企业、事业、行政单位进行专业实践以弥补经验的不足，另一方面通过校企合作方式建设省级、国家级经济管理类专业实验师资队伍专业培训基地，有针对性进行实验教学方法、实验教学软件、实验课程开发等方面培训。

（2）进一步完善实验教学体系，丰富实验教学内容。

中心将进一步完善实验教学体系，加大实验课程占总课时的比例，确保实验必修课开出率，鼓励教师开发选修实验课，进一步丰富实验教学课程；以实验教学项目建设为切入点，进一步细化、充实实验教学内容，继续开展实验教学项目合格验收，充实经济管理各专业的实验教学项目库，继续开展评选校级精品实验项目，计划 5 年内评选出 50 个精品实验项目，引导实验教师把学生创新能力的培养放在实验教学的突出位置；以形成"以培养能力为导向、以问题为切入点，以项目教学为实施手段"具有东北财经大学特色的实验教学模式。

（3）进一步加快重点学科和特色专业的实验教学平台建设。

中心充分调动经济管理类各专业实验教学部的积极性，采用政策鼓励、专业示范、校企共建的方针，重点建设会计学、金融学、工商管理、统计学、管理科学与工程等五大专业实验教学平台，在已建成的工商管理综合实验教学中心、金融学综合实验教学中心、工程管理实验教学中心 3 个省级实验教学示范中心的基础上，力争再建成 2~3 个省级实验教学示范中心。

## 三、标志性建设成果

图1　2011 年 10 月国家级实验教学示范中心建设成果展东财实验教学成果展示

图2　2012 年 8 月 20 日大连经管学科组工作会议

## 四、中心团队集体照

图3　东北财大校领导与经济管理实验教学中心领导班子审核实验教学改革方案

# 基于示范中心的经管大类人才 "实践＋拔尖" 复合创新能力 培养体系改革与实践

## ——广西大学经济与管理实验中心建设成果

## 一、中心基本情况

| 学校名称 | 广西大学 |
|---|---|
| 中心名称 | 广西大学经济与管理实验中心 |
| 署名 | 汪涛　施冬冬　令狐大智 |

## 二、摘要

广西大学经济与管理实验中心自获评国家级实验教学示范中心以来，经过系统深入的实践改革，并与工商管理国家特色专业建设项目、广西高校人才培养模式创新实验区项目、中国—东盟经济与管理复合型国际化创新人才培养基地一道进行有效的协同创新探索，取得了高水平的教学改革研究成果。基于示范中心，构建形成了能有效培养经济与管理大类人才"实践创新能力"的"1＋3"实践教学内容体系；基于示范中心，构建形成了能有效培养经济与管理大类人才"拔尖创新能力"的"大类专业拔尖型"理论教学内容体系；基于示范中心，创造性地建立了"研究创新服务动态化管理机制"，实现了经管大类专业人才"实践创新能力"与"拔尖创新能力"培养内容体系的一体化融合。

## 三、Abstract

Since it has won the national experimental teaching demonstration center and through the practice of reform deeply，the Economics and Management Experiment of

Guangxi University has been experienced a coordinative innovation explore and achieved a high level of teaching reform research together with Business Administration construction projects of national characteristic specialty and "Compound International Talents Training Base of China – ASEAN Economic and Management", which is the innovative talents training model project in experimentation area of Guangxi higher institutions. Based on the teaching demonstration center, the practical teaching content system which effective train "1 + 3" model personnel of economics and management and the theoretical teaching content system which positive train "Top Innovative Ability" personnel of economics and management have been set up and formed. Also, based on the same platform, the "Management mechanism of dynamic service for Research and Innovation" has been creatively established. Guangxi University has achieved two training content system integration: one is practical innovative ability training content system and the other is top innovative ability training content system.

## 四、主要内容

### (一) 改革背景

国家高等教育中长期改革与发展中最主要的两大任务是：一是开展以强化人才"实践创新能力"培养为核心的创新创业教育；二是支持学生参与科学研究，培养信念执着、品德优良、知识丰富、本领过硬的高素质专门人才和拔尖创新人才。教育部在《关于大力推进高等学校创新创业教育和大学生自主创业工作的意见》指出：大学生是最具创新、创业潜力的群体之一，在高等学校中面向全体学生开展创新创业教育，是深化高等教育教学改革，培养学生创新精神和实践能力的重要途径。《国家中长期教育改革和发展规划纲要 (2010~2020)》提出，高等教育要"提高人才培养质量。牢固确立人才培养在高校工作中的中心地位，着力培养信念执着、品德优良、知识丰富、本领过硬的高素质专门人才和拔尖创新人才"。

"十一五"期间，广西大学经济与管理实验中心面临的根本挑战是：如何基于示范中心构建人才"实践创新能力"培养体系，超越单纯的实验操作技能培养，实现培养"宽口径、厚基础、高素质、强能力"创新性人才的目标，这既是巨大挑战与压力，也是鞭策与动力。

2010 年，广西大学制定了新的战略发展目标：建设高水平的区域特色研究型大学。为了构建适应建设高水平区域特色研究型大学的人才培养体系，广西大学"十二五"期间人才培养目标是：立足广西，服务广西，辐射全国，面向东盟，培养基础扎实、专业面宽、素质好、适应性强，富有创新精神和实践能力、能参与国际竞争与合作的拔尖创新型、复合型、应用型的高素质专门人才。2010年以来，面对广西大学从"教学研究型大学"向"高水平区域特色研究大学"转型发展的需要，广西大学经济与管理实验中心在强化实践教学、培养学生"实践创新能力"之时，也同时面临如何强化学生学术科研技能培训、培养拔尖创新型、应用型、复合型人才的挑战。

## （二）改革实践情况

### 1. 取得的理论成果

（1）构建形成了"1+3"实践教学体系。

"1+3"实践教学体系的构建，目的在于锻造学生的实践创新能力。

"1+3"实践教学体系，由"一个平台、三个环节"等四个基本要素及其相互作用关系组成，其目的在于通过"理论教学——实践教学——地方服务"一体化，在培养学生的"操作技能"、积累"社会经验"基础上，锻造学生的"实践创新能力"。"一个平台"，即共享的经济与管理实验教学示范中心平台；"三个环节"，分别是"规范实验环节"、"社会实践环节"和"创新实验环节"（见图1）。

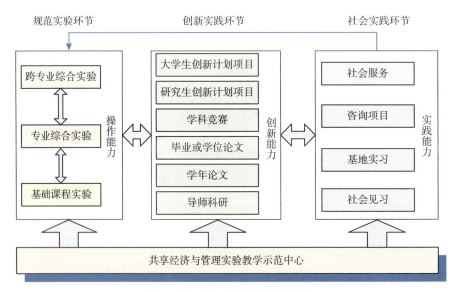

图1  "1+3"实践教学体系理论

①共享的实验教学示范中心平台。即各种用于经济与管理实验教学与研究的软、硬件环境，主要包括各专业教学资源中心、中国—东盟云数据中心，以及各专业教学协作平台。这些资源通过示范中心先进的信息技术资源，实现了协作共用与共享。

②规范实验环节。指列入经济与管理类专业培养方案的课程实验或实验课程，其典型特征是具有完整的实验大纲。规范实验环节涉及理论教学知识的验证与综合运用，进一步分为专业基础课程实验、专业综合实验和跨专业综合实习三个层次。

③社会实践环节。主要以为政府、企业和社会公众提供应用服务为目的的各种实践活动。这类实践活动具有一个共同的特点，就是与实验紧密结合在一起，是实验和实践相结合的产物。社会实践环节无课内实验课时，充分利用学生课外实验课时及实验中心的开放完成实验。学生在实验中可以综合运用实验中心所提供的所有教学与科研资源，完成自己的社会实践活动。

④创新实践环节。指为培养学生综合运用知识进行创新研究能力而进行的开放性实验。创新实践环节涉及各学科专业理论教学知识综合应用与创新，形式不拘一格，如撰写学年论文、毕业或学位论文、参与各级各类学科竞赛（如GMC、全国大学生"挑战杯"科技论文大赛）、学生创新立项、导师纵向科研项目等。

（2）构建形成了"大类专业拔尖型"理论教学体系。

"大类专业拔尖型"理论教学体系的构建，目的在于塑造学生的拔尖创新能力。

"大类专业拔尖型"理论教学体系，由"一个平台、三个课系"组成，其目的在于通过"特色学科——实践教学——理论教学"一体化，在培养学生"大类知识"、"研究技能"基础上，塑造学生的"拔尖创新能力"。"一个平台"，即共享的经济与管理实验教学示范中心平台；"三个课系"，分别是"学科与专业知识课程体系"、"科学研究方法技能课程体系"和"个性化创新能力课程体系"（见图2）。

①共享的实验教学示范中心平台。包括信息技术与服务平台、教学与科研软件及数据库系统、多功能教学与办公场地。

②学科与专业知识课程体系。指根据教育部经济学与工商管理大类专业教育指导委员会制定教学大纲所开设的理论课程。实验教学示范中心能有效支撑学科与专业课程体系中的精品课程建设、课件开发制作、课程网站设计、课程资源网络化共享。

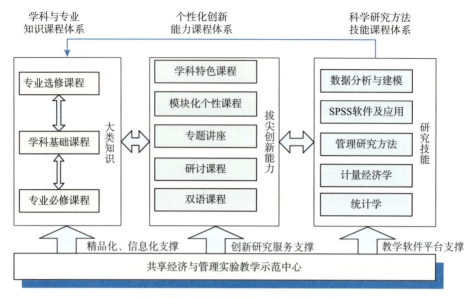

**图2 "大类专业拔尖型"理论教学体系**

③学科研究方法技能课程体系。指为培养专业学生进行科学研究所需的方法、技能所开设的研究方法课程。实验教学示范中心通过配置相应的教学软件资源，提供共享和开放的实验环境，满足学生课内和课外实验需求。

④个性化创新能力课程体系。指为激发学生主动探索创新兴趣、培养学生创新能力、满足其个性化职业发展规划需要而开设的课程。

（3）构建形成了"研究创新服务动态化管理机制"理论。

研究创新服务动态化管理机制的构建，目的在于实现"实践＋拔尖"复合创新能力培育的一体化集成与融合。

研究创新服务动态化管理机制，由"一个平台、三个机制"组成。其目的在于通过"特色学科—实践教学—地方服务"一体化，建立科学的管理运作机制，创造性地实现经管大类人才培养中"实践创新"与"拔尖创新"的集成与融合，培育学生的"复合创新能力"。"一个平台"，即共享的经济与管理实验教学示范中心平台；"三个机制"，分别是"研究创新服务动态化运行机制"、"研究创新服务动态化动力机制"和"研究创新服务动态化约束机制"（见图3）。

①共享的实验教学示范中心平台。包括提供研究创新服务的物理平台和建立在物理平台基础之上的研究创新服务逻辑平台。

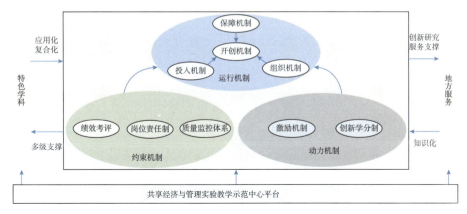

**图3　研究创新服务动态化管理机制**

②研究创新服务动态化运行机制。在实验教学示范中心基础上建立的研究创新服务体系就是一个不断投入各种要素，产出各种成果的系统，这个系统的运作机制包括开创机制、组织机制、投入机制和保障机制等内容。

③研究创新服务动态化动力机制。指刺激和推动研究创新主体（教师和学生）产生研究创新需求，并转化为研究创新行动的制度化条件。动力机制为整个研究创新实践环节提供和传输运动、发展、变化的能源和能量，使研究创新活动保持旺盛的动力，保证师生获得更大的利益。

④研究创新服务动态化约束机制。指为规范参与研究创新主体（教师和学生）行为，便于研究创新活动有序运转，充分发挥其作用而制定和颁布执行的具有规范性要求、标准的规章制度和手段的总称。

**2. 改革实践探索**

（1）改革历程。

①改革启动与基础夯实阶段（2005～2008年）。完成了实验教学内容及体系的初步构建。此阶段特点是：尽管各项改革工作的推进缺乏整体协调，但却奠定了构建"实践＋拔尖"复合创新能力培养体系的夯实基础。

②理念明确与系统建设阶段（2008～2011年）。凝练并提出了建设"实践＋拔尖"复合创新能力培养体系平台的建设理念、目标与内容方向，开始基于示范中心系统探索构建经济与管理两大类10个专业"拔尖型"人才模式。此阶段的特点是：以国家与自治区"质量工程"项目建设为契机，明确了"实践＋拔尖"复合创新能力培养体系建设的理念，进行了目标明确的系统建设。

③整合创新与日臻完善阶段（2011年至今）。成立研究创新工作联席会，下设跨专业综合实训工作部和学科竞赛工作部，统一协调与指导跨专业研究创

新工作。此阶段的特点是：基于示范中心的"研究创新服务动态化管理机制"日臻完善，有效实现了人才"实践＋拔尖"复合创新能力培养体系的一体化运作。

（2）改革目标与思路。

①改革目标。充分发挥经济管理国家级实验教学示范中心集实践与理论教学、科学研究与社会服务三大功能于一体的综合平台优势，联合工商管理国家特色专业、中国—东盟经济与管理复合型国际化创新人才培养试验区基地的建设与改革，协同创新，致力于构建形成经济管理大类人才"实践＋拔尖"复合创新能力培养的独特先进教育理念、"操作技能—社会经验—实践创新能力—拔尖创新能力—研究技能—大类知识"一体化融合的人才培养内容体系与运作管理机制，全面提升经管大类专业人才培养的"实践＋拔尖"复合创新能力，服务于广西地方经济社会发展的实践创新需要，推动广西大学"中国—东盟经济管理学科"拔尖创新研究的可持续性发展（见图4）。

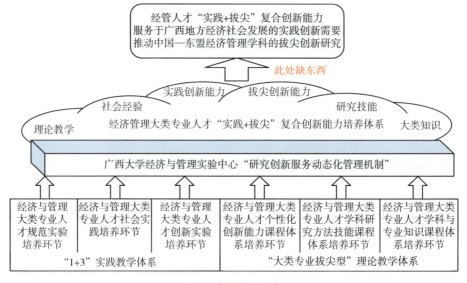

图4 成果改革目标

②改革思路。本成果以"大实践观"为改革探索思路：以基于实验教学示范中心为载体平台的"实践教学"为核心，通过"地方服务—实践教学—理论教学"一体化融合，构建经管大类专业人才"实践创新能力"培养内容体系；通过"特色学科—实践教学—理论教学"一体化，构建经管大类专业人才"拔尖创新能力"培养内容体系；通过"地方服务—实践教学—特色学科"一体化，构建支撑经管大类专业人才"实践＋拔尖"创新能力融合的运作管理机制。具体

创新思路如图 5 所示。

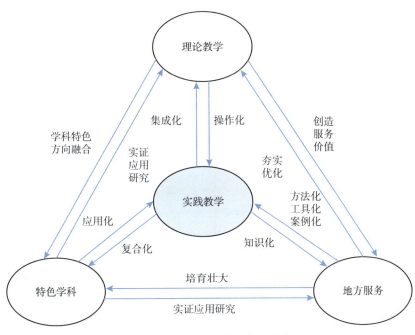

图 5  成果改革思路：大实践观

（3）改革举措。

①构建工商管理大类专业"1+3"实践教学体系的实践探索。

构建工商管理大类专业共享实验教学平台：由财务教学软件等一系列教学软件及相关的实验设备等组成。

构建工商管理大类专业规范实验环节：由包括"中国—东盟经贸合作与发展研究"特色学科专业的 16 门基础和专业必修课程的课内实验组成的大类专业基础课程实验环节；由企业竞争模拟实验、企业经营竞争沙盘模拟实验组成的大类专业综合实验环节；由经管类跨专业综合实训构成的跨专业综合实习环节。

构建工商管理大类专业社会实践环节：由工商管理实习研究基地网络（见图6）、服务社会、毕业实习、本科导师横向科研课题组成。

构建工商管理大类专业创新实验环节：由国际企业管理挑战赛（GMC）等各种全国性学科竞赛以及学年与毕业论文、本科导师纵向课题组成（见图7）。

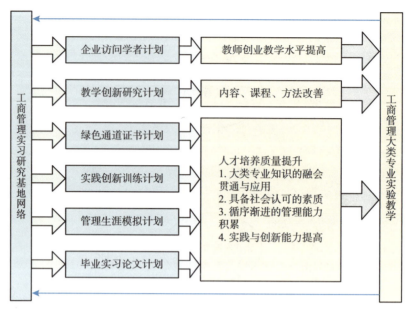

**图6　广西大学工商管理实习研究网络基地与人才培养实践教学互动机制**

　　②构建"中国—东盟经济管理研究拔尖型人才培养"理论教学体系的实践探索（见图8）。

　　人才培养定位：依托广西大学经济学和工商管理大类专业的综合优势，培养中国—东盟区域经济、中国—东盟产业经济、中国—东盟区域化国际金融、中国—东盟旅游管理、中国—东盟国际贸易、中国—东盟跨国企业经营管理、中国—东盟市场营销等方向研究拔尖型人才。

　　构建人才培养共享的实验教学示范中心平台资源：广西高校人才小高地团队基地中心、国家特色专业团队、人才培养改革试验区、精品课程团队、专业实验室、研究数据资源中心、示范中心教学软件资源。

　　构建人才培养的学科与专业知识课程体系：学科基础课、专业必修课。

　　构建学科研究方法技能课程体系：包括统计学原理、计量经济学、管理研究方法、SPSS统计分析、数据分析与建模。

　　构建个性化创新能力课程体系：双语课程、研讨课程、专题讲座、模块化个性课程、学科特色课程。

　　③构建国家级实验教学示范中心"研究创新服务动态化管理运作机制"的实践探索（见图9、图10）。

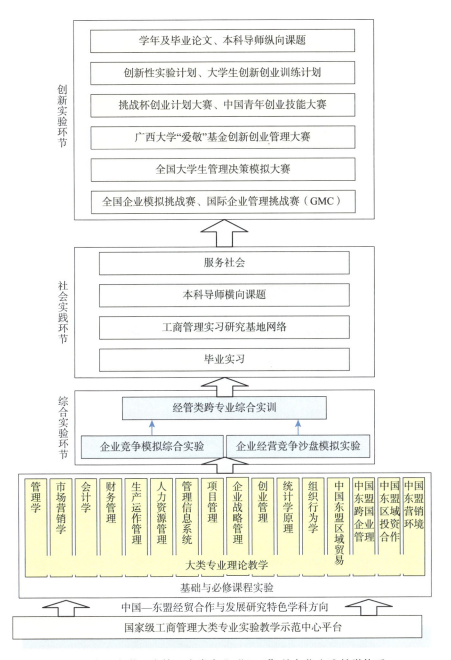

图7　广西大学工商管理大类专业"1＋3"特色化实践教学体系

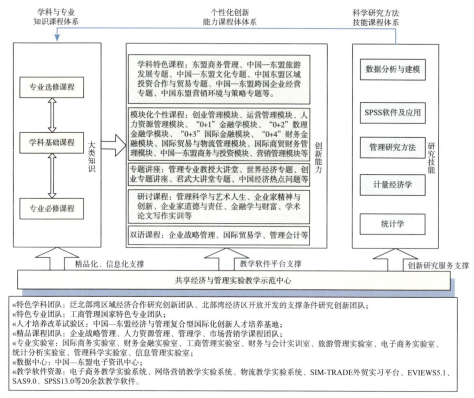

**图8 广西大学"中国—东盟经济管理研究拔尖型人才培养"理论教学体系**

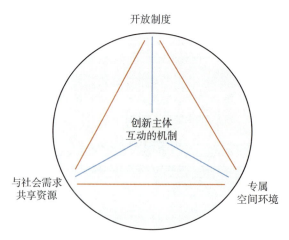

**图9 研究创新服务动态化开创机制**

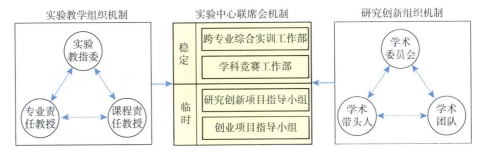

**图 10　研究创新服务动态化组织机制**

运行机制实践探索：构建了以开创机制为核心，包括组织机制、投入机制和保障机制的运行机制。

动力机制实践探索：构建了由激励机制、创新学分制组成的动力机制。

约束机制实践探索：构建了由岗位责任制、绩效考评、质量监控体系组成的约束机制。

## （三）改革成效

### 1. 学生创新实践成果突出

通过创新实践活动，学生掌握了扎实创新创业技能，具备了初步的创新创业实践能力，学生的创新创业成果累累。自 2010 年以来，中心指导学生参加了"中国'互联网+'大学生创新创业大赛""'挑战杯'中国大学生创业计划竞赛""'创青春'全国大学生创业大赛""GMC 国际企业管理"等系列全国性实践创新大赛，先后获国家级奖项 30 项，其中全国总冠军 4 项、特等奖或金奖 4 项。2012～2016 年，获"大学生创新创业训练计划"及"大创计划"项目 36 项，其中国家级项目 9 项、自治区级项目 33 项。

### 2. 教学改革成果丰硕

依托国家级实验教学示范中心建设，先后产生了一批教学工程项目，其中包括工商管理国家特色专业建设、广西高校工商管理专业创新创业特色专业及一体化课程项目建设、广西高校"中国—东盟经济与管理复合型国际化创新人才培养基地"建设等，荣获自治区级教学成果一等奖 1 项，二等奖 3 项。

2010 年至今，出版经济与管理教学研究论文集 2 部，发表教学改革研究论文 250 余篇；出版教材 30 部，其中《战略管理》教材获自治区优秀教材一等奖；编写实验指导书 40 余本；中心成员主持自治区级教学改革工程项目 25 项。

## （四）成果创新点与示范辐射效应

### 1. 成果创新点

（1）提出了以示范中心为平台、"实践教学"为核心纽带，实现经济与管理大类专业人才"实践创新能力"与"拔尖创新能力"一体化融合的"大实践观"理念框架及其具体的改革实践探索路径。

（2）构建与实践了极具自身特色内容的"1+3实践教学体系"和"大类专业拔尖型理论教学体系"，并通过"研究创新服务动态化管理运作机制"的创新，基于示范中心创造性地实现了经管大类专业人才"实践创新能力"与"拔尖创新能力"培养的一体化融合。

**2. 示范辐射效应**

2010年以来，实验中心通过各种途径，在所能及的范围内，在区内外相关高校经管类实验教学改革与实验室建设中发挥着示范辐射作用。具典型意义的事件包括：

（1）2010年3月，由实验中心承办了由国家级实验教学示范中心联席会经管学科组主办的西南片区"经济管理国家级实验教学示范中心建设专题研讨会"，贵州财经大学、重庆大学、西南财经大学、重庆工商大学实验中心主任参加了会议，并特邀中南财经大学、广东商学院等经管类实验中心的主任参加。此次研讨会系经管学科组第一次组织的专题研讨会，开创了学科组举办小型专题研讨会的先河，会议形式获得了广泛赞誉，后被经管学科组称为"广西模式"。

（2）2010年6月，由广西高等教育学会主办、广西大学商学院承办的广西高等教育学会经济管理实验教学专业委员会成立大会暨第一届广西经济管理实验室建设与实验教学研讨会在广西大学商学院举行，经选举，广西大学经济与管理实验中心当选理事长单位，专委会办公室设在广西大学经济与管理实验中心。专委会涵盖广西所有经管类院系，每年专委会都举办各种活动，包括参与承办2015年"学创杯"全国大学生创业综合模拟大赛总决赛、每年主办"学创杯"大赛广西赛区选拔赛，以及实验教学专项研讨会及师资培训。专委会活动已经成为我区经管类院系实验教学交流的一个重要平台。

（3）2015年11月，由国家级实验教学示范中心联席会经管学科组主办，广西大学承办的"学创杯"2015全国大学生创业综合模拟大赛总决赛暨创新创业教育成果展在广西大学举行。作为承办单位，这是广西大学迄今为止承办的规模最大、最具影响力的全国性大学生创新创业活动，也是广西大学创新创业系列活动的重要组成部分。广西大学通过承办此次大赛，推动学校创新创业教育工作迈上一个新的台阶，并通过广西大学在广西高校中的影响力，在广西高校中营造"大众创新、万众创业"的良好氛围，从而也间接推动广西高校创新创业教育工作。

（4）2017年6月1日至6月15日，实验中心与西南财经大学实验教学示范中心联合开展基于互联网模式下"跨专业企业创新综合实验课"的跨地域校际联合实验。

此次校际联合实验依托方宇博业"VTS－创新创业虚拟仿真综合实训平台"

展开为期 15 天两校学生混编的商业经营活动和对抗竞赛。此次校际联合实验是积极响应国家和教育部教育信息化和创新型人才培养的号召，面向国内应用"VTS－创新创业虚拟仿真综合实训平台"院校的集竞技性、实践性于一体的校际联合实验。联合实验的成功举办对推动经管类实验教学改革以及优质实验教学资源共建共享具有重要意义。

## 五、标志性建设成果

图 11 "学创杯"2015 全国大学生创业综合模拟大赛总决赛

图 12 2016 年度 GMC 全球总决赛季军

图 13  广西高等教育学会经济管理实验教学专业委员会成立大会

图 14  广西教学成果一等奖《基于示范中心构建经管大类人才
"实践＋拔尖"复合创新能力培养体系的改革与实践》

图 15　西南地区经济管理国家级实验教学示范中心建设专题研讨会

图 16　校际联合跨专业企业创新综合实验课程竞赛

## 六、中心团队集体照

图 17　广西大学经济与管理实验中心团队

# 深化实践教学改革提升
# 学生创新与创业能力

### ——哈尔滨商业大学经管综合实践中心的建设与实践

## 一、中心基本情况

| 学校名称 | 哈尔滨商业大学 |
|---|---|
| 中心名称 | 经管综合实践中心/现代企业商务运营虚拟仿真实验教学中心 |
| 署名 | 哈尔滨商业大学经管综合实践中心 |

## 二、摘要

哈尔滨商业大学一贯重视实践教学在学生综合素质提高与能力培养方面的作用，在整合经管专业分散的实验室资源的基础上，确立实践教学改革的思路，建立经管综合实践中心和现代企业商务运营虚拟仿真实验教学中心，构建经管专业实践教学内容体系，着力培养学生的实践能力、创业和创新能力，实现了实践教学理念的创新。中心的建设取得了优异的实践教学效果，同时起到了示范、辐射作用。

## 三、主要内容

哈尔滨商业大学是中国第一所多科性商业大学。学校一贯重视实践教学在学生综合素质提高与能力培养方面的作用。为了适应社会经济发展的客观要求，学校在总结多年实践教学经验的基础上，整合经管专业分散的实验室资源，筹建了经管综合实践中心，自中心建立以来，以学生实践、创新与创业能力培养为目标，在经管专业开展实践教学改革，取得了显著的成效，并成功将中心建设成国家级实验教学示范中心和国家级虚拟仿真实验教学中心。

## （一）确立实践教学改革的思路

作为一所具有鲜明特色的商科院校，我校在多年的教学实践中形成了"以育人为本，以学生的专业发展和终身学习为中心，着眼于学生综合素质与创业、创新能力培养"的实践教学理念，依据这一理念，学校确立了经管专业实践教学改革的基本思路，即遵循"企业成长周期"与"产品生命周期"2条技术路线，对分散的经管类实验教学资源进行全面整合，筹建经管综合实践中心，构筑基础实验、专业综合技能训练、创业模拟与创业孵化、咨询与科研服务4大实践平台，提升学生的实践、创新与创业能力，培养高素质应用型高级专门人才。

## （二）建设经管综合实践中心

### 1. 指导思想

按照学校应用型高素质高级专门人才的培养目标，学校坚持理论教学与实践教学并重、知识传授与能力提高并重、专业培养与素质教育并重的原则，深化实践教学改革，完善实践教学体系，充分发挥实践教学在应用型人才能力、个性和社会适应等全面培养的重要作用（见图1）。为此，学校将经管综合实践中心定位为：

（1）课程实验中心。

通过基础实验平台开展经济学、管理学学科相关的基础性实验，使学生熟练掌握所学专业的基本理论和基本技能。

（2）校内生产实习中心。

通过专业综合训练平台开展综合性实验，提高学生专业知识的融合能力，提升知识转换、知识综合运用能力。

（3）学生创业中心。

通过创业模拟与创业孵化平台开展创业模拟，培养学生的适应能力、创业能力与经营决策能力。

（4）教学成果孵化中心。

教师通过咨询与科研服务平台开展教学改革研究，提高教师的科研能力，提升师资队伍整体水平。

（5）社会咨询服务中心。

教师、学生通过咨询与科研服务平台为社会开展咨询服务，提升应用理论研究和为企业、社会服务的能力。

### 2. 中心的基本框架

经管综合实践中心设置企业资源计划厅、企业管理厅、国际商务厅、商业银行厅、办税服务厅、证券期货厅、多功能厅、创业智力孵化室和沙盘模拟实训室等9个功能厅室。各厅室功能如下：

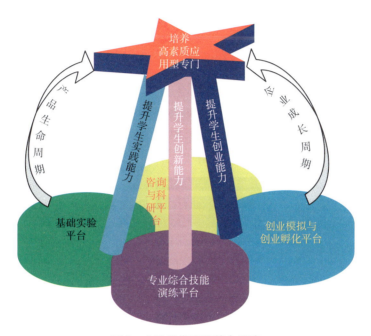

**图1　实践教学改革基本思路**

多功能厅用于经管专业学生开展各种培训、讲座、演讲、实习动员大会等活动，兼做会计手工模拟实验及财税手工模拟实验。

企业资源计划厅，为基础会计学等多门课程提供实践场所，并满足会计学、财务管理专业学生教学实习的需要。

国际商务厅为电子商务系统模拟操作、电子商务系统规划与设计、国际贸易业务模拟操作等多门课程提供实践教学场所，并满足经济学、电子商务、国际经济与贸易、统计学等专业学生教学实习的需要。

企业管理厅为企业管理实践、企业经营与竞争训练等课程提供实践教学场所，并满足企业管理、市场营销、人力资源等专业学生的实习需要。

商业银行厅为金融学、金融工程等专业的学生学习货币银行学、商业银行业务、银行会计学等课程提供实践教学场所，开展商业银行模拟实务操作，满足教师与学生教学、科研的需求。

办税服务厅面向经济管理类专业学生，尤其是财政学专业学生，主要完成企业办税事项的模拟。

证券期货厅为证券投资学、期货市场、国际金融等多门课程提供实践教学场所，并在一定范围内满足金融学、金融工程等专业学生的实习需要。

创业智力孵化室和沙盘模拟实训室为学生提供一个研究性场所，为在企业创立和企业经营等方面有设想和创意的学生提供研究场所，还可开展对抗赛，通过模拟实践，强化竞争意识，培养创业能力和创新精神。

### （三）构建经管专业实践教学内容体系

遵循"企业成长周期"与"产品生命周期"2条技术路线，构建基础实验、专业综合技能训练、创业模拟与创业孵化实验、咨询与科研服务4个实践平台，这4个实践平台构成了具有鲜明商科特色的实践教学内容体系。体系涵盖了企业运行的基本过程，学生由浅入深，循序渐进，通过不同层次、类型的实验，在模拟的社会经济系统中开展经济活动，参与社会经济生活，掌握所学专业的基本理论和基本技能，提高专业知识的融合能力，提升知识转换、知识综合运用能力，培养创业能力与经营决策能力。

**1. 基础实验平台**

基础实验平台是经管专业基础课程的实验平台，学生通过课程实验，熟练掌握所学专业的基本理论和基本技能，为专业综合技能训练夯实基础。专业基础类实验是在专业、学科的背景下设计的专业基础课程实验，如统计学实验、计量经济学实验、基础会计学实验、管理学实验等，目的是使学生熟练地掌握专业基本理论，为专业学习打下较扎实的基础。如会计学专业，学生通过基础会计学实验掌握企业财务管理过程中的专业基本技能，如原始凭证填制、记账凭证填制、账簿登记、会计报告编制等。

**2. 专业综合技能训练平台**

专业综合技能训练平台使学生在基础实验基础上，开展专业综合技能训练，提高学生专业知识的融合能力，提升知识转换、知识综合运用能力。如国际经济与贸易专业的国际贸易业务模拟实验，使学生熟知进出口贸易的各个环节，全面了解进出口业务的全过程，系统、规范地掌握从事进出口贸易的主要操作技能，为从事外经贸工作打下坚实的基础。同时，学校配合相关辅助性讲座，辅导学生自选实验课程，开展自主实验、实训和实践，着力培养复合型应用人才。

**3. 创业模拟与创业孵化平台**

创业模拟与创业孵化平台是对专业综合技能训练的提升，学生将模拟实验进一步向实践推进，直至创建企业实体。学校在人才培养方案中开设了创业创新教育实践模块，将公司创建与运营实习等经济管理类专题课程引入教学中，强化了创业培训，通过创业模拟提升学生的适应能力、创业能力，同时提高了学生的就业率。

创业模拟平台完全按照公司的实景布置，设有办公区、洽谈区、接待区，配有现代化的办公设备，设置了从总经理到职员各个模拟职位，学生可以通过网络模拟各种公司的实景操作，使创业人员在没有创业之前已在相应的环境中得到实践。在创业模拟平台上，学生可以选择各类公司，进行从办理营业执照开始到经营洽商、营销结束、财务报表等各种岗位模拟实践。

在创业孵化平台下，师生可协助企业办理工商注册，税务登记，银行开户，企业代码等手续，办理企业入驻；为企业提供科技情报检索，咨询服务；为企业提供咨询服务，协助企业召集各方面专家对项目或产品进行诊断；举办各类专业技术及管理培训班，为企业培养各类人才。

**4. 咨询与科研服务平台**

咨询与科研服务平台是学生和教师进行教学改革研究，开展应用理论研究以及为企业、社会服务的平台。在科研与咨询服务平台下，教师和学生利用先进的实验室设备和实验条件，用专业或跨专业知识承担创业项目和科研项目，开展相关领域的研究，教师提升应用理论研究和为企业、社会服务的能力，学生提高对市场经济的适应能力与竞争能力。教师及时将最新研究成果应用于课堂教学及教学改革中，教师开发的国家科技攻关项目——商业信息化系统软件分解成多个课题，作为学生课程设计题目，从而提高了学生解决实际问题的能力与编程能力，受到学生欢迎。建设 ERP 信息二次开发系统，开展广泛的社会服务，加强校、企之间科学研究与技术开发的全面合作，锻炼师资队伍，提高学生的就业率与就业层次。科研与咨询服务平台将单一的教学型实验室转变为集教学、科研、社会服务功能为一体的实践中心。

## （四）打造虚拟仿真实验教学平台

为适应全国经管类专业实践教学改革的需要，学校采取有效措施，调动各方面积极性，稳步开展实验教学改革，完善实验教学体系，改进实验教学方法，充分发挥实验教学在人才培养中的重要作用。在加强经管综合实践中心内涵建设的同时，积极开展现代企业商务运营虚拟仿真实验教学建设（见图 2）。目前，中心主要承担管理学院、会计学院、经济学院、金融学院、财政与公共管理学院等 8 个教学部门 21 个本科专业的虚拟仿真实验教学任务。

中心开设各类虚拟仿真实训课程 33 门，实验项目 200 余项，能全面实现企业商务活动的运营管理仿真及外部生态环境仿真实训。中心建设有技术先进，高效节能的云计算中心和教学信息中心，教学资源依据现代企业商务运营的基本规律分为三大功能模块——现代企业商务运营生态环境虚拟仿真模块、现代企业商务运营管理虚拟仿真模块和现代企业商务运营综合实践虚拟仿真模块。中心三大功能模块分别对应专业实训平台、公司创建与运营实习平台和现代企业商务运营综合实践平台，分别训练学生不同层次的能力。

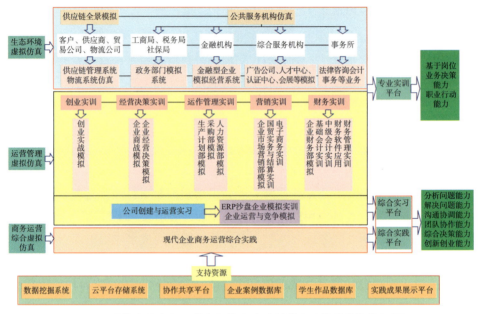

**图 2　现代企业商务运营虚拟仿真实验教学中心教学资源构架图**

## （五）智慧点燃梦想，创新走向成功

我校首创的遵循企业与产品 2 条技术路线构建独具商科特色的实践教学体系，培养学生的实践能力、创业和创新能力，实现了实践教学理念的创新；以学生为主体，使学生在实践中掌握知识，在实验中验证理论，在实践中培养能力，实现了实践教学模式的创新。师生都取得了骄人的业绩。

### 1. 学生学习效果

智慧点燃梦想。中心作为大学生开展第二课堂的重要场所，组建大学生创新创业联盟，为学生成才成功插上腾飞的翅膀。每年在全校开展大学生管理决策大赛、ERP 沙盘模拟大赛、GMC 企业管理挑战赛、企业管理网络虚拟运营竞赛、举办了"职来直往"校园模拟招聘会等 10 余项创新创业赛事。中心成功承办全国大学生市场营销大赛黑龙江赛区决赛、"用友杯"全国 ERP 沙盘大赛黑龙江赛区竞赛、黑龙江省大学生创业网络虚拟运营竞赛等赛事。学生先后获得挑战杯大学生创新竞赛一等奖、全国大学生管理决策大赛特等奖、全国企业管理网络虚拟运营竞赛一等奖、全国 ERP 沙盘大赛一等奖等 300 多项国家级和省（部）级课外创新创业和学科竞赛奖励，中心成为校内外大学生创新创业竞赛及孵化平台。

2012 年以来，依托中心开展大学生创新创业训练计划项目共计 847 项，其中国家级项目 142 项，省级项目 193 项。项目研究成果在省级以上学术期刊发表论文 1000 多篇，完成专利 30 余项，参与学生 5000 多人。项目研究成果在省级以上学术期刊发表论文 1000 多篇；完成专利 30 余项。学校重点资助和扶持前景广阔，可行性较强的项目注册公司进行创业实践。如通过在教学主楼和图书馆开设咖啡屋，将体育场部分场地无偿提供给学生等措施，开展学生创业项目孵化，就业实践，为学生搭建实现创新成果和创业设想的实践平台。86人参加创业项目实践，注册实体公司 15 家，带动学生以勤工助学等形式参与项目实践的人数达 400 多人。蓝潮信息技术有限公司、哈尔滨易思达科技有限公司、诚达服务有限公司等学生自主创业公司得到蓬勃发展，取得丰硕成果。

通过对毕业生进行追踪调查和反馈，用人单位对我校毕业生总体评价良好，政治思想素质高，敬业爱岗，作风朴实，团队意识强；基础理论扎实，知识面广，具有很强的实践能力和创新能力，工作适应能力强。我校毕业生凭借扎实的理论知识和较强的实践能力，奋战在国内众多高校、科研机构和企业管理第一线，其中不少人成为佼佼者。用人单位对我校毕业生的总体评价满意率高达95%，人才培养质量不断提高。

**2. 教师主要实践教学成果**

智慧成就希望，经管综合实践中心成为教师收获成果的地方。学校重视实践教师与教学管理团队建设，鼓励教师利用实践平台开展教学改革、科学研究与社会应用实践，鼓励教师将研究成果应用于实践教学中，丰富实践教学的内容，支持和孵化了一批专业教学科研成果，形成了良好的实验室文化氛围。近年中心获得国家级教学成果 1 项，省级优秀教学成果奖 18 项。曲振涛、张莉教授的"深化实践教学改革提升学生创新与创业能力"获得国家级优秀教学成果二等奖；曲振涛、张莉教授的"经管综合实践中心对学生能力培养的作用研究"获 2007 年黑龙江省高等教育优秀教学成果一等奖，项义军副教授的教学改革研究成果"国际经济与贸易专业人才培养模式综合改革的研究与实践"获得 2007 年黑龙江省高等教育优秀教学成果奖二等奖；创建省级实践教学团队 1个，建设省级创新人才培养实验区 1 个，创建省级精品课 12 门；出版实验教材 15 部；有 5 人获得省级教学名师称号，4 人入选教育部教学指导委员会委员。

**3. 共享与示范辐射作用**

中心在探索中打造专业实训平台、公司创建与运营实习平台和现代企业商务运营综合实践平台的实践在国内同类院校中引起较大反响，在高校经管类专业实践教学改革中具有领先性和示范性。中心与企业共同设计研发的现代企业商务运营综合实践平台已经成功在黑龙江外国语学院、黑龙江职业学院成功推广运用，并通过组织黑龙江省高校公开课，让更多的学校和学生共享平台建设成果。吉林工商学院选派多名教师参加中心开展公司创建与运营实习，多次考察学习后，成功将我校的实践教学模式应用于该校实践教学中，并取得良好效果。

先后有国际、国内 400 多所兄弟院校、企事业单位来中心参观学习，中国香港地区、俄罗斯、英国、加拿大、美国、韩国、日本等大学同行对中心给予了高度评价。全国人大原副主任周铁农、教育部副部长章新胜、吴启迪，财政部副部长张少春、教育部原高等教育教学评估中心主任刘凤泰、黑龙江省省长陆昊、黑龙江省教育厅厅长徐梅等领导都曾亲临中心检查指导工作。中心通过举办学术会议、工作会议、示范公开课、技术咨询、接受兄弟院校师资进修培训等方式，推广中心的成功经验，如邀请俄罗斯及远东地区的高校开展学术交流活动。

中心在满足学校教学、实践活动的同时，不断探索"校政企"合作模式，利用教学平台积极服务社会，服务经济发展。中心与国家商务部流通司、黑龙江省商务厅、黑龙江省税务局、黑龙江省财政厅，黑龙江省农信社等广泛开展合作，共举办培训班 12 期，培训 2400 多人；中心与哈尔滨中小企业局、哈尔滨工商联合会联合成立了经理人培训基地，与用友公司、大连毅腾集团、杭州贝腾科技有限公司、上海乾隆科技公司、世华财讯国际金融信息有限公司、台湾特步公司等多家企业单位建立合作伙伴关系，共同开展培训、研发等合作项目。中心还举办和承接了各种学术和培训活动，如承办全国大学生市场营销大赛黑龙江赛区决赛，承接全国第七届会计实验教学研讨会，承办"用友杯"全国 ERP 沙盘大赛黑龙江赛区竞赛，举办第一届"世华财讯"论坛等等，受到师生、企业的欢迎。

中心加强实践教学建设的成果，引起了新闻媒体的关注，中国教育报、光明日报、黑龙江日报、生活报、黑龙江晨报、黑龙江电视台等多家媒体都对中心的教学从多个角度进行了报道，把中心作为创新创业教育的典型和示范进行推介。特别是 2016 年 11 月 18 日中国教育报对中心实践教学和创新创业教育进行了专题报道，并作为典型和示范进行推介，产生了广泛的社会影响。

## 四、标志性建设成果

图3　中心成果获国家级教学成果奖

## 五、中心团队集体照

图 4 中心教学团队合影

# 融合创新创业，提升示范效应，着力打造经管类实验实训教学新体系

## ——兰州财经大学经济管理实验中心建设成果

兰州财经大学经济管理实验教学中心

## 一、摘要

兰州财经大学经济管理实验教学中心在多年的建设和发展中，以培养学生的创新精神和实践能力为目标，不断优化实验教学体系，完善实验室运行和实验教学管理机制，促进实验教学方法与手段更新，推动实验教学优质资源整合和共享，构建起了多层次、模块化、综合性、开放型的实验教学体系。同时为了顺应国家创新驱动发展战略、深化高等学校创新创业教育改革，依托经济管理实验教学示范中心的特色优势和建设成果，通过整合现有实验和实习教学资源，设立大学生创新创业实训中心，进一步完善了创新创业实训体系，逐步形成了独具特色的融合机制和实验实训教学新体系。

## 二、Abstract

As an important part of Lanzhou University of Finance and economics, the Economics and Management Experimental Teaching Center aims to optimize the laboratory management and experimental teaching management system. The center undertakes the integration of experimental teaching resources to cultivate students' innovative spirit and practical ability by promoting experimental teaching quality mechanism. Combining the development of sharing, multi-level modular and open experimental teaching system with the construction of the innovation and entrepreneurship education, the center has established the College Students' Innovation and Entrepreneurship Training Center to further improve the system of entrepreneurship education on the basis of the reform of for higher school and the national innovation-driven development strategy. Actively taking full advantages of the Economics and Management Experimental Teaching Center features and achievements, a unique experimental and practical teaching system will be gradually formed in Lanzhou University of Finance and economics.

## 三、主要内容

兰州财经大学始建于 1952 年，是黄河上游甘青宁三省（区）唯一一所财经类普通高等学校，经过 60 余年的建设和发展，现已成为西北地区经济社会发展需要的财经类应用型人才的重要培养平台。学校作为一所以本科教学为主的教学型财经大学，一贯重视实验教学在学生实践能力培养与综合素质提高方面的重要作用。自 20 世纪 80 年代开始，就着手建立了会计手工模拟、商品学等经济管理类专业实验室。2005 年，学校通过整合实验教学资源，在原有经管类专业实验室的基础上，成立了面向多学科、多专业的"经济管理实验教学中心"。2008 年 6 月，中心被甘肃省教育厅评为"甘肃省高等学校实验教学示范中心"。2009 年 1 月，被教育部、财政部批准为"2008 年度国家级实验教学示范中心建设单位"。2012 年 12 月，教育部评估专家组对我校国家级经济管理实验教学示范中心建设单位进行了实地验收，专家组一致认为中心建设卓有成效，示范辐射作用显著，以优异的成绩通过验收。2015 年 5 月，学校为了顺应国家创新驱动发展战略、深化高等学校创新创业教育改革，依托经济管理实验教学示范中心的特色优势和建设成果，进一步设立了大学生创新创业中心，与实验中心合署办公，协同开展工作，并逐步形成了"经管实验—创新实训—创业实践"三位一体的融合机制和教学体系。

### （一）中心概况

中心下设会计电算化、会计手工模拟、金融证券、统计数据处理与分析、ERP、工商管理、国际商务、电子商务、商品学等 15 个功能不同的实验室，以及创新能力实训、生产流程实训、注册登记实训、企业融资实训、企业运营实训、创业项目评估、创业成果展示、创业企业孵化等八个创新创业实训室，总面积 4500 多平方米，设备总价值 2000 余万元。中心面向全校 17 个教学单位，54 个本科专业和 29 个硕士点，实行开放式经管实验教学和创新创业实训，每年有 13000 余名学生在中心完成各类实验教学任务。

中心实行校、院两级管理，采用集中与分散相结合的管理模式，学校负责统筹管理，相关二级学院共同参与管理。为保证实验教学的正常运行，中心确立了

"共建、共管、共享、开放"的运行机制，从内容、时间和空间上面向全校和社会实行开放运行，并在实验室管理、实验教学设备、实验室安全等方面建立了健全的管理制度，不断调整管理模式，优化运行机制，实现了资源的优化配置，有效地提高了实验教学资源的利用率。

中心坚持深化实验教学改革，优化实验教学体系，更新实验教学内容，创新实验教学方法和手段，构建起了多层次、模块化、综合性、开放型的经济管理实验教学体系。近年来，中心共开设实验课程69门，各类实验项目达511项，有效地满足了财经类应用型人才培养的需要。

中心现有专职管理人员8人，兼职教学人员70余人，中心教师在实验教学中注重科研创新，具有较高的学术水平和较强的科研能力。近年来，承担省部级以上科研项目72项，教改项目57项，主编实验教材14部，获省级教学成果奖14项。

中心依托实验教学环境，鼓励和支持学生学术科技竞赛等创新实践活动。近年来，先后在"用友杯"全国大学生创业设计暨沙盘模拟经营大赛、"挑战杯"全国大学生创业计划竞赛等学术科技竞赛中，共获得省级及以上奖励147项。

中心建设和实验教学管理与改革经验得到了各级领导和同行专家的高度评价，在兄弟院校中起到了良好的示范作用。2009年以来，中心先后接待了上海商学院、兰州大学等来自省内外100余所院校的调研、参观和交流等活动，加强了校际间的友好往来，充分发挥了实验教学中心的示范辐射作用。

## （二）中心建设特色

**1. 优化组合实验教学资源，形成了"共建、共管、共享、开放"的实验教学管理模式**

中心不断深化实验教学管理体制改革，构建了"共建、共管、共享、开放"的实验教学管理模式。"共建"是指各二级学院根据培养方案和教学要求提出实验室建设需求，中心统筹协调，并组织学校实验室建设专家委员会进行论证，最终由中心提交院长办公会立项建设；"共管"是指中心负责实验室的统一规划建设、统一技术支持和运行管理，各二级学院负责相关实验课程建设和实验教学活动；"共享"是指打破原有各实验室条块分割、资源分散的格局，实现实验室资源的通用共享；"开放"是指中心所有实验室面向全校师生和社会开放，学生可进行自主实验和学习。经过多年的不懈实践，该管理模式运行顺畅，实现了实验教学资源的优化配置和高效利用。

**2. 深化实验教学改革，构建了"模块化、多层次、开放型"的实验教学体系**

中心积极探索实验教学改革，建立了"模块化、多层次、开放型"的实验教学体系。一是精心设计实验项目，突出"分层次"。在实验教学过程中，形成了认知与验证、综合与仿真、设计与创新等三个层次的实验教学内容体系。二是优化实验课程体系，突出"模块化"。在经济与管理学科大类平台的基础上，构建了以公共基础实验、专业基础实验、专业综合实验、课程综合实验、研究创新（创业）模拟实验等五大实验教学模块为内容的实验教学体系。三是发挥中心的示范作用，突出"开放型"。通过与政府、企业的广泛合作，将实验教学和科研的最新成果应用于经济建设实践，形成教学与科研和社会良性互动的局面。同时，中心不断跟踪社会需求，改进实验教学内容，提高了学生的创新精神和应用技能。

**3. 以实验中心为平台，学生社团为基础，广泛开展大学生创新实验活动，着力培养学生的创新实践能力**

中心积极承担省部级和国家级学科专业竞赛活动的集训任务，定期举办各类学科专业竞赛和创新实验活动。中心设立了学生专项竞赛基金，依托实验环境，鼓励和支持学生社团活动和科技创新实践活动，取得了丰硕成果，近年来共获得国家和省级奖励147项。

例如，大学生ERP研究学会的400多名成员，利用节假日和课余时间，常年在中心开展自主实验和教师课外辅导相结合的实验活动。在已经举办的共11届全国大学生"用友杯"沙盘模拟经营大赛甘肃省总决赛中，获得8次甘肃赛区本科组冠军，获得全国总决赛一等奖3项、二等奖2项、三等奖5项。在"'学创杯'2015全国大学生创业综合模拟大赛"中，获西北赛区一等奖和全国总决赛二等奖。

**4. 积极拓展创新创业教育，凸显了"From an Idea to an Enterprise"（从一个想法到一个企业）的建设理念**

学校为积极响应国家关于"提高自主创新能力，建设创新型国家"和"促进以创业带动就业"的发展战略，培养具有创新意识、创新思维、创业能力和创业精神的高素质经济管理类人才，依托国家级经济管理实验教学示范中心，通过整合现有实验和实习教学资源，成立"大学生创新创业中心"，进一步完善了创新创业实训体系，其基本建设思路是通过优化人才培养方案，将创新创业教育融入人才培养全过程；建立与专业核心课程相融合的创新创业教育课程体系；建立与专业实践教学相衔接的创新创业教育实践体系；建立与素质教育相一致的创新创业教育保障体系；建立"三创联动"机制，培养学生自主创新和创业能力。

在创新创业实训中心建设实践中，学校广泛借鉴国内外高校建设的经验，依据工作流（Workflow）系统原理和企业业务流程再造（BRP）理论，创造性地提出了"从一个想法到一个企业（From an Idea to an Enterprise）"的建设理念，形成了独具特色的创新创业实训体系，即从启发和培育学生的创新创业意识入手，通过课程教学和校内外导师指导，重点开展创新创业能力培养和潜能开发，继而依托学科竞赛和社团活动进行创新创业项目的论证和推演，使之产生较为明确的创新创业想法（Idea），在此基础上，通过工商注册、税务登记、银行开户、金融借贷等仿真实践，正式成立虚拟企业（Enterprise），进入模拟办公场所，开展企业运营、财务管理、市场营销等商场实战演练，形成各具特色的产品或服务模式，最终进入成果展示和推广中心，接受专家质询和项目验收，从而完成一个轮次的创新创业实训过程。在经过多轮迭代更新，最初的创新创业想法（Idea）成熟以后，即可进入创业孵化中心，开展企业（Enterprise）运行的实际操作，最终进入市场参与竞争。

**5. 深入开展创新创业实训，构建了"流程化、模块化、一站式"的创新创业实训教学体系**

我校创新创业实训中心作为大学生实训教学体系的主要载体，其总体架构包括教学团队、实训学生和实验室三大部分组成。其中：教学团队由专业实训教师团队有实务经验的企业管理人员组成；实训学生面向学校各专业，通过创新创业训练计划、创业大赛等方式选拔产生；实训室按照教学功能可划分为：创新创业教育与能力实训室、企业生产流程模拟实训室、注册登记实训室、企业融资实训室、公司运营实训室、创业项目评估室、创业项目展示室。通过系列实训室可使学生在中心能完成创新思维培养、创业能力训练、创业项目评估、企业运营模拟、创业项目孵化等"一站式"教学活动，形成了独居特色的创新创业实训教学体系。

该体系结合了市场营销中的市场定位和市场细分理论，总体可划分为三个模块，即创新创业想法诞生模块、企业成立及运营实训模块和创业孵化模块，重点解决了卖什么（What）、怎样卖（How）、卖给谁（Who）以及卖多少（How Many）等问题，体现了市场的本质属性和营销的核心要义。在这种凸显现实、融合体验、学练相长、逐步深入的理念指引下，为学生营造出一个开放式、沉浸式的创新创业实训环境，构建起一个既有逻辑理性又颇具人文关怀的创新创业实训体系，可以让学生循着一个流程明确、链条清晰的路径进行不断尝试和探索，可最大限度的启迪学生的创新灵感，激发学生的创业热情，从而切实提高高校学生的创新精神、创业意识和创新创业能力。

## （三）中心建设成效与示范辐射

### 1. 建设成效

（1）设备与环境得到较大改善，有力地支撑实验教学改革。

　　学校十分重视实验中心的条件建设，不断加大投资力度，着力改善实验教学条件和实验环境。目前，中心实验教学场地使用面积达 4500 平方米，仪器设备总值达 2000 余万元，仪器设备数增至 2300 多件（台/套）。

　　（2）实验教师队伍结构合理，教学科研能力较强，成果丰富。

　　学校高度重视实验教师队伍建设，采取多种有效措施，不断提高实验教师的教学水平，中心实验队伍质量逐年改善，呈现出良好的发展态势。截至 2015 年 7 月，中心从事实验教学的教师专兼职人数近 80 名，其中，教授 27 名、拥有博士学位的实验教师 31 人。中心教师在实验教学中注重科研创新，积极参与教学改革、科学研究和社会应用实践，具有较强的科研能力和较高的学术水平。近四年来，承担省部级以上科研项目 72 项，其中，国家级项目 13 项；教研教改项目 57 项，其中，国家级 1 项，省级 18 项；主编实验教材 14 部，新编实验讲义 11 部；获得省级教学成果奖 14 项；以实验教学成果为支撑，统计学、会计学和市场营销等 3 个专业被教育部评为国家级特色专业建设点，金融学、财务管理等 10 个专业被评为省级特色专业，市场营销学、统计学、国际贸易学等 7 个教学团队被评为省级教学团队，"抽样调查" 等 28 门课程被评为省级精品课程。

　　（3）学生实验基本技能宽厚扎实，实践创新能力强，取得丰硕成果。

　　中心不断完善实验教学体系和教学内容，学生整体动手能力不断提升，实现了学生知识结构和实践技能的有效对接。目前，中心承担的实验课程总门数达 69 门，实验项目数达 511 个，综合性、设计性和创新性实验项目占 81%；支撑 "大学生创新性实验项目" 53 个。中心依托实验环境，积极组织各类学科专业竞赛，鼓励和支持学生社团活动、科技创新实践活动。近四年来，在 "用友杯" 全国大学生创业设计暨沙盘模拟经营大赛、全国大学生管理决策模拟大赛、"挑战杯" 全国大学生创业计划竞赛和全国大学生数学建模竞赛等大学生学术竞赛中，获得省级及以上奖励 147 项，学生公开发表论文 37 篇。

　　（4）创新创业教育改革稳步推进，学生创新创业能力显著提升，效果明显。

　　中心以推进素质教育为主题，以提高人才培养质量为核心，以创新人才培养机制为重点，以完善条件和政策保障为支撑，明确提出了 "加强通识教育、拓宽学科基础，把握专业主干，凝练专业方向，突出能力培养，注重个性发展，增强社会适应" 的人才培养思路，与学校培养具有创新精神和实践能力的高素质财经类应用型复合人才的培养目标高度契合，为促进高等教育与科技、经济、社会紧密结合，不断提高高等教育对稳增长促改革调结构惠民生的贡献度，提供有力的人才智力支撑。中心将创新创业教育融入人才培养的全过程，建立与专业核心课程相融合的创新创业教育课程体系，建立与专业实践教学相衔接的创新创业教育实践体系，建立与素质教育相一致的创新创业教育保障体系，建立 "三点联动"

机制，重点培养学生自主创业能力。

①大力推进创新创业教育。我校创新创业教育从选修到必修、从兴趣到普及，正式进入本科培养方案。在本科培养方案中专门设大学生创新创业教育模块，每个专业开 3 门必修课，6 个学分。大学生创新创业教育普及到每一位同学。

②积极建设省级创客空间。甘肃省科技厅开展的 2015 年度甘肃省众创空间培育认定活动中共认定 60 家省级众创空间，我校创新创业中心申报的"商道众创空间"成功入选，成为学校首个省级层面的创新创业教育基地，另有 9 名教师获评甘肃省创新创业导师。我校"商道众创空间"以大学生创新创业实训中心为基础平台，面向在校大学生开展创新创业教育培训、创业讲座等活动，旨在为学生创业团队提供活动空间和创业服务，对促进大学生创新创业教育实践起到了积极推动作用。

③广泛拓展创业教育基地。2015 年 9 月，中心和甘肃省科技发展投资公司、甘肃省高新技术创业服务中心等省内 20 多家单位联合发起成立甘肃省创客联盟；12 月，中心又和有关公司和高校合作，在兰州新区共同发起成立丝绸之路大学生创客联盟，多方面探索为我校大学生创客提供未来走向社会的通道。

④积极组织学生参加创新创业学科竞赛。中心积极组织学生参加各级各类创新创业学科竞赛，由于部署得当、组织得力，近年来共获得省部级以上奖项 58 项，其中国家级奖项 33 项。

特别是在 2015 年由教育部会同国家发改委、工信部、人社部、共青团中央和吉林省政府联合举办的首届中国"互联网＋"大学生创新创业大赛中，我校学生代表队的参赛项目"超级 home_互联网智能家装"，经过甘肃省预赛、决赛层层筛选，以优异成绩入围全国总决赛，并挺进全国现场比赛 100 强，最终获得全国总决赛银奖，也是甘肃唯一一个入围现场比赛的项目。

**2. 示范辐射**

（1）实验教学理念辐射作用强。

中心积极探索实验教学体系改革，强调实验课程应独立设课，要求各专业按照"一体化、多层次、分阶段"构建实验课程体系的理念，按照重实践、模块化、柔性化和系统化的特点构建了有"3 大平台、5 大模块、3 个层次"的经管类实验教学体系得到同类院校的一致认同。自中心立项以来，先后接待安徽财经大学、北京工商大学、北京物资学院、重庆工商大学、广东财经大学、哈尔滨商业大学、河南工业大学、南京财经大学、山西财经大学、四川旅游学院、天津商业大学、武汉轻工大学、浙江工商大学、青海大学、上海商学院、兰州大学、西北师范大学等 100 余所院校的调研、参观和交流等活动，外校参观访问人数达

1600 多人次，承办协办国际、国内会议交流 20 多次，接受委托承办省级学生竞赛 4 次，在省内外院校中起到了良好的示范辐射作用。

（2）实验教学成果和模式被广泛推广应用。

中心结合西北和地方经济社会发展实际，依托学校经管类学科优势，广泛整合资源，将理论教学和实验教学有机结合，将专业知识传授和专业技能培养相互融合，构建多层次、模块化、综合性、开放型的适合学生基本实践技能培养与个性化发展需要的经管类实验教学体系，探索与该体系相适应的观察、实验和体验有机结合的创新实验教学方法，取得了显著成效，在省内 10 多所高校的经管类专业中引起较大反响。中心自主开发的实验项目、实验教材、自制实验仪器设备和自行开发的实验教学软件推广应用高校已达 11 所。

（3）依托特色实验设备及项目服务社会，具有一定的区域影响力。

中心依托多种经管类实验平台，充分利用资源，积极服务区域社会经济发展需要。一方面，为包括金融、商贸等行业的横向课题提供支持，另一方面，还为区域类各相关企事业单位培训人才。自中心立项建设以来，中心服务政府主管部门的委托培训 2300 余人次，为社会行业服务的其他培训达 5400 余人次。此外，中心实验教师在教学科研中，获得了多项科技成果奖，许多研究成果都已转化为生产力，为西北和地方的经济社会发展起到良好的促进作用。

# 南京财经大学经济管理实验教学改革与实践

## 一、中心基本情况

| 学校名称 | 南京财经大学 |
|---|---|
| 中心名称 | 南京财经大学经济管理实验教学中心 |
| 署名 | 陆华良　奚国泉　陈明　林振洲　汤其成 |

## 二、摘要

自 2008 年以来，按照国家级实验教学示范中心的建设要求，南京财经大学经济管理实验教学中心在实验教学内容体系和实验室建设和管理方面进行了改革与创新，取得了初步成效，有效地提高了经济管理专业本科和研究生人才培养的质量，提升了我校毕业生的实践创新能力和就业竞争力。本文主要介绍了我校经济管理实验教学中心整体建设情况以及中心实验教学改革思路、实验教学体系、实验教学资源开发和实验教学成效。中心的改革与实践成果获得 2011 年江苏省高等教育教学成果二等奖。

## 三、Abstract

According to the requirements of the State Demonstration Center of Experimental Teaching，the Economics and Management Experimental Teaching Center of Nanjing University of Finance and Economics reformed and innovated the experimental teaching system and the laboratory development since 2008. It significantly improves the education quality of master and bachelor students of economics and management disciplines，enhances students' practical capacity, innovative ability and employment competitive-ness. This paper mainly introduces the overall construction of the economics and manage-ment experimental teaching of Nanjing University of Finance and Economics, the reform of experimental teaching, the experimental teaching system, the development of experi-mental teaching resources and the effect of experimental teaching. The results of our re-form and practice have won the Second Price of Higher Education Achievement Award of Jiangsu Province at 2011.

## 四、主要内容

### （一）中心整体情况介绍

南京财经大学经管实验中心由九大实验室群组成，设有 20 个具有不同功能模块的子实验室，主要面向全校 24 个经济管理类本科专业和部分硕士专业开展实验教学服务，同时辐射全校 48 个本科专业，年均服务学生数超过 18000 人次，年均实验人时数达 65 万（见图 1、图 2）。承担实验课程 130 门，开设实验项目近 900 项，其中综合性、设计性、创新性实验项目占 50% 以上。

自 2008 年立项建设以来，中心累计投入 4000 余万元用于实验室建设和实验教学资源建设，新增实验教学场地面积近 3200 平方米，新增仪器设备近 3200 台套。目前经济管理实验教学中心拥有各种功能的实验教学场地总面积约 5900 平方米，仪器设备固定资产总值超过 4500 万元。年均运行经费为 200 万元，确保实验教学设施处于良好状态。

中心制订了完善的实验教学、实验室管理和实验安全系列规章制度。定期开展实验教学工作的检查与总结活动，重点建立健全工作岗位责任制，积极开展广泛的师生安全教育和实验员安全培训，确保实验室设备和人身安全。

中心主任现由陆华良教授担任，现有专职教师 46 人。专职教师中，正高级、副高级、中级及以下职称比例为 5∶16∶19∶6，副高职称以上教师比重为 45.6%；博士、硕士、学士及以下比例 17∶22∶7∶0，硕士以上学历教师比重近 85%，同时中心聘请相关企业具有丰富实践经验的资深人员为兼职教师。师资队伍近年来相对稳定，保持动态平衡。

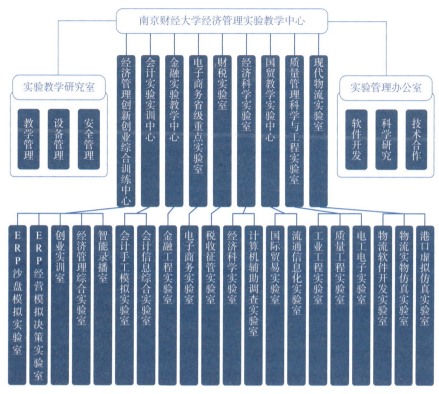

图1 南京财经大学经管实验教学中心实验室组成

图2 中心实验室的相关图片展示

　　中心重视信息化建设工作，新建了实验中心的数据机房，采用万兆主干、千兆网络、百兆桌面的网络架构，通过光纤连接各经济管理类实验室。各实验室核心设备集中存放、统一管理，实现资源最有配置和高效使用。同时加强了中心网站、实验教学管理平台和经济管理网上虚拟实验教学平台的建设，很好地支撑了中心的发展。

2008 年以来，经济管理实验教学中心承担各类科研项目 746 项，其中教学研究项目 202 项。获得国家和省级教学成果奖 46 项，发表教学研究论文 1207 篇，出版实验教材 23 种，编写实验讲义 92 种，承办国内、国际交流合计参会人次超过 16200 余人，接待外校参观访问 800 余人次。中心组织学生参加的各项竞赛成绩显著，在"挑战杯"、"互联网＋"、"金蝶杯"、"用友杯"等各级各类大赛获奖 300 余项。南京电视台、江苏教育电视台、《南京日报》等媒体就我校经济管理实验实践教学改革情况进行了多次专题报道，形成了良好的示范与辐射效应。

## （二）中心主要建设成效及特色

总结中心近年来的建设成效，主要体现在具有地方财经高校特色的实验教学体系构建。主要内容如下：

### 1. 经济管理实验教学改革思路

我校经济管理实验教学坚持"以人为本、素质为先、知识领先、能力优先"的培养理念，以"厚基础、宽口径"的原则为指导，倡导"学习中实践、实践中学习"的教学思想，发扬"自谦、自信、务实、超越"的优良校风，本着"让每一个学生都得到个性化培养"的办学理念，主动适应"长三角"地区经济社会发展和对外开放的需要。强调实验教学为人才培养服务，在各类课程教学坚持理论联系实际的基础上，整合校内外实践教学资源，构建独具特色的"经济管理实验教学流程链"，努力培养具有社会主义市场经济适应能力和竞争能力的创新应用型人才。具体实验教学改革思路如下：

（1）坚持理论教学改革与实验教学改革的融合和统一；

（2）坚持实验教学改革与科研和社会服务改革的融合和统一；

（3）坚持实验教学内容改革与实验教学方式方法改革的融合和统一；

（4）坚持实验室建设与实验教学运行管理的融合和统一。

### 2. 经济管理实验教学体系

我校经济管理实验教学体系将理论教学与实验教学有机结合起来，打破学科和专业界限，整合全校经济管理类实验教学资源，以社会对经济管理人才专业能力需求为出发点，以学生的综合应用能力和创新创业能力培养为核心，设计科学而又系统的跨专业、跨学科、分阶段、分层次、模块化、开放性的网络结构实验教学新体系（见图 3）。

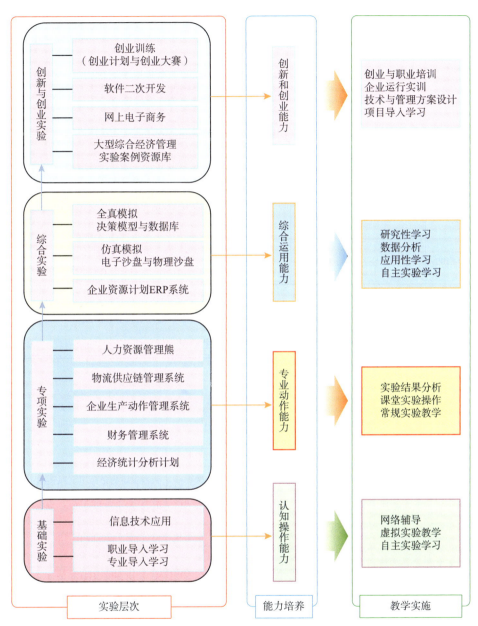

**图3 南京财经大学经济管理实验教学体系**

我校经济管理实验教学中心在经济管理类各专业实行统一规划、资源共享的基础上，形成了以实验课程体系建设为核心，实验教学目标明确，实验教学组织与设计、实验教学手段与方法及实验教学评价与课程建设协调配套，符合高等教育教学规律，并具有一定推广意义的实验教学新体系。该实验教学体系具有以下基本特征：

第一，在教学目标上，全面培养学生综合创新能力。通过课程建设、仿真环境建设、实验平台建设等多方面为学生创造自主学习环境与条件，注重开发学生潜能，促进学生个体发展，全面培养学生综合创新能力。

第二，在课程建设方面，形成了完整的实验课程体系。一是基础性实验课程；二是专业综合实验课程；三是跨专业模拟创新实验课程；四是现代服务业综合创新实验课程。

第三，在教学组织和设计上，创建有特色的教学情景模式。经济管理实验教学中的情景设计不仅要为学生提供丰富的学习资料，强调学习资源的自主化、协调化，还注重运用多媒体技术和仿真技术进行生动的公司场景或实际工作场景的创设。

第四，在教学手段与方法上，重视现代教育技术手段的综合运用。一方面，注重电子技术、网络技术、多媒体技术等现代化教学手段在教学过程中的综合应用；另一方面，重视"启发式、情景式、自主式"教学方法的应用。

第五，在教学评价上，重视以实验报告为特色的教学效果评价。

**3. 经济管理实验教学课程体系**

在经济管理实验教学内容上，按照"实训、实验、实践、创新"的要求开展实验教学改革。将经济管理实验教学内容规划为五大实验模块：

（1）经济管理专业知识技能导入学习模块。

通过学生上网自主使用福斯特等软件，对所学专业有一个初步了解，激发学生的专业学习动力。

（2）经济管理的信息技术与数据处理学习模块。

以开发的经济管理虚拟实验教学平台，开展网上实验教学，鼓励学生跨专业选修实验项目，进行经济管理交叉复合性实验，扩大学生的知识面，培养学生的经济管理信息化应用能力。

（3）经济管理的决策仿真模拟学习模块（沙盘对抗模拟为主要内容）。

以实训和综合仿真模拟实验室为平台，培养学生在战略、生产、营销、财务、物流等方面的决策能力，加强学生动手和解决实际问题的能力，提高学生综合运用专业知识水平的能力。

（4）经济管理决策全真模拟学习模块（经济管理模型学习与数据分析为主要内容）。

以企业经济管理大型数据库为平台，使学生与经济社会紧密接触，缩短与社会距离，培养学生综合分析水平和实际运用能力，增强就业竞争力，更好地培养应用型人才。

（5）创新设计与创业实践学习模块。

以专业考察、大型综合经济管理实验案例资源库及社会实践为平台，利用网上电子商务或对软件的二次开发，训练创新思维，掌握创新方法，激发学生创新、创业意识，全面提高学生的专业研究水平、经营管理素质与创新实践能力，培养学生的团队协作精神以及社会责任感。

**4. 经济管理学科综合实践教学平台**

（1）基于新的经济管理实验课程体系，构建了新的经济管理学科综合实验教学平台（见图4）。

经济管理学科综合实验教学平台的建设包含硬环境和软环境两个方面。在硬环境方面，按照"大平台、模块化"的总体设计，搭建了企业生产运作、企业管理与决策模拟、经济管理数据管理与数据分析等实验环境组成的一体化实验平台，为学生提供了可任意组合的、虚实互动的企业运作实验环境。在软环境方面，根据"厚基础、宽专业、强能力、重应用"的理念，面向经济学、统计学、金融学、会计学、工商管理、管理科学与工程等24个本科专业开设了课程型、综合型、研究型和创新创业型四个层次的实验教学项目，构建了以跨学科为基础的面向各专业的综合实验教学体系，形成了分层次、多模块、相对独立、相互衔接的实验教学环境，为不同专业、不同学生开设不同层次的实验项目，组成了以学科建设、专业建设、课程建设与实验室建设互动机制为基础的实践教学队伍，并推行了"实验项目负责制"。

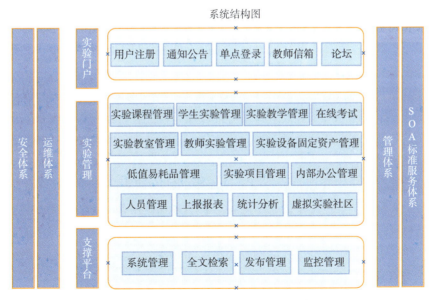

图4 南京财经大学经管实验教学平台系统结构图

（2）构建了全校柔性实验教学模式。

按照理论与实验教学队伍的互动、理论与实验教材的互动、理论与实验教学体系的互动，构建了实验单元的柔性组织模式，即柔性实验教学模式。实验项目资源库的作用类似于理论教学的课程库，它由实验模块、实验项目构成，是实验体系柔性组织模式形成的基础。按照学科知识与专业能力的内在联系构建实验教学体系，将社会现实需要与理论教学需要通过实验进行"吻合"，使学生的实验过程就像置身于经济管理的业务流程中一样，为学生提供了"感悟"经济管理的演练环境。

**5. 经济管理大型案例教学资源库建设**

（1）经济管理专业大型案例库的开发与建设。

近年来，我们一方面组织教师进行案例集的编写和更新。另一方面，组织富有实践经验的老师组成案例编写团队。在案例库的开发与建设中，我们本着真实性、典型性和价值性的基本原则选择案例。具体步骤如下：

一是综合性经济管理实验教学案例的收集与整理。综合性经济管理实验教学案例的来源选择是综合性经济管理实验教学案例库建设质量的保证。来源可以有三个方面：第一个是政府经济管理咨询部门的经济报告、经济决策规划、经济决策方案；第二个是高校科研处批准的企事业单位经济管理咨询课题；第三个是专家与教授的企事业单位经济管理咨询课题等。由于需要大量的人力和财力的投入，可以通过立项委托有专门经验的公司开发。

二是综合性经济管理实验教学案例的筛选与归纳。首先要进行经济管理类专业的需求调研，结合人才培养方案的调整，特别是结合专业实验教学体系的调整，筛选实验教学案例。其次要对已筛选的案例进行科学的体系划分，归纳到相关的内容中去。

三是综合性经济管理实验教学案例改编与补充。对收集的报告、发展规划、方案设计、研究课题等文件要进行精心的改编，使之符合经济管理案例实验教学的要求。另外，根据所收集的材料，还要进行拾遗补阙的材料补充调查工作，使案例库结构、内容与实验要求完整一致。

四是综合性经济管理实验教学案例库中的社会调查问卷的设计和模型的设计。由于实验教学案例库中的教学内容与教学客观存在有一定的时差，实验教学案例本身只是提供了解社会的一个平台，但是，这又提供了学生能力拓展的实践空间。在这个空间中要提供社会调查问卷设计的方法，开发研究模型，引导学生实践活动和实践交流活动。

五是综合性经济管理实验教学案例教学软件的开发。这项工作需要有开发案例模拟教学软件经验的公司来实施，开发具有一定特色的综合性经济管理实验教学案例资源库。

（2）经济管理专业大型案例库教学实践。

经济管理大型案例库教学，学生和教师就经济管理的案例进行分析和讨论，根据设定的决策性问题，提出自己的解决方案。我校经济管理实验教学中心将案例教学过程大致分为三个阶段：案例准备、案例讨论和案例总结。在此过程中学生和教师分别承担不同的职责。教师是指导者，主要负责组织、引导讨论、评价、总结讨论过程和学生案例结果；学生是主要的参与者，通过阅读案例和有关资料，参加案例讨论，也参与案例解决方案的评价和总结。

一是阅读案例。我们根据教学进度，在完成教材理论内容的同时，提前把精心准备好的案例及有关的背景资料和讨论提纲发给学生，要求学生独立阅读案例，思考问题，认真准备。

二是小组交流。学生通过第一阶段独立地阅读研究，获得关于案例问题的见解后，可进入小组讨论阶段。以学习小组为单位组织讨论。教师会参与小组的活动，但主要起到引导和提示作用，让小组成员提出自己对问题的看法。通过交流，达到互相启发和提高的目的，充分发挥小组成员的集体智慧。

三是课堂讨论。组织高质量的讨论是案例教学的关键环节，课堂讨论采用的形式有：①学生发言。组织学生个别或分组对已发布的案例加以分析和决策，然后进行课堂报告。课堂报告一方面可以延续学生们前期分析案例及解决问题的过程，另一方面可以强化学生们的沟通技巧和表达能力；②集体辩论。学生之间互相提问，讨论时可以支持别人的观点，也可反驳别人的观点，并展开激烈的辩论；③角色扮演。可以多种形式安排学生扮演案例中的角色。这种安排可以是提前计划好的，也可以是即兴的。角色扮演能使学生深入到所扮演的角色中，从根本上找出解决问题的办法，加深学生对所学知识的理解。

四是总结评价。案例讨论结束后，根据教师的要求和自己的学习体会，学生要完成案例分析报告。学生在报告中要阐述在案例分析过程中的收获，和对尚未解决的问题提出一些建议。

（3）经济管理专业大型案例库开发实例。

在案例开发实例方面，我们选择了目前国民经济中比较重要的产业类型，每个产业暂定设计一个综合案例。我们的案例涵盖了IT、机械、电子、通讯、软件、化工、粮食、建材、船舶、汽车、旅游、物流等12个产业类型。在每个案例的开发过程中，我们对案例的内外环境进行了全面深入的分析。

一是构建宏观、中观和微观相结合的多层次产业案例结构体系。第一部分内容是关于国内宏观经济政策与宏观经济形势的分析报告，主要涉及财政政策、税收政策、货币政策、汇率政策、外贸政策、房地产政策等。通过学习，要求学生撰写关于当前的国内宏观的相关经济政策与宏观经济形势的分析报告。第二部分内容是关于中观经济的国内相关产业发展情况分析，产业技术发展情况分析，行业产品体系的发展情况分析等方面案例的研究分析。通过学习，要求学生动手补充相关产业调查，分析地方产业发展趋势，撰写行业发展调查分析报告与相关对策研究报告，培养学生对中观产业经济的分析问题、调查问题和解决问题的能力。第三部分内容是关于微观经济中的相关典型企业的发展战略规划、企业经营发展规划、企业经营管理和决策方案的分析。通过学习，要求学生针对自身职业发展与规划目标，补充案例企业的调查或相关新企业发展趋势的调查和分析，撰写与完善案例企业新的发展分析报告或设计企业新的发展方案，培养学生针对微观企业的分析问题和解决问题能力。

二是构建涵盖六大专业的案例内容体系。在每一个案例中，我们从 6 个专业内容进行开发，包括公司战略管理、人力资源管理、财务管理、营销决策管理、供应链管理、物流配送管理等。在每个专业内容体系中，案例建设的主要内容将涵盖：相关专业发展的宏观经济政策分析；企业中相关专业的职业发展形势和要求分析；企业相关专业的管理规划和方案设计案例等。

南京财经大学经济管理大型案例教学资源库如图 5 所示。

图 5　南京财经大学经济管理大型案例教学资源库

## 五、标志性建设成果

中心完成的成果"经济管理实验教学体系和实验教学方法的研究与设计"获得江苏省教学成果二等奖（见图6）。

图6　中心成果获得江苏省级教学成果二等奖

## 六、中心团队集体照

图7 中心部分教师和管理人员合影

# 南开大学经济虚拟仿真实验教学中心建设成果

## 一、摘要

南开大学经济虚拟仿真实验教学中心以南开大学经济学科为建设基础，根据经济学科建设与人才培养特点，制定了以学科为基础，有效整合教育资源，建设以人才培养为核心，教学、科研、信息建设和社会服务相结合的建设理念。本文结合南开大学创建国家级经济虚拟仿真实验教学中心建设的实践，以实验室资源有效整合、教学科研紧密结合、学校与科研院所行业企业紧密结合、虚拟仿真实验教学创新建设四个方面对南开大学经济虚拟仿真实验教学中心的建设成果进行了汇编。

## 二、Abstract

The construction of the teaching center of Nankai University economic virtual simulation experiment based on Economics of Nankai University. According to the characteristics of Economics constructing and personnel training, developed the construction concept that is discipline-based, integrated educational resources effectively, personnel training as the core, combined teaching, research, information construction and social services. In this paper, the practice of building the national Teaching Center of economic virtual simulation experiment in Nankai University, compile the achievements by four aspects, integration of laboratory resources effectively, connection teaching with research closely, connection school with research institutes closely, construction of virtual simulation experiment teaching innovation creatively.

## 三、主要内容

### （一）实验室资源有效整合，突出学科交叉和跨专业实验

南开大学经济学科创建于 1919 年，是中国综合性大学中最早建立的经济学科之一，具有悠久的历史和深厚的积淀。这是南开大学经济虚拟仿真实验教学中心（以下简称"中心"）建设的学科基础与优势。基于此，根据经济学科建设与人才培养特点，中心制定了以学科为基础，有效整合教育资源，建设以人才培养为核心，教学、科研、信息建设和社会服务相结合的中心的建设理念，中心建设理念，如图 1 所示。

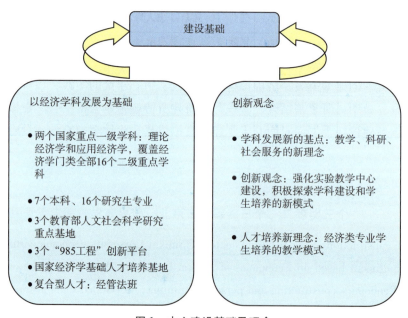

图 1  中心建设基础及理念

中心提出了明确的实验教学改革思路：

①进一步整合教学资源，鼓励跨学科交叉、资源共享和高起点建设，避免低层次、重复建设；

②充分发挥南开大学经济学科发展的历史积淀和学科优势，在高起点基础上实现持续发展；

③以培育创新型、研究型人才为目标，通过实验教学完成学生能力的三个层

次培养，如图 2 所示。

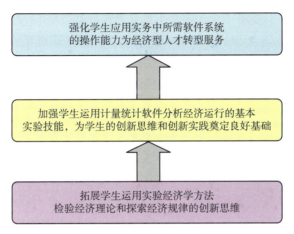

图 2　中心学生培养目标

　　根据上述思路，实验中心确定了具体实验教学改革方案，在团队结构设置、实验室建设、实验课程体系建设、实验教学资源建设、教学手段和方法等方面进行了一系列积极探索，取得了丰硕成果。

**1. 打破专业界限，整合学科资源，依托实验室建设，打造实验教学团队**

　　南开大学经济学院的两个一级学科——理论经济学、应用经济学均为国家重点学科，二级学科门类齐全且在全国居领先地位。为了避免各学科专业实验室的分散建设，我们从功能聚合出发，建立了不同功能的六大专业综合性实验室（行为博弈分析实验室、金融与保险仿真实验室、国际贸易实务仿真实验室、区域经济仿真实验室、政府财税仿真实验室、物流规划仿真实验室、数量经济分析实验室）和一个基于数据资源中心的社会经济数量分析平台，基本涵盖了经济学实验的各个方面，满足了各学科专业的科研和人才培养需求。

　　其中，跨学科创新实验体系的建设重点是以搭建社会经济数量分析与研究平台为核心，建设高性能的实验环境，配置多样化的数据分析软件，进行持续的资源积累，为经济学人才培养和科研创新提供先进的物质基础和技术支撑。为此，对原有的数据中心进行了改造，将高性能计算与虚拟化技术相结合，集成了远程访问、高性能计算、虚拟的软硬件环境和数据共享、数据安全以及监控管理等各项功能。平台安装了主流数据分析软件 stata 和科学计算软件 matlab 等，并且将工业企业数据库与海关进出口数据库；经济普查与人口普查数据库等实现了有效地整合与对接。平台中的并行计算功能和高性能的服务器为大数据量的数据分析与处理提供了可能，使得经济学中的动态模拟仿真、蒙特卡洛模拟等方法能够应用。师生们在高能数理经济分析平台的支持下，高效完成了国家社科重大项目、教育部重大项目，以及国家社科和教育部项目等相关问题的数据处理和统计分析；还支持了本科生参加"全国大学生统计建模比赛"和毕业论文的撰写。其中两人获得 2015 年南开大学的优秀毕业论文奖，教师还借助平台的计算工具和数据在国内外顶级期刊（如 *Journal of Urban Economics*、*Oxford Bulletin of Economics and Statistics*、经济研究等）发表论文多篇。此平台获得了 2012~2014 年度南开大学实验技术成果二等奖。

与上述不同功能的实验室相对应，中心以各专业实验室为基础，突出学科带头人和知名教授的作用，重点打造了六支专业教学团队，在中心实验教学指导委员会的协调下开展实验教学和科研工作：

（1）保险精算教学专业团队。

是以李秀芳教授为核心，科研带动教学创新的教学团队。他们探索将科研、教学和社会咨询服务相结合的新型教学方式，为我国研究型大学实验课程建设提供了一种可借鉴的创新建设模式。

（2）国际经济贸易专业教学团队。

是国家级教学团队。团队以南开大学副校长、国家级教学名师佟家栋教授为带头人，于 2008 年被评为国家级教学团队。

（3）数量经济学专业教学团队。

是由学术带头人引领的教学团队。团队是以张晓峒教授为核心的一支高素质、年轻化的教学科研队伍，由从美国、爱尔兰和日本等引进的海归学者和本校的优秀博士毕业生组成。

（4）实验与行为经济学专业教学团队。

是由中心副主任秦海英组建的跨学科国际研究团队。他们以 1994 年诺贝尔经济学奖得主，南开大学兼职教授莱茵哈德·泽尔腾教授为核心，组建了一支跨学科国际教学科研团队。2014 年 6 月又联合 2002 年诺贝尔经济学奖得主弗农·史密斯教授，成立了南开史密斯实验室。通过申请国际课题、举办国际暑期学校以及联合开发教学软件等形式，为实验与行为经济学学科在中国的推广探索了一套国际化特色的模式。

（5）财政税收专业教学团队。

是一支充满活力的年轻教学团队。他们将新专业建设与财政税收改革相结合，积极推进财税信息化课程的建设，探索理论教学与实验教学、实践教学相结合的方法。

（6）金融工程专业教学团队。

是与学科建设相结合的教学团队。在周爱民教授的带领下，团队整体实力不断增强，近两年来在教学、科研等方面取得了丰硕的成果。

此外，中心还组建了实验技术管理团队，为专业实验教学团队提供全面的技术支持和管理服务。实践证明这种组织模式使各实验室功能特色鲜明、资源整合效率高、能适应不同层次人才培养的需要，也能有效动员教师积极参与到实验教学工作中来。2015 年中心教学团队获得"天津市优秀教学团队称号"，"南开大学教工先锋号"，中心实验教学模式获得"南开大学教学成果二等奖"。

**2. 建立完善的实验教学课程体系，不断加强实验课程建设、提升质量**

我们将实验课程划分为两个层次：第一层次是经济学基础实验课程模块，第二层次是专业实验课程模块。以"名教授带实验、名课程加实验"方式带动的实验课程建设，如国家级精品课国际金融、国际贸易实务等。实验教学课程体系建设详见图 3。

**图 3　实验教学课程体系建设**

**3. 坚持实验室开放，培养学生创新意识和自主学习能力**

经济实验教学中心建立了完善的实验室开放制度，一方面利用各种技术手段，最大限度地全面开放网络教学科研资源，包括采用网络授权的方式，借助实验教学平台，采用远程登录方式，灵活地使用平台上的硬件资源、软件资源和数据资源，方便师生自主学习和科研，为每位师生提供了平等的资源条件，也可以根据程序运算量的大小动态分配软硬件资源，克服了个人计算机配置低下而无法处理大数据量的统计分析工作的弊端。由此，一方面不受时间、地点的限制，自由开放，允许更多的学生即使在宿舍也能够方便地使用数据库和教学软件；另一方面采用了定向开放的方式，制定了实验室开放计划、在每周固定的时间分别对学生的课程实验、"百项工程"、"国家创新性实验计划"项目、各种学科竞赛、毕业论文设计开放。

**4. 加强实验教学资源建设，创造良好的教学科研环境**

经济实验教学中心注重内涵式发展，加强网络建设和实验教学资源平台建设。中心资源平台建设主要包括：专业数据库资源、软件资源、实验项目资源、实验教材资源和高性能计算资源等，提供了在线交流和学生自主学习的网络环境。中心建设了多媒体录播系统，对精品实验课程进行网络直播和全程录制，直播范围覆盖中心各实验室，扩大了优质资源的使用范围。通过配置高性能计算工作站，将高性能计算与虚拟化技术相结合，集成了远程访问、高性能计算、虚拟的软硬件环境和数据共享、数据安全以及监控管理等各项功能。

（二）教学科研紧密结合，实现科研与教学资源的全方位共享

中心首先在功能定位上凸显教学与科研的紧密结合，提出要充分发挥实验中心"人才库"、"思想库"、"信息库"、和"服务基地"的作用，成为专业实验教学和科研的重要基地，成为培养学生创新素质和提升师生科研能力的重要基地，成为教学模式多样化和科研手段现代化的重要基地，中心的功能与定位如图4所示。

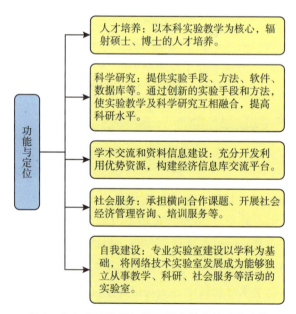

**图4 中心凸显教学与科研紧密结合的功能定位**

**1. 实现教学科研信息网络共享**

中心依托校园网，搭建了高效便捷的实验室局域网。通过该网络既可以访问

学校、学院和互联网的资源，各实验室还可以共享局域网内教学资源。中心还建设了无线网络环境，以适应移动终端灵活上网的新趋势。综合利用多媒体技术和网络技术，在每个实验室均安装了多媒体投影演示系统，为演示教学提供了技术环境。同时建设了多媒体录播系统，实现了主讲教室的教学内容的同步网络直播以及课后的视频点播。直播范围覆盖了经济学院的全部 32 个多媒体教室和多功能报告厅以及中心的 6 个实验室的两千多个学生座位。扩大了优秀实验教学资源的辐射范围，同时将同步录制的教学内容编辑压缩后发布上网，为学生课后的远程自主学习提供了条件，如图 5 所示。

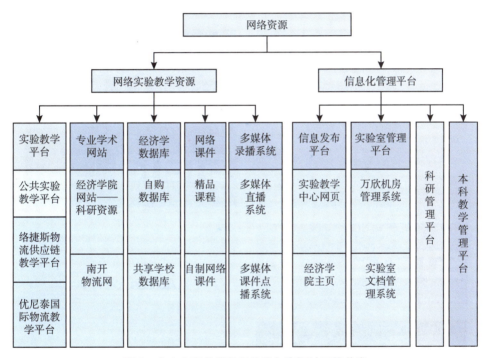

**图 5　中心实现教学科研信息与资源的网络共享**

#### 2. 实现教学科研数据库资源共享与自建

中心采取了购置、接受捐赠、合作开发和自主开发等多种方式建设数量分析软件平台及数据库。通过构建社会经济数量经济分析平台，实现教学与科研数量分析软件的共享。软件包括 SAS、EVIEWS、STATA、MATHEMATICA、GAMS、OxMetrics 等数量分析工具；通过购买、共享、自建等方式建设数据库，并实现了各数据库之间的有效整合与对接。首先，在共享学校图书馆数据库（包括有国研网、CCER 经济金融数据库、BvD 和中国期刊全文数据库（CNKI）等）基础之上，自购了 RESSET 金融研究数据库、中国工业企业经济普查数据库；中国价格信息网；中国海关进出口数据库（2000 ~ 2006 年）。并将工业企业数据库与海关进出口数据库；经济普查与人口普查数据库等实现了有效地整合与对接。此外还自建了交通基础数据库。

**3. 实现科研成果转化，自建教学资源**

中心积极尝试科研与实验教学相结合的模式，鼓励教师将科研成果注入实验教学体系。目前已自主研发"寿险精算实务"教学软件包、"实验与行为经济学"软件包、"国际经济学理论与政策实验"软件包等 9 套教学软件或模块，取得了较好的教学效果。自主研发的实验教学软件如图 6、图 7 所示。

图 6　南开大学经济虚拟仿真实验教学中心自我开发的实验教学软件

①张伯伟教授结合所承担的国家政策定量评估科研项目，自主开发了"国际经济学实验教学系统"软件包，在国家级精品课《国际经济学》教学中取得良好的教学效果。

图7 中心副主任秦海英自我开发的经济学实验教学软件著作权证书

②李秀芳教授主持开发的"寿险精算实务教学软件",已申请获得国家版权局颁发的《计算机软件著作权登记证明》,并在国内多所高校安装使用。另外,李秀芳教授与中国人民财产保险股份有限公司长期合作开发科研项目"中国财产

保险重大灾因分析"，该项目的研究成果成功转化为了研究生课程"保险业灾因分析"。

③秦海英副主任自主研发的"经济学实验教学系统"已经在全国 20 余所高校安装使用，产生了巨大的社会效益。

④秦海英副主任基于拍卖实验的研究成果，与达格诺思科技咨询公司合作成功开发出"国有资产拍卖系统"，已为天津市河西区政府投入使用。

⑤秦海英副主任与北京神州津发科技有限公司合作开发"Psylab 经济行为观察分析系统"，致力于打造经济心理学实验室解决方案第一品牌。

⑥与北京双华鸿运科技有限公司合作开发的"慧博智能投资策略终端"，有效提高了学生在资本市场上的理性投资和科学决策能力。

⑦邹洋副教授自主研发的"财税电算化实验教学软件"，利用虚拟网络平台，为财经类专业学生提供了财税电算化计量模型和模拟实验分析工具。

⑧吴浙副教授自主研发的"中国区域经济统计数据可视化与仿真模拟系统"，以 1:25 万中国基础地理信息数据为基础，建立了一整套的区域经济统计数据可视化教学模板，并基于此编写了《中国区域经济数字地图》。

⑨王群勇副教授结合经济计量与统计教学需求，自主研发了两套计量经济学实验教学软件模块，取得了良好的教学效果。

## （三）学校与科研院所、企业紧密结合，多方协同共建实验环境

### 1. 合作开发实验软件

中心与易保软件公司签署了合作建设实验室的意向，并将保险公司业务软件直接应用于保险专业的教学实验。

中心与物流软件提供商络捷斯特、优尼泰等公司同步开发和完善物流教学模拟软件，保持实验环境与企业应用实际相一致。

中心基于拍卖实验的研究成果，与达格诺思科技咨询公司合作成功开发出"国有资产拍卖系统"，已为天津市河北区政府投入使用。

中心与北京神州津发科技有限公司合作开发"Psylab 经济行为观察分析系统"，致力于打造经济心理学实验室解决方案第一品牌。

中心与北京双华鸿运科技有限公司合作开发的"慧博智能投资策略终端"，有效提高了学生在资本市场上的理性投资和科学决策能力。

### 2. 合作开发实验数据库

中心与国家级政府机构共建交通经济基础数据库，该数据库已获得国家发改委的支持，有望建成国家级数据库。

**3. 承担社会培训**

中心不仅积极配合经济学院及各系所做好社会培训工作，如配合承担了山东省莱芜市中层领导干部经济管理高级培训班、天津市银行系统高级经理培训班、河北省沧州市中层领导干部经济管理高级培训班等 50 多个班次，以及为广西、云南、河北、山西以及天津市各区政府、太平洋保险、中国工商银行、中国农业银行等部门机构组织了多期高级管理人员培训班；而且利用自身专业技能，积极为全院师生及社会人员开展实验软件及数据库使用培训，如 EVIEWS、STATA、MATHEMATICA、SPSS 等计量、统计、数值分析软件的应用培训，尤其是中心特聘教授、长江学者、经济实验教学指导委员会主任、台湾政治大学金融系主任沈中华教授为师生教授的时间序列分析软件 Rats 的应用，受到师生的广泛好评。此外，中心还承担了全院师生 WIND 数据库、SAS 统计软件等金融、经济数据库和软件的使用培训等。

**4. 合作建设实验教学基地**

中心与知名企业如天津可口可乐公司等近十家企业共建教学实习基地，将实验室延伸到企业现场；中心与国内十余家保险公司签署了共建实习教学基地协议，除为学生提供实习培训外，还聘请各保险公司高级管理人员为学生开设系列实务课程，如《财产保险实务》等；中心还与深圳发展银行等国内多家商业银行签署战略合作协议。按照协议，双方将充分发挥各自优势，在人才培养、学生实践、科研创新等方面共享资源，合作建立实习基地，开展"人才培训"项目，为南开学生提供社会实践及就业机会，并定期举办学术交流活动，为银行发展提供智力支持，从而进一步增强企业的学术水平和学生的实践能力，为金融领域输送高端创新人才。

**5. 设备合作**

中心与南开大学科学计算机研究所合作共享超级计算机群"南开之星"资源。"南开之星"是由南开大学、IBM、英特尔联手建造的目前国内最快的超级计算机，总计算能力达 5 万亿次，在世界超级计算机 500 强排行榜中名列前 20 位，是我国信息化建设的重要里程碑。"南开之星"资源有效地解决了精算、金融工程所涉及的大量数据处理问题，大大提高了教学科研运行效率。

**6. 合作项目**

南开大学风险管理与保险学系 2004 年与中国人民财产保险股份有限公司合作开发科研项目"中国财产保险重大灾因分析"，该项目对于地震灾害、火灾灾害、台风灾害、洪涝灾害、暴雨灾害等自然灾害以及交通事故等人为灾害，收集、整理、处理相关公共数据，利用 SAS、Eviews、SPSS 等统计软件，对这些灾因的基本统计信息、频数、损失分布、聚类、差异率分析、趋势分析、巨灾损失等进行统计分析，研究成果得到了合作单位的高度评价。

## （四）虚拟仿真实验教学创新建设

### 1. 教师教学科研能力互相促进，成果显著

2008 年以来，中心教师共发表论文 585 篇，其中收录 SSCI 和 CSSCI 论文 279 篇，发表在国外刊物论文 59 篇；承担国家社科基金重大攻关项目 5 项，国家社科基金重点项目 3 项，国家社科基金规划基金项目 4 项，国家自然科学基金项目 10 项，教育部重大攻关项目 9 项，省部级科研项目 61 项，企事业单位委托研究项目 89 项，境外合作科研项目 4 项。2008 年以来，中心教师共承担教学改革项目 40 项，其中国家级 2 项、天津市 1 项，校级 10 项；中心组织的示范中心专项教改项目 28 项，获得教学成果奖 15 项，其中国家级 1 项，天津市 2 项，全国实验室工作论坛奖励 1 项，学校 11 项；公开发表教学改革论文 25 篇，其中，专职实验技术人员发表实验教学中心建设方面论文 14 篇。

中心实验教师共出版经济学系列实验教材 27 本，一期出版系列实验教材 15 本，二期出版系列实验教材 12 本，因此，中心承担的"经济学科实验教材研究创新与实践"项目荣获南开大学 2006～2008 年实验教学技术成果一等奖。2008 年来，中心先后建设了国家级精品课程 5 门，市级精品课程 1 门，校级精品课程 6 门，其中"国家贸易实务"、"计量经济学"、"金融工程"等含有实验的课程被评为国家级、天津市和学校精品课。

### 2. 学生的实践与创新能力提升效果显著

经过几年的建设，中心已形成了一套行之有效的经济学实验教学体系，实验教学效果显著。学生实验兴趣浓厚，积极主动，创新成果丰富。通过跟踪调查，学生对实验教学总体评价满意率高，认为实验教学增强了他们的知识运用能力、实践能力和团队协作能力。如财政税收实验室自使用模拟软件进行教学后取得了显著的教学效果，学生的动手能力和实战能力显著提升。近三年来，财政学系教师使用《新中大公共预算管理软件》培养学生 150 人次，使用《用友税务稽查软件》培养学生 100 人次（本科生 80 人次，专硕 20 人次）。安排学生到用友公司实习 8 人次，参与实际税务稽查和财务审计工作 3 次。

中心的建设对学生的能力培养也起到了积极的推动作用，效果显著。2008 年以来，学生获得"国家大学生创新性实验计划"项目 33 项。"南开大学百项工程"立项数 438 项。学生共发表论文 986 篇。学生获得全国挑战杯大赛金奖等国家级、天津市和学校等各种 343 项。实验室开放为学生科研创新提供了新的契机。学生参与科研热情显著提高，科研能力不断加强。

近 8 年来，中心"国家大学生创新性实验计划"项目立项达到了 33 项。"南

开大学百项工程"立项数达到了 438 项。学生在各类学科专业竞赛中也取得突出成绩：2008～2014 年经济学院学生获得挑战杯全国大学生竞赛国家级特等奖 1 项、金奖 1 项、铜奖 2 项、国家一等奖 2 项、二等奖 1 项，天津市金奖 2 项；获得北美数学建模竞赛一等奖 7 项、二等奖 53 项；获得全国大学生数学建模大赛二等奖 3 项，一等奖 2 项；全国大学生物流设计大赛二等奖 1 项、三等奖 1 项；"微金融，微动力"宜信赛扶微小企业助力计划专案项目比赛全国冠军一项；商务部中国国际贸易学会举办的"POCIB 全国大学生外贸从业能力大赛"二等奖 1 项、三等奖 1 项。2008 年以来，学生公开发表学术论文 986 篇，成果丰富。

**3. 辐射作用**

中心建设取得的成果产生了较大影响，发挥了辐射及示范作用。经过多年的建设，中心汇集了一批处于全国领先水平的优秀的教学资源，如精品课建设、实验教材建设等，这些教学资源具有良好的示范性和辐射性。中心教师积极承担教学改革项目，多项教学成果获得教育部和省部级优秀教学成果奖，这些项目成果和教学成果被高校教育教学工作所采纳并推广。

（1）经济学实验教材的辐射作用。

中心出版的经济学实验教学系列教材是一套比较完整的实验教材，不仅对中心实验教学体系建设具有很好的促进作用，而且在全国的实验教学中将会产生很大的影响。中心教师编写的实验教学教材已有多部被其他大学采用。其中，李秀芳教授编写的《寿险精算实务》被称为"我国出版的第一套最具权威性的精算书籍"，确定为"中国精算师资格考试用书"；张晓峒教授编写的《计量经济学软件 Eviews 使用指南》被软件公司指定为软件销售配套用书。秦海英副主任撰写的《实验与行为经济学》作为经济实验教学软件的配套教材已为全国 28 所高校采纳使用，取得了良好的教学效果。

（2）科研成果的社会效益。

2008 年来，中心承担社会服务横向课题 89 项。其中，"大额救助赔付区间测算"、"寿险公司的风险与精算问题研究"、"中国财产保险重大灾因分析"等 11 项研究成果已经被中国人寿、平安人寿、大地财险等保险公司采用，成为新产品开发设计的理论依据；"天津市'十一五'现代物流专项规划"、"天津市'十一五'规划工业布局研究"等 7 项研究成果已经被天津市政府采纳，主要结论列入《天津市"十一五"社会经济发展规划》和《滨海新区发展规划》；"物流管理"等 9 项研究成果被天津可口可乐等公司采纳，应用于公司管理之中。秦海英副主任基于拍卖实验的研究成果，与达格诺思科技咨询公司合作成功开发出"国有资产拍卖系统"，已为天津市河北区政府投入使用。多位教师因接受中央、部委和地方有关部门委托研究成果得到充分肯定而受到学校的表彰。

（3）社会培训及影响。

中心为广西、云南、河北、山西以及天津市各区政府、太平洋保险、中国工商银行、中国农业银行等部门机构组织了多期高级管理人员培训班。

（4）学术交流与合作。

与国内设立实验经济学实验室的高校以及国际知名大学实验室（如德国波恩大学、科隆大学、卡塞尔大学的实验经济学实验室、美国亚利桑那州立大学、宾州大学、杜克大学、阿拉斯加大学的行为经济学实验室等）建立了紧密联系，开展合作研究。2004～2005年中心教师秦海英赴德国波恩大学实验经济学实验室师从1994年诺贝尔经济学奖获得者莱茵哈德·泽尔滕教授系统学习实验经济学相关知识，并展开合作研究，成立以莱茵哈德·泽尔滕教授为名誉主任的经济行为模拟分析实验室。2014年成立以2002年诺贝尔经济学奖得主弗农·史密斯为名誉主任的"南开史密斯实验室。"

（5）管理模式交流与展示。

2008年以来，中心向国内高校积极介绍推广建设经验，中心接待了武汉大学、哈尔滨工业大学、中山大学、南京审计学院、重庆大学、重庆工商大学、华南理工大学、广东商学院、天津科技大学等国内众多高校同行们的参观访问。2008年留美经济学年会会议主席JACK HOU及参会代表、英国政府精算师Chris Daykin和英国精算协会主席Nick Dumbreck等外国学者的来访。2010年中心还接待了军事经济学院的教师进修活动；2011年教育部副部长李卫红、杜占元两次来中心考查指导工作。中心加强了与天津商业大学、天津财经大学、天津外国语大学等地方院校的联系与合作，推广实验教学和管理软件，指导实验室建设等。

## 四、标志性建设成果

**1. 实验室资源有效整合，突出学科交叉和跨专业实验教学团队**

南开大学社会经济数据分析与研究平台如图8、图9、图10所示。

**2. 实现科研成果转化，自建教学资源**

自主研发"寿险精算实务"教学软件包、"实验与行为经济学"软件包、"国际经济学理论与政策实验"软件包等9套教学软件或模块，取得了较好的教学效果，如图11所示。

2014年成立以2002年诺贝尔经济学奖得主弗农·史密斯为名誉主任的"南开史密斯实验室"，如图16、图17所示。

图 8　社会经济数据分析与研究平台硬件环境

图 9　社会经济数据分析与研究平台用户页面

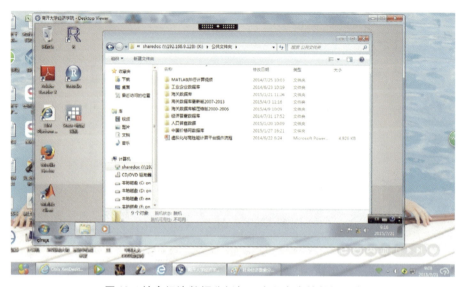

图10 社会经济数据分析与研究平台中的数据库资料

图11 南开大学经济虚拟仿真实验教学中心自我开发的实验教学软件

图 12    南开大学经济实验教学中心学生获奖——全国挑战杯大学生创业竞赛金奖

图 13    南开大学经济虚拟仿真实验教学中心第一期经济类系列实验教材

图14　南开大学经济虚拟仿真实验教学中心第二期经济类系列实验教材

图15　南开大学经济虚拟仿真实验教学中心第一期、第二期经济类系列实验教材

图16　南开史密斯实验室教师团队与诺贝尔经济学奖得主弗农·史密斯合影

图17　中心副主任秦海英与行为博弈分析实验室名誉主任诺贝尔
经济学奖得主莱茵哈德·泽尔滕教授合影

### 3. 管理模式交流与展示

中心接待国内高校同行们的参观考察如图 18 ~ 图 27 所示。

**图 18　2011 年教育部副部长杜占元来中心考查指导工作 1（南开大学）**

**图 19　2011 年教育部副部长杜占元来中心考查指导工作 2（南开大学）**

图 20　2011 年教育部副部长李卫红来中心考察指导工作（南开大学）

图 21　2015 年中心主任张伯伟教授在第十六届全国高校经管类
专业实验室建设研讨会上作了专题发言

图22 中心接待国内高校同行们的参观考察 1

图23 中心接待国内高校同行们的参观考察 2

图 24  中心接待国内高校同行们的参观考察 3

图 25  中心接待国内高校同行们的参观考察 3（南开大学）

图 26　中心接待国内高校同行们的参观考察 4

图 27　中心接待国内高校同行们的参观考察 5（南开大学）

# 石河子大学经济与管理实验中心建设成果

## 一、中心基本情况

| 学校名称 | 石河子大学 |
|---|---|
| 中心名称 | 经济与管理实验中心 |
| 署名 | 王生年　范公广　谢军 |

## 二、摘要

　　石河子大学经济与管理实验中心隶属于石河子经济与管理学院，采取校、院两级管理，横跨经济学和管理学两大学科。2008 年获批国家级实验教学示范中心建设单位。自 2012 年通过教育部组织的验收评估以来，加强建设，实验条件明显改善、实验教学体系进一步完善、实验教师综合素质不断提高；通过积极承办、参加实验教学研讨会，交流实验室建设经验；积极承办、参加学科竞赛，成效显著；积极推广实验室建设经验；促进校企合作与共建等方式发挥着区域性实验教学示范作用。取得了突出综合性大学人才培养中经管素质的提高，改进实验教学手段与方法，形成先进的实验教学理念，形成了以考核学生综合能力为主体的实验考评制度等基本经验。特色主要体现在：（1）建立起适应现代金融、会计和财务管理创新人才能力培养的实验教学体系、建立起中心、行业、企业"共建、共享、共管、共运营"的多种合作模式、建立起分层次的实验教学资源管理和开放共享运行机制。（2）通过专业学科竞赛培育竞争、协作意识，形成"以赛代课"、"以竞赛成绩换学分"的实验教学新机制。

## 三、Abstract

The Experimental Center of Economics and Management of Shihezi University is attached to School of Economics and Management of Shihezi University. It adopts the administration by school and University, which covers both economics and management. This experimental teaching platform was rated national experimental teaching demonstration center in 2008. Since the center passed the evaluation inspection carried out by Ministry of Education in 2012, its experimental condition has been further improved from all aspects, including substantially strengthening hardware and software construction, integrating resources, heightening utilization ratio and improving the overall quality of experiment teachers. Experiment Center has also been actively hosting and participating experimental teaching seminars, enhancing the experience exchange of laboratory construction, undertaking and participating related academic competitions, and playing a regional exemplary role in facilitating school-enterprise cooperation. Meanwhile Center has not only achieved outstanding results in comprehending talent training system and experimental teaching methods, but also formed advanced experimental teaching ideas represented by the comprehensive assessment system of students' achievements and abilities. Characteristics of this system mostly embodies in two aspects: (1) To set up a modern experimental teaching system of finance, accounting and financial management in order to cultivate talents, facilitating the "lab, industry, enterprise" collaborative corporation on a multilateral basis, and establishing the hierarchical experimental teaching resource management and open sharing mechanism. (2) To cultivate the awareness of competitive and cooperation through professional competition, fostering the new experimental teaching system of "Substitute academic competition for lecturing" and "recognize competition performance for credit points".

## 四、主要内容

石河子大学经济与管理实验中心前身是 1987 年建立的电算室，由此开始尝试在经济与管理专业教学中运用计算机开展仿真模拟实验教学。1990 年，在疆内高校率先成立会计模拟实验室，开设手工方式下的会计与审计模拟实验课程。1996 年石河子大学成立，整合各实验室资源，加强建设，于 2002 年成立经济与管理实验中心（以下简称中心）。2004 年，实验中心获批石河子大学实验教学示范中心，在学院层面实现了统一规划实验室建设、统一调配实验仪器设备、统一安排实验教学、统一使用实验经费。实验中心先进的实验教学理念、完善的实验教学体系、开放的实验教学平台和高效的实验室管理，取得了突出成效。2007年获批新疆维吾尔自治区实验教学示范中心，2008年获批国家级实验教学示范中心（建设单位），2012年通过教育部组织的国家级实验教学示范中心验收工作，正式挂牌"国家级实验教学示范中心"。

中心所在的石河子大学有着63年的办学历史，是国家"211工程"重点建设高校和国家西部重点建设高校，现由国家教育部和新疆生产建设兵团共建。现有经济、法、教育、文、历史、理、工、农、医、管理、艺术等11大学科门类。拥有5个一级学科博士学位授权点，涵盖25个二级学科博士学位授权点；23个一级学科硕士学位授权点，144个相关二级学科硕士学位授权点；11种硕士专业学位授权类别，86个本科专业，5个博士后流动站（科研工作站）。现有国家重点学科1个和国家重点（培育）学科1个，省级重点学科13个和省级重点（培育）学科1个。有国家级教学团队3个、教学名师1人，国家级精品课程4门、特色专业5个、实验教学示范中心1个、双语教学示范课程1门，教育部精品视频公开课3门、国家级精品资源共享课2门，国家大学生创新创业训练计划项目406项。学校设有国家大学生文化素质教育基地、校外实践教育基地，是教育部卓越（医生、工程师、农林人才）教育培养计划项目试点高校。石河子大学以培养高素质、复合应用型人才作为根本任务，一贯重视实践教学和实验教学。通过实验中心的建设，使实验教学成为实践教学的重要组成部分，促进了人才培养质量的提高。

石河子大学经济与管理学院位于石河子大学东校区，有着56年的办学历史，源于兵团农学院1960年设立的农业经济管理本科专业，1983年6月成立了农业经济系，1996年4月成立了石河子大学经济贸易学院，2010年9月更名为石河子大学经济与管理学院。学院现有农林经济管理、会计学系、经济学系、人力资源与商务管理系和组织与运营管理系5个教学系；拥有农林经济管理、工商管理、市场营销、经济学、国际经济与贸易、会计学、财务管理、电子商务、审计学、物流管理、人力资源管理、经济统计学、金融学等13个本科专业；拥有"农林经济管理"一级学科博士学位授权点和博士后流动站，涵盖4个二级学科博士授权点；拥有"农林经济管理"、"应用经济学"和"工商管理"等3个一级学科硕士学位授权点，涵盖14个二级学科硕士学位授权点；拥有工商管理硕士（MBA）、会计硕士（MPAcc）、资产评估硕士（MV）、金融硕士（MF）、农业推广硕士（MAE）5个专业硕士学位授权点；拥有"兵团屯垦经济研究中心"、"公司治理与管理创新研究中心"2个新疆自治区普通高校人文社科重点研究基地，"中国（新疆）边境贸易研究中心" 1 个校际合作（石河子大学、对外经贸大学共建）人文社科重点研究平台、"农业现代化研究中心"、"石河子大学棉花经济研究中心" 等 2 个校级人文社科重点研究平台，"营销研究中心" 1 个院级人文社科重点研究平台。目前，在校本科生 1733 人，硕士研究生 1031 人，其中，学术型硕士研究生 170 人，专业型硕士研究生 774 人，博士研究生 83 人，博士后 4 人。

经济与管理实验中心建立了以实验教学数据库、实验软件、实验教材和实验指导书、虚拟实验教学管理平台等构成的虚拟实验教学资源体系，并根据校内师生，校外兄弟院校、行业、企业合作单位，社会公众等不同对象和需求特点建立了分层次的资源开放共享机制，取得良好的成效。

中心重视信息技术条件建设，建有先进的虚拟仿真实验教学网络控制室，通过光缆与学校校园网络直接联通，拥有先进的网络交换设备和先进的刀片式服务器和大容量网络存储设备，具有先进的信息管理能力和信息安全技术，并充分利用虚拟服务器技术、大容量存储设备和 UPS 电源，提高中心机房的设备利用效率和设备应急处理能力，极大地降低了管理难度和强度，可充分满足虚拟仿真实验教学的需求，为实验教学提供了良好的软硬件设备条件的保障。

中心拥有一支教学能力强的实验教师队伍和专业技术能力强的技术管理服务队伍，组建有灵活的虚拟实验团队，专业教师与技术人员配置比例合理，企业人员直接参与中心队伍建设，形成了良好的实验队伍结构。

中心重视教学和科研的结合，打通教学、科研的界限，激励科研成果转化为教学实验项目，并通过与行业、企业的合作共建，发挥教师的学科优势和科研能力，将科研成果拓展到虚拟仿真实验教学中，丰富虚拟仿真实验教学内容，取得了较好的效果，对于学生及时了解科研动态、行业及企业运营环境，开拓学生视野、更好地将理论与实际结合，提升其知识结构，提高专业综合能力和创新精神上帮助很大，受到学生好评。

## （一）建设成效

自 2012 年通过教育部组织的考核评估以来，经济与管理实验中心依托大学和学院政策和资源，加强建设，实验教学体系不断完善，实验内容不断拓展，建设成效显著：

### 1. 实验条件明显改善

2011 年实验中心拥有实验室面积 1050 平方米，设置实验室 6 个，实验室公共服务平台 2 个。到 2016 年，中心新建实验室 3 个，改建实验室 2 个，实验室面积达 1900 平方米，实验室增加到 8 个。实验室面积增加 80%，实验室数量增加 30%。

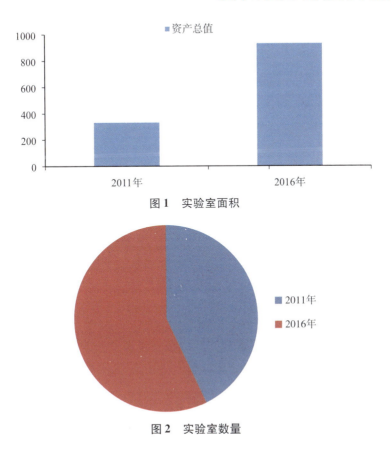

图 1 实验室面积

图 2 实验室数量

2011 年实验中心资产总值 330 万元，其中实验设备总值 260 万元，实验设备 315 台套；实验软件总值 60 万元，实验软件 20 套。到 2016 年，中心资产总值约 930 余万元，其中实验设备总值 620 万余元，实验设备 613 余台套；实验软件总值约 305 万元，实验软件 45 套。设备总值与设备数量都增长一倍以上。

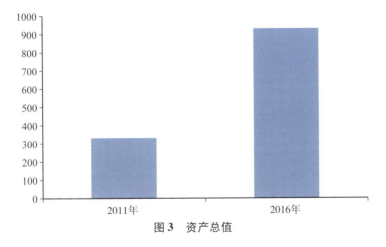

图 3 资产总值

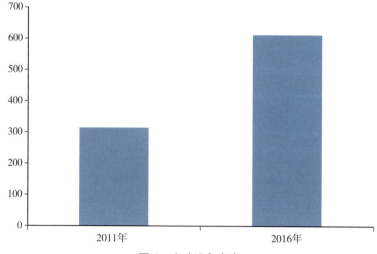

图 4　实验设备台套

## 2. 实验教学体系进一步拓展

2011 年中心开设实验课程 23 门，其中独立设课实验 5 门。实验项目 94 个，其中综合型、设计型和创新型实验项目所占比例为 86.1%。到 2016 年，中心开设的实验课程达 34 门，其中独立设课的实验 8 门，实验项目数达到 185 个，综合型、设计型和创新型实验项目的占比达到 95%。实验课程与实验项目都有较大幅度增加。

## 3. 实验教师综合素质不断提高

2011 年中心有实验管理人员 7 人，实验教师 49 人，其中高级职称 15 人，中级职称 20 人，博士 2 人，硕士 36 人。到 2016 年，中心实验管理人员达到 9 人，实验教师 60 人，其中高级职称 45 人，中级职称 15 人。博士 18 人，硕士 42 人，其中在读博士 15 人，实验队伍综合素质提高明显。

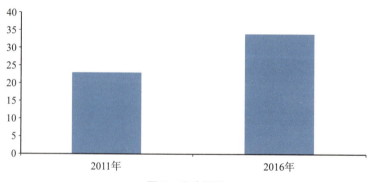

图 5　实验课程

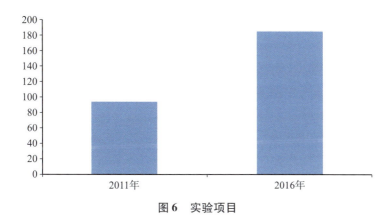

图 6　实验项目

## （二）示范作用

实验中心通过验收评估后，按照教育部关于加强实验实践教学的要求，虚心向兄弟单位学习先进经验，结合自身实际情况和发展方向，凝练实验教学思路与理念，总结实验室建设经验，取得了良好的建设成效，发挥了实验教学示范中心在区域的示范引领作用：

**1. 积极承办、参加实验教学研讨会，交流实验室建设经验**

2011 年，中心成功举办了教育部高等学校国家级实验教学示范中心经管学科组联席会议，全国经管类 29 家实验教学示范中心 60 余名专家来我校交流研讨，加强了高校间实验教学和示范中心建设的沟通和经验交流。2011 年中心组织召开了第一届新疆高校经管类实验教学研讨会，邀请疆内各高校经济与管理类实验中心主任及任课教师参加，来自全疆各地多所高校的 50 余名实验教师参会交流了经管类实验室建设与实验课教学经验。2012 年、2013 年又组织召开了第二届和第三届新疆高校经管类实验教学研讨会。通过主办会议，加强了疆内高校间实验室建设和实验教学的交流与合作，发挥了中心的示范作用。

**2. 积极承办、参加学科竞赛，成效显著**

中心积极承办、参加经管学科组组织的各项实验课程竞赛，以竞赛为平台，交流实验课程建设经验，展示实验中心示范效应。2011 年与金蝶公司合作举办了"全国大学生创新之旅"研讨会，2012 年，与用友新疆分公司联合举办了"第八届全国大学生创业设计暨 ERP 经营大赛新疆赛区总决赛"。同时多次组队参加全国竞赛，获得约 30 项省部级以上奖励，交流了实验教学经验，展示了中心风采。

**3. 积极参与社会服务，交流实验室建设经验**

学院作为新疆生产建设兵团主要的经济管理类人才培训基地，实验中心很好地支撑了学院为区域经济服务的职能,达到了较好的辐射作用。多年来为兵团统计、会计以及农场经营管理队伍进行了多次培训中,实验教学任务均由实验中心承担,累计培训25期,1500余人次。近年来还接待了新疆财经大学、新疆农业大学、塔里木大学、昌吉学院等自治区高等院校的参观和交流,在疆内高校发挥了实验教学的示范效应。

**4. 促进校企合作与共建**

结合工商管理学科专业的实验教学需要,与用友软件共建了新疆第一个"用友 ERP 合作实验室"。结合 ERP 沙盘模拟实验课程,与北京金谷田经济顾问有限公司,签署了 ERP 工程师能力认证协议。结合电子商务实验课程,与阿里巴巴公司建立了协作关系,合作推广阿里巴巴电子商务培训项目。近期又与阿里集团旗下"天猫"签订合作协议,成立了"天猫大学生创业就业实训基地",充分发挥了实验中心在高校与企业之间的纽带作用。

(三) 基本经验

**1. 突出综合性大学人才培养中"经管"素质的提升**

石河子大学除经济与管理两大学科外,还有九大学科门类。如何培养这些学生的经济与管理素质,是大学培养应用型高素质人才要解决的重要问题。在市场经济大背景下,工程技术专业人才走上工作岗位后,不仅需要专业知识,更需要具备一定的经济与管理知识。实验中心围绕这一目标,开展了卓有成效的探索。一是通过实验平台的共建与共享,全面支持大学非经管类专业的课程实验;二是通过举办各类赛事,吸引外专业学生参与学习;三是通过开放实验项目,支持外专业学生结合专业知识,运用经济管理思维和方法分析研究问题。通过这些措施,有效支持了大学"高素质、综合型"应用人才的培养目标。

**2. 改进实验教学手段与方法,形成先进的实验教学理念**

多年来,实验中心经过不断地探索和研究,形成了一整套先进的实验教学理念:(1)形成了以手工仿真模拟和计算机仿真模拟相结合的实验技术。通过这些仿真与模拟实验平台,学生在校内就可以学习与掌握与现实生产实践相符的专业技能,很好地解决了经济与管理专业技能与现实生产脱节的情况,为实现应用型人才的培养目标创造了条件,培养了学生运用专业知识解决实践问题的能力。(2)形成了以学生自主训练为主体,分组协作、博弈互动的实验教学方式。在平时的教学过程中,实验中心除了自主学习的实验之外,在实验方法上大量采用分组协作或分组对抗的模式进行实验教学,取得了良好的效果。(3)形成了以考核学生综合能力为主体的实验考评制度。

根据专业实验课程的特点,建立了一套科学的、公正的、多元化的实验考核机制，从操作技能的掌握程度和理论知识的应用能力两方面评价学生的实验成绩。比如证券投资课程，并不以学生最终盈利状况作为评定实验成绩的唯一指标，而更看重学生投资报告分析所采用的方法与研究深度，重点考核学生转变知识为个人能力的过程，学生的总体评价较好。

### （四）主要特色

在建设和发展过程中，实验教学体系构建分两步走：一是实验中心通过与行业、企业合作共建，逐步形成了在区域会计和财务管理创新人才能力培养实验教学上的特色与创新；二是依托"专业学科竞赛"，计算机仿真模拟企业经营管理流程，"以赛代课、以竞赛成绩换学分"，"模拟市场风云、打造经营管理人才"。主要体现在：

（1）建立起适应现代金融、会计和财务管理创新人才能力培养的实验教学体系、建立起中心、行业、企业"共建、共享、共管、共运营"的多种合作模式、建立起分层次的实验教学资源管理和开放共享运行机制。

通过多年建设和积极探索，依托会计与审计模拟实验室和证券投资与金融模拟实验室，在立足学校学科优势和人才培养特色，面向新疆及兵团，理论与能力培养紧密结合，服务于区域经济发展，以能力培养推动人才培养模式转化的新的教学改革道路为引领，建立了现代金融、会计和财务管理虚拟仿真实验教学体系，为区域金融和财务管理创新积累了经验，具有较好的示范意义和社会影响价值。

图7　教育部组织专家对示范中心组织验收

（2）通过专业学科竞赛培育竞争、协作意识，形成"以赛代课"、"以竞赛成绩换学分"的实验教学新机制。

实验中心积极利用组建创办的计算机兴趣小组、ERP沙盘协会和大学生科创中心等学生社团，指导学生社团组织年度大学生ERP沙盘对抗赛、证券投资模拟大赛，目前已举办十届赛事。通过赛事的组织和参与，培养了学生的创新、创业热情，提高了竞争意识，扩大了实验中心在疆内高校的示范作用和影响。同时，在已有开放实验项目可获学分的基础上，积极争取和利用大学相关政策，通过参加"竞赛获取成绩"取得公选课学分的方式激励学生参赛。每年组织的赛事都吸引大学十余个学院，千余名学生参加。通过赛事，锻炼选拔选手参加自治区和全国赛事，屡创佳绩；利用已有竞赛经验，积极向人力资源管理、电子商务、会计和税务技能大赛等专业赛事拓展；通过赛事，学习和深化经济与管理专业知识，培养团队协作意识，为大学生的个人职业发展提供良好的基础。

表1　　　　　　　　　　　　　　　创新创业获奖情况

| 序号 | 参赛名称 | 获奖级别 | 获奖名次 | 日期 |
| --- | --- | --- | --- | --- |
| 1 | 全国大学生创业挑战杯 | 全国 | 一等奖 | 2010 |
| 2 | 全国大学生创业基金挑战赛 | 全国 | 一等奖 | 2010 |
| 3 | 第七届创业挑战杯 | 全国 | 银奖 | 2010 |
| 4 | "金蝶杯"第二届大学生创业大赛 | 省级 | 二等奖 | 2010 |
| 5 | 全国商道—企业资源规划挑战赛 | 全国 | 三等奖 | 2010 |
| 6 | 第三届全国大学生管理与决策大赛 | 全国 | 总冠军 | 2011 |
| 7 | 第七届全国大学生"用友杯"沙盘模拟经营大赛 | 省级 | 二等奖 | 2011 |
| 8 | "金蝶杯"第三届大学生创业大赛 | 省级 | 二等奖 | 2011 |
| 9 | GMC全球管理挑战赛 | 全国 | 三等奖 | 2011 |
| 10 | GMC全球管理挑战赛 | 全国 | 新秀奖 | 2011 |
| 11 | 第五届诺基亚创意创业大赛 | 全国 | 金奖 | 2011 |
| 12 | 第五届诺基亚创意创业大赛 | 全国 | 铜奖 | 2011 |
| 13 | 第四届全国大学生管理与决策大赛 | 全国 | 二等奖 | 2012 |
| 14 | 第三届全国大学生管理与决策大赛 | 西部赛区 | 一等奖 | 2012 |
| 15 | 第八届全国大学生"用友杯"沙盘模拟经营大赛 | 省级 | 三等奖 | 2012 |
| 16 | "金蝶杯"第四届大学生创业大赛 | 省级 | 三等奖 | 2012 |
| 17 | 全国大学生管理与决策大赛半决赛 | 全国 | 二等奖 | 2014 |
| 18 | 第八届全国大学生"用友杯"沙盘模拟经营大赛 | 全国 | 二等奖 | 2014 |

续表

| 序号 | 参赛名称 | 获奖级别 | 获奖名次 | 日期 |
|---|---|---|---|---|
| 19 | 全国大学生商道电子沙盘大赛 | 全国 | 二等奖 | 2014 |
| 20 | 全国大学生商道电子沙盘大赛 | 全国 | 二等奖 | 2015 |
| 21 | 全国大学生商道电子沙盘大赛 | 省级 | 一等奖 | 2014 |
| 22 | 全国大学生商道电子沙盘大赛 | 省级 | 二等奖 | 2014 |
| 23 | 第九届全国大学生"用友杯"沙盘模拟经营大赛 | 新疆赛区 | 二等奖 | 2014 |
| 24 | "创青春"全国大学生创业大赛 | 国家级 | 金奖 | 2014 |
| 25 | 全国大学生商道电子沙盘大赛 | 省级 | 一等奖 | 2015 |
| 26 | 企业模拟经营大赛 | 西北赛区 | 三等奖 | 2015 |
| 27 | 第九届全国大学生"用友杯"沙盘模拟经营大赛 | 新疆赛区 | 三等奖 | 2015 |
| 28 | 新疆生产建设兵团首届互联网＋大学生创新创业大赛 | 兵团级 | 二等奖 | 2015 |
| 29 | 全国大学生管理与决策大赛 | 西北赛区 | 一等奖 | 2015 |
| 30 | 全国大学生管理与决策大赛 | 西北赛区 | 三等奖 | 2015 |
| 31 | 互联网＋ | 兵团 | 三等奖 | 2015 |
| 32 | 互联网＋"校园 E 族" | 兵团 | 三等奖 | 2015 |
| 33 | 全国大学生管理与决策模拟大赛 | 国家级 | 一等奖 | 2016 |
| 34 | 第十二届全国大学生"用友新道杯"沙盘模拟经营大赛 | 国家级 | 二等奖 | 2016 |

资料来源：石河子大学经济与管理实验中心

表 2　　　　　　　　　　经济与管理中心举办竞赛情况表

| 序号 | 时间 | 项目 | 参与人数 | 备注 |
|---|---|---|---|---|
| 1 | 2010 | 第四届手工沙盘对抗赛 | 300 余人 | 主办 |
| 2 | 2010 | 第三届电子沙盘对抗赛 | 240 余人 | 主办 |
| 3 | 2010 | 苏宁赢在未来第一季 | 120 余人 | 主办 |
| 4 | 2011 | 第五届手工沙盘对抗赛 | 1000 人 | 主办 |
| 5 | 2011 | 第四届电子沙盘对抗赛 | 400 余人 | 主办 |
| 6 | 2011 | 苏宁赢在未来第二季 | 200 余人 | 主办 |
| 7 | 2011 | 股市模拟大赛 | 150 余人 | 主办 |
| 8 | 2012 | 用友 ERP 沙盘模拟大赛新疆区决赛 | 78 人 | 承办 |
| 9 | 2012 | 第五届手工沙盘对抗赛 | 近 700 人 | 主办 |
| 10 | 2012 | "宏源证券"杯证券大讲堂 | 400 余人 | 主办 |
| 11 | 2013 | 第六届手工沙盘对抗赛 | 1000 人 | 主办 |

续表

| 序号 | 时间 | 项目 | 参与人数 | 备注 |
|------|------|------|----------|------|
| 12 | 2014 | 第七届手工沙盘对抗赛 | 1000 人 | 主办 |
| 13 | 2015 | 第八届手工沙盘对抗赛 | 1000 人 | 主办 |
| 14 | 2016 | 第九届手工沙盘对抗赛 | 1000 人 | 主办 |

资料来源：石河子大学经济与管理实验中心

图 8　举办新疆区域性学科竞赛

## 五、标志性建设成果

图 9　学科竞赛掠影

图 10　2011 年全国大学生管理决策模拟大赛总冠军

图 11　虚拟仿真模拟实验平台

## 六、中心团队集体照

图 12　经济与管理实验中心教学团队

# 采用多种方式方法加强实验教学创新

——首都经济贸易大学经济与管理实验中心建设成果

## 一、中心基本情况

| | |
|---|---|
| 学校名称 | 首都经济贸易大学 |
| 中心名称 | 经济与管理实验教学中心 |
| 署名 | 郝海波　纪长青　黄卫明　赵钢 |

## 二、摘要

经管实验中心采取多种方法和手段，努力加强首都经济贸易大学的实验教学创新。第一，经管实验中心相关的实验教学成果奖、教学改革项目获奖介绍，经管实验中心支持学生参加各种实践竞赛获得佳绩等；第二，经管实验中心特色实验教学活动包括旅游互联网＋研究院建设与发展、支持大学生创新创业活动、两岸四地消费者信心指数电话调查活动等；第三，经管实验中心实验课程创新建设情况，重点介绍会计学院跨专业实验实训和工商管理专业的模拟课程混合教学等；第四，经管实验中心的组织建设、实验室环境与条件建设和实验室信息化建设有了更进一步的发展；第五，实验室标志性成果照片。

## 三、Abstract

In order to improve experimental teaching work in Capital University of Economics and Business, experimental teaching center of economics and management takes many approaches. First, teaching achievement awards and teaching reform projects about experimental teaching are listed, and competition awards that our school's students received are listed. Second, special experimental teaching activities in the center included the establishment of Tourism Internet plus Institute, innovation and entrepreneurship education for college students, telephone investigations of Consumer Confidence Index (CCI) around the cross straits four places and so on. Third, the introduction of course construction is listed, especially the teaching of cross-specialty from The Accounting Institute and the simulation program in mixed-teaching from College of Business Administration. Forth, the organizational construction, laboratory environment and informatization construction of the center has further development. Fifth, typical photos of laboratory are listed.

## 四、主要内容

首都经济贸易大学经济与管理实验教学中心（以下简称"经管实验中心"）是一个以"大实验"观为指导，集实训模拟、实验仿真、实战训练于一体的教学科研平台，于 2008 年被评为"北京高等学校实验教学示范中心"，2013 年批准为"国家级实验教学示范中心"。

经管实验中心以学生的能力培养为核心，在实验教学中进一步加强对学生认知能力、实践能力、理论联系实际能力、科研创新能力的培养，以实验教学促进教学科研的深入发展，把经管实验中心建设成教学理念先进、实验设备精良、实验环境舒适、实验方法与手段先进、实验队伍结构合理、管理一流、特色鲜明的现代化、开放式的国内领先水平的实验教学示范中心。

经管实验中心实验室面积 2054 平方米，下设电子商务实验室、翻转课堂及沙盘推演实验室、会计信息化实验室、会计虚拟综合研讨实验室、数字化金融实验室、税务与资产评估仿真实验室、劳动科学实验室、经济运行与国际贸易实验室，数字城市实验室、数学建模实验室、数字化调查实验室等 13 个专业实验室。

近几年学校不断加大对经管实验中心的软硬件建设的投入，目前实验中心共建设有 12 种电子商务模拟平台，4 种数字化城市建设模拟平台，10 种会计信息化系统平台，6 种金融业务仿真模拟平台，4 种财政税务实验教学系统，SAS、SPSS、EVIEWS、STATA、R 等多种统计软件，极大地满足了各个专业的实验教学的需求，培养了学生的专业技术和实际应用能力。为经管类高素质、应用型人才培养提供了有力支撑。

### （一）经管实验中心实验教学成果

在成为国家级实验教学示范中心后，学校一贯重视实验实践教学工作，各经管类学院也加大实验教学工作的力度，立足经管类实验以模拟为主特点，以引导研究性学习为出发点，开发设计情景模拟实训，给予学生学习过程的主动权，激励学生挖掘验证不同的观点和问题；模拟真实的企业经济运行和企业管理过程，引进企业"真材实料"，实现学生实验"真题真作"，强化交流合作，实现校企协同育人；强调"专业"与"职业"的结合，依托实验室拓展第二课堂与创新，参与仿真模拟与商业实训实战，锻造学生社会竞争的能力。近几年取得丰硕的实验教学成果，不完全的统计结果如表 1 ~ 表 3 所示。

表 1　　　　　　　　　　实验教学成果奖名单（部分名单）

| 序号 | 学院部门 | 完成人 | 成果名称 | 获奖等级 | 获奖时间 |
|---|---|---|---|---|---|
| 1 | 教务处 | 王文举、王传生、张琪、赵慧军、崔峰 | 地方财经院校人才培养体系创新与多样化培养模式实践 | 市级一等奖 | 2013 年 |
| 2 | 工商管理学院 | 高闯、范合君、张学平、佘镜怀、杨震 | "实训—实践—实战"阶梯式驱动的工商管理实用型人才培养体系 | 市级一等奖 | 2013 年 |
| 3 | 经济学院 | 张连城、郎丽华、田新民、徐雪、马力 | 经济学国际化人才培养模式的探索和实践 | 市级一等奖 | 2013 年 |
| 4 | 劳动经济学院 | 杨河清、张琪、吕学静、王静、朱俊生 | 植根劳动科学体系，创新人才培养模式，建设特色鲜明的劳动与社会保障专业 | 市级二等奖 | 2013 年 |
| 5 | 财政税务学院 | 赵仑、李红霞、王竞达、焦建国、刘颖 | "三师一体"复合型人才培养模式创新与实践 | 市级二等奖 | 2013 年 |
| 6 | 城市经济与公共管理学院 | 段霞、谭善勇、周琳、叶堂林、张贵祥 | 立足京城，服务首都，培养具有创新精神的公共管理人才 | 市级二等奖 | 2013 年 |

资料来源：首都经济贸易大学国家级实验教学示范中心。

表 2　　　　　　　　　　实验教学改革项目获奖名单（部分名单）

| 序号 | 项目名称 | 项目负责人 | 项目级别 | 学院 | 立项时间 |
|---|---|---|---|---|---|
| 1 | 本科卓越人才校企联合培养模式的实现路径和培养机制研究—以注册会计师专业为例 | 顾奋玲 | 市级 | 会计学院 | 2015 年 |
| 2 | "内外双驱、校企联动、个性与专业发展相结合"国际化资产评估人才培养研究与实践 | 王竞达 | 市级 | 财政税务学院 | 2015 年 |

续表

| 序号 | 项目名称 | 项目负责人 | 项目级别 | 学院 | 立项时间 |
|------|----------|------------|----------|------|----------|
| 3 | 面向"走出去"战略的北京高校金融国际化人才培养改革研究 | 高杰英 | 市级 | 金融学院 | 2015 年 |
| 4 | 经管类核心课程"翻转课堂"的模式设计、课堂组织与教学管理保障体系研究 | 范合君 | 市级 | 工商管理学院 | 2014 年 |
| 5 | 应用统计大数据分析人才协同培养创新模式研究 | 纪宏 | 市级 | 统计学院 | 2014 年 |
| 6 | 应用型本科院校经管类专业课程体系建设研究 | 刘文辉 | 市级 | 会计学院 | 2014 年 |
| 7 | 大型企业集团信息化财务管控综合仿真实验教学体系构建与实践 | 蔡立新 | 市级 | 会计学院 | 2013 年 |

资料来源：首都经济贸易大学国家级实验教学示范中心。

**表 3** **实验教学支持学生竞赛中获奖名单（部分名单）**

| 序号 | 名称 | 等级 | 获奖人 | 指导教师 | 获奖时间 | 获奖学院 |
|------|------|------|--------|----------|----------|----------|
| 1 | 全国大学生人力资源管理知识技能竞赛 | 特等奖 | 孟雨晨、刘芳、何艳敏、韦鑫滨、马跃、杨世麒 | 边文霞 | 2016 年 | 劳动经济学院 |
| 2 | 第五届全国高校模拟集体谈判大赛 | 一等奖；三等奖 | 李丹、郭海博、刘成华、邱环、辛芯；杨若西、崔凡、胡友冬、孟磊、殷兰菊 | 宋湛、盛龙飞 | 2016 年 | 劳动经济学院 |
| 4 | "中华会计网校杯"第六届校园财会大赛全国总决赛 | 一等奖 | 会计学院代表队 | | 2016 年 | 会计学院 |
| 5 | 新三板智库杯第二届全国新三板价值分析大赛全国总决赛 | 亚军 | 舒琳、徐佳佳、李翔军 | | 2016 年 | 会计学院 |
| 6 | "全国尖峰时刻"酒店模拟大赛 | 总冠军 | 朱亚楠、杨佳文、李文颖、刘倩 | 蔡红、李云鹏 | 2016 年 | 工商管理学院 |
| 7 | 第六届全国大学生市场调查与分析大赛总决赛暨第五届海峡两岸大学生市场调查与分析大赛大陆地区选拔赛 | 二等奖 | 张冉团队 | | 2016 年 | 统计学院 |

| 序号 | 名称 | 等级 | 获奖人 | 指导教师 | 获奖时间 | 获奖学院 |
|---|---|---|---|---|---|---|
| 8 | 2016 年美国大学生数学建模竞赛 | 一等奖；二等奖 | 张琳娜、荣向荣、陈方正；李阳、张鑫、王涵、巴云明、于洪岗等；12 个小组 | 任韬、徐昕 | 2016 年 | 统计学院 经济学院 金融学院 |
| 9 | "金茂杯"第八届全国大学生房地产策划大赛 | 特等奖 | 李文典团队 | 赵秀池 | 2016 年 | 城市经济与公共管理学院 |
| 10 | 第四届北京市大学生物流设计大赛 | 二等奖 | "天方夜谭"队 | | 2015 年 | 工商管理学院 |
| 11 | 第五届全国大学生电子商务"创新、创意及创业"挑战赛 | 一等奖 | 杨凡、张玉琪、刘玲芳、郭溢华、张宇彬 | 郭卫东、徐礼德 | 2015 年 | 工商管理学院 |
| 12 | 第五届全国大学生市场调查与分析大赛总决赛暨第五届海峡两岸大学生市场调查与分析大赛大陆地区选拔赛 | 二等奖 | 统计学院代表队 | | 2015 年 | 统计学院 |
| 13 | 2015 年美国大学生数学建模竞赛 | 一等奖；二等奖 | 鲍宗禹、刘心悦、李融鑫等；统计学院代表队、张瀚潮、傅洋、邓先泽等 | | 2015 年 | 经济学院 统计学院 金融学院 |
| 14 | 第十四届（2015）全国MBA培养院校企业竞争模拟大赛 | 一等奖 | 毕圣传、陈力明、刘杰 | 王振江、涂建民 | 2015 年 | 工商管理学院 |
| 15 | 第七届"尖峰时刻"商业模拟大赛全国总决赛 | 一等奖 | 王唯名、李宽宇、赵凯、丁天阳 | | 2015 年 | 经济学院 |
| 16 | 第三届全国高校模拟集体谈判大赛 | 劳方二等奖 | 李航、张晋浩等 | 盛龙飞、宋湛 | 2014 年 | 劳动经济学院 |
| 17 | "中金所杯"全国高校大学生金融期货及衍生品知识竞赛 | 一等奖 | 冯冰悦 | | 2014 年 | 金融学院 |
| 18 | 2014 年美国大学生数学建模竞赛 | 一等奖 | 李昂、李兆辰、高原等 | | 2014 年 | 经济学院 |

资料来源：首都经济贸易大学国家级实验教学示范中心。

各个学院相关实验教学内容汇总情况。近几年，各个学院在实验教学方面做了大量的工作，据不完全统计，开发了创新性实验项目45项，新开实验课程32门，新增实验教学项目93个，学生参加的创新性实验项目407项，自编实验教材 11 本和实验讲义 14 本等等，这些都有力地支持了实验教学工作。

## （二）经管实验中心实验教学特色活动

经管实验中心成立以来，以大实验观为指导，通过实训、实验、实战三个环节，强化模拟与仿真的特色，重视实战训练，实现从"单一"到"综合"，从"基础"到"创新"，从"实训"到"实战"三个阶梯式递进，体现"能力为本、知识为用"的实践教学理念。形成了理论教学与实践教学、专业实验与专门研究、学生体验与社会检验的"三结合"实验教学模式，构建了全流程、全方位、全动态的实验教学体系。实验中心结合各个不同专业的教学实际，深入开展特色教学活动。

**1. 工商管理学院旅游互联网＋研究院入驻经管实验中心**

由国家旅游局信息中心与首都经济贸易大学共建的新型产学研平台和协同创新平台，致力于深化智慧旅游理念、引领旅游互联网领域行业实践，打造旅游互联网众创空间和旅游大数据产学研平台。研究院于 2015 年 9 月 23 日正式成立，在教务处、工商管理学院、经济与管理实验教学中心领导的指导和关怀下，旅游互联网＋研究院在国内智慧旅游领域已经形成了一定的知名度，先后引入了两个大学生创业团队、一个旅游标准化协同工作机构进驻。

为了使实验教学工作更加接近实际，旅游互联网＋研究院负责人李云鹏老师积极推行企业人士进入《旅游电子商务》课堂（见图 1），分别邀请了北京仲软

图 1 企业人士进课堂

信息服务有限公司总经理唐利宇，北京世纪罗盘公司吴春蕾总监和许丝婷销售经理为同学们讲授酒店电子商务的相关内容；邀请了原携程旅行网目的地营销部策划经理、现中青旅目的地营销部经理肖红艳为同学讲授互联网＋时代如何玩转旅游营销；邀请了世界邦旅行网联合创始人、COO 赵新宇先生向学生们介绍了我国出境游市场的宏观环境、用户特征、消费特点以及发展趋势，分析了旅游电子商务平台在"旅游＋互联网"、共享经济、供给侧改革等时代背景下所面临的挑战与机遇。同学们在这样的实践教学活动中获益匪浅。

**2. 经管实验中心积极协助大学生创新创业工作，为学生创业就业提供指导**

借助工商管理学院旅游专业的旅游互联网＋研究院，经管实验中心积极参加并指导"大学生班级周末游"和"怀柔老家军民融合社会实践大课堂"两个与旅游创业相关的项目。在 2016 年，旅游互联网＋研究院还承担了北京旅游委的"北京智慧旅游乡村提升规范"项目和山东龙口的"商旅休闲体育产业基地建设方案"项目等。为积极推进大学生创业教育和相关的创新就业研究项目做出了相应的贡献。其中经管实验中心协助旅游互联网＋研究院的创业团队"闲嗨旅游"获得北京地区高校大学生优秀创业团队一等奖（见图 2）。

**图 2　我校创业精英团队获佳绩**

2016 年，旅游互联网＋研究院借助智慧旅游协同创新中心微论坛，与政、产、研等机构举办了 9 次活动，分别围绕 MTA 教学、旅游服务人员（导游）的互联网平台化、九寨沟智慧景区标准、新政策下的导游职业规划、新政策下国内导游人员的发展方向、旅游大数据领域实践、北京"十三五"智慧旅游四个业态提升规范研讨、北京"十三五"智慧旅游乡村业态的提升规范、智慧旅游业态标准等展开研讨。这些都有力地支持了我校学生创新创业的工作。

**3. 统计学院组织学生参加两岸四地消费者信心指数调查活动**

两岸四地消费者信心指数调查活动是统计学院负责组织，每年进行四次，利用实验中心的数字化调查实验室进行电话调查访谈，通过获取第一手的调查资料，经过科学分析得出数据后进行公开发布。任韬老师首先组织全体同学参加了调查培训大会。让所有同学都了解了两岸四地消费者信心指数，掌握了电话问卷调查的相关技巧。电话调查的注意事项：第一，注意礼貌用语，和善待人。以"您好，我是首都经济贸易大学消费者信心指数调查小组的成员，现在想稍微占用以下您的时间，对您进行一个电话问卷调查"为开头。以"谢谢您的配合。对耽误您的时间感到抱歉"结束。第二，诚信调查，锻炼能力。本次问卷调查应该以锻炼自己的能力为主要目的，诚信调查，不应该投机取巧。

对同学们来说参加电话调查的能学习到：第一，提高交际沟通能力。本次电话问卷调查，旨在通过打电话调查的方式锻炼调查者语言沟通能力，同时培养同学们的耐心与细心。第二，学会换位思考，体谅他人。每个人都曾接到过骚扰电话，或许挂断，或许接听。挂断时是否考虑过电话那端人的感受，接听时能否感受到电话那端人的激动。通过电话问卷调查，同学们应当从中学会换位思考，在以后的生活中学会体谅他人。同学们的电话调查工作随后在经管实验中心 213 数字电话调查实验室进行，电话调查时间为期 10 天。

2016 年 4 月 8 日，两岸四地消费者信心指数 2016 年第一季度新闻发布会在北京召开，此次消费者信心指数的调查和编制由两岸四地的首都经济贸易大学统计学院、中央财经大学统计与数学学院、香港城市大学管理科学系统计咨询中心、澳门科技大学可持续发展研究所和台北医学大学大数据研究中心共同完成。

中央财经大学统计与数学学院关蓉博士做了关于指数调查的技术报告，接下来首都经济贸易大学统计学院任韬副教授、香港城市大学刘方涛博士、澳门科技大学伍芷君女士和台北医学大学大数据研究中心谢邦昌教授分别对 2016 年第一季度大陆、香港、澳门和台湾的消费者信心指数进行了评析（见图3）。香港TVBS、福建海峡卫视、光明日报、中国财经报、京华时报等 40 余家媒体的记者和代表参与本次发布会的报道工作。

## （三）经管实验中心实验课程创新建设

**1. 会计学院跨专业实验创新实验课程介绍：《通过校企合作，建设跨专业综合实验实训》**

为了培养学生"宽理论、厚实践"的能力素质，会计学院通过校企协同创新，把企业的优质实验教学资源搬进校园。会计学院、经管实验中心与用友新道科技有限公司共同打造了跨专业综合实践训练营，该训练营由会计学院蔡立新老

**图3 任韬评析大陆指数情况**

师为首的的会计、审计、财务等专业老师提供专业指导，由经管实验中心提供场地和设备，由用友新道科技公司提供技术支持。

跨专业综合实训的主要内容：以制造企业的财会活动为侧重点、以业务流程为主线将财会活动与业务活动有机协同起来，模拟仿真了预算会计、总账会计、应收会计、应付会计、资产会计、薪资会计、成本会计、税务会计、财务分析、物料领用与核算、费用报销以及出纳等众多财会岗位工作的业务内容，与此同时，学生可以体验生产管理、销售管理、采购管理、存货管理、人力资源管理等管理岗位以及社保、工商、税务、银行等服务性机构或组织为企业所提供的服务性工作，从而有利于加深对这些工作与会计工作内在逻辑关系的理解以及这些工作自身内在管控工作的理解。

跨专业综合实训教学具有三个创新点：第一，突破了传统财务综合实训只注重财务会计等能力与素质的训练，引入了预算会计、财务分析体现了管理会计能力与素质训练的内容，体现了财务转型对财会专业学生的能力培养的新动向、新要求；第二，将"企业进校园"的落地，让专业实验实训有立体感、真实感和现场感，摆脱了传统实验教学流于平面化、抽象化、不接地气的尴尬局面；第三，体现了分享与创新的要求，企业文化（包括公司宗旨、经营理念以及LOGO的设计等）的创意设计、经营管理解决方案的设计以及项目成果的展示、团队成员的协同工作无不体现这一要求。

会计学院、经管实验中心与用友新道科技有限公司共同搭建的实验创新平台具有四个特色：

第一，目标新。跨专业综合实训平台的目标是将学生培养成"知岗位、懂业务、会管理、熟工具、擅沟通、强实战"的复合型财会专业人才。会计学院非常重视学生实践应用能力的培养，建立训练营的目的就是提高学生的综合实践及理论运用能力，培养适应现代社会的高素质财会审计人才。

第二，实训模式新。跨专业综合实践训练营以开办模拟公司的形式组织，每个模拟公司设置 7 个岗位，包括财务部经理、行政主管、生产主管、财务会计、成本会计、税务会计和出纳等，每个岗位要承担多个职务，以行政主管为例，除了行政工作外，还要承担采购经理、采购员、销售经理等 10 多个工作。根据公司运营中真实的商业外围环境设置了像银行柜员、客户、供应商、服务公司和税务专管员等岗位。

第三，实验教学系统先进。学校和用友新道科技有限公司合作研发了一款专门用于跨专业综合实践训练的实训软件。软件的主要功能是提供一个平台，让学生可以在虚拟空间中体验到各个职位的工作流程。软件帮助学生全方位模拟工作的环境，甚至包括上下班打卡等细节，让学生"身临其境"，进入工作状态。

第四，实用性强，切实做到理论联系实际。高度仿真的实训活动可以帮助学生认知企业业务流程，缩短职业成长周期，真正实现学以致用。参训的学生也表示在实训活动，加深了对所学知识的理解，了解了相关岗位的运行。

**2. 工商管理学院工商管理专业实验创新课程介绍：《以赛促教，企业竞争模拟课程的混合教学法》**

工商管理学院王振江老师的《企业竞争模拟》课程依托校级、市级和国家级企业竞争模拟大赛，开创了"课程—赛事"双轨的课程设置方式，创建了"混合教学法"及"五环节"实验教学体系（见图 4）。

工商管理专业具有很强的实践性。当前的工商管理教学越来越重视学生实践实战能力培养，案例教学法、社会实践教学法虽然在一定程度上推进了理论与实践相结合的进程，但是受制于各种条件，上述教学法还很难被理解为具有真正的实战意义。鉴于此，经过多年的探索、实践，王振江等提出了"学生主体，能力导向，理论落地，智行合一"的人才培养理念，开创了"课程—赛事"双轨并行的课程设置方式、勾画了"课堂教学—社团建管—仿真实战"三点一面的实施路线，构建了"班级授课—群组实验—个体交流—自助学习"四维一体的混合教学方法，应用了"电脑、手机、多媒体实验室、网站、APP"五技整合手段。

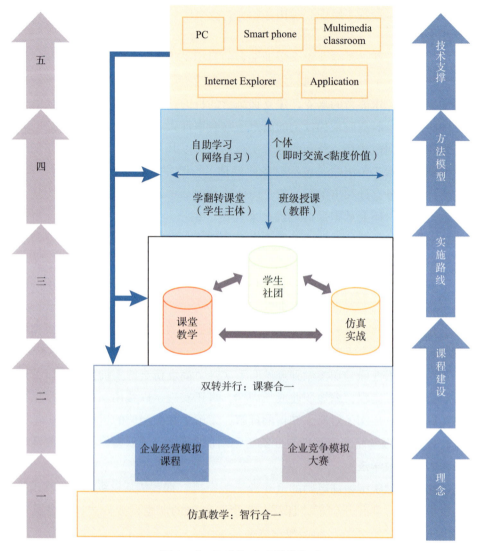

**图4　"五环节"实验教学体系**

在"理论教学"、"案例教学"的基础上，实践了"虚拟经营、竞争模拟、仿真决策、团队合作、绩效考评"的"仿真教学"。

王振江老师的混合教学法充分发挥了现代教育技术的作用。第一，应用多媒体控制技术，提升实验室的教学效果。在局域网络上实现多媒体信息的教学广播，将实验室的同步教学、控制、管理、音视频广播、网络考试等功能于一体，并能同时实现屏幕监视和远程控制等网络管理的目的。第二，整合跨系统软件与传统多媒体设备。整合使用实验室电脑、IPAD、手机和投影机，重点是 ios \ os x 系统设备，分别用于备课讲课、家庭模拟课堂投影、学生课堂考勤、个性化微信交流和微信公众号发布控制。

### （四）经管实验中心实验室的相关建设

#### 1. 经管实验中心的组织建设

为了充分发挥国家级实验教学中心的示范效应，使经管实验中心成为促进学校实验教学发展、提高学生应用能力和提高人才培养质量的重要平台，学校不断加强对经管实验中心的组织和建设。经管实验中心以服务教学、科学管理、开放共享、创新发展为工作宗旨，不断优化管理模式，制定相关的管理制度，实现实验室的统一管理、共享开放、统一运行维护和建设，并且形成了专业化的经管类实验室的建设和运行维护团队，提高了各个专业实验室的管理水平和服务水平，有利于实验中心实验教学资源的统一调配，提高各个实验室的共享和开放，大大增强了实验教学资源的使用效率和效果。

#### 2. 实验中心实验室环境与条件建设

经管实验中心在学校的大力支持下，不断加大投入，为了提高实验设备的使用效率，吸引更多的学生来实验室参加实验，经管实验中心不仅对各个实验室的硬件设备进行了更新，还对所有实验室的供电设施进行了改造更新，对实验中心的网络基础环境进行了升级，实现了千兆网络到学生机桌面，极大地提高了设备运行速度，改善了学生上机实验的体验感觉，同时也提高了实验室使用的安全性。目前实验中心共有固定资产 1788 台套，资产价值约 1320 万元。

为了提高实验室的管理效率，提高高质量的教学保障，实验中心相继建成了实验室视频监控系统，实验室门禁管理系统，实验室智能电源管控系统，实验室网络基线网络监控系统，实验室智能多媒体教学系统等多套教学管理平台。这些管理平台的建设，提高了实验室智能化管理的水平，极大地改善了实验中心实验室的基础实验教学环境，使实验中心的运行管理向智能化、科学化又迈进了一步。

为了更好地服务教学工作，探索新的教学模式，经管实验中心对原有的沙盘推演实验室进行了专门的建设改造。建设成兼具翻转课堂和沙盘推演的实验教学功能的实验室。通过对教学环境的改造带动实验教学模式的变化和探索。将原来被动吸收式的教学模式，翻转为主动讨论式的课堂教学，提高课堂的教学互动效果，让学生利用业余时间复习预习，达到加强学生的自主学习能力的目的，提高学校教学水平，为社会培养更加优秀的经管人才。

#### 3. 经管实验中心的管理信息化建设

在实验室管理的信息化建设方面，学校和经管实验中心一直都很重视，根据多年的实验室运行管理经验，针对实验教学的实际工作需要，进行了相关建设和努力，取得不错的成绩和良好的效果。

为了使实验中心更好地服务教学，经管实验中心重点建设了实验室信息化管理平台、虚拟仿真管理平台等信息化管理平台，通过校园网络，实现了实验室上课远程预约功能、实验课表查询功能、实验设备固定资产查询管理功能、实验室值班考勤日志功能、实验室上机实验数据统计汇总功能等等（见表4）。采用信息化的手段管理实验中心的运行，提高了实验中心的科学管理水平。

实验中心的虚拟仿真管理平台的建设，则可以为学校老师进行虚拟仿真实验教学提供了必要的环境和平台，上课老师可以将一些成本巨大或者危险性大的实验课程进行虚拟仿真，通过在这个平台进行仿真模拟实验，从而达到提高课堂教学效果和质量，提高学生实验兴趣的目的。

表4　　　　　　　　经管实验中心近几年的实验数据统计汇总

| 时间 | 实验室数 | 总开放时间 | 实验课门数 | 上课老师人次 | 相关学院 | 专业数 | 学生人次 | 总人机时数 | 总上课机时 | 实验室平均使用率 |
|------|------|------|------|------|------|------|------|------|------|------|
| 2016 下 | 10 | 6120 | 80 | 70 | 11 | 38 | 9331 | 107430 | 3011 | 45.11% |
| 2016 上 | 9 | 5508 | 60 | 68 | 11 | 35 | 4827 | 79580 | 2325 | 42.21% |
| 2015 下 | 10 | 5780 | 55 | 47 | 13 | 25 | 3516 | 63701 | 1529 | 26.45% |
| 2015 上 | 9 | 5202 | 55 | 43 | 8 | 24 | 3549 | 68071 | 1884 | 36.22% |
| 2014 下 | 9 | 5104 | 75 | 41 | 7 | 26 | 2385 | 54608 | 1962 | 38.44% |

## 五、标志性建设成果

**1.** 经管类学院教学成果奖：北京市一等奖三个、二等奖三个

荣誉证书

王文举 王传生 张琪 赵慧军 崔峰：

地方财经院校人才培养体系创新与多样化培养模式实践，获第七届北京市高等教育教学成果奖一等奖。

二〇一三年九月

## 荣誉证书

张连城 郎丽华 田新民 徐雪 马力：

　　经济学国际化人才培养模式的探索和实践，获
第七届北京市高等教育教学成果奖一等奖。

二〇一三年九月

## 荣誉证书

高闯 范合君 张学平 佘镜怀 杨震：

　　"实训—实践—实战"阶梯式驱动的工商管理
实用型人才培养体系，获第七届北京市高等教育教
学成果奖一等奖。

二〇一三年九月

# 荣誉证书

杨河清 张琪 吕学静 王静 朱俊生：

植根劳动科学体系，创新人才培养模式，建设特色鲜明的劳动与社会保障专业，获第七届北京市高等教育教学成果奖二等奖。

二〇一三年九月

# 荣誉证书

赵仑 李红霞 王竞达 焦建国 刘颖：

"三师一体"复合型人才培养模式创新与实践，获第七届北京市高等教育教学成果奖二等奖。

二〇一三年九月

**2. 经管类学生竞赛获奖成果部分照片**

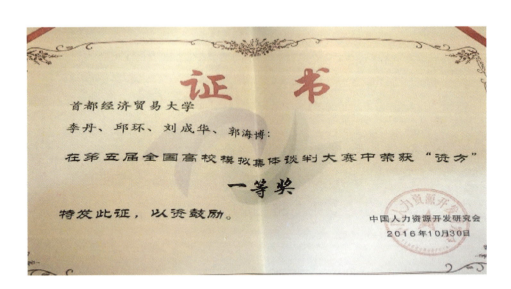

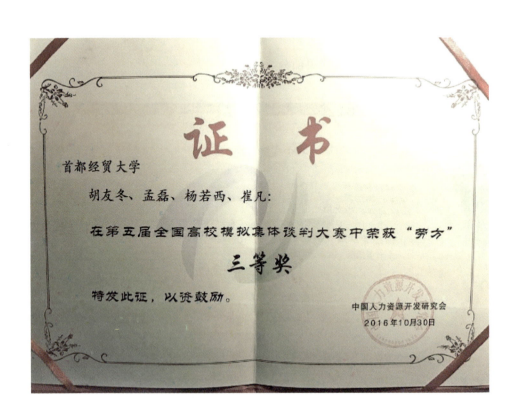

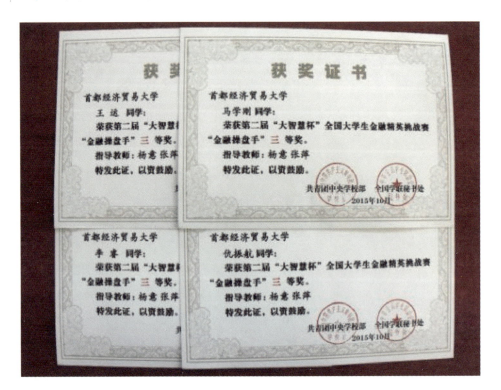

## 六、中心团队集体照

# 研究型大学经管实验教学中心建设

## ——武汉大学经济与管理实验中心建设成果

## 一、中心基本情况

| | |
|---|---|
| 学校名称 | 武汉大学 |
| 中心名称 | 经济与管理实验教学中心 |
| 署名 | 张东祥　兰草 |

## 二、摘要

　　经济与管理实验教学中心自 2008 年获批国家级实验教学示范中心以来，逐步建成了一流的软硬件平台。近年来，中心以强化实验教学内涵建设为中心，把握教学科研发展新态势，探索实验教学发展的新路径。在实验教学改革上，政策上激励，经费上支持，教研互哺，以培养具有国际视野的创新创业人才为内涵发展方向；在实验室建设方面，建设教研相结合的特色实验室；在实验室投入上，多渠道筹资，保证投入稳定增长；在实验教学队伍上，充分结合理论和实验教学，吸引高层次留学归国人才参与实验教学和指导。

　　在不断的建设和改革努力中，实验教学和创新创业人才培养取得丰硕成果。自建设以来，获批实验教学改革项目百余个，获得教学成果奖百余项，新增创新型实验教学项目 30 多个，出版实验类教程 60 余本，发表实验教学论文数百篇；建成国际贸易、金融风险控制、行为科学研究等教研结合实验室，计量经济学、量化投资和大数据实验室等特色实验室正在筹建之中；学生在各类创新创业大赛中获奖两千余个，发表论文上千篇，获得专利十余个，获批国家级创新创业项目数百个；近 3 年来，30 多名海外高层次青年教师加入实验教学队伍，促进教研不断创新。中心当选湖北省经管示范中心联席会组长单位，主持建设工作；发起并筹办系列全国实验教学研讨会和实验教学大赛，影响颇广。

## 三、Abstract

Since Economic and Management Experimental Teaching Center has been approved by the National Experimental Teaching Demonstration Center, 2008, it gradually built a first-class hardware and software platform. In recent years, the center aims to strengthen the experimental teaching content construction, grasp the new trend of teaching and research development, exploration of experimental teaching development of new path. In the experimental teaching reform, using the policy incentives, funding support, teaching and research mutual education, to cultivate an international perspective of innovation and entrepreneurship for the connotation of development direction; in the laboratory construction, construct teaching and research characteristics of the laboratory; Investment, multi-channel funding to ensure the steady growth of investment in the experimental teaching team, fully integrated theoretical and experimental teaching, to attract high-level returnees to participate in experimental teaching and guidance.

In the ongoing construction and reform efforts, experimental teaching and entrepreneurial talent have achieved fruitful results. Since its inception, more than 100 experimental teaching reform projects have been approved, more than 100 teaching achievement awards have been awarded, nearly 30 innovative experiment teaching projects have been added, 60 experimental teaching books have been published, hundreds of papers have been published, Financial risk control, behavioral science research combined with teaching and research laboratories, econometrics, quantitative investment and large data laboratory and other laboratories are under construction; students in all kinds of innovation and entrepreneurship contest winning more than two thousand, published papers more than a dozen, more than 10 patents, approved hundreds of national innovation and entrepreneurship projects; the past 3 years, more than 30 overseas high-level young teachers to join the experimental teaching team to promote teaching and research innovation. The center was elected head of Hubei Province Economic Management Demonstration Center, presided over the construction work; initiated and organized a series of national experimental teaching seminars and experimental teaching contest, a wide impact.

## 四、主要内容

"质量工程"实施以来，中心确立了经济与管理相互交融和渗透的实验教学机制，建立了实验教学和实践教学两大模块相互支撑、三个层面功能互补、互相促进的实验实践教学体系，多举措全面推动了实验教学发展与改革。近年来，中心高度重视教学与科研相结合，教研互哺，科教一体，创新引领。

### （一）实验教学特色和成果

**1. 实验教学和改革特色**

（1）科研创新型人才培养的实验教学定位。

中心始终将"夯实基础、强化实践、提高能力、促进创新"为实验教学基本理念，在培养学生实际操作和应用能力的基础上，借实验教学促进学生科研能力和创新能力的提升。在此理念指引下，中心明确了打造教研结合，促进教研转化的实验课程和项目体系，以培养具有三创精神和能力的复合型具有国际视野的高级人才。

（2）经济和管理相互交融的教学体系。

中心始终以培养具有"三创"精神和能力的复合型高级人才为出发点，通过实验实践教学强化学生自主创造能力，紧跟信息化、智能化的时代发展步伐。

在实验教学方面，中心构建起了包括基础平台型实验、专业综合型实验和创新研究型实验三个层次相互支撑的实验课程体系；在实践教学方面，建立起了专业实习、暑期社会实践和学生自主性社会实践三个层次相结合，重在为专业实习提供支持的实习基地体系和为实践教学提供支持的实践基地体系，由此形成了实验教学与实践教学两大模块相互结合，经济与管理相互交融和渗透的实验教学体系。

（3）教研结合的特色实验室。

以经济与管理相互渗透的实验教学体系为基础，中心发挥武汉大学经济与管理学院学科特色和优势，建设"计量经济学实验室"、"行为科学实验室"、"量化投资实验室"、"商业数据分析实验室"和"国际商务实验室"，培养适应大数据时代的综合创新型人才。

（4）以前沿研究成果为实验教学改革改革突破点。

中心充分发挥学院学科和科研优势，在建成了系列基础型和综合型实验课程基础上，不断促进创新型实验课程和项目，结合现代信息技术，更新实验内容，变革实验教学手段。借鉴"慕课"课程和翻转课堂等新型教学方式，利用在线教育技术，实现从传统课堂教与模仿的单向灌输型实验教学模式向在线模式下的师生双向学习，自主调动学生实验教学热情转变。

（5）多元化实验教学队伍。

中心不断将近年来学院所引进的高层次海外教师纳入实验队伍，让其最新的实证研究方法融入实验教学，促进教学内容和手段创新。此外，打通理论与实验老师，实现理论、实验和研究融合教学；同时，邀请优秀校友和企业家加入到队伍中，通过论坛、讲座和走入课堂等方式，让学生亲触奋战在市场经济一线的成功者们。

**2. 实验教学成果**

（1）促进实验教学观念变革。

长期以来，经济与管理学科教育侧重于理论教学，实验教学一直作为理论教学的补充和辅助而存在。自中心成为建设单位以来，努力提升实验教学地位，推动学院本科培养方案修订，将实验教学课程作为必修课程纳入本科培养方案。2015 年本科培养方案中，学院本科生独立总实验学时高达 2058 学时（未含包含于理论课程中的实验学时要求），独立总学分达到 115 学分。

（2）建成了先进的实验教学平台。

中心建成了 3000 多平方米的实验教学区域，拥有服务器、电脑设备及辅助设备 1200 余台（件）；国外权威实验教学软件 18 种，国内实验教学软件 30 多种，自建 13 个中英文数据库（见表 1）；建成行为科学等 3 个特色实验室，量化投资等 3 个实验室正在筹建之中。

表 1                              中心数据库平台资源

| BVD 数据库 | 全球新兴市场商业资讯（EMIS） | Winds 数据库 |
|---|---|---|
| 国泰安数据库 | 工业企业数据库 | 海关进出口数据库 |
| 同花顺数据库 | GTAP 数据库 | 经济普查数据库 |
| 工业企业产品产量数据库 | 中国制造行业数据库 | Chinascope 数据库 |
| 中诚信资讯平台数据库 | | |

资料来源：武汉大学经济管理实验教学示范中心。

（3）拥有了一流的实验教学队伍。

中心打通实验教学和科研，吸引大批优秀青年教师参与到实验教学中。通过多年实验教学队伍建设，中心已建立起一支以教授、博导为学术带头人，以基础扎实、实践经验丰富的中年教师为骨干，以高学历且富有创新精神的青年教师为主体的实验教学师资队伍。目前，中心拥有专兼职教师 150 余人，其中 53% 拥有高级职称，70% 以上拥有博士学位，25% 为近三年海外引进人才；实验管理和技术人员 8 人，其中 50% 拥有博士学历。

（4）实验教学得以发展。

自成为建设单位以来，中心每年开设实验课程近 60 门，为经济管理两大学科门类 18 个博士点、23 个硕士点、11 个专业学位点、18 个本科专业（方向）、7 个本科教学实验班，全校其他 35 个院系双学位学生、七校联合双学位学生近万名学生提供了实验教学服务。同时，中心教师不断革新实验教学内容，开设出一系列具有特色的实验课程，如创业运营模拟、高级计量经济学、新技术市场营销、TECHMARK 管理实战模拟、社会心理学、管理研究方法、物业设备维修与管理实践等多项实验课程；创新实验教学方法，采用开放式、互动式教学法、模拟教学法、实践教学法、案例教学法等多种方法。在青年教师指导下增加了一系列创新型实验项目，如量化投资实验、衍生金融工具实验、金融风险控制实验和高频数据分析处理实验等。

（5）实验教学改革成果丰硕。

在中心推动下，实验教学改革成果显著。中心教师主持校级以上教学改革研究项目百余项，其中：教育部教学改革研究项目 12 项；发表教学改革和教学研究论文百余篇，其他研究报告或论文 20 多篇；建成国家级精品课程 4 门，国家级双语教学示范课程 1 门；编写和出版实验教学教材（包括含实验教学内容的教材）60 余部，其中入选国家"十五"和"十一五"规划教材 24 部，《经济学与管理学实验教学系列教材》一套（共 14 部）；自编讲义 20 多种；获得各项教学改革成果奖励百余项，其中国家级优秀教学成果奖一等奖 3 项，二等奖 1 项，湖北省普通高等学校优秀教学成果奖一等奖 4 项，二等奖 5 项，三等奖 4 项，武汉大学优秀教学成果奖特等奖 1 项（见表 2）。

表 2　　　　　　　　　　　实验教学改革成果表

| 序号 | 成果名称 | 数量 |
| --- | --- | --- |
| 1 | 教育部教学改革研究项目 | 12 |
| 2 | 省部级、校级、院级教学改革项目 | 146 |
| 3 | 国家级精品课程 | 4 |
| 4 | 国家级双语示范课程 | 1 |
| 5 | 省级、校级精品课程 | 11 |
| 6 | 教学改革与研究论文、报告 | 169 |

续表

| 序号 | 成果名称 | 数量 |
|---|---|---|
| 7 | 实验教学教材 | 61 |
| 8 | 各项教学成果奖励 | 90 |

资料来源：武汉大学经济管理实验教学示范中心。

（6）科研成果突出。

中心老师在中心和中心所提供的各类资源支撑下，获得的科研项目上千项。包括国家社科基金项目百余项，其中重大项目18项，教育部重大攻关项目6项；国家自科基金项目150余项；科研经费年均3000万元；出版学术著作百余部；发表科研论文千余篇；获得各项科研奖励40多项；学院学生发表科研论文千余篇。

### （二）人才培养特色和成效

**1. 人才培养特色**

（1）以项目为抓手培养创新创业人才。

为实现培养具有国际视野的三创人才的培养目标，中心协助学院完成了多个本科专业国家级、省级建设项目；以创业创新开放项目等为抓手，鼓励和指导学生参加各类创新创业实验竞赛，全面培养学生的创业创新精神和能力。

自中心成为建设单位以来，中心支持各专业建成了1个国家人才培养基地（国家经济学人才培养基地）、3个国家级人才培养模式创新实验区（国际经济与贸易专业"一化三型"国际经贸人才培养模式的创新与实践、国际数理经济与数理金融实验班国家人才培养模式创新实验区、理论经济学高端人才培养模式改革与创新实验区）、2个国家级特色专业建设点（经济学、国际经济与贸易）、2个省级品牌专业（市场营销、工商管理）、1个省级战略性新兴（支柱）产业人才培养计划专业（物流管理）、1个弘毅试验班、1个ACCA教改试验班、1个中法金融试验班和1个中法工商管理试验班。

（2）三维一体开拓"三创型"人才培养新局面。

成为建设单位以来，中心积极探索"三创型"人才培养模式，树立了以创新创业教育带动具有创新、创业、创造精神和能力的实践型人才培养的理念。为此，中心通过开设创业类全校通识课程、为创新创业项目提供指导并邀请创业者举办讲座等方式推进三创人才培养。

2010年开始，中心每年定期举办校级"创业运营模拟大赛"，将全校各学科各专业学生纳入创业教育中，实现学科知识交叉融合，在模拟的现实经济管理世界中独立思考、决策，培养团队协作精神与能力。目前，大赛已成为武汉大学"三创"教育成果的重要展示之一，参与大赛的人数不断增加，专业范围日益广泛，影响力不断扩大。

此外，中心老师面向全校学生开设"创业运营模拟"、"创业金融"、"创业管理"、"创业营销"等9门通识课程，越来越多跨学科、跨专业的学生参与到经管类创业理论和实验课程当中。同时，中心定期面向全省、全校学生举办创业创新实践培训。2012年5月，中心为全省参加"湖北省第七届'挑战杯·青春在沃'大学生创业计划竞赛"学生进行赛前培训；2012年6月，为武汉大学参加全国"挑战杯"队伍提供赛前培训；2013年，发起全国创新创业实验教学大讨论并推动了全国学创杯创业运营模拟大赛的诞生。与此同时，在中心支持下，学院学生成立了"e-lab"实验教学社团，协助负责创新实验教学知识宣传、竞赛培训和组织，充分发挥学生在创新实验教学中的主观能动性，在学生中创建起浓烈的实验教学创新理论学习和实践操作学习氛围。

**2. 人才培养成效**

以学生为主体的自主性全员参与及社团组织相结合的创业实验实践教学机制，将竞赛、课程、培训融为一体的"三创"培养模式，推进了学生实验、实践创新活动的多元化开展，开拓了"三创型"人才培养新局面：中心建设以来，学生多人多次在国际竞赛、国家级、省级竞赛中获奖，近50人次获得国际竞赛奖励，数百人次获得国家级竞赛奖励，上千余人次获得省级和校级学科奖励；走出数十名创业成功者。2011年，在全球大学生创业挑战赛中，学生跨专业组成的团队问鼎冠军。他们成功创办"改图网"，成为全国最大的在线设计印刷平台；本科生邱博先后获得第七届"挑战杯"全国大学生创业计划竞赛金奖（2010），第七届英特尔全球挑战赛（IGC）总冠军（2011），作为青年创新创业典型，当选为共青团第十七次全国代表大会代表和湖北省大学生年度创业人物（2012）。"Wu Luo Studio"团队荣获2014微软"创新杯"中国区总决赛特等奖，2016年美国数学建模唯一特等奖被我院学子摘得。学生获批国家级创新创业项目306项，获批校级创新创业项目2200余个。

**（三）引领了全国经管示范中心人才培养的联合探索**

**1. 湖北省20余家经管示范中心建设的牵头者**

中心高度关注湖北省经济与管理实验教学示范中心的发展和建设，同中南财经大学一起发起成立了湖北省经济管理类实验教学示范中心联席会，担任组长单位，共同为省内中心建设出谋划策。中心每年定期组织湖北省省级示范中心召开实验教学研讨会和年会，共商年度工作，做出年度计划；负责联席会网站建设和管理；引导示范中心跨省交流，在全省范围内探寻和推广"三创型"人才培养模式。

**2. 推进全国范围内的经管实验教学案例库建设**

2016 年 12 月，在学科组支持下，中心发起并承办了全国首届经管类实验教学案例大赛。此次大赛实现了经管实验案例的突破，首次在全国范围内掀起实验教学案例建设的热潮，对于推进实验教学案例标准的构建和具有普适性的实验教学案例库的建设具有开创意义。大赛吸引了包括武汉大学、山东大学、南开大学、厦门大学、重庆大学、上海财经大学、中央财经大学、西南财经大学、中国政法大学、武汉理工大学、暨南大学、东北财经大学、北京工商大学、河北经贸大学、江西财经大学、西安欧亚学院等全国 40 余所高校的积极参与，累计收集实验教学案例 80 余个，为全国实验教学案例库建设奠定了基础。

**3. 第十届全国高校经济管理类专业实验室建设研讨会**

2009 年 11 月，中心主办了"第十届全国高校经济管理类专业实验室建设研讨会"，在中心的努力下，此次会议成功将国家级实验教学示范中心经济与管理/法学学科组联席会纳入主办。由于学科组的加入，全国 29 家经济与管理实验教学示范中心（建设单位）实现了首次实验教学建设、实验教学在人才培养中的地位与作用、实践人才培养模式等方面的交流。

**4. 跨省人才模式培养探索**

2011 年 10 月，中心组织湖北省 14 个经济管理类国家级、省级实验教学示范中心以及其他实验教学中心赴江西举办"金融实验教学方法及实验室建设研讨会"。本次会议是实现湖北省高校经济管理类实验教学示范中心跨省交流的首次尝试，首次联合不同省份的经济管理类实验教学中心共同探索专业实验室建设和学科专业实验教学，为湖北省高校经济管理类专业学科人才培养发展起到了积极的作用。

**5. 海峡两岸人才培养探索**

2012 年 5 月，中心作为第一主办方，联合山东大学管理学院、天津大学管理与经济学部以及东北师范大学在东北师范大学共同举办了"第二届海峡两岸经济管理学科实验教学研讨会"。本次会议联合海峡两岸高校共同探索经济管理类实验教学的新理念、新方法和新手段，交流海峡两岸高校经济管理学科实验教学经验。此次会议成功实现了内地高校经济与管理实验教学中心与台湾高校在实验教学、三创型人才培养方面的交流。

**6. 首届全国高等学校经济管理类创业创新实验教学研讨会**

随着各国家级经济与管理实验教学示范中心建设发展的深入，在实验教学和实践人培养亟须新路径新理念之际，2013年6月，在学科组的支持下，中心发起主办了"全国高等学校创业创新实验教学研讨会"，作为一次具有开拓性意义的会议，此次会议首次实现了创业教育全国范围内跨部门、跨学科和跨专业的交流探索，首次将29所国家级经济与管理实验教学示范中心人才培养方式探索由单纯的实验教学转入到以创业创新教育为引导的实践教学，并系统性地就创新创业教育与实验教学的融合进行深入探讨，针对性地集中探索现阶段高等学校创新创业人才培养新模式；深化了实验教学内涵，开拓了实验教学发展新领域和人才培养新思维。

**7. 创新创业人才培养全国范围的实践探索**

2014年5月，在学科组支持下，中心和重庆工商大学共同承办了"2014全国大学生创业综合模拟大赛总决赛暨全国高校创业创新实验实践教学研讨会"。作为由国家级经济与管理实验教学示范中心发起的首次全国范围内的创业模拟竞赛，利用各高校内部号召力，将全国277所高校的18000多支队伍近60000名学生纳入到创新创业实践中，通过现代信息技术向全国高校本科生开放创新创业实验教学资源，落地创新创业实验实践教学。

## 五、标志性建设成果

**图1 中心被学科组授予建设锦旗**

## 六、中心团队集体照

图 2　中心团队集体照

# 研究型大学管理类实验教学中心建设与创新

## ——西安交通大学管理教学实验中心建设成果

## 一、中心基本情况

| 学校名称 | 西安交通大学 |
|---|---|
| 中心名称 | 管理教学实验中心 |
| 署名 | 苏秦　冯秋红　钱华　吴锋 |

## 二、摘要

根据研究型大学的特点及西安交通大学本硕贯通的培养模式，本文探讨了该校管理教学实验中心在管理实验教学体系、实验教学环境、实验教学队伍、管理模式等方面的建设与创新；简述了所取得的成果和特色，以期为高校管理类人才培养提供参考。

## 三、Abstract

According to the properties of academic universities and the training model of Undergraduate and master continuous in Xi'an Jiaotong University, we investigate the construction and innovation of the management Experimental Teaching Center of the university, including the system, environment, team and management fashion of experimental teaching. The achievement and characteristics are also introduced in the paper, in order to offer help in training management talents in universities.

## 四、主要内容

### （一）实验教学改革与创新

#### 1. 实验教学改革思路

相对教学型大学，研究型大学本科生数量少、研究生数量多，培养目标为创新型高层次人才；本硕贯通创新型人才培养模式打破了本科生与研究生的培养界限。因此，管理实验教学中心必须探索高层次研究型大学的实验教学方式，对传统的实验教学方式进行全面改革、创新与实践。

管理学科本质上是一门实践科学，源于实践，最终又用于实践。管理类实验教学的改革与创新，是以支持西安交通大学管理类人才培养目标、本硕贯通人才培养模式、"拓宽基础，分类指导，强化实践，引导创新"的人才培养方针、"先理工后管理"的人才培养特色为目的，需要从实验教学理念、实验教学体系与内容、实验教学环境等方面同步建设与提高，形成系统的研究型大学管理类实验教学改革思路，并适时进行改进。

根据西安交通大学管理类人才培养目标、模式、方针、特色等，我们提出了"国际视野、探索创新、能力培养、学科综合"的管理实验教学理念；明确了管理实验教学的改革思路：以提高学生能力为导向，以创新教育为主线，构建一个以学生能力培养为核心、以自主研究探索为重点、贯通本硕、贯通工管、打通课程界限、系统的、综合性的、国内一流的管理实验教学体系和实验教学环境。具体说就是要在课堂理论学习的基础上，按课程增加实验环节，拉近理论教学与实际操作的距离；同时依托各专业的实践课程，在分项目实验的基础上，开展自主、综合性实验，通过课程设计的形式，培养学生自主解决实际问题的能力。

#### 2. 实验教学体系与内容建设

以通用管理实验平台为基础，搭建了以本科为主、本硕贯通的综合实验环境，不仅可以开展各专业课内的实验教学，而且支持各专业实践课程，并以学生为中心开展实验教学活动。根据以上管理实验教学理念和改革创新思路，在构建研究型大学管理类实验教学体系与内容方面，探索：将传统的"以单项性的操作型、验证型实验为主的管理实验教学体系"转变为"以课程综合、专业综合、学科综合、跨学科综合的、尽可能贴近管理实务情境的综合性研究探索型实验为主的实验教学体系"；变"单一教师现场指导学生实验"为"传统教师现场指导式和网络化学生自主探索、教师辅助的开放式等多模式实验教学"；加强开展课外实验教学活动，给有兴趣进行探索、研究、创新型实验的学生提供环境和条件；

以"企业现实问题驱动、团队实验、探索解决方案"的机制开展实验，融合了科学研究和理论教学。

经过深入调查研究之后提出了：构建管理类专业"一个核心、三个层次、多个类型、多种模式，多种性质，注重综合型、研究探索型、开放式的实验教学内容体系"，如图1所示。

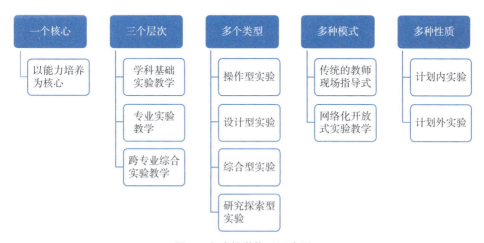

图1　实验教学体系示意图

（1）三层次实验教学。

➢ 学科基础实验：运筹学、应用统计分析、数据库基础及应用、管理信息系统等；

➢ 专业实验：

• 工业工程专业：基础工业工程、系统创新方法、生产计划与控制实践、设施规划与物流分析实践、先进制造技术与管理、人因工程实践；

• 工程管理专业：工程管理流程设计；

• 信管专业：数据结构与程序设计、数据库原理、决策支持系统、IT项目管理、信息系统开发与设计、网页制作与网站管理、网络信息检索与检索系统开发；

• 电子商务专业：决策支持系统、工程经济学、信息系统开发与设计、网页制作与网站管理、网络信息检索与检索系统开发、网络安全与管理、TCP/IP与INTERNET、多媒体技术基础及应用；

• 工商管理专业：数据库系统及应用、市场调研实践；

• 人力资源管理专业：工作分析与职务设计、职业生涯设计；

• 市场营销专业：市场调研实践；

• 会计学专业：会计模拟实验；

● 财务管理专业：会计模拟实验；

➢ 跨专业综合实验：实验管理学、企业经营管理综合模拟、市场营销实践、信息系统应用实践。

（2）多类型实验教学。

在新的实验教学体系中，除了基础单项型实验外，注重加强综合设计型、研究探索型实验教学内容。

➢ 综合设计型实验教学。

增加建设了如下专业或跨专业综合型实验教学课程及项目：

● 实验管理学；

● 企业经营沙盘模拟实验；

● 企业经营分析与预测实验；

● 市场营销模拟教学实验；

● 企业经营管理综合模拟实验——《商道》；

● SAP ERP 系统实验；

● 管理心理测量系列实验；

● 人力资源测评实验；

● 基础工业工程实验；

● 系统创新方法实验（TRIZ 计算机辅助创新研究系列实验）；

● 生产计划与控制实验；

● 先进制造技术与管理实验；

● 群体决策实验——迷失丛林、月球逃生。

在这些综合型、研究探索型实验教学课程中，有特色的实验课及实验项目有：

实验管理学：该课程实验内容包括实验设计、分析和实验结果的解释等在内的实验室实验方法论，也会涉及通过现场（实地）研究来进行实验的方法。使学生初步掌握实验管理学这一强调实验的可控性与真实性有机结合的经验调查方法，以及在管理相关领域学习和研究的标准工具。

企业经营管理综合模拟实验——《商道》：该课程是学生在掌握管理专业管理学、经济学、市场营销学、会计学、公司理财、生产与运作管理等基础知识之后，对学生发现、分析和解决企业经营管理实际问题的综合能力进行模拟实战训练的一门实践课程，训练学生从战略的、全局的角度去处理运营中遇到的各种问题，帮助学生对企业运营管理有更加深入的认识和理解。该课程以《商道》企业经营模拟软件为平台，通过角色扮演及多轮决策学习，使学生能很好地权衡和处理企业经营中的风险、收益及成本等问题；能综合运用企业经营的各种战略，为今后在实际中应用各种经营管理知识打下良好基础。

管理心理与行为测量系列实验：该系列实验教学项目是以人的生理和心理等客观指标的测试为依据，开展相关的实验教学工作，主要支持管理学院管理科学与工程、工商管理两个一级学科的建设和创新性人才的培养，同时努力覆盖机械、能动、电气等工科学院的实验教学和人才培养需求。实验教学项目主要包括：人体基础生理参数测量实验（反应时、记忆等）；人体基础认知参数测量实验；作业环境测量实验；脑力负荷的生理度量法实验；广告对顾客品牌认同度的影响因素分析实验；人的心理特征对群决策效果分析实验；制造过程中人的作业优化实验等。

企业经营分析与预测系列实验：该系列实验是在国泰安上市公司类财务数据库基础上，根据企业财务数据和经营指标对企业的经营进行多时期、多方面、多层次分析与预测，并提供多样化的分析工具和决策模型。主要实验有：财务报表比较分析实验、财务报表因素分析实验、成本效益分析实验等。

系统创新方法实验（TRIZ 计算机辅助创新研究系列实验）：引入 TRIZ 系统创新方法，系统软件，案例库，专利库；筹建一个新产品开发建模工具集及支持系统，主要运营乐高提供的模型工具和软件，以及编程系统等，辅助学生完成新产品开发，并逐步向智能产品，机器人方向扩展。

生产计划与控制实验：全面效率管理，包括产品效率、组织效率、作业效率；人力需求：最佳排程、产能核算、人力需求测试、人力配置等；成本分析：物料成本、人力成本、设备成本等实验。

先进制造技术与管理实验：半导体芯片制造封装与测试工厂生产计划与控制系统。德国西门子公司 CAMSTAR 系统使用，拟实生产系统实践。根据问题需求，进行系统分析，方案谋划，评价决策，方案实施与控制等过程实验。

➢ 研究探索型实验教学。

在新的实验教学体系中，增加了研究探索型实验教学，将有关科研项目的应用成果及时转化、融入到实验教学项目中，构建一个内容丰富、形式多样的研究探索型实验案例库。案例库主要包括：

➢ 教师或硕、博士研究生科研成果转化的实验项目；

➢ 学生到签约基地的课外实践活动成果转化的实验项目；

➢ 学生自主研究的实验项目。

（3）多模式实验教学。

在新的实验教学体系中，除了传统的教师现场指导式（线下）实验教学外，加强网络化开放式（线上）实验教学，构建网络化开放式实验教学环境，学生通过网络进行实验教学。主要包括以下几类：

网络化实验教学课程或项目：在网上进行计划内实验教学活动；

网络化自主学习式实验教学项目：对具有特色和示范性的实验项目，进行视频课件制作及网络化，构建网上自助式实验教学环境，方便学生对相应实验教学项目的了解或实验预习。

网络化自主研究探索式实验教学项目：学生通过现有实验项目案例库，进行包括网络检索等方式进行开放式自主研究探索型实验。

（4）多性质实验教学。

除了培养方案中教学计划内的实验教学外，增加了教学计划外的综合型、研究探索型实验教学项目，供不同层次学生（本、硕、博）的选择。

## （二）加强实验教学队伍建设完善管理模式

### 1. 不断完善管理体制与运行机制

我校教学实验中心由学院和教务处双重领导，中心建有完整的实验室管理及实验教学管理规章制度，且执行良好。实验室每周六天：8：00～22：00 对学生开放。计划内实验按教学计划预约进行；同时组织具有针对性的开放综合性、研究探索型实验；在完成学院实验教学任务的同时，每学期都向全校本科生开设两门开放型综合实验课。

### 2. 实验队伍建设及状况

实验教学师资队伍的建设，在学校和学院两级领导的重视下，得到迅速发展。并制定了实验教学队伍建设五年规划。设置专职和兼职相结合的实验教师岗位，加强实验教学的力量，针对学院实验教学队伍的现状，学院特别注重引进高学历人才，并聘请有经验的教师担任中心的兼职教师，是中心加强教师队伍建设的重要措施。通过建立有序的人才流动机制，不断更新教师队伍，提高整体实验教学水平。为了加强管理类学生的实验教学，管理学院还设置了专职实验教师岗位，让具有多年教学经验的教师专门从事管理类学生的实验教学工作，更新实验教学体系，整合实验教学内容，开发新的实验教学项目。

制定了"示范中心及教育部重点实验室实验和实践案例建设管理条例"和"国家级实验教学示范中心奖励方案"，来促进实验教学师资队伍建设和调动实验教学师资队伍的积极性。

经过长期不懈的努力，队伍逐渐壮大，目前中心已建成了一支以院士、博导、教授和国家及省级教学名师为核心、业务素质强、富有创新精神和敬业精神、结构合理、相对稳定的实验教学队伍。

管理教学实验队伍中，长江学者 1 名，国家"千人计划"长期项目入选者 1 人，国家杰出青年基金获得者 1 名，国家优秀青年科学基金项目获得者 1 名，新（跨）世纪优秀人才培养计划入选者 16 名，长江学者创新团队 1 个，"工业工程"国家级教学团队，全国宝钢优秀教师 2 名，国家社会科学基金项目首席专家 1 人，陕西"百人计划"特聘专家 1 名，陕西省青年科技新星 2 名，陕西省教学名师 2 名，陕西高校人文社会科学青年英才支持计划获得者 2 人。

### （三）实验教学资源及管理共享平台建设

**1. 主要实验教学环境建设**

实验教学资源建设是根据实验教学内容、实验教学方式方法的变革而重构与持续发展。实验教学资源主要包括：实验室、实验课程、实验项目、实验教材、实验设备（包括实验软件系统）、实验耗材、实验指导教师、实验技术人员等。

为支持管理实验教学，除建立了运筹学、应用统计学、数据库基础及应用、管理信息系统等管理基础实验教学环境外，还建立了以下主要实验教学环境：

（1）对于管理科学与工程类学生，建立了工业工程与信息管理等实验环境。

- 人因工程实验平台：以人为中心的实验平台（管理心理测量系列实验、人力资源测评实验）、APAS 动作分析系统、人体仿真系统（Jack）；
- 生产运作管理优化建模仿真平台（AnyLogic、Flexsim、Ilog、Lingo、Pfast 等）；
- 工业工程（IE）体验式教学平台；
- 系统创新方法实验平台：系统创新实验平台（TRIZ 计算机辅助创新研究实验）、新产品开发建模工具集及支持系统；
- SAP ERP 系统；
- 地理信息系统（ArcGIS）等；

（2）对于工商管理类学生，建立了工商管理、人力资源管理、市场营销、会计与财务等"模拟"的企业经营管理环境。

- "实验管理学"平台；
- 市场营销模拟系统；
- 企业经营分析与预测系统；
- 企业经营管理综合模拟系统——《商道》；
- 会计模拟实验；
- "哈佛管理大师"等。

（3）对于全校学生，面向《现代企业管理》课，建立了企业经营沙盘模拟、网上群体决策实验（迷失丛林、月球逃生）。

（4）为了提高实验教学资源的利用率，使实验教学资源共享、服务开放，构建了网络化开放式实验教学环境，师生可以通过网络登录进入实验平台开展开放式、远程实验教学，大大提高实验教学资源利用率。

**2. 主要实验教学资源**

（1）计算机及网络设备。

台式计算机 496 台。网络设备：核心交换机 3 台；路由器 1 台；接入层交换机 68 台；无线 AP 66 台。服务器设备 32 台。

（2）实验教学系统。

SPSS 统计软件；金蝶 K/3ERP 系统；VIEW—ERP 系统；企业经营沙盘模拟系统；甲骨文数据库系统工具等，红杉树远程视频会议系统，维也纳思维特征数据采集和分析系统（VTS），企业经营分析与预测系统；市场营销模拟教学系统；企业经营管理综合模拟——《商道》系统；SAP ERP 系统；Eviews V6.0 经济计量预测分析软件；Flexsim V4.5 仿真软件；Arena V12.0 物流仿真软件；Ilog 优化建模软件；Lingo8.0；Pfast 物流设施规划软件、《工业工程（IE）体验式教学平台》软件、AnyLogic 建模决策及仿真软件、新产品开发建模工具集及支持系统等等。

（3）数据库。

◆ CSMAR SYSTEM 系列研究数据库系统 V4.0；

◆ 华通数据中心数据库；

◆ BvD 全球金融分析及各国宏观经济指标数据库；

◆ 万德金融上市公司数据库；

◆ 地理信息系统系列研究数据库系统。

**3. 实验教学管理与资源共享信息化平台建设**

西安交通大学管理教学实验中心的信息化平台主要包含以下内容：

● 管理教学实验中心网站；

● 实验室资源管理系统；

● 管理实验教学中心实验平台（实验教学管理系统）。

（1）管理教学实验中心网站。

管理教学实验中心网站主要包括：中心概况、实验教学、图书档案、体制与管理、设备与环境等模块。包括实验教学介绍、实验设备介绍、软件客户端、工具软件的下载等，形成了一个交互式的网络信息化平台。

（2）实验室资源管理系统。

实验教学资源管理系统主要包括：门户管理、学院资产管理、学院耗材管理、合作单位信息管理、学院 IP 资源管理、实验室档案管理等模块。

（3）管理实验教学中心实验平台（实验教学管理系统）。

管理实验教学管理系统主要包括：用户管理、实验信息发布、实验信息查询、实验课程管理、实验项目管理、实验教学安排（线上、线下实验；计划内、计划外实验)、实验预习、实验(线上)、实验报告、实验考核分析、实验教学评价、实验问答、系统设置等模块。

## (四)实验教学建设成效。

在新的实验教学体系与内容中,教学覆盖面广,有向管理学院所有学生开设的各种类型实验,也有向全校学生开设的开放性实验;不仅有学科基础,也有专业以及跨专业实验教学活动;不仅有基础单项型,也有综合型、研究探索型实验教学活动;不仅有传统现场指导式,也有网上开放式实验教学活动;不仅有计划内,也有计划外实验教学活动等。从各个层次、各个阶段加强了实验教学活动。

2009 年以来,在实验教学方面所取得的标志性成果主要有:

- 教学成果奖 7 项(国家级 2 项、省级 5 项);
- 出版教材 22 本(其中,国家规划教材 8 本);
- 新编实验讲义 14 本;
- 承担实验课程 15 门;
- 新建研究探索型实验教学项目 30 项;
- 国家级实验教学示范中心发表署名文章 50 篇;
- 一支国家级教学团队,一支长江学者创新团队;
- 陕西省教学名师 2 名;
- 科研成果奖 27 项(国家级 3 项、省级 24 项)。

## (五)特色与创新

西安交通大学管理教学实验中心,在管理学院进行本硕贯通的创新型人才培养模式、"拓宽基础,分类指导,强化实践,引导创新"的培养方针、"先理工后管理"的人才培养特色实行过程中,不断探索及进行着研究型大学管理类实验教学的改革与实践。在建立与管理理论教学既相互联系又相对独立、层次分明、内容丰富的实验教学新体系,建立技术先进、配置齐全的实验设备与相应软资源,建立先进、灵活、规章制度健全、管理规范、开放的运行管理机制,建立教学与科研相结合的高水平实验教学队伍等过程中形成了自己鲜明的特色:

①深入探索了研究型大学管理类实验教学改革与创新面临的关键问题。充分发挥学科优势,将科研成果和优秀论文与实验教学紧密结合,转化形成多个实验案例,拓展了实验教学的内容。

②在实际实验教学过程中贯彻了"国际视野、探索创新、能力培养、学科综

合"的管理实验教学理念，在国内率先开设了《实验管理学》课程，为完善管理理论实证研究提供了科学手段，进而实现了改进、丰富已有理论，发现新的、未知的理论。

③构建了适应于研究型大学管理类贯通本硕的实验教学体系，以学生为主体，以能力为导向，以创新教育为主线，开发了丰富多彩的综合型、研究探索型、创新型实验教学项目。

④建设了具有专业化、现代化的管理实验教学资源环境，尤其是在工业工程实验教学环境中，拥有维也纳心理测试仪、思维特征数据分析软件、瑞典 Tobit 眼动仪、多导生理仪、虚拟现实系统及 Jack 人因工程仿真软件等一批技术领先设备，使管理类实验教学环境达到了国内领先、国际先进水平，大大提升了管理教学实验的学术水准。

## 五、标志性建设成果

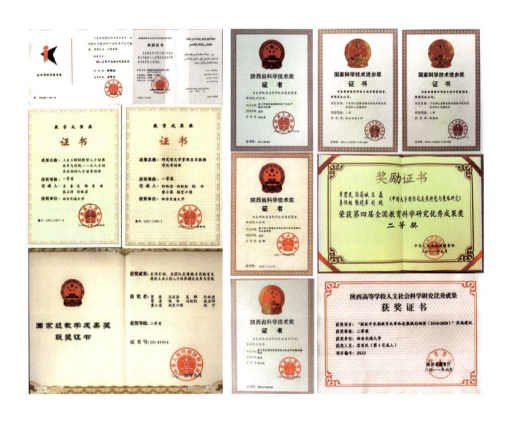

## 六、中心团队集体照

# 西安交通大学应急管理决策虚拟仿真实验教学中心建设与实践

## 一、中心基本情况

| 学校名称 | 西安交通大学 |
|---|---|
| 中心名称 | 应急管理决策虚拟仿真实验教学中心 |
| 署名 | 苏秦　钱华　冯秋红　冯耕中 |

## 二、摘要

本文介绍了应急管理决策虚拟仿真实验教学中心在实验教学内容体系、实验教学平台、实验教学队伍等方面的建设特色与创新，以及所取得的成果与水平。

## 三、Abstract

This paper introduces the construction, innovation as well as the achievements of the emergency management decision virtual simulation experimental teaching center, from the perspectives of the experimental teaching content structure, the teaching platform, and the teaching staff team.

## 四、主要内容

### （一）虚拟仿真实验教学中心建设概况

西安交通大学应急管理决策虚拟仿真实验教学中心于 2016 年 1 月入选 2015 年国家级虚拟仿真实验教学中心。

西安交通大学管理学院"应急管理决策虚拟仿真实验教学中心"面向管理科学与工程、工商管理等2大类7个专业开展虚拟仿真实验教学，已建设30个真实实验无法展开的虚拟仿真综合实验项目，如"突发事件预测预警实验"、"应急联动多部门协作实验"、"应急物流运力交易实验"、"应急决策仿真实验"等。通过实验教学，缩短了理论学习和现实应用之间的距离，可以帮助学生更加深入的理解课本知识，同时培养学生的综合应用能力。

突发事件的频发要求管理类学生需要掌握和具备处理突发事件的能力。针对我国社会发展与应急管理的重大现实需求，成立了学科交叉的科研与教学协同的应急管理决策虚拟仿真实验教学中心。该中心的建设核心目标是提高管理类学生应对突发事件、实时综合管理决策的能力，培养具有国际化视野及社会责任感的创新型管理人才。

通过采用开放理念，利用国际合作平台，整合管理学院优势教育资源、已有教学与实验成果，充分利用大数据时代下的现代信息技术、依托管理科学与工程、工商管理两个国家重点一级学科的力量等一系列措施，经过十多年的建设，中心在"虚拟仿真实验教学管理平台"和"国际化虚拟联合教学平台"以及"应急管理基础虚拟仿真实验平台"基础上，建设了"应急联动虚拟仿真实验平台"、"应急物流管理虚拟仿真实验平台"和"应急决策指挥虚拟仿真实验平台"三大面向对象的教学平台，正在建设"基于大数据分析的虚拟仿真实验平台"。中心服务于社会科学领域的多个专业的虚拟仿真实验教学，在管理类人才培养、科学研究、社会服务等方面取得了巨大的成绩（见图1）。

西安交通大学"应急管理决策虚拟仿真实验教学中心"不仅是一个应急管理专业性的实验教学中心，同时也是一个多学科融合、开放共享的应急管理虚拟仿真综合实验基地。中心打造了从基础实验到专业技能训练，再到学科交叉虚拟仿真创新实践的多层次模块化、开放式实验教学体系，在应急管理虚拟仿真实验资源的开发、共享和管理、管理学实验教学模式的创新等方面起到示范作用。

（二）虚拟仿真实验教学内容体系

突发事件是指突然发生的、造成或可能造成人员重大伤亡、财产重大损失，并对社会造成重大影响、危及公共安全的事件。包括以下四大类：自然灾害、公共卫生事件、事故灾难和社会安全事件。我国是自然灾害、事故灾难频发的国家之一。

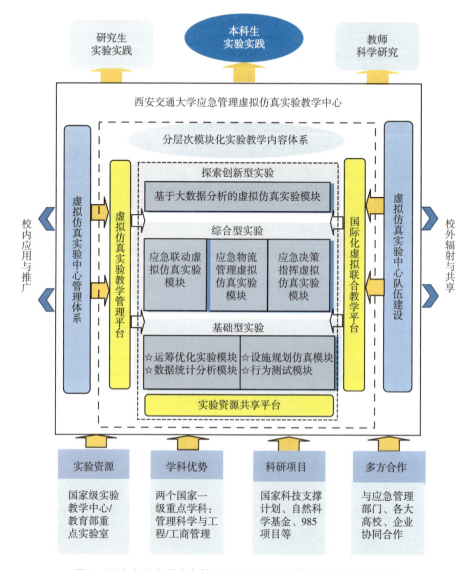

**图 1　西安交通大学应急管理虚拟仿真实验教学中心体系结构图**

各类突发事件的发生对我国社会、经济的安全产生了巨大的负面影响、损失重大，加强有效应对突发事件、妥善预防和处理突发事件问题是我国现阶段重大现实需求。应急管理是指政府、企业及其他公共机构在突发事件的事前预防、事发应对、事中处置和善后恢复过程中，通过建立必要的应对机制，采取一系列必要措施，应用科学、技术、规划与管理等手段，保障公众生命、健康和财产安全，促进社会和谐健康发展的有关活动，主要包括应急预警、应急响应、应急保障和善后恢复四个方面。同时在企业的日常生产运营管理中，也迫切需要对应急管理能力进行提升。处理突发事件的能力已成为现代社会各级关键管理岗位所应具备的基本素质，提高管理人才应急管理能力的培养是创新型管理人才培养的必然要求。

按照"厚基础、宽口径、强实践、高素质"的原则，构建了一个以学生能力培养为核心、以自主研究探索为重点、打通课程界限、综合性的国内一流的实验教学内容体系和实验教学环境。

中心面向管理科学与工程、工商管理两个一级学科7个专业，构建了分层次模块化的虚拟仿真实验教学内容体系。中心在实验教学内容体系构建时，遵循四结合原则：课程教学与虚拟仿真实验相结合；校内实验与校外交流/实践相结合；实体实验与虚拟仿真实验相结合；虚拟仿真实验教学与科学研究相结合。虚拟仿真实验教学内容体系如图2所示。

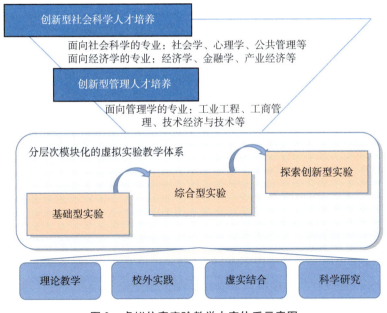

**图2　虚拟仿真实验教学内容体系示意图**

三层次实验教学内容体系：

（1）应急管理基础型实验。主要包括：

运筹优化实验模块（最短路问题求解实验等）；

数据统计分析实验模块（线性回归分析实验等）；

设施规划仿真实验模块（应急物资仓储设施规划仿真实验等）；

行为测试实验模块（作业过程的仿真分析与优化实验等）。

（2）应急管理综合型实验。主要包括：

应急联动管理实验模块（突发事件预测预警实验等）；

应急物流管理实验模块（应急物资供应链系统运输策略仿真实验等）；

应急决策指挥实验模块（应急决策与指挥虚拟研讨实验等）。

（3）应急管理探索创新型实验。主要是探索基于大数据分析的虚拟仿真实验，已有"基于北斗/GPS的运输过程透明管理仿真实验"和"大数据背景下网络舆情传播机制探索实验"等探索创新型实验。

## （三）虚拟仿真实验教学平台

应急管理决策虚拟仿真实验教学中心的实验教学平台主要由以下几部分组成：虚拟仿真实验教学管理平台、国际化虚拟联合教学平台、基础型虚拟仿真实验平台、应急联动虚拟仿真实验平台、应急物流虚拟仿真实验平台、应急决策指挥虚拟仿真实验平台（见图3）。

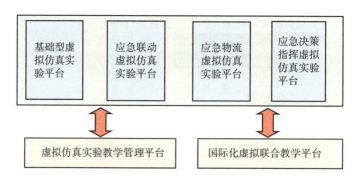

图3 应急管理决策虚拟仿真实验教学中心实验教学平台构成示意图

### 1. 虚拟仿真实验教学管理平台（系统）

虚拟仿真实验教学管理平台（系统）是整个中心实验教学的管理系统，从学生实验课程及其实验项目的选择、安排、到实验记录和报告、实验考核和成绩管理，以及所有实验项目的建立、维护等进行统一的教学管理服务。主要功能包括：用户管理、实验信息发布、实验信息查询、实验课程管理、实验项目管理、实验教学安排（线上、线下实验；计划内、计划外实验）、实验预习、实验（线上）、实验报告、实验考核分析、实验教学评价、实验问答、系统设置等模块。

### 2. 国际化虚拟联合教学平台

国际化虚拟联合教学平台是实现仿真实验教学的场所，主要提供虚拟课堂，实现教师在线授课，指导学生完成实验教学，完成答疑与互动讨论等功能。平台的主要功能包括虚拟课堂、虚拟答疑与辅导、虚拟讨论与互动交流、异地指导学生、远程国际学术视频会议、虚拟团队与项目管理、企业咨询。平台的结构如图 4 所示。

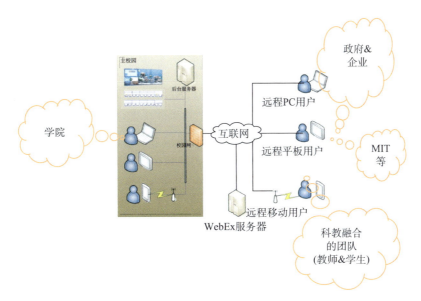

**图 4 国际化虚拟联合教学平台示意图**

平台的软硬件设备包括：红杉树统一通讯平台；触控显示器；服务器；多屏显示阵列；多路高（标）清采集卡、全向麦克风、摄像机；Webcenter Suite Plus；Oracle BIEE（Siebel Analytic）。

**3. 基础型虚拟仿真实验平台**

该平台为基础型虚拟仿真实验提供支持：运输问题求解实验、虚拟应急物资仓储设施规划仿真实验、聚类分析实验等。

平台的软硬件设备主要包括：WinQSB、ILOG CPLEX、Lingo 优化软件；SPSS、EXCEL、SAS、Eviews 统计分析软件；Flexsim 仿真软件；维也纳心理测试系统；Jack 人体建模仿真软件；国内金融数据库：CSMAR 数据库；国际金融数据库：Wind 资讯数据库；国内宏观数据库：华通数据库；国际宏观数据库：BvD 全球金融分析及各国宏观经济指标数据库；服务器、磁盘阵列等。

**4. 应急联动虚拟仿真实验平台**

城市应急联动虚拟仿真实验平台（系统）由学院与北京时力永联科技有限公司联合开发。城市应急联动虚拟仿真实验平台（系统）是以城市为单位，实现城市突发事件快速反应的信息应用系统，将一个城市内的 110、119、122、120 等紧急求助服务整合在一个统一的管理平台上，成立专门的应急指挥中心，通过集成工作流管理、GIS（地理信息系统）、GPS（全球定位系统）等先进的技术，进行统一的接警、处警、指挥调度等城市应急联动处理（见图5、图6）。

**图5　系统登陆界面**

**图6　系统主工作页面**

城市应急联动系统由接警处警系统、应急指挥系统、地理信息系统3个核心系统和信息公告、邮件服务、资源目录3个辅助系统构成。

**5. 应急物流虚拟仿真实验平台**

应急物流虚拟仿真实验平台是我院与西安易流物联科技有限公司联合开发的物流信息平台，应急物流虚拟仿真实验平台的主要功能有5个：位置服务、社区共享、在线服务、管理设置、统计报表（见图7）。

图 7 应急物流虚拟仿真实验平台功能结构图

## 6. 应急决策指挥虚拟仿真平台

突发公共事件应急指挥平台由我院与西安未来国际信息股份有限公司联合开发。突发公共事件应急指挥平台主要功能包括：应急门户系统；数字预案系统；预测预警系统；应急资源系统；演练培训系统；语音调度系统；智能电话系统；应急值守系统；辅助决策系统等（见图 8、图 9）。

图 8 系统主界面

**图9 查询值班要情**

## （四）虚拟仿真实验教学队伍及实验教学水平和成果

### 1. 虚拟仿真实验教学队伍

中心以管理科学与工程、工商管理两个国家一级重点学科为基础，以教育部长江学者和创新团队发展计划"物流运输过程中突发堵塞事件的演化机理与应对策略研究"精英团队为核心，现有成员45人，含企业兼职人员8人，其中长江学者、国务院学科评议委员会成员、教育部新世纪优秀人才等优秀教师17名。目前，虚拟仿真实验教学中心45名成员中有工程院院士1人、国家教学名师1人，国家级精品课程负责人3人、国家来华留学生品牌课负责人1人，国务院学科评议委员会成员2人、国家"十二五"科技支撑计划首席专家1人、中组部千人计划入选者2人（含青年千人1人）、教育部长江学者2人、国家杰出青年科学基金获得者1人、国家优秀青年科学基金获得者1人、陕西省教学名师2人。

中心的教学队伍由实验教师人员、实验管理人员和实验技术人员三部分组成。其中，实验教师人员包括专职教师和校外兼职教师，主要负责实验设计和具体教学工作；实验管理人员负责实验教学督导；实验技术人员主要负责实验室建设、技术支持和运行与维护。

### 2. 虚拟仿真实验教学水平和成果

西安交通大学管理学院在管理科学与工程、工商管理两个国家一级重点学科连续多年获得教育部学科评估第一的基础上，强化管理、提升教育质量，于2011 年取得了 AACSB 认证资格，全面建立了国际化的管理教育质量体系。应急管理决策虚拟仿真实验教学中心完全按照国际化的标准，开展实验教学工作。近 5 年间在虚拟仿真实验教学方面取得了丰硕的成果，出版各类专著和教材 42 本，其中"十二五"规划教材 5 部，获陕西省优秀教材 3 部。国家精品课 3 门，国家来华留学生品牌课程 1 门，省级精品课程 5 门。获得国家级教学成果奖 1 项，省级教学成果奖 4 项。构建了虚拟仿真实验教学平台，开发了一批国内领先的应急管理虚拟仿真模型和软件。培养了一批优秀的学生，近五年中，有 1 人获得国家优秀博士学位论文，有 2 人获得国家优秀博士学位论文提名，有 4 人获得陕西省优秀博士学位论文。各种管理决策模拟、创业等大赛获奖 11 项等。

实验教学中心骨干成员 2010～2015 年间承接各类研究课题 51 项，其中国家科技支撑计划项目 2 项，教育部长江学者创新团队项目 1 项，国家自然科学基金项目 25 项，国家软科学项目 1 项，国家级纵向科研项目总经费 1621.8 万元。累计发表应急研究方向的论文 73 篇，其中 SCI 18 篇，SSCI 7 篇，CSSCI 27 篇。研究获奖（省部级以上）9 项，其中国家科技进步二等奖 1 项，省级科技进步一等奖 1 项、二等奖 5 项、三等奖 2 项。丰富的科研成果成为转化为实验教学项目的重要来源，围绕应急管理的科研项目，中心成果转化开发出相应的实验教学项目 19 项。

### （五）虚拟仿真实验教学中心特色与创新

"应急管理决策虚拟仿真实验教学中心"的特色与创新体现在以下几个方面：

**1. 坚持"科教相融、开放共享、虚实结合，综合培养"的实验教学理念**

（1）科教相融：充分发挥管理科学与工程和工商管理两个国家一级重点学科的学科优势，利用各科研团队在承担科研项目中建立的仿真实验平台，并将其与现有实验教学环境和资源相结合，形成了一套完整的实验教学体系及依托科研成果带动实验教学发展的管理机制，促进科研成果尽快转化成为实验教学资源。

（2）开放共享：已建成的所有实验教学平台和实验教学资源，已经在境外学校、兄弟院系、政府部门、社会研究机构实现了共享，并计划在未来实现跨校、跨地区的资源开放和共享。

（3）虚实结合：应急管理具有不可重复性、偶发性和不确定性等特征，这些特征表明应急管理的对象无法或者很难在实验室重现。通过虚拟现实、多媒体、人机互动、数据库和网络通讯等信息化技术，为学生构建高度仿真的虚拟实验环境和实验对象的虚拟仿真实验，并与实际处理镜像联动，学生使用真实数据模拟突发事件应急管理，使虚拟仿真实验和实体实验相结合，可以帮助学生进一步强化虚实结合，深入了解理论知识。

（4）综合培养：综合培养主要包括"理论知识"和"专业实验"综合培养以及"校内实验"和"校外实践"综合培养。通过"理论知识"和"专业实验"综合培养，使学生在掌握一定理论知识后通过实验教学更直观了解理论方法；通过"校内实验"和"校外实践"综合培养，使学生了解实验的社会背景，进一步理论联系实际。

**2. 建立面向"应急管理全过程"的分层次模块化实验教学体系**

应急管理主要包括应急预警、应急响应、应急保障和善后恢复四个阶段，针对这四大阶段，设计隶属应急管理不同阶段的有侧重点的教学实验，使学生深入学习相对应的应急管理阶段的工作重点及工作范式。围绕针对管理类专业学生的应急管理能力培养，开发了应急管理基础型实验、综合型实验、探索创新型实验的分层次模块化实验教学体系，可以帮助学生更全面综合的了解应急管理全过程，在应对突发事件时可以从全局统筹角度优化决策行为。

**3. 采用先进技术通过资源整合搭建"自主研发 + 校企合作"模式的综合型仿真实验平台**

中心与陕西省应急管理办公室、西安市商用信息系统分析及应用工程实验室、神华集团、未来国际、时力科技、深圳易流科技有限公司等一系列国内外知名企业合作，运用全媒体信息交互的先进技术，搭建"自主研发 + 校企合作"模式下的综合型仿真实验平台，为学生提供强大的技术支持和独特的行业资源，实现了虚拟课堂、异地学生指导、远程国际学术交流、企业信息咨询、应急管理的能力培养（应急联动管理、应急物流管理、应急决策指挥），更是很好地展现了现实情况下无法通过真实实验展示的现象和运行机理，具有很强的现实应用性。

**4. 按照 AACSB 要求建立国际化实验教学质量保证体系**

2011 年西安交通大学管理学院取得了 AACSB（The Association to Advance Collegiate Schools of Business）认证资格，AACSB 认证代表了全球商学领域最权威的质量保证体系。中心对照 AACSB 的要求，组织有关人员讨论实验教学中存在的问题，形成评估报告，并反馈给有关的人员和部门；并提出解决问题的对策（建议），制定可行的计划（方案），并逐步实施。通过该循环体系开展实验教学工作，保证实验教学中心的教育质量。

## 五、标志性建设成果

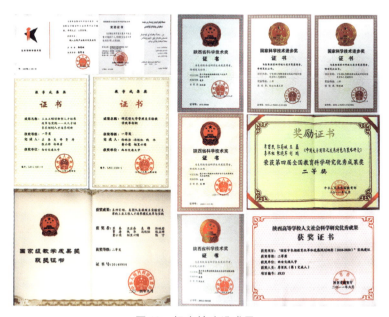

图 10　标志性建设成果

## 六、中心团队集体照

图 11　中心团队集体照

# 以跨专业综合实验建设为基点，构建经管类创新实践能力培养新模式

## ——西南财经大学经济管理实验中心建设成果

## 一、中心基本情况

| 学校名称 | 西南财经大学 |
|---|---|
| 中心名称 | 经济管理国家级实验教学示范中心 |
| 署名 | 曹旭斌　刘禹　刘耘礽 |

## 二、摘要

西南财经大学经济管理实验教学中心以其建设国家级实验教学示范中心的经验，深化财经类专业实验教学改革，完善实验教学体系。自 2009 年积极探索经管类综合性和创新性实验教学改革，2013 年引入经管类跨专业综合实验教学平台，打造面向全校经管类专业的跨专业综合实验教学，构建经管类创新实践能力培养的实验教学新模式。

中心从教学团队建设、学生助理团队建设、课程内容建设、实验场地建设等方面着手，不断完善实验课程体系，加强实验教学研究，取得了系列研究成果。一是形成了以先进的学习理论为指导，构建"以学习者为中心"的多元能力综合培养的实验教学体系和理念；二是形成了以开放式整合实验要素，构建经管类学生创新能力培育新模式；三是采用"虚拟教研室"的教学团队组织形式，形成了由实验教师、学生实验助理、实验管理人员、实验技术人员、行业专业人员共同构成的复合型教学共同体。

成果通过在教学中的实践应用，取得预期成效，申报的《以跨专业综合实验建设为基点，努力构建经管类创新实践能力培养新模式》获得西南财经大学教学成果奖一等奖。该成果为经管类创新人才创新实践能力培养提供了借鉴和经验，

在全国财经类高校产生较大影响，具有较好的示范作用。

## 三、Abstract

In the construction of national experimental teaching demonstration center experience, Economic and management experiment teaching center of SWUFE deepens reform of the research and education of finance and economics, and improves the experimental teaching system. Since 2009, the center has been actively exploring the reform of the comprehensive and innovative experimental teaching. In 2013, the center introduced cross major comprehensive experiment teaching platform, creating a comprehensive experimental teaching system which is aimed at the whole university, and building a new model of experimental teaching for cultivating innovative practice ability.

The center attaches great importance to the construction of teaching teams, student assistant team construction, curriculum construction, experiment site construction, improves the experiment course system, and strengthens the experimental teaching research. The center has made a series of research results. One is to develop the experimental teaching system and concept of "learner-centered" comprehensive training in the form of advanced learning theory. Second, it has formed a new model of cultivating students' innovation ability by using open integration of experimental elements. Thirdly, the "virtual teaching and research room" is used to form a diverse teaching community.

The results are achieved through practical application in teaching. The central reporting program named "Based on the interdisciplinary comprehensive experiment construction, Effort to construct a new model of cultivating innovative practice ability" won the first prize in the school teaching achievement award. The result is a kind of reference and experience for the cultivation of innovative practice ability of the management, and has a good demonstration effect in the national financial and economic universities.

## 四、主要内容

### （一）成果背景及简介

随着国家改革开放的深入和社会经济的高速发展，对于高层次创新型经管人才的需求日益迫切，如何更好提高财经人才培养质量，加强人才的实践动手能力和创新精神，更好地服务国家创新驱动发展战略，是财经高等教育面临的共同问题。

近年来，我国政府出台了多项文件促进创新创业教育的实施。2010年教育部出台《大力推进高等学校创新创业教育和大学生自主创业工作的意见》指出"加大实践教学比重，丰富实践教学内容，改进实践教学方法"，2015年国务院办公厅正式下发《关于深化高等学校创新创业教育改革的实施意见》，进一步明确强化创新创业实践是深化创新创业教育改革的重要措施，并提出"要加强专业实验室、虚拟仿真实验室、创业实验室和训练中心建设，促进实验教学平台共享。"可以看出，实践是大学生创新实践能力培养的重要途径，实验教学在突出创新实践能力培养中发挥着重要作用。

尽管近年来高校在经管类专业教学中加强实验教学，引入各类实验教学软件，加强经管类专业学生实践动手能力培养，对比社会需求，仍普遍存在实验教学理念陈旧、实验教学方法手段单一、实验内容落后、实验教学软件不足等诸多问题，实验内容主要以演示型、验证型实验为主，综合型、创新型实验内容严重不足，特别是缺乏针对产业、行业相关领域的跨学科、跨专业的综合能力素质训练内容，在团队协作能力、自主学习能力、分析解决实际问题能力、沟通能力等方面的训练严重不足。总体上看，现有财经类实验教学如不进行改革和创新，将难以适应"大众创业、万众创新"时代背景下对于创新型人才的要求。要走出困境，建立适合新时期财经管理人才需求的经管类实验教学体系，探索高层次财经人才创新实践能力培养的新模式和新机制是根本出路。

针对财经类专业实验教学存在的种种问题，西南财经大学依托校级专业实验教学平台——经济管理实验教学中心，以其建设国家级实验教学示范中心的经验，深化财经类专业实验教学改革，完善实验教学体系。自2009年积极探索经管类综合性和创新性实验教学改革，从初期的手工沙盘，电子沙盘，企业经营模拟，金蝶、用友的ERP系统到后期的SAP、Oracle的ERP等，不断尝试、探索、充实和完善综合性实验教学；2013年在引入跨专业综合实验（实训）教学的"虚拟仿真商业社会环境"实验教学平台基础上，着力打造面向全校经管类专业的跨专业综合实验教学，加快实验教学范式改革，构建经管类创新实践能力培养的实验教学新模式。

经过前后近10年探索和实践，历经专业综合、学科综合、跨专业综合等过程，在教学理念创新、教学范式改革、实验教学体系构建、教学团队建设、教学资源共享等诸多方面取得了丰富的经验。形成了以先进的学习理论为指导，构建"以学习者为中心"的多元能力综合培养的实验教学体系和理念；以培养创新型、应用型高素质人才为目标，积极探索经管类跨专业综合实验教学范式改革；运用虚拟仿真技术对传统实验跨专业综合实验进行改造，以开放式整合实验要素，创建了"一个目标、两种转变、三个平台、四个抓手"经管类学生创新实践能力培育新模式。成果通过在教学中的实践应用，取得预期成效，是全国财经高校跨专业综合创新实践能力培养的一种新的模式，为经管类创新人才创新实践能力培育提供了借鉴和经验，在全国财经类高校产生较大影响，具有较好的示范作用。

### （二）成果主要内容及方法

**1. 以先进的学习理论为指导，构建"以学习者为中心"的多元能力综合培养的实验教学体系和理念**

针对经管类专业特点和能力需求，参照国外经管类专业对综合创新实践能力培养的先进教育理论，构建"以学习者为中心"的多元能力培养实验教学体系，以"建构主义学习理论"和"学习金字塔"模型等教育理论为指导，积极探索实验教学范式改革，突出学习者为中心。

跨专业综合实验的目标，定位于学生通过协作完成一系列实验模块和任务，提高团队协作能力、自主学习能力、沟通交流能力等综合能力；除知识和能力外，让学生感受商业竞争的压力、商务决策过程的复杂性，激发学生的学习热情，磨炼学生的意志。

经过长期的教学探索与实践，提出跨专业综合实验教学要树立"重体验过程、重反思总结，以学生为中心"的教学理念。

"重体验过程"的核心是改变以结果为导向的考核模式，重视参与模拟经营的全过程，将知识性考核转变成态度、能力、业务知识应用等多维度考核。

"重反思总结"的核心是每个关键实验环节都会要求学生书写活动体验和反思总结，通过反思感悟来促进学生知识内化和综合能力提升。

"以学生为中心"的核心是教师角色的转变，教师只承担跨专业综合实验的设计者、组织者、动员者、协助者的角色，在学生学习的过程中为他们搭建能力提升的"脚手架"，突出学生的主体地位，通过引导学生进行自觉性决策和创造性实验来激励和培养创新实践能力和创业行为。

**2. 以开放式整合实验要素，构建经管类学生创新实践能力培育新模式（见图1）**

（1）明确"一个目标"。

通过一系列教学研究改革与实践，深化了对经管类人才能力结构、实践能力培育载体、实验教学体系的认识，逐渐完善了经管类人才培养理念，建设起适应我校学科特色和人才培养需要的虚拟仿真实践云平台，以塑造创新型、应用型的高素质人才为目标。

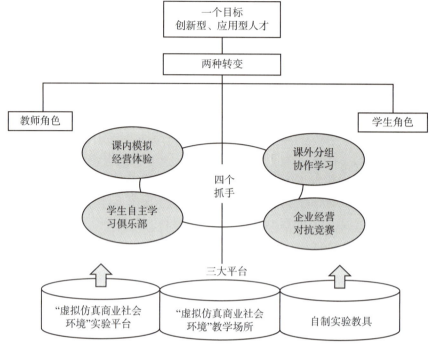

**图 1　经管类创新实践能力培育新模式**

（2）强调"两种转变"。

➢ 教师角色转变。

跨专业综合实验不同于专业理论综合实验，也不同于"验证性"跨专业综合实验模块。采用"做中学"、"任务驱动教学"等教学模式，坚持"学生是学习的主体，教师是教学的主导"的教学原则，充分调动学生学习的能动性，教师扮演学习活动的组织者、情景的创造者、学习热情的激发者、学习活动的启发者、学习过程的帮扶者角色，教师更加注重知识转化过程而不是专业知识本身，为学生搭建能力提升的"脚手架"。

➢ 学生角色转变。

学生成为积极的知识建构者、自我控制的学习者。在跨专业综合实验课内模拟经营体验环节，每个学生扮演企业管理中的不同角色来完成实训任务，通过小组学习、小组讨论共同发现完成任务所需的专业知识，制定完成任务的策略和计划，确定小组成员的任务分工以及协作方式，从而达到知识学习、能力锻炼和素质提升的目标。

（3）搭建"三大平台"。

➢ "虚拟仿真商业社会环境"实验平台。

"虚拟仿真商业社会环境"实验平台（见图2）是立体化多维实验教学场景的重要基础，实现了"将真实的商业社会搬进校园"。该平台是一个现代市场经济社会全景、全要素平台，将人力资源、企业管理、财务管理、市场营销、仓储物流、资本运作等26个专业模块有效整合，模拟现代商业社会实体12个，形成网状仿真跨专业综合实验平台。学生在真实的商业环境中，开展企业设立、企业发展战略规划、供应管理、财务管理、市场开拓、新产品开发、人力资源规划与管理、企业综合竞争力提升等多种接近现实世界的具体商业经营活动和对抗演练。

图2 "虚拟仿真商业社会环境"实验平台

➤ "虚拟仿真商业社会环境"教学场所。

"虚拟仿真商业社会环境"教学场所（见图3）是立体化多维实验教学场景的关键手段。近3年来，学校投入建设经费500多万元，建设跨专业综合实验专用实验教学场地800多平方米，营造更加仿真的实验环境，更好地满足了学生创新实践能力培养的需求。

➤ 自制实验教具。

实验教具是立体化多维实验教学场景的有效补充，也是学生创新实践能力的一种检验。根据跨专业综合实验设计，与学生一起创新设计，自制模拟业务流程单据63种，教具21种，设计定制业务单据模板、业务流程挂板、仿真业务工具等教具。为学生的学习活动创设真实的情境，让学生在实践中有更强的带入感，实现沉浸式、嵌入式学习。

图3 "虚拟仿真商业社会环境"教学场所

（4）突出"四个抓手"。

➢ 强化课内模拟经营体验——"感知体验式"。

课内教学是基础，模拟经营是跨专业综合实验的核心环节，学生通过24学时的跨专业综合实验展开不少于8个生产季的模拟经营活动。各模拟组织以及组织中的各个角色开始按规则开展与角色相适应的"模拟工作"，每个人都会承担相应管理者的角色完成商业环境分析、策略制定、业务处理等具体任务。

➢ 注重课外分组协作学习——"小组协作式"。

课外学习是重要补充，鼓励学生使用各类协作交流工具和软件开展各种基于小组协作式的学习活动，每个班、每个小组建立起学习QQ群或微信群，学生在课外学习过程中遇到的疑问、收获均可随时与教师、同学分享并得到有效反馈。

➢ 建立学生自主学习俱乐部——"自主学习式"。

建立课外学生实验活动社团，是进一步提升学生学习热情、调动学习积极性的重要形式。跨专业综合实验的实验云平台的灵活性、开放共享性以及丰富的数字化教学资源为学生课外自主协作学习提供了便利的条件和更多元的途径。目前已建成涵盖视频、文字等多种形式的上百 G 教学资源共享到跨专业综合实验网站供学生随时随地下载学习。组建以学生为核心的自主学习俱乐部，俱乐部由从事跨专业综合实验教学经验丰富的教师为指导老师，并邀请实务界优秀人士作为"校外导师"，不定期对俱乐部学生进行团队辅导和个别化指导。依托学生自主学习俱乐部培养了一批优秀学生参与各级各类竞赛，并取得良好成绩。

➢ 开展企业经营对抗竞赛活动——"竞争实战式"。

综合竞赛是对跨专业综合实验效果的有效检验，有利于创新实践能力的培养。已经依托"虚拟仿真商业社会环境"实验平台举办十三期校内"企业运营管理仿真实战大赛"，带动 200 余名学生参赛，通过综合竞赛发现和培养一批具有创新思维和创业潜力的优秀人才。

**3. 建设复合型教学共同体**

高水平的复合型教学团队是提高实验教学质量，深化实验教学改革，保障实验教学运行，提高学生创新实践能力的根本保证。基于跨专业综合实验教学环境的特点，创新教学团队组织模式，教学团队由实验教师、行业专业人员、实验管理人员、实验技术人员、学生实验助理共同构成，形成新型的教—学互动式的教学共同体。

（1）实验教师和行业专业人员。

跨专业综合实验是跨专业、跨学科的跨专业综合实验，这不仅要求老师具备深厚的理论基础，还需要具备解决现实经济问题的经验和能力。基于这一特点，跨专业综合实验采用"虚拟教研室"的组织形式，积极引进校内外优秀师资和具有丰富实务经验的行业专业人员，并建立"实验教师人才库"，进一步丰富实验教师来源和结构。通过近 3 年的建设，"虚拟教研室"团队规模已达十余人。协同行业专业人员制定标准化的实验教学大纲和实验教学方案，自编实验教材 1 部，实验指导书 18 册。

（2）实验管理人员和实验技术人员。

实验管理人员、实验技术人员为整个教学过程提供平台系统的运行、维护、实验教具发放管理，承担教学管理、技术服务、教学辅助等多重任务，营造有利于学生自主学习、合作学习、研究性学习的软硬件环境。

（3）学生实验助理。

在"以学生为中心"的新教学模式下，采用选聘学生担任实验助理的制度，承担跨专业综合实验教学环节中的多项任务。先后培养了 30 余名"小老师"，实验助理制度充分锻炼了学生的统筹安排能力和创新实践能力。

（三）成果的创新点

**1. 形成综合实践能力为核心的培养体系，构建起"一个目标、两个转变、三个平台、四个抓手"经管类跨专业创新实践能力培养新模式**

以培养财经类创新型、应用型高素质人才为目标，以跨专业综合实验为突破，依托"虚拟仿真商业社会环境"实验教学平台，基于"重体验过程、重反思总结，以学生为中心"教学理念，通过实验范式转换，优化完善原有经管类实验教学体系，加强创新实践能力培养和综合能力训练，探索形成"一个目标、两个转变、三个平台、四个抓手"的经管类学生创新实践能力培养新模式。

**2. 形成全方位实验环境，构建起多维立体化、线上线下一体化、现实和虚拟仿真融合化的整体教学场景**

通过对实验教学资源要素的整合，根据学习者的学习行为和习惯，构建多维立体教学场景，融合网上实验平台、教学场所、实物教具等为一体，整合场景教学、自主学习、网上开放教学等多种形式，打破时间空间的限制，能够让学生在模拟场景与移动场景之间无缝切换，既能满足学生系统化的长时间学习需求，又能满足学生随时随地碎片化的学习需求。使教学资源全方位、多层次、多维度、实时或非实时的组织与呈现，实现开放性、交互性、共享性、协作化、自主化、个性化的学习模式。

**3. 形成多元主体的"教学共同体"，构建起"学习者为中心"的自主式、协作式的学习型组织模式**

依托多元主体构成的新型"教学共同体"，借助先进的信息技术手段，以学生"自主学习式"和"小组协作式"为参照，构建"以学生为中心"的课外学习型组织，打通课内课外教学的樊篱。建构起新的认知结构和行动模式，形成稳定的学习型组织，实现知识创新和创新实践能力培养。

（四）成果建设成效

本成果是学校实验教学改革的重点和难点，在长期的实验教学过程中，基于前期多年的探索和实践，以跨专业综合实验为基点和突破点，快速形成课程模块，纳入学校人才培养方案中的实践教学环节，作为全校经管类专业的必修课程，辐射全校30余个专业，在我校得到了全面的推行和运用，每年超过3600名本科生从中获益。

成果在实践总结中不断总结和完善，取得了显著的人才培养成效。

多批参与跨专业综合实验的学生认为该实验对于综合能力的提升效果明显，有效培养和激发了创新精神和创业意识。近年来，参加各级各类企业模拟经营竞赛的学生呈逐年上涨趋势，获奖团队和学生越来越多，目前获奖学生人次已达百余人。

本成果发挥了良好的示范辐射效应。我校在经管类跨专业综合实验教学的探索，得到了国内经管类高校同行的高度认可和评价。教学团队成员多次在全国财经高等实验教学会议上作主题发言，介绍和交流我校跨专业综合实验教学建设和创新实践能力培养改革的情况和经验。近 2 年，近 50 多所财经院校来校对跨专业综合实验建设和改革进行专题调研和交流。2016 年 7 月，我校作为主办方召开了全国 80 多位经管类实验教师参加的跨专业综合实验的专题师资培训，获得良好反响。

本成果除满足校内实验教学需求外，从资源建设、资源共建、资源共享、资源共营运等多方面积极探索共享互惠机制，利用信息网络的先进技术，基于我校的实验云平台构建起跨专业综合实验教学系统，满足部分国内高校直接基于我校的云实验平台进行实验教学活动。我校被互联网教育产业联盟授予"国家科技服务业创新发展试点——创新创业与就业示范点"，为今后成为省内实验教学资源的共享基地和公共平台创造了条件。本成果的影响、示范和辐射功能进一步凸显，充分发挥了作为国家级实验教学示范中心在经管类实验教学创新中的引领作用和示范作用。

## 五、标志性建设成果

表 1 　　　　　　　　　　　　　　教育教学改革项目一览表

| 序号 | 教改项目 | 级别 | 年份 |
|---|---|---|---|
| 1 | 跨专业综合实验课程立体化教学资源建设 | 省级 | 2015 |
| 2 | 经管类跨专业综合虚拟仿真实验教学平台的构建与实践 | 省级 | 2014 |
| 3 | 依托信息技术，构建经管类跨专业综合实验教学平台 | 校级 | 2013 |
| 4 | 经管类跨专业综合实验系列课程 | 校级 | 2012 |

资料来源：西南财经大学经济管理实验教学中心。

表 2 　　　　　　　　　　　　　　教学成果一览表

| 序号 | 教学成果名称 | 获奖情况 | 级别 | 年份 |
|---|---|---|---|---|
| 1 | 构建立体化实践性教学体系，着力培养高素质创新型应用型财经人才 | 第六届高等教育国家级教学成果奖二等奖 | 国家级 | 2009 |
| 2 | 构建立体化实践性教学体系，着力培养高素质创新型应用型财经人才 | 第六届四川省高等教育教学优秀教学成果奖一等奖 | 省级 | 2009 |

续表

| 序号 | 教学成果名称 | 获奖情况 | 级别 | 年份 |
|------|------|------|------|------|
| 3 | 以跨专业综合实验建设为基点，构建经管类创新实践能力培养新模式 | 西南财经大学校级教学成果奖一等奖 | 校级 | 2017 |

资料来源：西南财经大学经济管理实验教学中心。

图4　国家级教学成果奖获奖证书

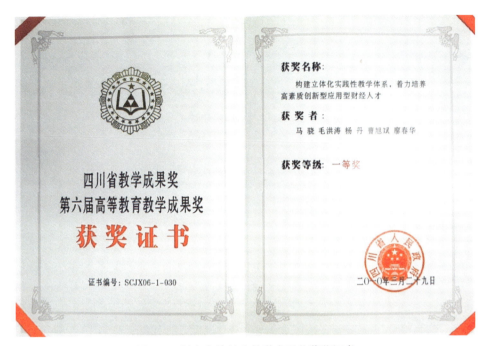

图5　四川省高等教育教学成果奖获奖证书

## 六、中心团队集体照

图6　中心团队集体照

# 基于彩云教学平台的实验教研
# 环境开放与共享创新

## ——中央财经大学经管学科实验中心建设成果

## 一、中心基本情况

| 学校名称 | 中央财经大学 |
|---|---|
| 中心名称 | 国家级实验教学示范中心经管学科虚拟仿真实验教学中心 |
| 署名 | 王健　王宏伟　杨如冰　白学清　韩少锋 |

## 二、摘要

　　为应对信息化、全球化和代际变更带来的挑战，中央财经大学经济与管理实验教学中心以提高学生创新精神和实践能力为宗旨，提出"实验室即服务"的理念，利用互联网、虚拟化、云计算技术自主研发建设了中央财经大学彩云教学平台，实现了经管实验教研环境创新。

　　在彩云教学平台的支持下，传统实验室走向了云端实验室，实验室时间和空间限制得以突破，实现实验室7×24全天候开放，极大地提高了实验教研资源的使用效率和开放共享程度，师生可在网络可达的条件下随时随地开设实验课并使用实验室所有教研资源，满足跨学科的综合型实验和研究型创新实验的需要，显著推动了经管实验教学创新，最大程度地节约了实验室维护成本。

　　作为全国首个将虚拟化技术应用在高校经管实验教学中的成功案例，中央财经大学实验教研资源建设走出了一条独特的创新之路，依托彩云教学平台实现的实验教研环境开放共享取得了积极的成效，为新形势下实验教学发展提供了新方向和实现路径。

　　理念创新。提出"实验室即服务"的理念，使实验室资源成为像电和网络一样可以让师生触手可及的无形资源。

技术创新。针对教学云桌面存在的多周期性、多样化和个性化的特点，通过技术创新攻克云桌面和虚拟化存储整合、全流程自定义、自动化部署等难题，整合数据终端及实验软件应用等需求，成功将虚拟化技术应用在实验教学中。

## 三、Abstract

In response to the challenge of informatization, globalization and generational replacement, the experimental teaching center of CUFE put forward the concept of lab-is-service, and independently developed CAIYUN Teaching Cloud Platform to improve the students' creative spirit and practical ability. By the use of internet, virtualization, and cloud computing technology, the experimental teaching and research environment innovation on economics and management was achieved successfully.

Based on the CAIYUN Teaching Cloud Platform, the traditional labs were transformed into cloud labs so that faculties and students have 24 by 7 access to the lab resources without time and space constraints. The utilization levels and open sharing degree of lab resources were greatly improved. The faculties and students can launch experimental class and use all the lab resources anytime in any place with internet access. This environment innovation enables the interdisciplinary experiments and research-oriented experiments which greatly drive the innovations on experimental teaching and save the lab maintenance cost.

As the first case that the virtualization technology was successfully applied to the experimental teaching, CUFE has found a unique and innovative road leading to the open and sharing of lab resources which has achieved positive results. It offers a new direction and practical path to the development of experimental teaching under the new situation.

Concept innovation. We put forward the concept of lab-is-service and make the lab resources within reach as electricity and network for faculties and students.

Technical innovation. Because the cloud desks for teaching have the characteristics of multi-period, diversity and personalization, we made technical innovations to conquer problems such as the integration of cloud desk and virtual storage, process customization, and deployment automation. The data terminals and experimental software are also integrated into the platform. All the technical innovations have resulted in a successful application of virtualization technology in the experimental teaching.

# 四、主要内容

## (一) 彩云教学平台及功能简介

随着虚拟化和云计算技术以及智能终端设备在教育领域的广泛应用，经管实验教学也进入了一个崭新的发展阶段。为应对信息化、全球化和代际变更给高等教育教学带来的挑战，中央财经大学教学技术服务中心以提高学生创新精神和实践能力为宗旨，以开放与共享实验教研资源为核心，开始了实验教学环境开放共享的创新实践，中心提出了"实验室即服务"的理念，使实验教研资源成为像电和网络一样可以让师生触手可及的无形资源。

中心技术团队中心利用互联网、虚拟化、云计算技术自主研发了包含教学服务云、科研服务云和基础管理服务云在内的中央财经大学彩云教学平台（技术架构见图1），攻克了云桌面整合、虚拟化存储整合、全流程自定义、自动化部署

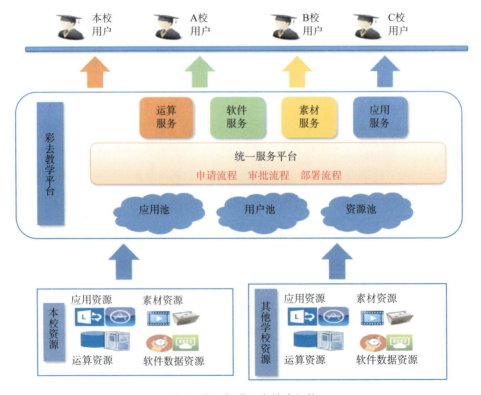

图 1　彩云教学平台技术架构

等难题，整合了教学、科研、数据终端及实验教学软件应用等各方面使用需求，突破传统实验室的时间和空间限制，实现了高度灵活的实验教研资源的开放与共享。为学生提供了移动学习与个性化自主学习的环境，培养学生的科学精神和创新能力。

彩云教学平台可以实现以下四方面的功能：

**1. 实现云端虚拟实验室 7×24 全天候开放**

老师和学生在任何有网络覆盖的地方都可以通过笔记本电脑、平板电脑、智能手机等多种终端设备通过授权随时接入平台使用实验室资源，传统的课程中可以根据需要灵活嵌入实验环节，而不必转换场所到实验室才能进行实验，这为课程改革创新，满足师生随时随地随心安排教与学提供了条件。

**2. 灵活搭建自主探究式学习的技术环境**

教师可以在课前课后安排课程任务，引导学生充分利用实验室的软件工具和数据资源进行自主探索，在解决问题中掌握知识。虚拟实验环境还能满足学生自主探究学习过程中灵活分组、资源灵活组合使用、多重任务并行处理与网络协作的需求，可以培养学生的科学精神和研究创新能力，同时为拔尖人才的发现和培养提供良好的环境。

**3. 灵活搭建多学科交叉实验与研究的技术环境**

通过实验室资源的集中管理和灵活调用，老师和学生可以根据需要自主搭建网上跨专业的虚拟实验室，每个虚拟实验室的资源可以实现菜单式灵活组合使用，可以方面地开展跨专业综合型实验与研究型创新实验，同时也为开展国际科研协作提供了技术环境。

**4. 最大程度地节约实验室维护成本**

虚拟实验环境支持瘦终端接入，改变了软件运行高度依赖实验室单台电脑硬件条件的状况，由于软件的升级速度很快，这种脱离终端的资源统一管理的运行模式极大地节约了实验室终端硬件设备的更新换代支出以及人工维护的成本。

## （二）基于彩云教学平台的实验教研环境开放与共享

具体来说，在虚拟实验环境、软件资源、数据资源、计算资源和存储空间五个方面实现了资源的开放与共享：

**1. 实验环境开放与共享**

基于虚拟化技术的彩云教学平台具备以下五个特性，可以实现在网络支持下，任何人任何地点任何时间的使用：（1）跨地域性：通过虚拟实验环境的方式将实验环境通过网络的方式共享，全校师生都可以通过网络来获取自己拥有授权的实验环境，打破了传统 PC 将实验环境固定在实验室的场地限制。（2）跨时间性：通过虚拟实验环境的方式可允许用户 7×24 小时使用实验软件和数据，打破了传统学生实验只能在上课时间到实验室应用相关教学软件和数据的时间限制。（3）多终端访问：用户可通过手机、平板以及 PC 等终端来访问虚拟实验环境，解决了由于终端配置过低不能开展实验的问题。（4）唯一性：用户在任何时间任何地点都可对同一个虚拟实验环境进行访问，可持续进行操作和运算，比如在学校没有完成的实验，回家之后可在原实验任务上继续进行。（5）零客户端维护：虚拟化的系统架构替换了传统的 PC，将硬件事故率直降为零，维护管理人员通过管理中心的模板、快照、任务调度等功能提高工作效率，实现远程处理终端问题。

**2. 软件资源开放与共享**

传统软件部署需要在所有计算机上进行安装并购买足够 License，软件的 License 成本以及人工安装的成本都非常高，彩云教学平台则可以实现软件授权在课程内和课题组内的共享。（1）软件授权资源在课程内共享。通过软件集中授权及云桌面的方式，只要在教学桌面模板中完成软件部署，发布共享桌面即可，无须重复部署。（2）课题组内软件共享。传统科研或课题组是多人多台计算机，不仅每台计算机均需部署软件，也很难实现课题组内的资料共享。通过建立科研云共享桌面，只需部署一台服务器一套软件，通过授权即可在课题组内共享此桌面，工作时相互间并不影响，节约软件成本的同时提升资料的共享与协作效率。

**3. 数据资源开放与共享**

经管实验教学中，一些有限的数据终端使用受限于使用环境（如需要实验室或高配置的硬件等），过去无法全天候开放给全校师生使用。彩云教学平台通过池化技术及时间序列技术，将数据终端的申请，使用完全网络化，同时可以根据需求提供给任何系统下的用户，可达到如下效果：（1）降低成本，避免院系之间的重复购买。（2）提升资源利用率。通过对数据资源的共享，可允许用户 7×24 小时的访问数据资源。

**4. 计算资源开放与共享**

彩云教学平台通过对计算资源的整合和虚拟化，构建了统一的计算资源池，可以实现：（1）计算资源统配通用即取即用。用户可通过在线申请的方式申请资源，彩云教学平台即时从计算资源池中统一调配资源分配给用户，用户申请周期结束后，彩云教学平台对资源动态回收，无须人工干预。资源使用期间，如果用户离线或无操作，对计算资源池基本无损耗，保障资源的高利用率。（2）高性能计算资源的开放与共享，校内外学生都可使用。彩云教学平台通过将高性能计算资源云化，实现了高性能计算资源的共享，所有用户都可通过云桌面的方式使用高性能计算资源，突破了传统高性能运算在固定使用地点和时效性方面的限制。

### 5. 存储空间开放与共享

彩云教学平台对存储空间的保障主要包括通过磁盘虚拟化保证系统空间和通过 NAS 保证文件空间两种方式：（1）磁盘虚拟化保证系统空间。通过磁盘虚拟化的方式可提升磁盘空间的使用率，按照传统存储磁盘分配方式，给某一应用系统或服务器分配磁盘之后，空间即标记为占用。通过池化方式实现的存储磁盘供给，存储空间的利用率取决于两个卷实现的空间占用，不受预分配的限制，节省大量磁盘空间，提升存储系统的利用率。（2）NAS 存储保证文件空间。用户文件对存储的需求通过 NAS 来保障，通过与 AD 的集成，NAS 存储会为每个用户提供一个数据空间，该数据空间通过组策略的方式在用户登录系统的时候挂载为系统的磁盘，盘符为 Z 盘。通过 NAS 存储共享文件空间的方式既保障了用户在不同设备不同桌面间的数据传输，同时也为用户数据提供了更为安全的保障。

通过技术创新，彩云教学平台实现了实验教研资源的申请受理、审批、部署、发放和回收全部实现自动化。教师和学生可以通过彩云教学平台实现教研资源的在线申请，在网络可达的条件下以云桌面为载体随时随地使用教研资源。在实验教学上，同一门实验课的学生可以通过中心分配的预装该实验课所需软件和数据的云桌面实现教研资源共享，而且学生不限于本校，支持多校际合作教学。在科研上，通过彩云教学平台为科研课题组配置科研共享服务器，共享软件、数据、科研文档以及计算资源以促进科研协作，可以灵活地开展跨校、跨业界、跨国的科研合作。

基于虚拟化技术实现高度灵活的教研环境开放共享还为高校实验教研环境建设探索出了一条新路，改变目前各家高校均全面建设教研资源的局面，各高校将重点放在建设本校优势学科的优势教研资源，通过开放共享的方式实现高校间实验教研资源的优势互补，使各高校节约整体建设成本的同时，又均能使用到最好的教研资源。

### （三）成果应用情况

从 2014 年秋季学期开始，彩云教学平台在经管实验课教学中投入使用，截至 2016 年 10 月末，共有 54 门实验课通过云桌面进行过实验教学，为 3100 名学生提供了开放共享的实验环境，受到师生普遍欢迎，尤其对"95 后"为主的新生代大学生，充足且方便获取的实验资源大大激发了其主动探索的创新精神（见表1）。

表1　　　　彩云教学平台在经管实验教学中的应用情况（2014～2016 年）

| 学期 | 课程名 | 学生人数 | 课程名 | 学生人数 | 小计 |
|---|---|---|---|---|---|
| 2014～2015 第一学期 | 计量经济学 | 143 | 市场调查与研究 | 91 | 646 |
| | 经济计量分析 | 58 | 投资学 | 81 | |
| | 金融数值计算 | 130 | 期货与期权 | 23 | |
| | 实证金融与统计软件应用 | 120 | | | |
| 2014～2015 第二学期 | 期货与期权 | 54 | 商务智能 | 5 | 772 |
| | 量化投资与高频交易 | 21 | 管理科学模型与应用 | 29 | |
| | 时间序列分析 | 38 | GIS 及其在房地产中的应用 | 46 | |
| | 统计计算 | 91 | 城市规划与 GIS | 12 | |
| | 数学软件与数学实验 | 40 | 数据挖掘 | 22 | |
| | 数学建模 | 98 | 统计学 | 85 | |
| | 金融时间序列分析 | 24 | 金融实证分析 | 109 | |
| | 计量经济学 | 98 | | | |
| 2015～2016 第一学期 | 投资学 | 38 | 物流系统建模仿真 | 18 | 508 |
| | 计量经济学 | 136 | GIS 应用 | 19 | |
| | 经济计量分析 | 57 | 运筹学 | 75 | |
| | Matlab 基础与建模 | 63 | 计量经济学 | 47 | |
| | 金融数值计算 | 55 | | | |
| 2015～2016 第二学期 | 管理科学模型与应用 | 30 | 期货与期权（必修） | 51 | 432 |
| | 商务智能 | 6 | 期货与期权（限选） | 11 | |
| | 数据挖掘 | 30 | 计量财税建模与应用 | 6 | |
| | 统计学 | 31 | 统计学 | 60 | |
| | 数学模型 | 54 | 高级计量经济学 4 | 124 | |
| | 投资学 | 29 | | | |
| 2016～2017 第一学期 | 期货与期权 | 51 | 物流建模与仿真 | 34 | 742 |
| | 期权、期货及其他衍生证券 | 34 | GIS 与空间计量 | 26 | |
| | 计量经济学 | 120 | 金融数值计算 | 64 | |
| | 经济计量分析 | 48 | 实证金融与统计软件应用 | 137 | |
| | 计量经济学 | 96 | 多元应用统计分析 | 14 | |
| | Matlab 基础与建模 | 85 | 多元统计与数据挖掘 | 33 | |
| | 合计 | | | 3100 | |

资料来源：中央财经大学国家级实验教学示范中心。

通过彩云教学平台能够实现在传统实验室环境下无法实现的教学创新，满足高层次的实验教学对海量真实数据、高性能计算资源以及交叉学科实验环境的需求，比如大数据分布式计算得以开展真正的实战性教学。数据显示，实验软件及数据资源的利用率大幅提升，尤其学生在晚上（传统实验室非开放时间段）使用率非常高，实验资源的价值得到充分体现。问卷调查显示，对彩云教学平台带来的好处得到肯定最多的三方面分别是：突破时空限制、预装应用软件、可使用不易用到的数据终端。90%的学生均表示愿意继续使用彩云教学平台（见图2）。

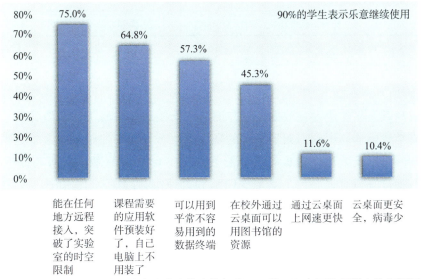

图2　实验教研环境开放与共享给学生带来的好处——基于云桌面使用学生的问卷调查

开放共享的实验环境对学习的影响，学生反馈非常正面，超过80%的学生认为开放共享的教研环境让学习更加便利；课程接收的信息量更多；专业技能有所提高；提高了动手分析问题解决问题的能力。接近80%的学生认为对培养探索钻研精神有帮助；能督促学习，对自己有很大帮助（见表2）。

表2　　　　　　　　实验教研环境开放共享对学生学习的影响

（基于四个学期的问卷调查）　　　　　　　　单位：%

| | 学习体会 | 非常赞同＋比较赞同 | 其中：非常赞同 |
|---|---|---|---|
| 1 | 让学习更加便利 | 93.1 | 46.0 |
| 2 | 课程接收的信息量更多了 | 81.4 | 35.7 |
| 3 | 我的专业技能有所提高 | 80.6 | 24.6 |

续表

| | 学习体会 | 非常赞同＋比较赞同 | 其中：非常赞同 |
|---|---|---|---|
| 4 | 提高了我自己动手分析问题和解决问题的能力 | 80.4 | 26.0 |
| 5 | 对于培养探索钻研精神有帮助 | 78.6 | 26.6 |
| 6 | 督促学习，对自己有很大帮助 | 77.8 | 30.3 |
| 7 | 我课后练习的时间投入增加了 | 68.9 | 21.8 |
| 8 | 课后与同学讨论更多了 | 53.1 | 14.5 |
| 9 | 我上课提问题更加积极了 | 38.3 | 12.4 |
| 10 | 信息量太大，感觉不能很好吸收 | 29.1 | 8.7 |

资料来源：中央财经大学国家级实验教学示范中心。

　　此外，中央财经大学还有部分教师在彩云教学平台高性能计算资源的支持下开展高频交易的研究和数据挖掘与商务智能领域的科研工作，统计与数学学院4支学生团队利用彩云教学平台的高性能计算资源参加融360金融数据分析大赛和阿里巴巴天池大数据竞赛。彩云教学平台共为上述科研活动提供了10台高性能计算节点（每台2颗8核CPU和256G内存）、4台分布式文件存储节点、完整的统计和计算软件及开发环境，通过部署分布式计算任务排队以及资源分配系统将主要计算任务集中在周末和夜晚，充分利用资源又不与教学冲突，用户可以依照计算需求请求计算资源，20个月完成超过50万小时CPU计算量。

图3　Hadoop集群应用状态

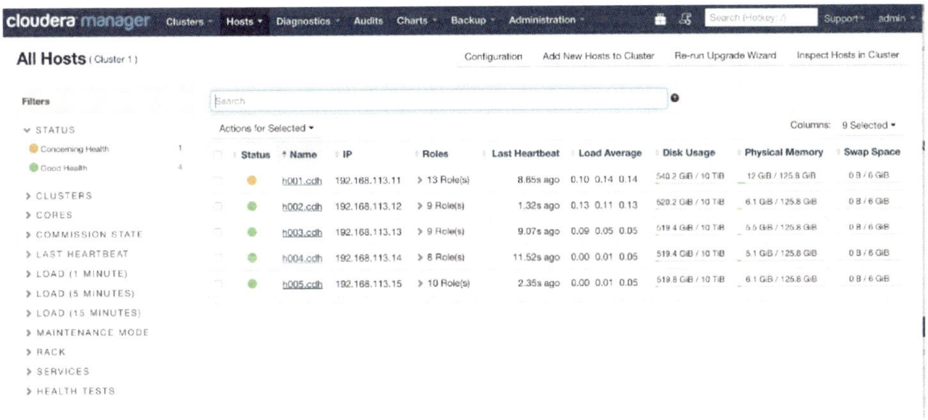

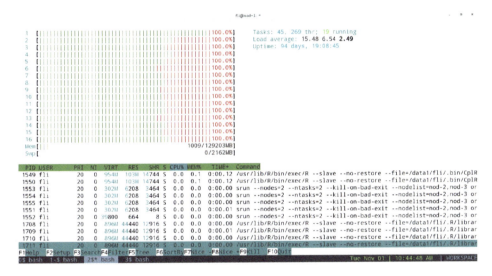

**图 4　Hadoop 集群节点资源状态**

**图 5　Lustre 集群节点运算状态**

　　虚拟化和云计算技术以及智能终端设备在教育领域的广泛应用使教育信息化进入了一个崭新的发展阶段。我中心紧紧把握住了现代教育技术在高校经管实验教学中的应用的关键和发展趋势，凭借"实验室即服务"的理念创新和彩云平台的技术创新，将基于彩云教学平台的实验教研环境开放与共享创新成果应用于教学和研究活动之中，取得了很好的成效，对推动我校经管实验教学创新起到了积极的作用，并且走在了全国经管类实验室环境建设和信息化的前列，对推动财经领域高等教育手段和模式的创新，全面提升学生的科学精神和实践创新能力，培养适应经济社会发展趋势的财经应用型创新人才具有重要的意义。

## 五、标志性建设成果

图 6　彩云教学平台登陆界面

表 3　　　　　　　　　　　成果获奖情况

| 时间 | 获奖情况 | 级别 |
|---|---|---|
| 2016 年 9 月 | 中央财经大学彩云教学平台获 2016 年高等学校虚拟仿真实验教学资源建设成果三等奖（80 项获奖成果中仅有的 6 项经管类优秀成果之一） | 高等学校国家级实验教学示范中心联席会 |
| 2016 年 4 月 | 中心团队获中央财经大学 2015 年特殊贡献奖 | 校级 |
| 2016 年 4 月 | "开放共享的实验教研环境建设与应用研究——中央财经大学彩云教学平台创新实践"获北京市高教学会实验室工作研究会 2015 年度学术研讨会征文一等奖 | 市级 |
| 2015 年 4 月 | "经济与管理实验教研环境创新初探"获北京市高教学会实验室工作研究会 2015 年度学术研讨会征文一等奖 | 市级 |

图7　2016 年高等学校虚拟仿真实验教学资源建设成果三等奖

图 8　北京市高教学会实验室工作研究会 2015 年度学术研讨会征文一等奖

图 9　北京市高教学会实验室工作研究会 2014 年度学术研讨会征文一等奖

# 暨南大学经济管理实验教学中心建设成果

## 一、中心基本情况

| 学校名称 | 暨南大学 |
|---|---|
| 中心名称 | 经济管理实验教学中心 |
| 署名 | 王斌会　何毅舟 |

## 二、摘要

中心获批国家级实验教学示范中心后，在学校实验室与设备管理处等相关部门的大力支持下，取得了一系列建设成果：

（1）结合国家级实验教学中心建设要求，理顺了实验教学机构，将实验中心定位为以经济管理学科实验教学为主的教学机构，取消与实验教学无关的行政工作，能够更加有效的统筹经济、管理两个学科的实验教学资源。

（2）在暨南大学新校区建设了新的经济管理实验教学中心。包括财税管理实验室、统计调查实验室、多功能仿真实验室、商业银行实验室、ERP 实体/电子沙盘实验室、互联网商业创新实验室、会计实验室、多功能餐饮管理实验室、酒店管理实验室、旅游规划设计实验室 10 个专业实验室和 4 个通用实验室。

（3）完成了 8 本实验教材的编写：《Excel 在经济管理数据分析中的应用》、《统计实验及 R 语言模拟》、《计量经济学模型及 R 语言应用》、《网络营销实验教程》、《管理决策理论与实践》、《ERP 沙盘与信息化实训教程》、《数据统计分析及 R 语言编程》、《多元统计分析及 R 语言建模》。

（4）为加快中心向研究型教学模式转化，持续实施实验教学中心建设项目，结合自身的特点，从实验课程建设、实验教材建设、数据库资源建设、模拟仿真实验室等方面建设了一批相关教学项目。

## 三、Abstract

After the approval of the national experimental teaching demonstration center，with the support of the school laboratory and equipment management office and other relevant departments，the centre achieved a series of construction results.

（1）Combined with the requirements of the construction of state-level experimental teaching center，straighten out the experimental teaching institutions，the experimental center is located in the economic management of experimental teaching-oriented teaching institutions，the abolition of laboratory teaching and unrelated to the administrative work，to more effective co-ordination of the economy，management experimental teaching resources of two subjects.

（2）Constructed a new economic management experimental teaching center in the new campus of Jinan University. Including Financial and Tax Administration Laboratory，Statistical Survey Laboratory，Multifunctional Simulation Laboratory，Commercial Bank Laboratory，ERP Entity / Electronic Sand Table Laboratory，Internet Business Innovation Laboratory，Accounting Laboratory.

（3）Completed 8 experimental textbooks："Application of Excel in Data Analysis of Economic Management"，"Statistical Experiment and Simulation with R language"，"Econometric Models and the Application of R Language"，"Internet Marketing：Tools and Practice"，"Theories and Practice of Decision Making for Management"，"ERP Sand Table and Informatization training Course"，" Data Statistical Analysis and R language Programming"，" Multivariate Statistical Analysis and Modeling for R Language".

（4）In order to speed up the transformation to the research-oriented teaching model，and continuously carry out the project of the experimental teaching center，a series of related teaching items are built，combining with the aspects of experiment course construction，experimental teaching textbook construction，database resource construction and simulation laboratory.

## 四、主要内容

（一）特色实验室

结合国家级实验教学示范中心建设要求，在暨南大学新校区建设了新的经济管理实验教学中心，包含多个特色实验室：

**1. 多功能仿真实验室**

该实验室的多功能性包括两方面含义，首先是指实验室具有多重实验功能，提供的实验项目具有可转换性，即在同一个仿真实验室可以满足不同仿真实验的需要。优势是避免重复建设，实现高度集成与节约。第二，通过多功能仿真实验室建设可以为科研、教学和实践有机结合创建平台，成为产学研结合的新形式。实验研究方法的兴起使实验室仿真实验成为探索经济管理理论问题的重要手段，而仿真实验室又构成了课堂教学与实习基地有机对接的桥梁。第三，多功能仿真实验室也大大提高了经济管理类专业实验室的社会服务功能和开放实验能力。通过仿真性实验可以为相关经济管理实体单位的从业人员提供岗前培训教育与在职培训，也可以为相关经济管理单位的信息化改革、新业务开拓提供前期实验论证

工作。

**2. 商业银行实验室**

新的商业银行综合仿真实训实验室是面向当前最新的银行业务发展，构建了一个完全真实际银行业务的综合实训平台，使学生可以在这个仿真的环境中达到完全掌握银行核心务及外围业务的基本技能，使之毕业以后无论是从事研究性工作还是从事柜台工作，均能更快地适应工作要求。一方面通过万能大屏集成系统等硬件训施，打造一个现代化、智能化、全新式的商业银行创新理财实验中心；另一方面通过中心里多种先进的软硬件训备开展各式的中间业务的创新实训，实现学生银行综合理财服务能力的全面锻炼与提升。

**3. 统计调查实验室**

社会调查与数据分析目前是各大企业（市场调查公司、保险公司、银行、电信运营商等）、政府（国家统计局、发改委）、事业单位（新闻报社、社会科学院、宣传部、社会心理研究单位）等，经常进行的一项工作内容，而且这种应用随着时间的推移将更加广泛。这个实验室对提高学生的社会调查研究实践能力、数据分析能力是非常有帮助的。当学生具备了这些能力后，对提高其在就业中的竞争优势和就业后对社会的服务水平将是可以预见的。建设新一代数据智能综合平台使教学更加生动和形象实验教学通过利用数据库、调查软件和多媒体技术，使教学内容更加深入、生动和全面。

**4. 财税管理办公室**

以完整的财政软件产品为主体，内容涵盖部门预算、国库集中支付、总预算会计等财政业务内容，可以提供集教学实践、实务模拟操作于一体的新型教学手段。在教学中不仅可为学员提供一个演练的机会，还可以提高学员的学习兴趣，发挥其教学主体的能动性，从而提高教学质量，培养出具有熟练操作技能的高级财政信息化人才。

**5. ERP 实体/电子沙盘实验室**

该实验室根据"知识、能力、素质"的人才培养目标，构建基于云计算ERP实训与研究实验融合——复合型 ERP 咨询顾问人才培养平台，使学生具备综合的管理知识、综合的管理技能和实践经验。

构建校企合作管理咨询人才培养的新模式。创新管理咨询人才培养的产学研合作模式与机制；通过与企业联合制定学生培养计划和培养方案，共同负责学生的培养。如通过 SAP 大学联盟提供的 BIT 教学软件进行教学、开展教学培训认证，以及共享专家资源、开展学生实习、派学生到企业了解 ERP 的具体运作等多项内容。在人才培养内容上采用校企合作的方式兼顾自主开发的模式；在培养内容上通过大量自行开发和收集的案例教学逐步灌输 ERP 的基本概念、实施方法和步骤、深层次的管理理念以及创新的商业模式。

**6. 互联网商业创新实验室**

一体化的实验教学模式：通过该实验室对相关实践课程进行整合，在平台上学生以一个移动商务创新为起点，以不同的几门课程围绕移动商务类产品的各个方面设计大作业，学生完成大作业后，产品从规划到开发再到运营推广方案也基本成型。最终实现一条创新线索，整合多门课程，培养多个产品。构建云计算实验平台：通过开放的云计算实验平台，学生可以不受时间和地点的限制，只要有网络的地方便可登陆系统进行学习和实践，且该平台使用人数不受限制，几十上百的人登陆系统可不受影响。通过该实验平台，学生可以自由创建商务应用接口。产品导向的实践教学模式：强调产品导向的从规划到开发再到运营推广流程，学生团队按照分工角色进行组织，尽量贴近移动电子商务的产品生命周期，使学生有充足的实践体验。

**（二）编写了一批经管类实验教材**

随着经济和科学技术的进步，尤其是计算机技术的飞速发展，数据、模型与实验对于当代科学乃至整个社会的影响和推动作用日益显著。"暨南大学经济管理实验中心实验教材"作为国家和广东省教学示范中心的资助教材，根据经济管理类专业、学科特点，实验教材的数据、模型和例子全部选自经济、管理等方面的内容，形成了一个能反映济管理类院校特色的"经济管理实验"系列教材。这一特色的形成，不仅对国内经济管理实验是一个突破与创新，而且对培养经济管理类院校的应用型、创新型、复合型人才，有着积极意义。

本系列教材在总结过去教材建设经验的基础上，结合应用型本科教育的特点，借鉴国内外的经验做法，在经济管理各专业的课程体系、课程内容，教学方法、教材编写等方面进行进一步探索和创新。

本系列教材具有五个方面的特点：第一，创新性。从培养学生的兴趣入手，以掌握方法论和创造性思维为主线，以知识、概念和理论为基石，进行总体设计，思路新颖，写作体例风格独特。第二，前瞻性。搜集了最新的数据资料和理论研究成果，使教材内容着力体现超前性、前沿性、动态性。第三，实践性。体现了实验型本科教学的专业特点，以提高学生竞争力、综合素质和社会适应能力为最终目标。第四，系统性。基础知识、学科理论和课程体系融为一体，注重基础理论与实际应用的结合。第五，可读性。突出"以学生为中心"的思想，强调学以致用。所用语言浅显易懂，并附有一定的案例分析。"暨南大学经济管理实验中心实验教材"的建设，改变了传统课程那种仅仅依赖"一支笔，一张纸"，由教师单向传输知识的模式。它提高了学生在教学过程中的参与程度，学生的主观能动性在实验中能得到相当充分的发挥。好的实验会引起学生学习科学知识和方法的强烈兴趣，并激发他们自己去解决相关实际问题的欲望，有助于促进学生独立思考和创新意识的培养。

**1.《网络营销实验教程》**

本书主要有以下几个特点：第一，理论结合实际：本着"知其然，亦知其所以然"的精神，每一个实验都先介绍相关理论，然后精心设计实验过程，让学生在实验过程中能够很好地验证各种营销工具的相关理论，达到熟练掌握工具的目标。第二，凝聚网络营销的最新发展成果：微博出现的时候，网络上有很多研究文章，认为微博将是一个很好的营销平台，但直到今天，微博的营销效果仍不够理想。而微信出现后，研究人员甚至还来不及对它的营销价值进行深入的探讨，腾讯就已经把它打造成了一个移动营销的平台。在本教程中，微信的应用，特别是营销功能的实习占了较大的篇幅。第三，网络营销工具书：本书系统性地把各种网络营销工具汇集在一起，方便从业人员、研究人员随时查阅。

**2.《Excel 在经济管理数据分析中的应用》**

Microsoft Excel 软件应用广泛，它是渗透到我们日常工作和生活中的一个功能强大的电子表格处理软件。它以表格的形式进行数字数据的组织和复杂运算，具备将数字数据以图形的方式进行可视化显示的图表功能。同时，它还具有数据库管理、决策支持等功能，方便排序、筛选与重新组织数据和分类汇总，因此广泛应用于财务、统计和分析等方面。综合运用 Excel 软件，充分发挥其强大的计算和分析功能，用户可以十分方便而高效经济管理工作中的复杂问题，实现各种操作和个性化管理。Excel 已成为从事经济活动以及各种日常工作中必不可少的重要工具。

本书注重实用性，提供了大量应用实例和操作技巧，内容全面、图文并茂、步骤清晰。本书适合各个层次的 Excel 用户，可作为高等院校经济管理类专业学生的实训教材，也适合经济管理部门、企事业单位以及各种办公人员阅读和参考。

### 3. 《统计实验及 R 语言模拟》

由于模拟能够较为逼真地描述事物特点和真实实验过程，目前在经济、管理、金融、生物医学、物理学等诸多领域中都得到了应用和发展。它与一般的数值计算方法有较大区别，是以概率统计为理论基础的研究方法。通常，根据问题建立概率统计模型，设定模型分布和参数，在一定精度要求下确立模拟量，依照建立抽样方法产生随机数，并计算模型的相关统计量结果作为模型估计。整个流程具体包括随机数产生、概率模型、统计量计算、模拟精度四大方面问题。本书对整个流程有详细展示。同时，本书介绍了 R 语言的基础内容，包括 R 语言的数据格式、循环和函数创建、数据基本统计量计算和图形、模型分析方法。

### 4. 《多元统计分析及 R 语言建模》

本书的特色和创新点：

①原理、方法、算法和实例分析相结合。本书特别注意介绍各种多元统计的算法实现，使得给出的算法更有实用价值。②每章都有利用 R 语言开发的统计软件进行的综合案例分析。③解决统计软件在统计学教学和科研中存在的问题。④研究如何将统计软件的数据处理与统计教学相结合，形成一套完整的教学与科研相结合的初具智能化的多媒体统计软件。在教学与科研一体化的功能上，在数据编辑、统计分析、统计设计、统计绘图和统计帮助上，充分体现多媒体教学的特点。所以，本书也可以用作计算机实习教材。

### 5. 《数据统计分析及 R 语言编程》

本书是关于 R 的一个入门教材，由于主要针对初学者，重点放在了对 R 的工作原理的解释上。R 涉及广泛，因此对于初学者来讲，了解和掌握一些基本概念及原理是很有必要的。读者在打下扎实的基础后，进行更深入的学习将会变得轻松许多。本着深入浅出的原则，本书配有大量图表，使用尽可能通俗的语言，使读者容易理解而并不失细节。

本书的特色是：

①原理、方法、算法和实例分析相结合；②解决统计和科研中存在的问题；

国内目前缺乏适合开展统。③提供了一些用于统计分析的 R 语言程序，特别是统计模拟方面的内容，并及时加入现代统计的一些新方法。④研究如何将统计软件的数据处理与统计教学相结合，形成一套完整的教学科研相结合的统计流程。本书的最大特点在于从数据处理的角度来讲解统计分析，而不是从统计分析的角度出绍来介绍数据处理。

### 6.《计量经济学模型及 R 语言应用》

本教材力图在介绍计量经济学建模技术与实际操作应用的同时，采用自然的方式将两方面内容有机地结合起来，使之能够为更多学生和实际工作者所理解和接受。

计量经济学和时间序列建模的教材较多，但将两者结合起来的教材并不多。其中，有的教材侧重理论的讲述，需要读者具备较深厚的数学基础，其主要阅读对象是统计类专业的学生；有的教材则注重模型的应用，不将理论和技术细节作为重点，主要面向经济类专业的学生。本书则均衡地介绍了计量经济学的理论与应用，使之能满足更多专业方向的学生和研究者的需求。在理论方面，全书主要采用经济管理领域的实际计量经济学数据来阐述方法论。本书在给出一般性理论描述的同时，注重通过各种简单实例演绎具体的推导过程，清晰地阐释有关理论，方便读者对理论的理解。在应用方面，本书提供了基于模拟数据和真实数据的丰富例证，通过基于模拟数据的例子使读者深刻认识到时间序列的基本性质，并通过基于真实数据的例子使读者体会计量经济学模型的实际应用。

### 7.《ERP 沙盘与信息化实训教程》

企业的经营管理活动是多种管理活动的综合，包括战略规划、资金筹集、市场营销、物资采购、生产组织、产品研发、设备投资、财务管理等各类活动。ERP（企业资源计划）系统为企业这一系列的经营活动提供了一个信息化的管理平台。随着信息技术的飞速发展，全球化市场的形成，加上世界范围内同行竞争的白热化，使曾经潮起潮落的再次成为热点@越来越多的企业开始意识到，企业的竞争优势在很大程度上取决于企业的信息化程度，市场对 ERP 应用人才的需求也日益膨胀。本教程的 ERP 实训，以直观的教具，融入市场变数，结合岗位角色扮演，使学生系统、直观地体验到企业的整体化流程。加深学生对企业经营管理知识以及管理规律的理解，大大提高学生 ERP 实战能力，全面提升管理能力。本书具有以下几个特色：（1）ERP 理论和 ERP 实践相结合；（2）ERP 物理沙盘、ERP 电子沙盘和 ERP 软件相结合；（3）从关系流匹配的角度认识 ERP 系统运作的动力机制。

**8.《管理决策理论与实践》**

本教材在总结过去教材建设经验的基础上，结合应用型本科教育的特点，借鉴国内外的经验做法，在经济管理各专业的课程体系、课程内容、教学方法、教材编写等方面进行进一步探索和创新。

**（三）实施一批实验教学中心建设项目**

| 项目名称 | 项目类型 | 项目类别 |
|---|---|---|
| 教学及创业教育数据库建设 | 实验教学研究 | 教学及创业教育数据库建设 |
| 《旅行社管理》课程的实验教学设计与改革 | 实验教学研究 | 开放实验项目 |
| 开放性实验课程《数据分析与 Excel 应用》教学案例开发 | 实验教学研究 | 实训实践案例库 |
| 线上线下相结合的芒果网实验案例建设 | 实验教学研究 | 实训实践案例库 |
| 经济学原理精品课程 | 实验课程建设 | 精品实验课程 |
| 华侨城旅游电子商务 MTA 实验案例 | 实验课程建设 | 其他 |
| 文化遗产与旅游规划 | 实验课程建设 | 实验教材 |
| 统计计算方法教学资源网络化建设 | 实验课程建设 | 实验教学资源网络化建设 |
| 开放性实验课程《数据分析与 Excel 应用》教学资源网络化建设 | 实验课程建设 | 实验教学资源网络化建设 |
| 中国人口总量和结构预测 | 实验课程建设 | 实验论文 |
| 稳健且有效估计以及稳健变量选择问题的研究 | 实验课程建设 | 实验论文 |
| 统计计算方法相关论文 | 实验课程建设 | 实验论文 |
| 会展经济与管理实验课程建设——基于参展商、采购商、游客群体 | 实验课程建设 | 实验论文 |

资料来源：暨南大学经济管理实验教学中心。

**（四）成立"商业大数据分析中心"和"高校科研信息评价中心"**

积极探索实验教学成果如何转化为应用成果，这两个中心专注于商业大数据分析深度应用，在新商业视角中充分利用大数据分析技术为商家经营决策提供有力的多维度数据分析，以及利用大数据分析技术对高等院校科研创新能力和科研竞争能力进行全面系统的评价。

暨南大学
高校科研信息评价中心
Evaluation Center of Universities Scientific Research Information, Jinan University

暨南大学
商业大数据分析中心
Business Big Data Analysis Center, Jinan University

## （五）中心建设取得了较好的效益

### 1. 教改项目

| 序号 | 课题名称 | 批准单位 | 负责人 |
|---|---|---|---|
| 1 | 国际化本科金融学专业（全英）人才培养途径创新与探索 | 广东省教育厅 | 黎平海 |
| 2 | "系统课堂"的创立与推广——经管类人才培养模式探索和实践 | 广东省教育厅 | 王春超 |
| 3 | 基于经济类本科学生个性化发展的教学模式改革与实践——以"货币金融学"课程为例 | 广东省教育厅 | 朱芳 |
| 4 | 基于实践平台培养电子信息技术类专业创新人才的研究与探索 | 广东省教育厅 | 黄君凯 |
| 5 | 教师教学发展视角下高校教师信息化教学能力培养的研究与实践 | 广东省教育厅 | 谢舒潇 |
| 6 | 基于协同创新平台的本科案例教学模式改革与实践 | 广东省教育厅 | 吴菁 |
| 7 | 基于云计算的 ERPⅡ管理咨询创新人才培养的探索与实践 | 广东省教育厅 | 王惠芬 |
| 8 | 基于数学模型系列课程的多学科协同创新人才培养模式的研究与实践 | 广东省教育厅 | 樊锁海 |

资料来源：暨南大学经济管理实验教学中心。

### 2. 学生获奖情况

| 项目名称 | 参赛者 | 获奖等级 | 获奖年限 |
|---|---|---|---|
| 大学生就业观念调研——以广州高校为例 | 李炜 何嘉伟 黄晓雯 廖建聪 | 第四届全国大学生市场调查与分析大赛二等奖 | 2014 |
| 外来务工人员随迁子女学习教育现状调查报告——以广州为例 | 苏嘉楠 林佳桦 周娇娇 | 第四届全国大学生市场调查与分析大赛二等奖 | 2014 |

续表

| 项目名称 | 参赛者 | 获奖等级 | 获奖年限 |
|---|---|---|---|
| 广州地区大学生微信功能使用情况调查 | 孙旭　王皓天　陈香均　白诗雨 | 第四届全国大学生市场调查与分析大赛一等奖 | 2014 |
| 大学生就业费用效益调查与优化报告——以广州地区为主 | 侯丽芬　谭晓慧　谢燕玲　卢思颖 | 第四届全国大学生市场调查与分析大赛一等奖 | 2014 |
| 基于数据挖掘的股票市场分析 | 黄伦云　汤志军　成俊生 | 第一届全国应用统计专业学位研究生案例大赛三等奖 | 2014 |
| 高耗能行业对 PM2.5 的影响因素研究——基于空间计量经济模型的实证分析 | 童飞　钟小鹏　刘丹 | 第一届全国应用统计专业学位研究生案例大赛二等奖 | 2014 |
| 广州市二手房房价影响因素的相关研究 | 李苏　刘志翔　闫炳硕 | 第一届全国应用统计专业学位研究生案例大赛一等奖 | 2014 |
| 广州市区空气环境的 $NO_2$ 浓度空间分布估计 | 方媛　常启辉　吴敏 | 全国大学生统计建模大赛一等奖 | 2013 |
| 基于环境压力 STIRPAT 模型的 $CO_2$ 排放量影响因素分析 | 徐佳妮　戚元臻　代洪祥 | 全国大学生统计建模大赛优秀奖 | 2013 |
| 技术革新模型中的环境影响 | 陈天然　钟聂　胡小娟 | 全国大学生统计建模大赛优秀奖 | 2013 |
| 节能减排　企业环境效率与污染物影子价格——基于东莞市造纸企业的研究 | 戴敏　朱晓磊 | 第十二届"挑战杯"广东大学生课外学术科技作品竞赛一等奖 | 2013 |
| 最低工资标准与农民工流动率数量关系调研 | 刘敏　甘雯雯　戈龙　祝雨露　徐佳妮　邹立　代洪祥 | 第十二届"挑战杯"广东大学生课外学术科技作品竞赛二等奖 | 2013 |
| 大学生视角下的民间金融市场风险传播探讨——以广州金融街为实例分析 | 彭嘉璐　王文静　陈翰　唐无为　邓鑫 | 第十二届"挑战杯"广东大学生课外学术科技作品竞赛三等奖 | 2013 |

资料来源：暨南大学经济管理实验教学中心。

## 3. 发表论文

| 论文题目 | 作者 | 出版刊物 | 发表日期 |
|---|---|---|---|
| 自相关过程能力指数置信区间的构建与评价 | 王斌会 | 数量经济技术经济研究 | 2015.10 |
| 财政波动风险影响财政收支的动态研究 | 陈少凌 | 经济研究 | 2014.3 |

续表

| 论文题目 | 作者 | 出版刊物 | 发表日期 |
|---|---|---|---|
| 技术冲击对经济高速增长与高储蓄之间决定性关系的影响 | 雷钦礼 | 统计研究 | 2014.7 |
| 非线性 Granger 因果检验方法的检验功效及有限样本性质的模拟分析 | 赵永亮 | 统计研究 | 2014.5 |
| A comparision of two housing markets | 谭政勋 | Applied Economics Letters（SSCI） | 2014.1 |
| 基于空间统计模型的热带气旋路径模拟及其风险评估 | 王斌会 | 数理统计与管理 | 2014.1 |
| Winning matches in Grand Slam men's singles：An analysis of player performance-related variables from 1991 to 2008 | Tanyue | Journal of Sports Sciences | 2013.11 |
| The National and Regional Effects of Fiscal Decentralisation in China | 陈安平 | Annals of Regional Science（SSCI） | 2013.10 |
| 碳排放约束下中国工业行业能源效率的测度与分解 | 王兵 | 金融研究 | 2013.10 |
| 一般门限非对称误差修正模型的估计与检验 | 雷钦礼 | 统计研究 | 2013.10 |

资料来源：暨南大学经济管理实验教学中心。

## 4. 项目

| 负责人 | 项目名称 | 项目来源（下达单位） | 起止时间 |
|---|---|---|---|
| 叶德珠 | 儒家文化与过度储蓄：微观机理、实证检验与宏观政策研究 | 国家面上项目 | 2015.1 ~ 2018.12 |
| 蒋海 | 基于金融稳定视角的逆周期银行监管机制设计研究 | 国家面上项目 | 2015.1 ~ 2018.12 |
| 王春超 | 社会网络与农民工群体收入分化动态机制研究 | 国家面上项目 | 2015.1 ~ 2018.12 |
| 王兵 | 中国城市水务行业市场化改革的效率评价及提升路径研究 | 国家面上项目 | 2015.1 ~ 2018.12 |
| 张萃 | 基于产业异质性的高技术服务业集聚与城市分层研究 | 国家青年科学基金项目 | 2015.1 ~ 2017.12 |

| 负责人 | 项目名称 | 项目来源（下达单位） | 起止时间 |
|---|---|---|---|
| 柳向东 | 带 Lévy 跳的多因子市道轮换框架下的仿射利率结构模型 | 国家面上项目 | 2015.1 ~ 2018.12 |
| 叶柳儿 | 连续时间马氏决策过程均值－方差优化问题的研究 | 国家自科青年科学基金 | 2013.1 ~ 2015.12 |
| 朱小红 | 位错阵列动力学的连续型模型及数值模拟 | 国家自科青年科学基金 | 2013.1 ~ 2015.12 |
| 刘红霞 | 动力学方程以及相关的宏观模型的一些数学理论 | 国家自科面上项目 | 2013.1 ~ 2016.12 |
| 陈平炎 | 一些概率不等式及其在极限理论与统计中的应用研究 | 国家自科面上项目 | 2013.1 ~ 2016.12 |
| 郑天翔 | 基于时空分流导航理论的景区智能化客流引导仿真系统的原型设计与实证研究 | 国家自科青年科学基金 | 2013.1 ~ 2015.12 |
| 甘泉 | 大跨度 PC 斜拉桥在长期荷载作用下的时变效应研究 | 国家自科青年科学基金 | 2013.1 ~ 2015.12 |
| 邓婉玲 | 基于表面势的多晶硅 TFT 电路仿真模型的研究与验证 | 国家自科青年科学基金 | 2013.1 ~ 2015.12 |
| 王鹏 | 基于焦点企业的企业集群间共生网络演化机理研究 | 国家自科青年科学基金 | 2013.1 ~ 2015.12 |
| 杨亚平 | 基于技术溢出和吸收能力的本土供应商生产率提升研究 | 国家自科青年科学基金 | 2013.1 ~ 2015.12 |
| 陈林 | 行政垄断产业的政府管制体系研究 | 国家自科青年科学基金 | 2013.1 ~ 2015.12 |
| 李爱梅 | 幸福的体验效用与非理性经济决策行为研究——基于金钱和时间的分析视角 | 国家自科面上项目 | 2013.1 ~ 2016.12 |
| 杨仕辉 | 环境倾销与环境规制的博弈分析、效应比较与策略选择 | 国家自科面上项目 | 2013.1 ~ 2016.12 |
| 傅京燕 | 基于强度减排的碳交易机制对产业竞争力影响的理论研究与 ECGE 模拟 | 国家自科面上项目 | 2013.1 ~ 2016.12 |
| 彭国华 | 异质性出口企业对宏观产出波动的影响研究 | 国家自科面上项目 | 2013.1 ~ 2016.12 |

资料来源：暨南大学经济管理实验教学中心。

## 五、标志性建设成果

## 六、中心团队集体照

# 中国劳动关系学院劳动关系协调与发展综合实验教学中心建设成果

## 一、中心基本情况

| 学校名称 | 中国劳动关系学院 |
|---|---|
| 中心名称 | 劳动关系协调与发展综合实验教学中心 |
| 署名 | 张华兵 |

## 二、摘要

劳动关系协调与发展综合实验教学中心自 2012 年被评为国家级实验教学示范中心以来，学校高度重视中心的建设，将中心的建设发展纳入到学校的"十三五"发展规划中。学校先后投入 900 多万元强化中心的软硬件教学条件，以及完善管理机制，吸引和集聚优秀实验教师，组成优秀实验教学队伍，全面提升中心建设水平。中心教师组成的教学团队 2015 年荣获"北京市优秀教学团队"的荣誉，中心通过在职业技能培训、科研服务等方面与企业的合作，获得了 2 个北京市级的示范性校企合作人才培养实践基地的荣誉。自 2012 年以来，中心资助的实验教师编撰和出版教材 29 册。

中心积极探索实验教学改革新思路和新方法，来提高学生的创新精神和实践能力，通过校企合作实训基地和学科竞赛让教学工作在实践中得以调整和提升。针对学生的需求和培养目标，配套设计，激励并提升学生对理论的运用能力。跨专业仿真模拟综合实训平台实现了由课程级实验向跨专业综合实训的突破，将不同专业的实验项目整合在一起，形成一个完整的教学循环，提高了学生的综合实践能力。

## 三、Abstract

Named the National Experimental Teaching Demonstration Center in 2012, Labor Relations Coordination and Development of Comprehensive Experimental Teaching Center is attached with great importance by the school. Its construction were incororated into the school's "thirteenth five-year development plan". The school has invested more than 9 million yuan to strengthen the center in both the hardware and software teaching conditions, improve the management, attract outstanding experimental teachers for teaching team, and enhance the center level. In 2015, the center's teaching team won the "Beijing outstanding teaching team". Through vocational skills training and research services as well as other business cooperation, the center has had two Municipal Demonstration of School – Enterprise Cooperation Base in Personnel Training. Since 2012, the Center's teachers have compiled and published 29 volumes of textbooks.

Experimental Center actively explores new teaching ideas to improve students' innovation and practical ability. Through the School – Enterprise Cooperation Training Base and discipline competition, teachers adjusted and promoted teaching practice. Aimed at the needs of students and training objectives, teachers come up with supporting design to encourage students to improve the understanding of the theory. The multi-disciplinary simulation training platform fulfills the transformation from curriculum experiment to multi-disciplinary comprehensive training, and integrates the experimental projects of different majors into a complete teaching cycle, which improves the students' comprehensive ability.

## 四、主要内容

### （一）中心的建设成效

中国劳动关系学院劳动关系协调与发展综合实验教学中心秉承"以教学内容改革为实验教学改革的基础，努力培养学生的实践能力和创新能力"的目标；确立了以劳动关系特色学科专业建设为主线的实验教学体系建设思路，在基础实验、综合性技能实验和研究创新性实验等三个层次上重组实验内容，同时着力打造并形成学校特色实验课程体系模块。在学校的大力支持下，中心首先从数目上大大提高了实验课程和实验项目的数量，并把实验课程的质量建设作为实验教学管理的重点工作；其次组织教师重新编写配套实验教材，自 2012 年以来，已经编撰和出版实验教材 29 册，精选基本技能实验；再是加强综合性实验和研究创新性实验，探索"劳动关系协调与发展跨专业实验平台与创新创业实训平台"的建设，实验采用现代化的辅助教学方式和手段进行实验教学。探索改革了实践教学内容、教学方法、评价方式；依据"集中建设、统一管理、资源共享、综合实践、全面开放"的实验室建设模式，不断加大投入建设实验室，不断促进教学资源的共享和利用；加强教师实践能力培养，构建了具有较强实践能力的教学团队，2015 年中心教师组成的教学团队荣获"北京市优秀教学团队"的荣誉，在实践教学体系和人才培养方面形成鲜明特色；发挥了示范中心的辐射作用。

中国劳动关系学院劳动关系协调与发展综合实验教学中心作为中华全国总工会下属的唯一一个北京市级实验教学示范中心及教育部国家级实验教学示范中心建设单位，其建设经验、做法、成就多次在全国劳动科学领域专业教学与实验室建设研讨会上作重点介绍和进行交流，对推动我国以劳动关系学科专业为主线的劳动科学实验室建设、实验教学改革等起到了示范和引领作用，主要成效总结为以下几点：

**1. 校内的成效与辐射作用**

中心重点打造了三位一体的实验平台，分别是：由基础实验、专业综合实验、创新实验组成的实验平台，以校内跨专业、全流程、多岗位综合训练为主的仿真模拟平台，以实验室、创新创业工作坊、校外实践基地融会贯通的"大学生校内外实训与创新实践基地"平台。该平台对校内其他专业的辐射作用主要表现在：其一，实验课程不仅面向本中心所涵盖专业的学生开设，其他专业的学生也可以选修相关课程；其二，中心通过开设实验公开课，积极向其他专业演示先进的教学理念、教学方法，推进其他专业的实验教学活动，带动其他专业教学模式的改革；其三，为其他专业提供了共享资源和专业知识支撑。

图 1　中心教师在组织学生进行集体协商讨论

图 2　研讨实验教学改革

**2. 校际合作交流中的成效与辐射作用**

近年来，已有 40 余所国内高校来本中心交流学习。一些院校参照本中心的一些做法和经验，也在筹建劳动经济类等专业实验室。中心部分教师还参加了"全国高校劳动关系师资培训班"的组织与授课，将劳动关系、劳动安全卫生、劳动保障、社会工作实验室的做法与全国多所高校的相关专业进行了充分交流。本中心的一些实验项目如集体合同制度还衍生出专业的学科竞赛，其中的"模拟集体谈判大赛"，该竞赛已经在北京市部分开设劳动关系专业的院校之间举行，2012 年以来举行了全国性比赛。其中的中国大学生人力资源职业技能大赛、模拟招聘大赛等大赛，全部由学生负责大赛的组织与实施，并以传帮带的方式形成以学生为主体的自运行模式。激励并提升学生对理论知识的运用能力。中心也为竞赛邀请企业人力资源主管、资深人士作为评审，让学生切实了解企业对应用型人才的培养需求。同时中心还接待了国外和我国港澳台地区 10 多所高校先后来中心参观访问与交流。

**3. 工会领域的成效与辐射作用**

中国劳动关系学院是中华全国总工会直属的唯一一所普通高校，2000 年以来，全总在我校设立了"工会干部人才培训基地"，中心承担了北京、上海、河北、广东、云南等 25 个省市工会院校的师资培训工作以及产业工会及机关工会的干部的培训工作。例如，实验中心的建设理念与成效分别在 2009 年、2011 年、2013 年、2015 年的全国工会干部院校学科专业建设研讨会上以大会主题报告的形式进行专题介绍，得到了充分肯定，传导并引领了先进的实验教学理念与教学模式。

图 3　与澳门大学交流

图 4　与台湾文化大学交流

图 5　大学生英语演讲比赛

**图6 大学生人力资源职业技能大赛**

**4. 实验教学成果的社会示范性与辐射效应**

多家科研院所、劳动和社会保障局、企业和我校建立产学研基地，多家社区、劳动仲裁部门和我校签订了人才服务协议。我校已成为劳动关系、劳动保障、劳动法学、劳动安全、社会工作等劳动类学科专业人才培养基地。同时，中心始终以直接服务社会为目标。例如，2006 年以来法律诊所对外公布的热线电话，通过电话答疑和当面答疑等形式，为社会提供法律咨询。先后协助当事人处理了多起劳动争议案件，受到社会好评。2010 年以来，法学系学生连续承办了由北京市劳动和社会保障法学会、北京市外地在京施工企业工会联合会主办的模拟法庭"进社区、进企业"活动。直接将劳动模拟法庭搬进社区和企业，将模拟法庭教学和法律宣传活动有机结合起来。此举在社会上引起了较大影响，也深受北京市相关部门的认可。

**5. 广泛的国际交流活动**

从 2008 年开始，中心行政管理专业的实验教师参加由中华全国总工会、非工统、阿工联每年联合举办一次、在国际工会界具有重要影响的"经济全球化与工会国际论坛"背景文件的撰写，其背景文件大量用到了实验教学的研究成果；2012 年，在中华全国总工会和国际劳工组织国际培训中心（ITC－ILO）合作召开的"实现体面劳动过程中工会干部培训的作用"国际研讨会上，相关实验教师通过与 ITC－ILO 官员和教师的交流，将实验教学中的一些成果介绍给国际社会，并被用于国际工会培训课程；2012 年，行政管理专业实验教师在代表中华全国总工会出访马达加斯加工会，参加国际工会论坛，做了《全球化时代国际工运的挑战》主题发言，并与各国代表开展研讨，将中国工会工作和劳动关系中的某些特点介绍给国际工会界，受到热烈欢迎。

图 7　模拟仲裁庭进企业

图 8　青年志愿者普法公益行

## （二）中心的建设特色

中心以学校 10 个教学系（院）部，13 个专业、15 个专业方向为主要依托，由经济管理、劳动关系、法学与社会工作、安全工程四个实验区共 24 个实验室组成。其中，经济管理实验区涵盖会计实验室、社会保障实务实验室、ERP 综合实验室、案例分析室、管理沙盘实验室以及跨专业企业综合模拟仿真实验室；劳动关系实验区涵盖劳动关系实验室、心理测评室、人力资源管理实验室、人力资源管理综合模拟实验室；法学与社会工作实验区涵盖社会工作实验室、观测室、个案室、模拟法庭、法律诊所；安全工程实验区涵盖个体防护实验室、物理危害监测实验室、化学危害检测实验室、检测预处理实验室、安全信息管理实验室、安全人机工程实验室、流体力学实验室、工程力学实验室等。在加强实验室硬件建设的同时，中心充分认识到，实验教学是融合理论教学和实践教学的桥梁和平台、是教师教学改革和教学方法创新的实验场，也是学生自主性、开放性、创造性学习的必要条件。因此，中心自成立以来树立以"专业知识为体，技能为用，培养适应经济社会发展需要的、能在工会和劳动关系领域发挥作用的特色人才"为教学理念，坚持以政、劳、资三方为模拟实验主体，以劳动关系协调的制度和规则为实验重点，以提高劳动关系协调能力为主线。努力实现产、学、研、用四者的良性融合，注重对学生人文素质、实践技能、创新能力的培养，将素质提升、知识传授、技能培养三者的协调发展作为中心功能实现的重要目标。中心根据学科专业发展和实验教学的需要，拥有以下几点主要特色：

**1. 全国首创的劳动关系协调与发展实验教学课程体系**

中心拥有全国第一个以经济管理、法律为两大支撑，兼容综合性、跨学科的凸显劳动科学特色的实验平台，该平台包括劳动关系实验室，劳动法模拟法庭、劳动与社会保障实验室、职业危害检测综合实验室、安全信息管理实验室、社会工作综合实验室等；同时，中心依托特色实验平台研究探索出了以《劳动争议处理实务》、《集体协商谈判》等特色实验课程群，二者有机结合，构成中心较完整的特色实验教学体系。该体系在贯穿本科四年的实验教学中，为培养与社会用人单位"零距离"接轨的高素质、富有创新精神的、复合型、应用型人才起了不可替代的作用。中心在深度开发和完善劳动科学相关实验室的同时，加强教学和研究，使实验教学具有一定的前瞻性，引领行业的进步。

**2. 构建校、企、研、政四位一体的大学生创新创业实验基地**

中心探索的校、企、研、政四位一体的创新创业实验教学模式是指中心通过和相关企业、科研院所、行政事业单位签订固定或无固定期限的实习实训基地共建协议，达成合作意向、形成合作模式，使教学与生产、科学研究、管理实践相结合，进一步实现互相支持、互相渗透、优势互补、资源共享、利益共享。中心构建的校、企、研、政四位一体的大学生创新创业实训基地主要开展三方面的建设工作：一是致力于优化教学——研究型实验教学平台，实现专业课实验从目前的演示型向设计开发型转变；二是依托科研项目，引导学生参与具体的应用、开发和实践；三是打造持久的学术聚集能力。2012 年和 2014 年中心合作建立的 2 个校企实训基地获得北京市级的示范性校企合作人才培养实践基地的荣誉。

图9　香港工联会代表到中心交流

图10　韩国高丽大学到中心交流

**3. 基于现代化信息技术的跨专业仿真模拟综合实验平台**

中心的跨专业仿真模拟综合实训平台首次实现了由课程级实验向跨专业综合实训的突破，以现代企业运营为核心，在企业经营过程中与现代服务业（如工商、税务、海关、银行、保险、审计、咨询等）相关部门发生的业务联系与经济往来为模拟对象，具体模拟仿真现代服务业的真实环境，为经济、管理或其他相关专业学生搭建现代服务业实习大平台，学生通过模拟企业设立、产品决策、市场决策、销售决策和管理决策及模拟与工商局、税务局、第三方物流企业、劳动关系、人力资源、社会工作、模拟法庭等业务往来，较好地将理论知识和企业实操业务结合起来。为核心的综合实验模块由专业的信息网络公司根据学科专业要求定制开发而成，在此基础上，根据学校特色及人才培养目标的要求，中心教师联合专业公司共同研究设计出包括特色实验模块和大学生创新创业训练平台等若干实验实习模块集成、融合为一体。

图11　与北京市总工会法律服务中心签订实训基地

图12　与凌云集团签订合作协议

**4. 服务面向行业——中心是劳动关系和工会领域人才培养和技术研发的重要基地**

背靠中华全国总工会以及多个行业机构，按照"面向一流水平、面向能力培养、面向实务操作、面向技术发展"的建设要求，中心与多家研究机构、行政事业单位的工会组织、企业工会合作建立了产学研联盟和人才培养基地。使得鲜明的劳动关系学科专业特色得以实现，实验教学体系得到了进一步完善，实验教学效果显著。中心教师将实验教学和项目研发有机结合，研发成果或为政府有关部门提供重要决策依据，或直接应用于生产实践，实现了产、学、研一体化。

图 13　学生参加跨专业平台学习

图 14　学生参加跨专业平台学习

图 15　海淀劳动仲裁厅授牌仪式

图 16　与俄罗斯劳动和社会关系学院交流

图 17　工会干部培训班教学活动

**图18　中直机关培训班教学活动**

## 五、标志性建设成果

### (一) 部分中心教师已出版实验教材

（二）中心教师作为带头人获得北京市优秀教学团队荣誉

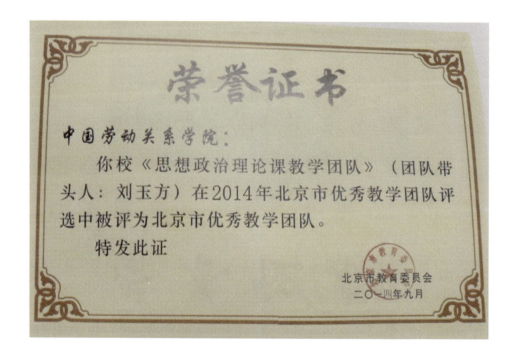

（三）2012 年后中心购置部分实验教学设备列表

| 仪器名称 | 型号 | 规格 | 单价 | 购置日期 |
|---|---|---|---|---|
| 学科课程平台 | * | 系统设置/基础设置/我的空间/教学资料/在线交流 | 555000.00 | 2012 – 5 – 10 |
| 气相色谱质谱联用仪 | GCMS – 2010SE | 经济型，具备生态模式 | 553000.00 | 2015 – 11 – 26 |
| 可穿戴眼动追踪系统模块 | Tobii – glasses2 | * | 298000.00 | 2015 – 12 – 3 |
| 人机环境同步平台 | ErgoLAB – MMES | * | 298000.00 | 2015 – 12 – 3 |
| 液相色谱仪 | Ultimate 3000 | 四元梯度泵/紫外检测器/流通池 | 266000.00 | 2012 – 12 – 11 |
| 气相色谱仪 | DC – 2010plus | 高灵敏度检测器（FPD、FID） | 265000.00 | 2015 – 11 – 26 |
| 事件相关电位系统 | V1.0 | * | 249600.00 | 2016 – 10 – 21 |
| ERP 新道教学系统 V1.0 软件 | ERP FOR SCHOOL | 财务会计、供应链管理、生产制造，100 许可 V1.0 | 243750.00 | 2014 – 12 – 15 |

续表

| 仪器名称 | 型号 | 规格 | 单价 | 购置日期 |
|---|---|---|---|---|
| 原子吸收分光光度计 | WFX－210 | 全新富氧技术/自动优化/自动保护功能/重复进样99次 | 200300.00 | 2012－6－28 |
| 离子色谱仪 | ICS－900 | 双活塞脉冲输液泵系统/微膜抑制技术/色谱分析柱技术 | 195000.00 | 2012－6－28 |
| 安全生产不安全事件分析软件 | * | * | 177000.00 | 2015－12－7 |
| 国贸实务综合实训平台（一期） | * | * | 150000.00 | 2012－9－30 |
| 实验经济学教学软件 | V3.0 | * | 149000.00 | 2014－12－16 |
| 经济学模拟沙盘软件 | 高校2.0版 | * | 146900.00 | 2014－12－15 |
| 化工仿真培训软件 | PS－2000 | * | 138000.00 | 2015－11－13 |
| 公共部门绩效评估系统 | V1.8 | 三年免费升级保修 | 120000.00 | 2013－11－25 |
| 半自动双道原子荧光光度计 | AFS－3000 | 双道两元素同时测量/空芯阴极灯/节气型装置 | 103500.00 | 2012－12－11 |
| 气相色谱仪 | SP－3420A | 微机控制/全键盘操作/32位数码管显示/自诊断功能 | 100500.00 | 2012－6－28 |
| 非接触式眼动追踪系统模块 | Tobii－X2－30 | * | 98000.00 | 2015－12－3 |
| 可穿戴无线生理记录系统 | ErgoLAB－PPG | * | 98000.00 | 2015－12－3 |
| 大屏幕显示屏机 | 希沃G08EA | 84寸A规LED/分辨率3840×2160/屏幕比例16∶9 | 96800.00 | 2016－3－23 |
| 气相色谱仪 | SP－3420A | 微机控制/全键盘操作/32位数码管显示/自诊断功能 | 92000.00 | 2012－6－28 |
| 行政管理案例分析软件 | V1.8 | 三年免费升级保修 | 80000.00 | 2013－11－25 |
| 防化服A级 | 140021 | * | 66800.00 | 2016－11－22 |
| 二次热解析仪 | JX－5 | RSD：≤2.5%（0.05μg甲醇中苯） | 62000.00 | 2015－11－26 |
| 化工仿真模拟实训设备 | 3500×2200×1600mm/PLC自动控制 | * | 58930.00 | 2016－6－30 |

续表

| 仪器名称 | 型号 | 规格 | 单价 | 购置日期 |
|---|---|---|---|---|
| 眼动系统分析软件 | ErgoLAB – EYETRACK | * | 51800.00 | 2015 – 12 – 3 |
| 多通道分析仪 | AWA6290B | 含传声器、前置放大器/4 路/48kHz 每通道/260 × 180 × 85mm | 50000.00 | 2013 – 12 – 9 |
| 功率放大器 | AWA5870B | 含测试传声器 1 个/300×120×360mm/2 通道/8kg/ | 50000.00 | 2013 – 12 – 9 |

资料来源：中国劳动关系学院劳动关系协调与发展综合实验教学中心。

## 六、中心团队集体照

# 经管类专业创新创业实践
# 课程体系构建与探索

——山西财经大学经济管理实验教学中心建设成果

## 一、中心基本情况

| 学校名称 | 山西财经大学 |
|---|---|
| 中心名称 | 经济管理实验教学中心 |
| 署名 | 马培生　张志军　续慧泓　程培岩 |

## 二、摘要

　　随着社会创新创业环境的日趋成熟，大学生创新创业教育越来越受到关注，如何将创新创业思维融入日常的大学教育中，如何培养和提高大学生创新创业能力，成为经管类实践教学必须解决的关键问题。山西财经大学经济管理实验教学中心积极探索创新创业教育课程体系建设，在巩固基础实验、专业实验、跨专业综合实训的基础上，采用外部引入和自行研发相结合的方式，构建了仿真模拟、案例实战、创新设计三个层次，服务于经济类、管理类相关专业，包含有十门实训课程或项目的实训课程体系。该体系以创新思维为主线，以创新能力培养为目标，以仿真模拟、案例体验、创新设计为手段，借助于企业沙盘、应用软件、思维训练等载体，实现创新思维与创业能力培养的课程渗透。该课程体系面向全校经管类专业开设，年均参训学生超过 5000 人，实训效果受到学生好评，经过多年的积累，已经形成了具有山财特色的稳定的创新创业实训课程体系，并在学生创新创业教育中发挥着重要的作用。

## 三、Abstract

With the social innovation and entrepreneurship environment increasingly mature，We have pay more and more attention to the college students' innovative education，It has become the key issue how to incorporate creative thinking into the daily college education and how to cultivate and improve college students' innovative ability in the practice teaching of administration major. Based on the purpose to strengthen basic experiment, specialized experiment and cross-specialty comprehensive training, economic management experiment center has actively explored the system construction of innovation education curriculum and built three levels of analogue simulation，case study and innovation design through the combination of external introduction and self-development，these achievements which include ten training curriculum or project has serviced in the relevant major of economy and management. Depending on enterprise sand table，application software and thinking training，we have realized the infiltration of design thinking and entrepreneurship ability cultivation. This curriculum system has got a favorable reception from 5000 students who has received education. It has played an important role in innovation and entrepreneurship education.

## 四、主要内容

自 2013 年山西财经大学经济与管理实验教学中心跻身国家级实验教学示范中心以来，中心上下紧紧围绕培养具有扎实基本知识、熟练掌握专业基本原理和方法，具备综合应用能力，富有创新精神和创业能力的高素质复合型人才这一目标组织和开展实验（实训）教学活动。特别是随着大学生创新创业教学浪潮的兴起，中心在强化各类基础实验、专业实验、跨专业综合实训项目的基础上，将重心转向大学生创新创业课程体系的建设，经过三年多的努力，初步形成了大学生创业创新课程体系，并成功在我校得以实施，在课程体系、教学方法、师资团队、环境建设、制度保障等方面，形成了具有山西财经大学特色的教学体系，并受到学生的欢迎和同行的关注。

### （一）创新创业课程体系的构建

为进一步培养学生创新思维，培育创业意识，提升创业能力，我们在课程体系上下功夫，在借鉴相关院校和国内外研究应用成果的基础上，依靠自身团队，针对山西财经大学创新创业教育实际需求，大力研发创新创业课程，取得了初步成效。在巩固基础课程实验、专业课程实验、跨专业综合实训课程的基础上，我们构建了具有山西财经大学特色的创新创业课程体系，包括《企业经营沙盘模拟》、《商战沙盘模拟》、《人力资源电子模拟》、《企业经营电子模拟对抗》、《ERP 应用流程体验》、《SAP 应用案例体验》、《精益管理综合实训》、《生产制造全景体验》、《创业设计与模拟经营》等课程或实验项目，如图 1 所示。

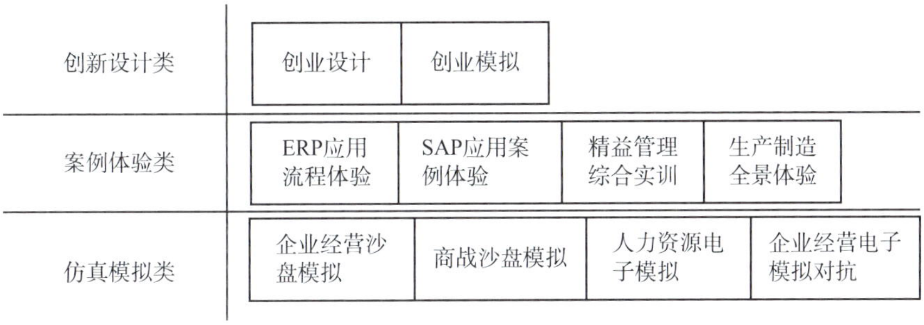

| 创新设计类 | 创业设计 | 创业模拟 | | |
| --- | --- | --- | --- | --- |
| 案例体验类 | ERP应用流程体验 | SAP应用案例体验 | 精益管理综合实训 | 生产制造全景体验 |
| 仿真模拟类 | 企业经营沙盘模拟 | 商战沙盘模拟 | 人力资源电子模拟 | 企业经营电子模拟对抗 |

**图 1　山西财经大学创新创业课程体系**

目前我校开设的创新创业类课程共包括 10 门课程或实验项目，分为三个层次。第一层次，仿真模拟类。以沙盘模拟为手段，通过沙盘模拟训练学生的综合应用能力，第二层次，案例体验类。以软件案例体验为手段，训练学生创新能力，培育创业意识，第三阶段，创新设计类，以模拟实战为手段，进行创业设计和创业模拟训练，培养学生创新精神和创业实战能力。各类课程（实验项目）开设情况如表 1 所示。

**表 1　　　　　　　　　　各类课程（实验项目）开设情况**

| （项目）名称 | 性质 | 课时数 | 对象 | 年均参训人数 | 获得方式 |
| --- | --- | --- | --- | --- | --- |
| 企业经营沙盘模拟 | 专业限定选修课 | 18 | 管理类专业 | 3500 | 外部引入 |
| 商战沙盘模拟 | 公选课 | 32 | 经管类专业 | 350 | 自行研发 |
| 人力资源电子模拟 | 公选课 | 32 | 管理类专业 | 100 | 外部引入 |
| 企业经营电子模拟 | 公选课 | 32 | 经管类专业 | 150 | 外部引入 |
| ERP 应用流程体验 | 专业限定选修课 | 18 | 管理类专业 | 3500 | 自行研发 |
| SAP 应用案例体验 | 专业限定选修 | 16 | MBA | 400 | 外部引入＋自行研发 |
| 精益管理综合实训 | 公选课 | 32 | 管理类专业 | 100 | 自行研发 |
| 生产制造全景模拟 | 公选课 | 32 | 管理类专业 | 100 | 自行研发 |

续表

| （项目）名称 | 性质 | 课时数 | 对象 | 年均参训人数 | 获得方式 |
| --- | --- | --- | --- | --- | --- |
| 创业设计 | 公选课 | 16 | 经管类专业 | 100 | 自行研发 |
| 创业模拟 | 公选课 | 16 | 经管类专业 | 100 | 自行研发 |

资料来源：山西财经大学经济管理实验教学中心。

### 1. 企业经营沙盘模拟

企业经营沙盘模拟借助于沙盘，直观展现企业经营全貌，训练学生综合应用能力、思维能力，体验企业经营全流程。通过实战演练，掌握衡量生产企业运营状况的方法与指标，了解生产企业战略与经营的配合协调，洞悉生产企业成功的重要因素，提升学生在生产企业运营管理中的效率和创造价值的能力。分为六个单元：

（1）感受管理信息对称状况下的企业运作；体验统一信息平台下的企业运作管理；学习依靠客观数字评测与决策的意识与技能；感悟准确及时集成的信息对于科学决策的重要作用；训练信息化时代的基本管理技能。

（2）制造型企业经营所涉及的因素；企业物流运作的规则；企业财务管理、资金流控制运作的规则；企业生产、采购、销售和库存管理的动作规则；企业面临的市场、竞争对手、未来发展趋势分析；企业的组织结构和岗位职责等。

（3）了解企业经营资本、资产、损益的流程、企业资产与负债和权益的结构；企业经营的本质，利润和成本的关系、增加企业利润的关键因素；影响企业利润的因素，成本控制需要考虑的因素，扩大销售需要考虑的因素；如何增加企业的利润。

（4）确定市场战略和产品、市场的定位，产品需求的数量趋势分析；产品销售定位、销售毛利分析；市场开拓与品牌建设对企业经营的影响；市场投入的效益分析；产品盈亏平衡点预测；如何才能拿到大的市场份额。

（5）掌握生产管理与成本控制，采购订单的控制，以销定产、以产定购的管理思想；库存控制，供应链和库存优化管理；JIT 准时生产的管理思想；生产成本控制，生产线改造和建设的意义；产销排程管理，根据销售定单的生产计划与采购计划；如何合理的安排采购和生产？

（6）科学统筹人力资源管理，企业如何制定财务预算，现金流控制策略；如何制定销售计划和市场投入；如何根据市场分析和销售计划，制定安排生产计划和采购计划；如何进行高效益的融资管理；如何理解"预则立，不预则废"的管理思想。

**2. 商战沙盘模拟**

商战沙盘模拟通过实战演练，掌握衡量商业企业运营状况的方法与指标，了解商业企业战略与经营的配合协调，洞悉商业企业成功的重要因素，提升学生在商业企业运营管理中的效率和创造价值的能力。课程分为四个单元：

（1）商业企业发展战略与分销资源计划的制定。产品定位选择，高端？中端？低端？通吃？产品种类选择，单一产品？多种产品？市场选择：区域市场？国内市场？国际市场？渠道选择，直销→分销→销售终端选择，专卖店？代理店？大型超市？

（2）了解资金管理与门店计划。分析企业相关经营业务之间现金流量的平衡问题，分析产品生命周期不断评估现有产品的获利能力，调整经营计划。

（3）体验渠道与终端、营销运作。提升单店盈利能力，加快商品周转率，提升资金周转效率，加快应收账款，控制应付账款，降低运营成本。

（4）物流运作思想和方法。针对模拟企业分析从商品设计、原材料采购、成品的生产、运输、仓储、配送，一直到销售等所有的供应链上环节的物流运作，找出控制成本的因素和方法。了解 RFID 技术在供应链中的应用。

**3. 人力资源电子对抗实战**

人力资源电子对抗实战运用计算机和网络技术，真实模拟公司内部人力资源管理的经营环境。通过实战演练，根据所学到的人力资源管理知识、理论、方法，对模拟企业的人力资源各方面进行分析决策。课程分为两个单元：

（1）将人视为企业的资本，帮助学生建立从人事→人力资源→人力资本的观念意识，从人的角度追求经营效益。根据市场信息，完成人力资源计划、培训计划、招聘计划、绩效考核、薪酬管理、员工关怀、激励方案等管理决策，并使企业绩效达到最佳。

（2）从企业战略出发，规划人力资源战略，再到招聘管理、培训管理、绩效管理、薪酬管理、人事管理、激励管理等人力资源管理各方面。重视对企业人力资源的有效开发与应用，使之成为提高企业核心竞争力的重要推动力。

**4. 企业经营电子对抗**

企业经营电子对抗的教学任务是初步了解企业的运作管理，学习如何将理论与实践有效结合；学习战略、营销、财务、生产等知识与应用；培养沟通能力和团队合作精神。课程分六个单元：

（1）分析市场报告，讨论并制定企业经营战略与经营目标、针对目标客户设计产品、投资厂房与生产线，投资产品与市场开发、编制预算。

（2）分析市场反馈信息、制订营销策略测试市场，分析竞争对手经营策略、完成目标群体的产品设计、安排生产计划，生产产品、拓展营销网络，建设销售渠道、制订产品售价，广告宣传计划、争取市场订单，分析研究报告。

（3）研究如何有效获取需要的订单数量、重新审视市场测试的营销、审阅针对各目标群体的产品市场、调整定价策略与广告宣传策略、调整营销网络建设与市场开发、调整产品生产计划。

（4）分析市场的变化趋势与经营策略、研究分析企业运营财务报告、分析如何更好地满足客户需求、扩大产品线，丰富产品结构、完成产品设计、市场认证、市场开发、筹措资金，保持公司稳定的现金流。

（5）分析如何加大规模扩张力度、分析各细分市场竞争形势，调整目标市场，加大市场投入力度、完善产品线，加大渠道扩张、扩展产能，提升盈利能力。

（6）内部管理优化与经营分析；检验公司营销战略的执行情况；强化团队沟通合作与执行力；竞争对手调整与分析；战略优化与调整；经营绩效分析。

**5. ERP 应用流程体验**

ERP 应用流程体验采用案例体验方式，让学生借助于国内外主流的 ERP 软件，实现企业信息化环境下管理流程的穿行体验。包含四个单元：

（1）ERP 管理信息系统的历史和发展，完成财务管理、供应链管理、生产制造等模块运行所需基础资料设置。

（2）掌握采购管理、销售管理、仓库管理、存货管理、往来管理、分销管理等模块应用。

（3）掌握主生产计划、物料需求计划、生产任务管理、车间管理、设备管理、粗能力计划、细能力计划管理等模块应用。

（4）掌握账务、报表、工资、固定资产、成本、财务分析模块应用。

**6. SAP 应用案例体验**

SAP 应用案例体验基于全球通用的 SAP（Systems Applications and Products in data processing）平台，模拟跨国公司组织架构和运营模式，认识和了解跨国集团公司的信息化管控方式，模拟跨国公司的经营管理、决策、营销、财务管理、生产运营和企业协作，将理论知识与企业实际运作紧密联系、学以致用，提高分析问题、解决问题、进行科学决策的能力；提升学生的国际视野和对互联网时代大型跨国集团的管理理念和方法。强化学生运用相关理论综合解决企业实际问题的能力。包含 4 个单元。

（1）销售管理，从创建客户、客户询价请求、报价、销售订单预测、可获得性检查、发货通知、交付计划、分拣包装、销售发货、开具发票、结算应收账款等各个环节体验跨国公司销售管理及控制。

（2）物料管理，从创建供应商、供应商报价、比价、采购订单、发货通知、交付计划、物料入库、结算应付账款等各个环节体验跨国公司物料管理及控制。

（3）生产管理，体验 MTS（Make To Stock，面向库存生产）、ATO（Assemble To Order，面向订单装配）、MTO（Make To Order，面向订单生产）、ETO（Engineering To Order，面向订单设计）等多种生产模式下的生产计划制定、工作中心管理及按单成本核算等过程。

（4）财务会计及成本控制管理，体验 SAP 财务业务一体化对企业管理的控制，分析业务每一环节的成本控制方法。

### 7. 精益管理综合实训

精益管理综合实训为学生创造一种几乎接近现实的实践环境，强调体验式、互动式学习，弥补学生实践经验的不足。这种学习方式改变了以往报告式的教学方式，让学员通过"做"来"学"。课程分为两个单元：

（1）生产运营实践。完整地模拟了企业的人员分工、产品设计、物料采购、制造、质量控制和营销过程，以及流程改进、财务与成本控制等包括物流、信息流、资金流的全部或大部分活动。学员通过角色模拟融入生产企业经营活动，从产品结构分析开始、设计生产工艺并在流水生产线上实施到完工入库一系列的运营活动，并在一系列的运营活动中持续改善流程使成本最低。同时，通过信息传递对模拟企业整个运营过程进行优化管理，减少企业内、外部没有附加值的活动，有效地指导模拟企业运作过程，从而使其既能提高及时交付能力，改善物料的流通性能，又能提高投资回报率。

（2）管理信息系统应用。把前一环节生产活动的所有数据在企业管理信息系统（ERP）中运行检验，模拟从销售订单开始的整个供应链过程。培养学生从系统角度思考问题的方法，体验"定标、前置、合并、制变、均衡、清障、简化"的精益化策略的实践应用，体验企业依据订单的生产计划制定。

### 8. 生产制造企业全景模拟

生产制造企业全景模拟是典型的实战型课程。一方面，课程一揽子解决前三年单项课程实验内容少、不系统、层次低、不连续、课程相互之间实验内容割裂形不成整体等问题，线上线下实训模式的结合，同时训练和提升学生在课堂难以接触的沟通、领导、谈判等能力问题；另一方面，平台虚拟设立校内仿真实习平台，在虚拟社会环境下，学生可担当核心岗位，接触核心业务，了解和熟悉业务的完整工作流程，甚至岗位群上轮岗实习也不再是难题。如此，实习效果明显，所学知识和能力方面得到验证和巩固，同时在仿真实习过程中及时发现知识和能力的"盲区"，可以及时查漏补缺。

### 9. 创业模拟经营

创业模拟经营强调学生实际操作，通过学习有助于提高学生创新创业能力。课程分为两个单元：

（1）采用创业之星模拟平台，模拟企业创办流程：租赁办公场所、公司名称审核、银行注资、事务所验资、工商税务办证、质量监督、刻制公章、办理保险等。

（2）通过开展创业活动全程模拟，经历企业初创、成长、成熟、衰退等阶段，提高学生对创业过程中公司融资、生产运营、市场营销、公司战略规划以及风险控制等方面的意识。

**10. 创业设计**

创业设计引入先进创新思维训练方法，通过创业设计体验，培养学生创新创业意识，提升创新创业能力。课程分为三个单元：

（1）运用创新设计思维方法，围绕学生在学校和社会生活中关注到的问题，讨论分析解决方法，并形成企业想法。

（2）针对项目，设计市场调查问卷并展开市场调研，根据反馈调整商业思路。

（3）编写商业计划书并答辩，提高学生对商业项目的系统思考，补充项目不完善的地方或找到更好的企业想法。

## （二）创新创业教学方法的探索

在教学方法上，我们坚持因地制宜，结合我校教学特点和专业特点进行探索，形成了鲜明的教学方法和风格。主要有：

**1. 仿真模拟**

针对第一层级的模拟类课程，我们主要采取的仿真模拟的教学手段，采用角色体验、团队分工、沙盘模拟等手段，让学生身临其境体验企业管理的全过程，并采用模拟竞争的方式，激发学生参与的热情。

**2. 案例体验**

在第二层次，我们主要采取案例体验的方式，借助于国内外成熟的信息管理平台，让学生在较短的课时内，实现企业应用流程的体验。为此，我们专门针对金蝶、用友等国内主流软件，自行研发了包括供应链、生产、财务模块在内的一体化应用体验案例。积极引入国际先进的 SAP 应用平台，并自行编撰了 SAP 应用体验案例，面向高年级学生和 MBA 专业学生开设相关课程，拓展学生的国际化视野和集团企业管控能力。

在精益管理综合实训、生产制造全景模拟等课程中，我们自行研发了实验场景和实验案例，让学生在一个开放的实验环境下，体验企业管理的真谛，课程开设以来，受到学生的热烈欢迎。

**3. 开放训练**

在创业设计和创业模拟等课程中，采取了开放式方式，指导教师帮助学生使用各类分析工具，完成各类创业项目的设计，并通过个别指导、案例讨论、头脑风暴、创业答辩等方式，训练学生的创业意识和能力。

## （三）创新创业教育师资团队建设

创新创业师资团队的建设是开展创新创业教学的保障，为此，我们从多种方式入手，加强师资团队建设，主要有：

### 1. 成立了多学科交叉的教研室

学校从工商管理学院、信息管理学院、会计学院、管理科学与工程学院、实验教学中心抽调教师，组成了专门的实验教学教研室，目前教研室包括 17 名教师和实验技术人员，其中具有高级职称的 9 名，具有博士学位的教师 3 人，平均年龄 42 岁，一支教学经验丰富、学科结构合理、富有创新精神的教师团队初步形成。

### 2. 积极开展各类师资培训和交流活动

近三年来，平均每年安排 20 余人次参加各级各类师资交流和培训，通过培训掌握新方法、学习新思维，汲取各家之长，提高自身能力。同时积极开展各类同行交流活动，年均接待兄弟院校参观访问近 10 批，派出交流 2~3 批次。

### 3. 团队课程研发能力强

在实践教学中，注重团队课程研发能力的培养，自主研发的课程占到 60%，通过课程研发，设计开发适合经管类学生创新创业的有针对性的实训项目，并在实际教学中得到检验，教学相长，共同提高。

## （四）创新创业课程环境建设

为进一步优化创新创业实验教学环境，中心近年来投入大量资金用于相关实验室环境建设，2013 年，投资 200 余万元，建立企业经营综合模拟实训实验室，并购置了全景模拟教学软件；2014 年，投资 200 余万元，更新改建的物流和生产经营模拟实验室；2015 年投资 100 余万元，对原 ERP 实训中心机房进行了全面升级，投资 58 万元，对创业实训平台进行了全面升级改造。经过一系列改造，创新创业实训环境已初步具备，基本能够满足相关实践教学活动的开展。

## （五）创新创业实践教学制度保障

为巩固成果，积极扩展创新创业课程，学校和实验教学中心出台了各项配套制度，促进创新创业教育的开展，主要有：

第一，在制度层面上，注重基础实训、创新创业实训和创业孵化之间的联系。各专业开设的各类实验和实训课程，是开展创新创业实训活动的基础；实验教学中心创业创新课程体系的建设，面向全校开展创新创业综合实训活动；由就业指导处牵头成立的大学生创业孵化基地则是学生创业项目的催生基地。三者相辅相成，形成一个有机的整体，共同推动我校创新创业活动的开展。

第二，成立专门的机构，保障创新创业实训的具体落实。为打破专业壁垒，自2008年起，我校建立了由实验教学中心直管的五个实训中心，ERP综合实训中心是其中之一，承载着跨专业综合实训、创新创业综合实训的教学任务。学校给予专门的建设和运行经费支持，并配有专门的管理人员。相关课程列入人才培养方案。

第三，定期开展创新创业学科竞赛，活跃校园文化。截至2016年，学校已连续11年举办大学生沙盘仿真模拟挑战赛，连续4年举办大学生创新创业大赛。同时，选派优胜队伍参加全国大学生企业经营沙盘挑战赛和"学创杯"全国大学生创业综合模拟大赛，并多次获得全国和山西省一等奖。该类竞赛的持续开展，丰富了校园文化，激发了创业意识，培养了学生的创新创业能力。

正是由于在课程体系、教学方法、师资团队、环境建设、制度保障等方面的不懈努力，山西财经大学创新创业课程建设方面取得了突飞猛进的发展。参训学生常年稳定在5000人左右，教学层次覆盖本科生和专业硕士，教师获得各级各类相关教改项目10余项，其中一项获得省级重点教改项目，编撰各类实训手册8本，发表高质量教改论文10余篇。同时，我们也要认识到存在的不足，在实验教学体系和方法上，还需要进一步扩展思维，放开手脚，大胆创新，将创新思维和创业意识植根于每个学生的心中。

## 五、标志性建设成果

图2 经管类大学生创新创业实践课程体系建设

## 六、中心团队集体照

图 3　中心团队集体照

# 校企协同创特色　与时俱进谋发展

——广东金融学院金融学科实验中心建设成果

## 一、中心基本情况

| 学校名称 | 广东金融学院 |
|---|---|
| 中心名称 | 金融学科实验教学中心/金融虚拟仿真实验教学中心 |
| 署名 | 伍绍平　徐守萍　王小燕　许崴 |

## 二、摘要

广东金融学院金融学科实验教学中心分别在 2013 年和 2014 年被确定为国家级实验教学示范中心和国家级虚拟仿真实验教学中心；中心建设紧紧围绕金融行业应用型本科人才培养目标展开，通过校企合作、协同创新等多种方式，整合校内外各种教学资源，以国家级实验教学示范中心建设为引领，省级实验教学示范建设为支撑，以特色实验教学平台建设为重点，以项目建设为抓手，不断推进实验教学内涵建设，初步形成了理念先进、特色明显、体系科学、队伍稳定、管理有序、国内一流的金融学科实验教学示范中心。

2014 年建设成果分别获广东省教学成果奖一等奖和中国金融教育发展基金会科研成果三等奖。

## 三、主要内容

### （一）概述

广东金融学院具有 65 年的办学积淀，不仅是广东唯一一所具有央行基因的金融类高校，也是全国唯一一所承担中英政府间金融合作项目的高校。经过 65

年的发展，学校已经成为华南地区乃至全国的金融学科建设、金融人才培养、金融行业研究不可或缺的重要基地，为社会培养了大批金融应用型人才，为华南地区尤其是广东省的经济发展做出了积极的贡献，在社会上赢得了良好的声誉。学院以金融产业发展人才需求为导向，以提高学生实践能力与创新能力为目标，坚持教学与科研相结合，与社会协同育人，积极构建、不断完善金融实验教学体系，金融学科实验教学建设稳步发展。

金融学科实验教学中心创建于学校 1983 年建立的"模拟银行"（银行会计实验室），2005 年批准为省级实验教学示范中心，2013 年批准为国家级实验教学示范中心，2014 年批准为国家级虚拟仿真实验教学中心，金融学科实验教学质量与水平获得业界与学界的广泛认同。

2013 年以来，金融学科实验教学中心通过校企合作，协同共建金融特色实验教学平台，按金融企业现实业务流程和教学需要，开发系列虚拟仿真实验项目；坚持科研与教学相结合，努力促进科研成果转化为教学内容；依靠现代化信息技术，推动实验教学资源开放与共享；建立并逐步完善实验教学管理制度，保证人才培养质量与效果，最终服务于"知行合一，能力为尚"的现代金融复合型人才培养目标。

中心现有教学场地约 4000 平方米，拥有虚拟云平台、大型网络存储服务器等设备 2985 台，总资产 3700 万元。中心分设银行、金融市场、精算技术、银行企业管理、信用管理、金融创新实战体验等核心虚拟仿真实验室，还有金融行业岗位校内实践基地、金融创新创业孵化基地等实习、实训基地，形成金融专业基础、专业综合、实训体验和创业孵化等虚拟仿真实验平台。中心秉承"整体规划、资源共享、协同创新、持续发展"的指导思想，运用云服务平台结合金融仿真应用平台，依托行业，突出应用，着力培养高素质金融应用型人才。

## （二）实验教学建设体系基本成型

经过三年多的努力，我校金融学科实验教学中心已构建起科学的架构体系。在实验教学资源方面，实验教学中心通过与中国人民银行广州分行清算中心、上海浦东发展银行广州分行等金融机构和用人单位共同设计实验业务流程与规则，制定符合金融行业人才能力需求的实验教学效果评价考核制度；通过与用友金融信息技术有限公司、广州金电科技有限公司、深圳市国泰安信息技术有限公司、深圳智盛信息技术有限公司等软件公司深度合作，共同开发实验银行、金融ERP、金融市场实战（虚拟交易所）、保险综合业务等仿真实验教学平台；并合力推动教学和科研项目开发与应用，将平台升级为具有强大资源共享能力的开放式教学平台。在协同创新共建特色实验平台的基础上，集中校内外师资力量开发和构建现代金融操作性、综合性和创新性实验项目体系，分别服务于应用型金融人才的实务操作能力、管理决策能力、宏观思维能力及创新设计能力培养。此外，每年举办诸如金融技能大赛、金融营销大赛、金融企业沙盘大赛、金融建模大赛等各种跨校赛事，活跃第二课堂，激发广大学生自主学习动力，并对接广大金融企业用人需求，令各种赛事成为检验实验教学成效与用人单位选拔优秀学生的舞台。

2013 年以来，学校以国家级金融学科实验教学示范中以建设引领省级实验教学示范中心建设，通过示范中心建设规范实验教材、实验项目建设，逐步形成了我校以国家级实验教学中心建设为引领，省级实验教学中心建设为支撑，特色实验教学平台为重点的实验教学建设与发展体系。这一建设成果为诸多同类院校提供了强大的示范作用。金融学科实验教学中心建设框架见图 1。

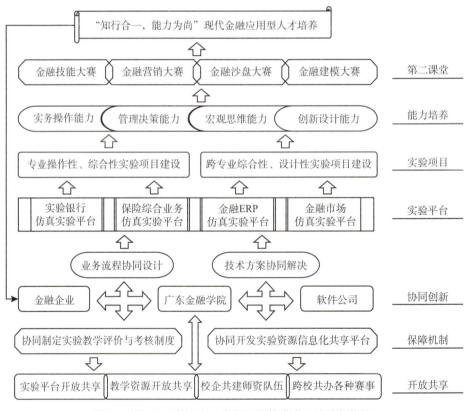

图 1　广东金融学院金融学科实验教学中心建设架构图

## （三）主要建设成果

### 1. "金融综合实验教学平台建设与实践"获 2014 年广东省教学成果奖一等奖

积极探索、勇于实践金融特色实验教学平台建设新模式。中心在总结十余年实验教学经验的基础上，积极探索实验教学平台建设规律，将协同创新思想引入实验教学平台建设，勇于探索并不断完善"校企协同、共赢驱动"的实验教学平台建设新模式。中心以金融行业人才需求为出发点，以满足地方性、应用性人才培养为目标，融合先进的金融管理理论和方法，经过充分调研考察，选定中国人民银行广州分行下属的广州银行电子结算中心、用友金融信息技术有限公司、深圳市国泰安信息技术有限公司和深圳智盛信息技术有限公司作为战略合作伙伴，在国内首创协同开发实验银行、金融 ERP、金融市场、保险综合业务仿真等四大虚拟仿真特色实验教学平台。截至 2015 年 12 月金融学科实验教学中心已完成广金实验银行、金融 ERP、金融市场实战、保险综合业务仿真实验平台建设并投入教学使用和科研服务，取得良好的效果，建设成果得到了金融企业来了国内高校的广泛认可。"金融综合实验教学平台建设与实践"获 2014 年广东省教学成果奖一等奖。

### 2. 建立了较为完善的实验课程与实验项目体系

中心目前承担的教学任务已由 2013 年成立时的 14 个本科金融相关专业（方向）扩大到 28 个，所承担的课程已由 2013 年 40 多门课程增加至 90 多门，教学服务功能不断增强。实验教学的基础是实验项目，实验项目按其功能特点分为基础操作型、综合设计型、研究开发型三种类型，三种类型的实验相互关联且呈层次递进关系，共同构成完整的实验课程和课程体系。在实验课程建设上，学校通过出台《校级实验教学综合性（设计性）实验项目管理办法》，以实验项目建设为抓手，每年立项资助 10 ~ 15 个综合性（设计性）实验项目，以推动实验项目和实验课程建设；截至 2016 年 6 月，已经形成了由 69 门独立实验课程和 30 多门课程实验构成的，多层次、多功能、具有金融特色的"递阶式"实验课程体系，课程体系包括 600 多实验项目，其中，可操作性、综合设计性、研究创新性三类实验占比分别为 14%、53%、33%。

### 3. 打造了一支"双强型"的实验教师队伍

根据"着力培养学生实践能力与创新能力"的实验教学指导思想，构建课程实验→专业综合实验→跨专业跨学科综合实验→研究创新性实验的"递阶式"实验课程体系；按照培养功能、专业方向和内在联系，将金融实验课程分为实验银行课程集群、金融 ERP 课程集群、金融市场实战课程集群、金融工程课程集群、保险精算课程集群、信用管理课程集群等，以实验课程集群为纽带，组建实验教学和管理团队。通过实验教学实践、协同创新开发实验教学平台、以老带新、走出去请进来等途径提高实验教学师资队伍的能力和水平，打造一支规模适度、结构合理、质量较高的"双强型"（强教学、强科研）的实验教师队伍。现有实验教师与技术支持队伍62人，其中高级职称教师占比超过75%，硕士学位以上教师占比超过85%。

**4. 实验教材建设走向系列化配套化**

2013年以来，金融学科实验教学中心进一步强化了实验教材建设工作，积极支持实验教师出版研究专著、实验教材和实验教学指导书；为确保教材质量与特色，实验教学中心通过项目资助形式进行管理，对实验教材质量严格把关，确保实验教材的科学性、先进性、实用性和有效性。3年来出版实验教材11部，自编实验讲义30部，满足了实验教学需要。

**5. 通过校企合作、校际合作，不断推动实验教学资源共建共享**

中心通过与上海浦东发展银行广州分行、阳光保险集团、兴业银行广州分行等金融机构广泛合作，获取金融机构业务岗位第一手金融法规、业务指导文件、行员学习资料，输入至中心教学信息平台共享给广大师生；与此同时，中心与河北金融学院等原中国人民银行行属院校和财经类高等院校全面合作，实现彼此间师资队伍、实验平台与教学资源的共建与共享，我校较为先进的金融学科实验教学理念及教学经验得到了较为广泛传播。

**6. 师生共组科研团队申报科研课题，推动科研成果转化为实验教学内容**

2013年以来，金融学科实验教学中心服务科研能力逐步增强。（1）中心教师队伍科研成果丰硕，主持省（部）级以上科研项目50多项，出版系列实验教材80多本（套），发表学术研究论文200多篇，协同、自主开发实验教学软件10套。（2）中心鼓励教师们将优秀学生吸纳为自身的科研团队成员，在指导其从事具有科研性质的金融市场、金融政策、金融企业经营管理研究的同时，实现科研平台与实验教学平台的有机结合，通过实验平台进行金融市场仿真运行、金融政策实施模拟、金融企业沙盘模拟等，一方面推动前沿科研课题转化为实验教学内容，另一方面提升科研成果的可靠性与可操作性。

**7. 学生实践创新能力和综合素质培养效果凸显**

（1）毕业生受到金融机构好评，初次就业率保持高位。

我校坚持重视实践教学的传统，着力培养"基础强、专业强、素质强"和"好用、顶用、耐用"的"三强"、"三用"人才，毕业生受到用人单位的普遍欢迎，为金融行业输送了大量高素质专业人才，毕业生就业率一直保持在95%以上，高于全国平均水平（见表1）。

表1　　　　　　　2011 届～2014 届金融相关专业本科毕业生就业情况

| 毕业时间 | 2014 届 | 2015 届 | 2016 届 |
|---|---|---|---|
| 应届毕业生（人） | 5604 | 5057 | 4901 |
| 初次就业率（%） | 95.40 | 96.82 | 97.25 |
| 金融机构就业人数（人） | 3358 | 2992 | 2816 |

资料来源：广东金融学院金融学科实验教学中心。

（2）实验教学中心组织、指导学生参加各类竞赛频获佳绩。

实验教学激发了学生参与社会实践、科学研究、职业技能竞赛的热情，2013年来，实验教学中心组织学生参加各种金融职业大赛，在"挑战杯"、"金融建模"、"金融 ERP"、"金融创业计划"等均获佳绩（见表2）。

表2　　　　　　　　　学生在各类竞赛中获奖情况

| 竞赛项目名称 | 获奖项数 | 奖励等级 | 获奖时间 |
|---|---|---|---|
| 广东省大学生金融建模大赛 | 2 | 二等奖 | 2014 |
| 全国大学生金融期货及衍生品知识竞赛 | 1 | 全国二等奖 | 2014 |
| 全国大学生创业综合模拟大赛总决赛 | 1 | 全国二等奖 | 2014 |
| 全国第九届"挑战杯"大学生创业计划竞赛 | 1 | 全国银奖 | 2014 |
| 2014 全国大学生"网络虚拟运营"创业专项赛全国总决赛 | 1 | 全国二等奖 | 2014 年 |
| "挑战杯·创青春"2014 年广东大学生创业大赛 | 15 | 广东省金、银、铜奖 | 2014 年 |
| 中国金融教育发展基金会"进出口银行杯"、"农业发展银行杯"征文比赛 | 14 | 全国一、二、三等奖，优秀奖 | 2014 年 |
| 美国大学生数学建模竞赛（MCM，The Mathematical Contest in Modeling） | 1 | 国际二等奖 | 2015 年 |
| 第六届"蓝桥杯"全国软件专业人才设计与创业大赛（全国总决赛） | 3 | 全国二、三等奖、优胜奖 | 2015 年 |
| 第三届全国大学生数据挖掘竞赛 | 5 | 全国一、二等奖、优秀论文奖 | 2015 年 |
| "挑战杯"2015 年广东大学生课外学术科技作品竞赛 | 11 | 广东省一、二、三等奖 | 2015 年 |
| 西南财经大学光华创业邀请赛 | 1 | 全国二等奖 | 2015 年 |
| 2015 首届全国大学校友创新创业大赛华南赛区总决赛 | 1 | 优胜奖 | 2015 年 |
| 2016 年"挑战杯·创青春"广东大学生创业大赛 | 5 | 二等奖 | 2016 年 |
| 2016 年第二届广东大学生金融建模大赛暨粤沪两地联谊赛决赛 | 1 | 一等奖 | 2016 年 |

资料来源：广东金融学院金融学科实验教学中心。

（3）学生承担的金融学科科研创新项目质量不断提高。

2013 年以来，依托金融实验教学平台，学生自主申请和获得立项的各类金融科研创新项目数量迅速增加，质量不断提高，学生的实践能力和创新能力明显增强（见表 3）。

表 3 学生承担金融类科研创新项目情况

| 项目类别 | 2014 年 | 2015 年 | 2016 年 |
|---|---|---|---|
| 国家级大学生创新实验项目（项） | 10 | 12 | 20 |
| 广东省级学生创新实验项目（项） | 20 | 18 | 60 |
| 广东金融学院创新实验项目（项） | 15 | 10 | 30 |

资料来源：广东金融学院金融学科实验教学中心。

**8. 校政合作，共建科技金融实验室，不断增强服务科研和社会服务能力**

我校与广东省科技厅本着优势互补、互相尊重、公平开放、友好协商、互惠互利的原则合作共建省内一流、国内领先的科技金融重点实验室和科技金融信息服务平台，平台汇聚了省内科技金融研发力量和研究资源，提升广东科技金融研究与实践水平，为科技型企业提供信用评价、风险监控等社会服务，有效促进科技与金融相结合，促进科技成果产业化。科技金融信息服务平台在2015 年 5 月开始应用于全省金融与科技企业。平台采取政府搭台、学校建设和各科技金融服务中心运营的模式，在国内首次实现科技金融产品"O2O"，政府为平台科技企业融资提供风险准备支持，平台企业因此获得银行信用贷款，融资速度快。

（四）创新点

（1）是国内首个金融企业全景仿真实验教学平台。平台基于"源于银行现行系统，而高于现行系统"的设计理念，融合当前先进的金融管理理论和方法，实现对银行管理流程和业务流程的模拟。使学生零距离体验涵盖银行战略决层、管理层、业务层三个层级以及价值管理、盈利管理、风险管理、人力资源管理、客户关系管理五大管理主题的经营管理活动。

（2）是一个跨学科、多专业、多层次的综合性实验教学平台。平台集金融、管理、信息技术为一体，为经管类各专业学生提供了"企业认知、专业实验、毕业综合实习"三个不同层次的实验教学。教学中打破学科、专业限制构建实验师资团队和实验教学班级，班级学生分组形成总、分、支行三级结构的银行机构，在仿真环境中模拟运营。

（3）成为国内同类院校实验教学平台的标志性成果。通过校企协同创新，发挥各自在高校和金融企业的资源优势，成功构建了基于金融行业应用型人才培养的实验教学平台。国内多家院校正积极借鉴我院成果开展其教学平台建设。

（五）应用情况

**1. 校内应用**

第一，金融学科实验教学中心教学覆盖面广，实验课开出率高，实验教学效果良好。已成为我校"递阶式"实验教学模式中"跨专业跨学科综合实验"课程开设的重要载体；依托实验教学中心，为金融、工商管理、市场营销、金融营销、物流管理、审计、财务管理、会计等多个专业的学生开设了银行综合业务实验、银行财务管理实验、银行风险管理实验、银行营销管理实验、银行客户关系管理实验、银行人力资源管理实验、银行数据挖掘与决策支持实验、ERP沙盘模拟、金融市场实战等综合实验课程。由于实验项目仿真度高、体验性强，大大激发了学生对专业知识的学习热情。每年学生评教活动数据显示，学生对实验教学总体评价满意度高达90%以上，认为通过参加金融学科实验教学中心平台进行科研活动与教学实验，大大增强了他们的综合知识运用能力、实践创新能力和团队协作能力。

第二，金融学科实验教学中心已成为学生主要"科研活动平台"和"校内综合实习基地"。由于金融企业的保密性非常高，校外实习无法进入企业核心工作岗位；即使有机会进入到银行内部实习也无法准确了解到银行完整的业务流程和管理流程。实验教学中心使学生就业之前了解金融企业运作规律、熟悉企业运作流程、具备实际的动手操作和决策能力，真正实现了学生毕业实习的目的和意义，在提高学生职业能力的同时，极大地增强了学生的就业信心和实现自身的可持续发展。学校毕业生就业率连续三年达到95%以上，高于全省平均水平，且75%以上就业于银行系统、金融机构。

第三，金融学科实验教学中心已成为我院师生的科研平台。通过校企协作建设实验教学平台，加强了教师与企业的联系，实现了理论与实践相结合，极大地提高了教师的教学热情和科研能力，很多建设项目都凝结了教师科研成果。同时，中心能够提供的丰富数据资源和大量管理模型，为教师开展科学研究提供了良好的条件。2013年以来，利用中心数据资源发表教学科研论文50余篇，编写实验教材和实验讲义近20部，获得省级、院级科研项目30余个。同时，学生科研能力不断提高、科研兴趣热涨，在全国"挑战杯"大学生课外科技作品竞赛、创业计划大赛、全国数学建模、全国大学生英语竞赛、"ERP沙盘大赛"、"金融建模"等活动中，获省级奖项40多项。

### 2. 校外推广

第一，金融学科实验教学中心已成为华南区金融企业的重要培训基地和产学研孵化基地。2013 年以来，通过实验教学中心培训银行员工近 1000 多名；与广州银行电子结算中心签订战略合作协议，在产品研发与推广、行业培训、咨询服务等方面展开全面合作。学校先后与揭阳、南海、梅州、云浮、广州开发区等地方政府签订金融发展规划研究，实现学校对地方政府的服务功能。

第二，金融学科实验教学中心发挥了较强的示范效应和辐射作用。中心建设成果近年引起了国内外金融机构和高校的高度关注。2014 年 12 月成功举办全国高校金融 ERP 实验教学观摩与课程建设研讨会，来自北京联合大学、广西财经学院、河北金融学院、哈尔滨金融学院等全国各地 20 多所本科高校的 51 位教学管理专家和一线教师共聚一堂。参会人员通过实验教学观摩和实验教学课程建设研讨活动，共同研究、深入探讨实验教学课程建设的方向与对策，共享我院实验教学建设成果。

2013 年以来，相继有数十家兄弟院校来校参观学习交流，《教育部简报》、广东省教育厅《教育简报》，以及《中国教育报》、《中国高等教育》等多家媒体报道了我校在实验教学建设中取得的成效。国内多家院校借鉴我院实验教学建设模式尝试开展其实验教学建设。

### 3. 预期前景

第一，有力地支撑应用型人才培养。广东金融学院金融学科实验教学中心相关金融特色实验教学平台是在"基于银行现行系统、而高于银行现行系统"的设计思想下进行建设的，学生利用实验教学平台提供的系列实验课程学习，在校内提前完成系统的职业化训练，大大提高了学校对市场人力资源的供给质量，这对地方院校应用型人才培养起到了极大的支撑和示范作用。

第二，在金融行业有推广价值。中心既可作为金融企业的培训基地，为从一线员工到各级管理人员提供培训；又可作为产学研基地，为金融企业提供诸如金融工具创新、管理理论与方法创新等各方面的研发支持。

第三，在国内高校发挥示范效应。中心建设无论在应用型人才培养模式、实验课程设计、师资队伍建设与管理、实验教学组织等方面都进行了一次全新的尝试，形成的系统化实验教学平台建设经验和成果。通过大力推广，对其他院校、特别是同类院校的实验教学建设将会起到更积极的示范和借鉴作用。

第四，实验教学中心建设能发挥更强的校企、校政协同作用。在校企协同方面，发挥学校优势，继续进行应用型人才培养目标的实验教学创新与改革；发挥企业优势，在平台上进行功能和技术等创新；在校政协同方面，与更多地方政府的金融管理机构展开更加广泛的合作。

## 四、标志性建设成果

### （一）第七届广东教育教学成果奖一等奖获奖证书

图 2　第七届广东教育教学成果奖一等奖获奖证书

### （二）2014 年金融教育科研成果奖获奖证书

图 3　2014 年金融教育科研成果奖获奖证书

## 五、中心团队集体照

图 4　实验教学与科研团队合影

# 全仿真商业银行业务综合实训平台

## ——河北金融学院金融实验中心建设成果

## 一、中心基本情况

| 学校名称 | 河北金融学院 |
|---|---|
| 中心名称 | 金融实验教学示范中心 |
| 署名 | 杨兆廷　鲍静海　沈双生　郭净 |

## 二、摘要

河北金融学院金融实验教学中心于 2015 年 1 月获批国家级实验教学示范中心。两年来，中心以应用型人才培养为目标，进行金融实验教学顶层设计，按照环境仿真、系统仿真、流程仿真和数据模拟"三仿真一模拟"的思路搭建起了立体多维金融实验教学体系，完成了金融实验教学中心金苑银行实验室和资本运营实验室以及金融大数据分析平台建设。

中心组建了由来自院系、实验教学中心和行业精英组成的"三结合"实验教学团队，以商业银行为对象，自主开发了全仿真的商业银行综合实训平台。该平台打破了目前流行的"模块化"操作训练系统，将银行综合柜台业务、信贷业务、票据业务、风险管理业务、国际结算、会计业务等核心业务进行整合，构建了完全仿真的银行业务综合实训平台，使学生身临其境地体验银行各类角色，同时感受银行各业务之间的关联，以管理者的角度来进行思考和判断。该系统已经被河北交通职业学院等部分兄弟院校采用，多所院校前来参观学习，其地方院校金融学科实验教学示范作用已经凸显。

## 三、Abstract

Financial experimental Teaching Center in Hebei Finance University was approved by the national experimental teaching center in January 2015. In the past two years, for the purpose of applied talent-cultivation, the center has designed the top idea of financial experimental teaching. Meanwhile, according to the thinking of environmental simulation, system simulation, process simulation and data simulating, the center has set up the stereo multi-dimensional financial experiment teaching system and constructed Jinyuan Bank Lab, Capital Operation Lab and finance big data analysis platform.

The center formed combined experimental teaching team which composed by the faculties, experimental teaching centers and industry elite, and developed a full simulation of the commercial bank comprehensive training platform. The platform broke the "modular" operation system, and integrated counter business, credit business, bill business, risk management business, international settlement, accounting business and other core business together to develop the full simulation of the commercial bank comprehensive training platform. By means of the platform, the students can experience the various roles of commercial Bank in various situations, and feel the relationship between the businesses of the bank. So that the students can think and judge in the point of view of managers. The system has been used by the brother-institutions, such as Hebei Jiaotong Vocational and Technical College. Many other institutions have come to visit and study the platform. The experimental teaching demonstration role has emerged in the local financial colleges and universities.

## 四、主要内容

河北金融学院是华北西北地区金融特色突出的多学科财经类大学，金融实验教学中心也是区域内金融实验教学特色鲜明的实验教学中心。自 2015 年 1 月获批国家级实验教学示范中心以来，在学校的大力支持下，中心从体制架构、体系构建、平台搭建、队伍组建、智能改造等多方面进行了建设。

### （一）突出能力培养导向设计——完善中心顶层架构

**1. 纵向设计——三维实验运行模式**

为加强金融实验教学中心的全覆盖建设，我校遵循大学生认知规律和教学规律，建立了以能力提升为主线的三维实验运行模式（见图 1），并以该模式为核心，相对应地设计了覆盖大学四年的实验平台（见图 2）。

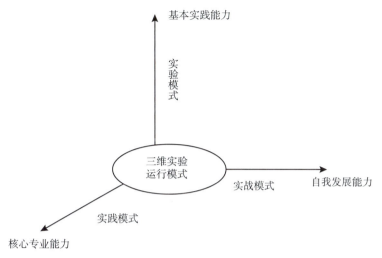

**图1　三维实验运行模式示意图**

　　三维实验运行模式分为实验模式、实践模式和实战模式：首先，实验模式包括专业实验平台和技能训练平台，为课堂实验、开放实验和自主实验提供环境，主要针对大学一、二年级的学生开出，培养和锻炼学生的基础知识和专业基本实践能力；其次，实践模式包括专业训练平台和跨学科训练平台，强调锻炼学生的自主性的提升和专业核心能力的培养，主要针对大学二、三年级的学生开出；最后，实战模式包括多学科训练平台和素质养成平台，中心教师引导学生自我管理、自我经营、自负盈亏，通过学中做、做中学来培养学生的自我发展能力，主要针对大学四年级学生开出（见图2）。

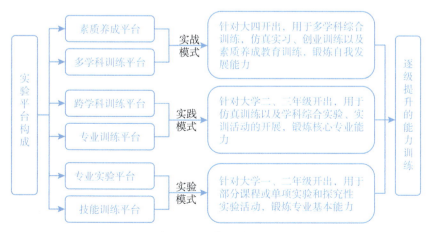

**图2　三维实验运行模式中实验平台构成**

**2. 横向设计——产学结合共享型资本运营综合实训平台**

为加强金融实验教学中心的综合性建设，我校根据实际情况，构建了产学结合共享型资本运营综合实训平台（见图3）。

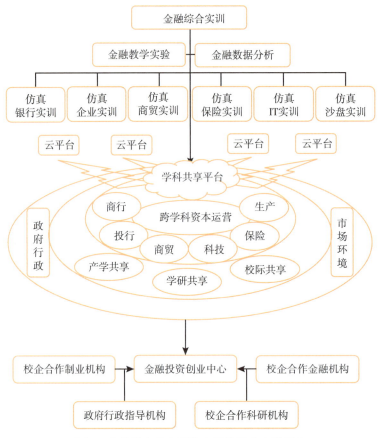

**图3 产学结合共享型资本运营综合实训平台**

产学结合共享型资本运营综合实训平台主要分为三个部分：一是以资本运营为中心，连接商行、投行、商贸、科技、保险、生产等各学科，引入产学、学研和校际共享优质资源成果形成的体现虚拟市场环境的多学科、多领域综合实训框架；二是依托金融教学实验和金融数据分析，以云平台服务为基础，打破仿真银行实训、仿真企业实训、仿真商贸实训、仿真保险实训、仿真 IT 实训和仿真沙盘实训课程之间界限的移动互联、实时交互架构设计；三是以金融投资创业中心为载体，通过校企合作创业机构和校企合作金融机构的指导，依托政府和学校相关政策实施的创业实战平台。

### 3. 特色设计——强化金融核心能力培养的"三仿真一模拟"平台

我国每年金融专业的毕业生不在少数，但是金融行业的人才缺口一直很大，这一方面是因为专业研究方向供需的偏差，另一方面也是因为人才的衡量标准已逐渐从理论导向转向了实践导向。正是基于这两方面的原因，为强化高素质、技术应用型复合金融人才的培养，中心在进行顶层设计时，明确了以资本市场为核心、以资本运营为纽带的环境仿真、系统仿真、流程仿真和数据模拟"三仿真一模拟"跨学科综合实训平台建设思路，推动了与学科发展目标相适应的基本能力、专业能力、综合能力、学科能力、跨学科能力及素质养成六大实验平台建设。至今，中心已重点建设了以仿真银行实训为重心的金苑银行实验室、以跨学科资本运营为重心的资本运营仿真实验室和以大数据分析为重心的塔塔大数据联合实验室，搭建了适合新时期技术应用型复合金融人才培养的教学与科研多功能全仿真商业银行综合实训平台，同时拓展服务基础、加强与兄弟院校和行业企业合作，逐步构建起教学软件资源共享与开放管理平台、实验教学资源智慧管理平台和开放式虚拟仿真实验教学管理平台。

### （二）实验室建设

#### 1. 贴近行业实际的情景环境——高度仿真实验室

（1）金苑银行实验室。

2015 年，中心对模拟银行与清算中心进行升级改造，并重新命名为"金苑银行实验室"。金苑银行高度仿真城市商业银行的软硬件设计，打造全真业界工作环境。实验室硬件环境上仿真了商业银行窗口化办公的业务处理场景，从窗口柜台到排号机、点钞器，全面模拟商业银行所有业务流程。同时软件系统引进智盛商业银行综合柜台业务、国际结算业务、信贷与风险管理业务及票据业务四个业务模拟系统，并配合金融经济实战和分析系统，包括虚拟交易系统、Wind 数据库等创新工具，突出实验教学具备的高度直观性、环境设定的灵活性和充分允许实验主体的主观能动性等特点，实现对现代商业银行经济、金融专业人才培养机制的创新，有助于系统化、专业化提升的银行领域实战精英人才的培养。

（2）资本运营仿真实验室。

2015 年，学校投入资金建设了资本运营仿真实验室。资本运营实验室是金融实验教学中心综合实验室。实验室的功能区利用高科技大屏展示技术与管理平台国泰安大屏幕管理系统，仿真建设了资本交易大厅的场景。教学区配套市场通、虚拟交易所、证券交易行为教学软件等软件系统，满足实验课程教学和相关开放实验项目的开展。以该实验室为依托，中心建设了以资本运营为中心，以资本为纽带，连接商行、投行、商贸、科技、保险、生产等各学科形成了体现虚拟资本市场环境的实习实训平台，整合了校内实验教学资源，实现了以资本运营为特色的全校范围内的联合综合实训，培养学生实际的资本运营能力。

**2. "大数据"推动产学研一体化——塔塔大数据联合实验室**

2016年12月，我校与北京塔塔信息咨询有限公司签订了《经济大数据联合实验室战略合作框架协议》，联合共建经济"大数据联合实验室"，实验室配套了塔塔统计数据库。"塔塔数据"拥有业内最为丰富宏观经济运行数据、最完整的全行业分析数据，以及最具竞争分析价值的个体调查微观数据，支持从宏观到行业和个体的全方位立体经济数据分析模式。经济大数据实验室立足大数据与经济学科研究，面向区域经济、产业经济、环境经济等研究领域，建设成为资源共享、优势互补、密切合作的开放性实验室，并以实验室作为双方培养人才、科学研究和服务社会的载体。

**3. 自主研发助力高素质培养——全仿真商业银行综合实训平台**

金融实验中心自主研发了全仿真商业银行综合实训平台。按照目前银行实际"对公、对私"划分方法，将银行综合柜台业务、信贷业务、票据业务、风险管理业务、国际结算、会计业务等商业银行的核心业务整合在一起，构建了一个完全仿真的银行业务综合实训平台，使学生可以在仿真的银行环境中进行实训，身临其境地体验银行各类角色的同时，能够真实感受银行各业务之间的关联，使学生可以管理者的角度来进行思考和判断，进而进行业务操作。学生在这个仿真的综合银行环境中达到完全掌握银行核心业务及外围业务的基本技能，高度全面把握银行的业务流程，达到现代化商业银行从业人员所具备的高素质。使之毕业以后无论是从事研究性工作还是从事柜台工作，均能更快地适应工作要求。

**4. 搭建三大管理平台——推动实验教学管理和运行智能化**

（1）教学软件资源共享与开放管理平台。

中心在2016年建设了教学软件资源共享与开放管理平台。此平台可提供教学软件跨平台访问、共享资源，为师生提供脱离机房限制、终端限制、时间限制的教学与实验环境。平台亦提高软件部署效率，降低了软件购置成本。平台为不同用户提供各自不同的可用内容、操作界面，让师生在其权限内操作不影响其他人的情况下，实现资源的快速分享。用户个人资源也可自定义并且无缝漫游，极大方便了师生利用软件进行教学和学习，提升了教学资源的使用率和使用效率。

（2）实验教学资源智慧管理平台。

中心自主研发了实验室智慧管理平台，该平台是以提高实验室与教学实践的管理水平为宗旨，全面提供实验室信息化管理的解决方案。平台实现了实验教学安排及实验教学过程全面信息化管理监控，和实验室门禁系统结合，实现教学实验智能安排、课前智能开门及实验上课信息汇总统计等。实现对实验室的设备仪器（设备资产的采购、入库、变动、借出、归还、报废、维修等）以及低值易耗品智能管理。

（3）开放式虚拟仿真实验教学管理平台。

平台提供了全方位的虚拟实验教学功能，包括：门户网站、实验前的理论学习、实验的开课管理、典型实验库的维护、实验教学安排、实验过程的智能指导、实验结果的自动批改、实验成绩统计查询、在线答疑、实验教学效果评估等功能，同时该平台可扩展集成第三方的虚拟实验课程资源或自建课程资源，高效管理实验教学资源。开放式虚拟仿真实验教学管理平台软件实现校内外、本地区及更广范围内的实验教学资源共享，满足多地区、多学校和多学科专业的虚拟仿真实验教学的需求（见图4）。

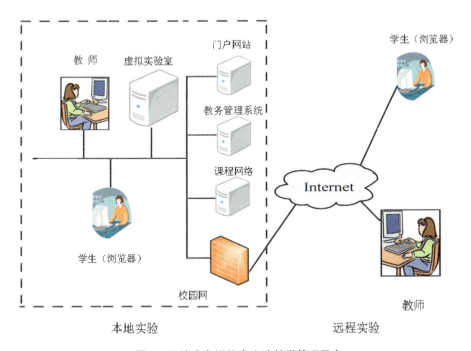

**图4　开放式虚拟仿真实验教学管理平台**

### （三）提升实验教学开放功能——服务教学、科研和社会

**1. 突出实验教学在人才培养方案中的重要性**

随着应用型人才培养定位思路的逐渐清晰，在人才培养方案的调整中，逐渐加大实践教学学分占比。在2015年最新修订的人才培养方案中，按照新的思路进行教学总体设计，人文社科类专业实践教学占总学分平均为26.14%，理工类专业实践教学占总学分平均为30.97%。独立实验课所占学分比重有明显上升，实验课开设率达到人才培养目标要求的100%，符合应用型人才培养定位的要求。

在最新修订的人才培养方案中，各专业均设置了独立实验课程模块，并对独立实验课程的教学大纲、授课计划和实验教材等基本教学文件进行分规范。在管理方面，教学文件实行教学单位和实验教学中心"双备案"制度。2014～2015学年各专业开出实验课程263门，独立设置的实验课程103门，其中综合性、设计性实验课程72门，实验开出率达到教学大纲要求的100%。

**2. 加强实验教学与行业联系，推动行校合作**

对于实践性较强的实验教学课程，中心依托各专业合作的行业企业，邀请与学校或专业有合作关系的行业企业高级技术人员，并签订长期聘用协议，与校内"专兼任"共同组建"三结合"实验教学指导团队，共同完成实践性、业务性较强的学科综合以及跨学科综合的综合性和设计性实验项目指导任务。此外，学校利用合作机制支持和鼓励教师到合作单位挂职，接触行业一线业务，教师的实践能力得到大幅提高。

学习充分依托传统行业办学的优势，加强与相关行业企业合作组建"三结合"实验教学队伍，突出了我校应用型人才培养定位和显著的金融办学特色。

**3. 以项目为载体整合团队，凝聚实验教学实力**

为了适应跨专业综合实验教学工作的需要，学校在原有ERP沙盘模拟、金融沙盘等专业综合实验课基础上，引进了"大金融"跨专业综合实训课程和企业运营仿真综合实训两门跨专业实验课。依据课程所涉及学科专业知识的要求，中心通过招聘的方式，分别组建了各有9名来自不同学科和专业的教师组成的跨专业综合实训课程团队，目前已经进行了多轮次课程教学，深受师生好评。

**4. 深入进行实验研究，促进实验教学发展**

学校加大对实验教学方面的研究工作，2015年和2016年均设立了实验教学科研专项，如"综合实训课程多教师教学模式开发与设计"、"跨专业综合实训课程建设——大金融综合实训"、"基于任务驱动的《金融建模与MATLAB

应用》课程优化"、"案例教学法在《国际投资》中的应用"、"《金融信托与租赁》教学内容及过程管理优化设计"、"《银行业务实训》课程综合设计与实践"、"《商业银行会计》课程实践教学改革研究"、"《企业运营仿真综合实训》跨专业综合实训课程建设"等。同时为了实现实验教学管理科学化，还设立了"数字化校园环境下实验室开放预约管理系统的研究与实现"研究专项。

**5. 加强教材建设，强化实验教学规范**

学校不断加强对实验教材的建设，加大对教材的科研支持力度。实验示范中心立项以来，学校教师共出版教材 30 余部，包含了《金融信托理论与实践》、《经济法案例教程》、《投资银行理论与实务》、《中国商业银行全面风险评价研究》等。同时，实验中心鼓励教师为课程编写讲义，目前金融实验中心有自编讲义 20 余种，这些讲义经过多次上课实践修改后将择优出版为实验教材。

## 五、标志性建设成果

**图 5　全仿真商业银行综合实训平台**

## 六、中心团队集体照

图 6　中心团队集体照

# 延伸、对接与融合：系统构建经管类专业一体化实验教学体系

## ——山东财经大学实验教学中心建设成果

山东财经大学　丛建阁　李　斌

## 一、摘要

以山东财经大学为例，对经济管理类实验教学内容体系优化、虚拟仿真实验与全真实战对接、实验教学资源协同与共享、特色实验课程研发、实验教学队伍外延一致性建设、基于云技术的实验教学平台与资源整合等措施进行了介绍。从实验教学与外围教育教学环节的关系、实验教学与理论教学的关系两个角度对实验教学的定位和未来发展趋向进行了梳理与思考，认为应跳出理论教学、实验教学的界限桎梏，在本科教育教学综合改革的整体关照下去审视"实验教学"的现在和未来并施行实验教学改革。

## 二、Abstract

Illustrated by the example of Shandong University of Finance and Economics，the article introduced the Economics and Management experiment teaching content system optimization，the joint of simulations and realities，resource synergy and sharing，characteristic experiment curriculum development，the construction of teaching teams' epitaxial consistency and technical resources platform integration based on "cloud" technology. On the basis of teasing the relationship between the experimental teaching and external education links，discriminating the relationship between the experimental teaching and the theoretical teaching，we consider that colleges should jump out of the shackles of the limits of the experimental teaching or the theoretical teaching，view the present and future of the "experimental teaching" and implement the reform under the holistic care of the undergraduate education comprehensive reform.

## 三、主要内容

山东财经大学于 2011 年 7 月 4 日由原山东经济学院和原山东财政学院合并组建而成。合并后的山东财经大学秉承既有重视实践教学的办学传统和文化精髓，确立了"培养理论基础扎实、知识面宽、实践能力强、综合素质高、富有社会责任感和创新精神、具有国际视野的应用复合型人才"的人才培养目标。围绕人才培养目标定位，学校将实验教学定位为：实验教学是实现应用复合型人才培养的重要手段，是实践教学体系的主体环节，是与学校理论教学体系并重的教学组成部分。结合学校实际，秉承一体化综合改革思路，实验教学中心在实验教学内容体系优化、资源协同与开放共享、特色实验课程研发、教学队伍外延一致性建设、技术资源平台整合等多个方面进行了重点突破，被教育部评为 2014 年经济与管理类国家级实验教学示范中心。

### （一）系统构建经管类专业一体化实验教学体系

**1. 实验教学内容体系的集成优化与延伸拓展**

实验教学课程及其内容是实验教学体系的核心和关键。按照学校 2012 本科人才培养方案修订指导意见中提出的"构建由基础实践、专业实践和综合实践构成的三级实践教学全程化体系，将实践教学理念融入学生培养全过程，实现学生的实践教学学习四年不断线"的设想，中心构建了"一条主线，四个层次，两个延伸"的实验教学体系。一条主线是指以企业要素资源管理为逻辑参考主线构建功能化、模块化实验教学体系；四个层次是指对应人才培养目标层次要求构建基础型实验、综合型实验、设计创新型实验和就业创业型实验四个层次的实验教学课程（项目）体系；两个延伸是指将实验教学内容的内涵与外延分别向课堂教学、社会实践环节进一步扩展延伸。具体为：

【一条主线】：是指按照"大经管、大流程、大跨度、高仿真、多学科专业交叉融合"的思路，以企业要素资源管理为逻辑主线，以社会商务运行真实流程为参照，在分析企业生产经营内、外部要素资源管理的基础上，对经济学科、管理学科的实验教学内容进行功能化解构和模块化组合，依托学校必修、选修教学制度设计和中心开放运行模式，构建起多学科交叉融合、一体化的校园仿真商务运行环境（见图 1）

【四个层次】：是指把本科生四年的实验教学作为一个整体，依据人才培养能力层次细分目标，由浅入深，循序递进，构建基础型实验、综合型实验、设计创新型实验和就业创业型实验四个层次的实验教学课程（项目）体系（见图 2、图 3），全方位拓展学生实践能力培养空间。

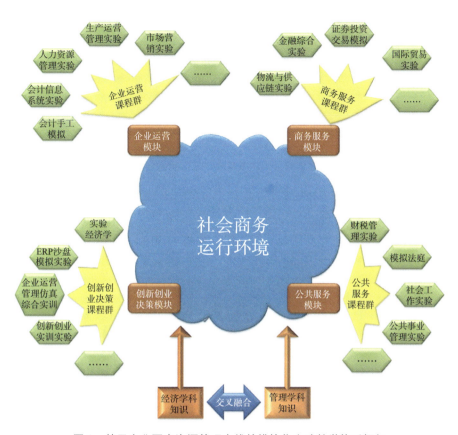

图1　基于企业要素资源管理主线的模块化实验教学体系框架

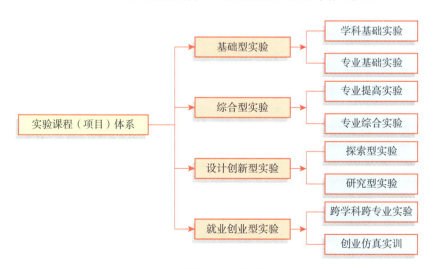

图2　实验教学内容层次体系

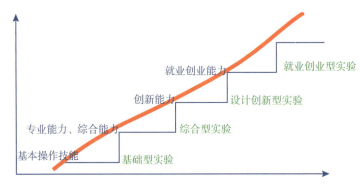

**图3　递进式人才培养目标体系与层进式实验教学内容体系相匹配**

【两个延伸】：是指拓展实验教学内容体系的外延和内涵，构建"四核两翼"的实验教学内容体系（见图4）。在基础型实验、综合型实验、设计创新型、就业创业型实验"四层次"课程体系基础上，按照学校"全过程实践教学"的思路，将实验教学课程的内涵与外延分别向课堂教学、社会实践环节进一步扩展延伸。

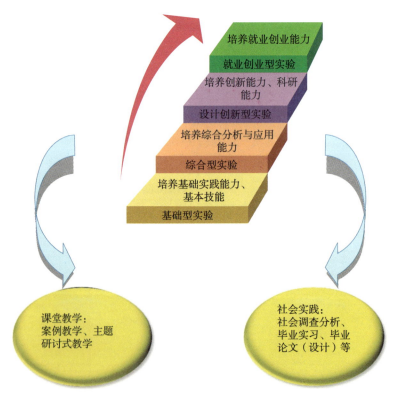

**图4　"四核两翼"一体化实验教学体系总体框架**

**2. 基于社会网络资源理论的协同合作与资源共享**

实验教学中心处在一个与校内职能部门相联、与校外合作单位相通的关系网络之中，其利用各种校内、外社会网络节点，不断提升获取实验教学资源的速度、数量和质量，以及整合内外部实验教学资源的能力，决定了实验教学质量的高低。中心依托自身的资源条件，紧密联合教务处（教学制度顶层设计）、团委（大学生科技创新）、就业指导处（大学生就业创业）、学院（学生来源和培养的基本单位）、校外合作单位（外来人力与智力、资金、物质资源）等，实现校内、外资源网络关系协同，在多个网络节点合作共赢，在多个层面资源共享，有效扩大了实验教学资源的辐射面和受益面（见图5）。如自2012年起，依托EOMS平台，中心与校团委合作连续举办四届"暑期企业运营管理仿真实践训练营"，为"挑战杯"中国大学生创业计划竞赛培训和选拔人才，并获得了第八届"挑战杯"中国大学生创业计划竞赛金奖、第八届"挑战杯"中国大学生网络虚拟运营专项竞赛中荣获全国三等奖的优异成绩。丰硕的成果使得部门间的合作由被动变为主动，由最初无意识的朴素状态过渡到现今的有意识、有规划、有规范、常态化的状态。

图5 中心社会网络资源协同与共享架构

**3. 从实验室到大学生创业园，打造校内虚拟仿真与校内全真实战对接的人才培养流水线**

为打造"把社会嵌入校园"的实验教学整体特色，打通专业教育与创新创业教育，使学生不走出校园就能实现虚拟仿真到实战体验的对接，按照"专业实验的强化＋综合实验的融化＋校内外实训基地的检验＋大学生创业园的铸造＝人才培养流水线"的思路，遵循"认知问题能力＋分析与解决问题能力＋技能运用能力与服务社会能力＋创新创业能力＝人才培养目标"的人才培养规律要求，中心与济南市历下区山东财经大学大学生创业园签订协议，由学校企业运营管理仿真综合实训平台（Enterprise Operation Management Simulation，EOMS）负责为创业园提供入园前的创业模拟实训、创业沙盘模拟演练等服务，打造模拟仿真——创业实践的直通车。例如，2012 级统计学专业本科生耿硕继 EOMS 平台模拟实训之后，加入了统计学院田金芳教授的科研项目《基于大数据理念的消费者信心指数编制》团队，联合 4 名同学注册了"济南优佰信息咨询有限责任公司"并被遴选进驻历下区山东财经大学创业园，提供专业的统计技术进行数据挖掘、整理、分析和市场调研活动，目前公司运行良好。

2015 年 10 月 26 日，历下区山东财大创业园与齐鲁股权交易中心签订战略合作协议，我校毕业生马宏博创业企业"金牌车服"成为创业园首家四板挂牌企业（见图 6），也成为登陆四板的最年轻企业。本次企业成功挂牌四板后，将在齐鲁股交发起第二轮股权众筹，旨在全面启动"三体工程"打造金牌车服的核心商业模式，并完整建立线上、线下、社区三位一体的创新服务体系。

图 6 "金牌车服"企业成功登陆齐鲁股权交易中心

**4. 综合性、创新性特色实验课程建设**

（1）基于现代服务业环境的企业运营管理仿真综合实验平台。

中心 2011 年联合清华大学国家服务外包人力资源研究院、北京方宇博业科技有限公司共同开发建设了企业运营管理仿真综合实验（EOMS）平台。EOMS综合实验平台构建了以制造业为驱动，以现代服务业为环境的制造业与服务业协同、供应链竞合、生产业务链、流通业务链、资本运作业务链相互交织、高度整合的网络状仿真综合运作实验平台。学生在虚拟企业运营管理环境和虚拟服务业环境中进行仿真经营和业务运作，体验从企业创建到经营、管理、到参与竞争的全周期活动，既体验环境，又参与分析决策，加深了对经济环境和行业领域知识的理解，使学生产生"沉浸"于真实环境的感受和体验（见图7、图8）。

图7 EOMS 平台模拟工商局注册环节

此外，EOMS 实验平台应用模块化、工具化、参数化方式对实验内容进行弹性化搭建，采用线上、线下相结合的方式不断丰富实验模式。在设计整合工商管理、市场营销、会计、金融、物流管理等多个基础模块专业知识的基础上，近四年来，随着学科发展、教学发现、学生需求，EOMS 教研团队又陆续开发了法律事务、国际贸易、保险、IT 服务外包、B2B 电商模式等多个延伸内容模块。在平台实验内容框架范围内，学生可以充分发挥个性、兴趣、爱好和特长，实现在"场外"自主设计线下实验内容。如学生在完成设计制作企业 LOGO 海报这一"规定动作"项目基础上，又自我衍生出海报评选、企业 LOGO 评选、最佳广告张贴位置竞标等小型"自选动作"项目，进一步锻炼了学生的创新创造能力、团队合作能力、口头表达能力、组织协调能力等。

图8　完成招聘环节后的制造企业团队

目前"企业运营管理仿真实训课程"已累计开出 22 次，覆盖管理学科学生共计 3000 余人，吸引了包括东华大学、福州大学、浙江财经大学、成都大学、台湾淡江大学、金门大学等 14 所高校的同行前来考察学习。经由跨专业仿真综合实训平台为校团委"挑战杯"创业计划竞赛、数学与数量经济学院全国数学建模大赛提供培训师资、软件和场地，为学校获得第八届全国"挑战杯"金奖、2013 全国数学建模大赛一等奖等提供了坚实的条件支撑。平台相关成果《基于价值链理论的企业运营管理仿真综合实验平台建设研究与实践》获得 2014 年山东省教学成果三等奖。

（2）校企共建金融创新实验室。

中心通过与戈尔特西斯公司联合开发实验教学项目，力争把最前沿的社会实践应用渗透进实验室。双方合作建设了金融综合业务实验室和金融工程实验室，基于中心提供场所、专业课教师，集团提供设备、软件和模拟交易导师的合作模式，校企联合开发了《金融综合业务实验》课程，编写了《金融综合业务实验》教材。

双方合作建设的金融服务外包创新实验室（2008 年被确定为济南市市中区人民政府和山东财政学院共建的金融服务外包实验室，2011 年被确定为山东省强化建设重点实验室，见图 9），由戈尔特西斯公司提供全球海外证券交易市场实时高频交易数据，派出公司操盘手作为现场交易指导教师，提供一定数量的模拟交易资金和真实的交易资金，对学生进行欧美证券市场操盘手培训，截至目前有 100 余名学生经过三个阶段的系统培训后直接与相关金融机构签订了就业协议。合作相关成果《金融学专业实践教学体系改革创新》获得 2014 年山东省教学成果一等奖（见图 10）。该校企合作实验室自建立以来，按照达成人才培养合作协议，每年为在校学生举办国际金融知识培训及模拟大赛，加强学生对国际金融知识的学习、提高学生的实际操作能力。并在此实验室建设成果基础上，开展与计算机科学等交叉学科交融发展和实验室建设，获批山东省金融信息工程技术研究中心（省重点实验室）。

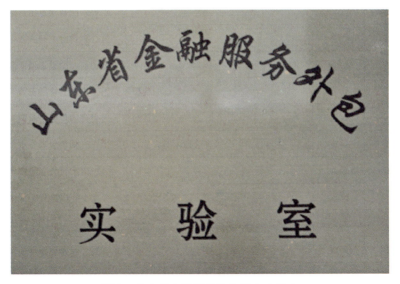

图 9　山东省金融服务外包重点实验室

（3）主导研发虚拟仿真实验教学平台。

学校鼓励教师将教学内容转化为实验教学项目、课程或平台，通过虚拟仿真软件与社会现实相结合，为学生提供开放性学习环境。

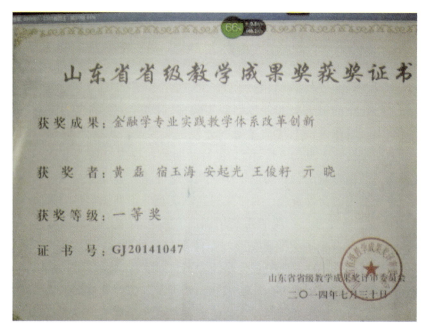

**图10　2014年山东省教学成果一等奖**

①《山东财经大学情景式会计虚拟实训平台》。该平台由学校会计学院杨晓光副教授组织专家开发，是一个寓教于乐的会计实务网上教学系统。《山东财经大学情景式会计虚拟实训平台》针对教学中对会计实务教学与训练的不足，引进游戏式财会云学习平台，以实际工作任务为驱动、通过3D角色扮演，全面仿真会计工作的各类场景，让学生身临其境地感受真实业务与流程，通过速成的学习体系和PTLA学习方法，学生可以快速掌握财会业务处理能力、迅速胜任工作岗位（见图11）。自2010年上线以来，平台用户访问量已突破37万人次，其中注册的有效用户达9.1万人。轻松高效、"高仿真、高实务、高体系性"的在线学习服务，受到全国各地用户（含在校大学生群体）的高度认可。

②《财税仿真实训平台》。该平台由学校财政税务学院神方立副教授联合校外合作单位——威海源泉税务师事务所合作开发。财税仿真实训平台是一个集会计实训、纳税申报、纳税评估、税务稽查于一体的网络学习平台。通过多个模块的学习和实训，大大缩短了学生适应实际工作的时间，很好地满足了学生毕业后的实际工作需要（见图12）。

图11　山东财经大学情景式会计虚拟实训平台

图12　山东财经大学财税仿真实训平台

平台同时面向社会开放。自上线以来，用户访问量已突破 1.5 万人，其中注册的有效用户达 0.37 万人。除了通过在线服务的方式辐射社会之外，教学团队还通过面向企业、行业系统开设实训公开课、义务培训的方式使企业、地方受益（见图 13）。迄今已有润华集团、山东胜利股份有限公司、浪潮集团、济南地税等 54 家单位 300 余人参加了实训课程。耳目一新的实训方式，精彩的授课内容，丰富的案例资料，受到参加公开课学员的高度评价。

图 13　面向社会的财税仿真实训公开课

### 5. 实验教学队伍外延一致性建设

在学校相关政策扶持下，通过健全实验教学队伍培养培训制度和激励机制，中心组建了一支以博士生和硕士生导师为中坚，专兼职教师、管理人员、技术人员为主体，社会特聘教师与研究生辅助教师为补充的"3 + 2"教学与管理队伍（见图 14）。《山东财经大学关于实施"特色名校工程"的意见》中提出实施教师"职业能力提升计划"，鼓励教师通过到企事业单位、政府部门挂职锻炼等途径，促进理论与实践相结合，拓宽教学科研视野；《山东财经大学关于加强人才队伍建设的意见》中提出实施"社会实践计划"，提高教师的教学、科研水平和服务社会能力；《山东财经大学关于加强人才队伍建设的意见》中提出"根据教学科研需要设立专职实验技术岗位，引进、配置博士、高水平硕士构建专职实验技术队伍"。《山东财经大学实验教学管理办法》规范了实验教学的质量环节和质量标准，以及明确了实验教学的激励措施。此外，通过延聘社会导师，外引与内培相结合培养中青年实验教学带头人和骨干，实施项目负责人制等措施，有效提高了实验教学队伍的实验教学能力和水平。

图 14　中心实验教学管理与教学团队（部分）

### 6. 基于云技术，开展实验教学平台与资源整合

为提升实验教学手段，中心构建了实验教学资源平台、管理平台和信息平台，在实验教学课程资源、软件资源、数据库资源等方面积极开展建设，实现了系统维护的远程化、教学资源的集成化、教学功能的一体化、系统架构的模块化、教学环境的网络化、开发工具的智能化（参见图15）。中心通过综合运用云管理平台和"一卡通"管理软件实现实验室资源集约化管理、实验预约、学生上网控制、软件使用控制、实验室自动分配、学生上机费用的自动结算等管理功能。

基于云技术的实验教学资源管理平台建设，中心建立了一个有机连接的信息化管理平台，实现了各种教学资源和信息的整合和高度共享，极大地提高了实验室和实验教学管理的效率和水平，也为学生开放式、自主学习提供了良好的条件。

**图15　中心实验教学资源云管理平台架构**

## （二）几点思考

党的十八届三中全会对深化教育领域综合改革提出了明确的要求。深化教育领域综合改革的主要目标重在体系、体制、机制的健全与完善，体系要上下贯通、左右衔接、相互协调、科学合理。改革的主要任务是强化统筹整合。应"更加注重从单项改革转变为综合改革，从增量改革推进到存量改革，从表层改革深化到深层改革。"作为高校教学的重要组成部分，结合当前经管类专业实验教学发展最新形势，在着手实施实验教学体系深度改革之前，首先需要进一步厘清两个问题：

**1. 多方协同推动经管类专业实验教学，还是凭实验教学一己之力在多个节点推动本科教育教学综合改革**

这是一个"一体两面"的问题，对此问题的回答不仅涉及实验教学与其他教育教学元素之间的辩证关系，而且，对此问题的不同响应也将影响我们采取何种心态和角度看待实验教学及其改革。

实验教学若想不断深入、持续创新，在学校人才培养中发挥更多更大的作用，越来越离不开其他教育教学系统的综合配套支持。校企合作、校地合作、校府合作可以进一步拓展实验教学内容，学校人事激励制度、人事分配方案的导向会极大影响实验教学队伍的积极性和稳定性，学校人才培养方案、实践教学体系总体框架、大学生课外科技创新奖励等系列顶层教育教学制度设计直接决定实验教学课程（项目）体系设计，智慧校园网的建设会影响实验教学的技术实现，等等。

从通识教育、专业教育、素质教育到创新创业教育，我国高等教育遵循着阶段化改革规律持续不断地进行拓展与深化。实验教学因其内在的多重教育属性，与各类教育教学改革均能产生交集与嵌套，不难发现，无论国家提倡何种教育形式，实验教学均能与之产生耦合与互洽（见图16）。我们认为，实验教学与其他教育教学环节之间是互促共生关系，实验教学综合改革是内嵌于本科教育教学综合改革中的一个重要有机组成部分。

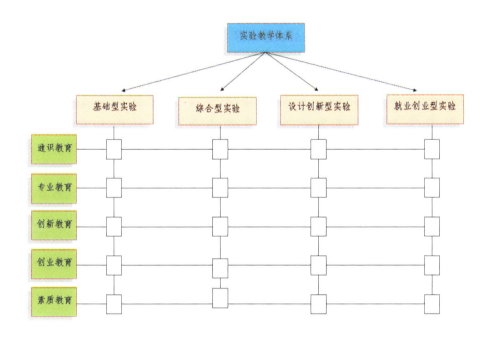

**图16　实验教学与各层次类型教育的联结**

### 2. 实验教学在本科教学中是一门"显学"还是"隐学"

对于此问题的回答主要指向理论教学与实验教学之间的辩证关系，诸多学者已对此进行了富有见地的论述。理论教学与实验教学是整个教学活动的两个分系统，它们既有各自的特点和规律，又处于一定的相互联系中。若两种教学形式各行其道，互不联系，就违背了教学规律。所以，必须正确把握二者之间的关系，将其有机的融合起来，使教学活动成为理论教学和实验教学相互影响和相互促进的整体。

对于培养学生的实践能力，国外高校并不时时把"创新"、"实践"等挂在嘴上，也没有"创新实验室"、"实践基地"这类的词。他们认为实验室本身就是创新、实践的地方，前面再加"创新"、"实践"这些词纯属多此一举。尽管不常挂在嘴上，但是国外大学却是非常重视培养学生的创新精神、实践能力，并且用潜移默化的方式，一种"润物细无声"的方式，鼓励学生敢于想象，敢于提问题，勇于探索，不迷信权威，能独立发现问题、解决问题。并最终使创新意识在学生身上形成一种习惯性的东西，一种习惯性的思维方式和行为方式。美国麻省理工学院的办学理念座右铭是"Mind and Hand（手脑并用）"，"Action Learning（行动学习）"是每一个麻省理工学院斯隆商学院学员求学经历中的一个重要组成部分，2010～2011 学年共有超过 66% 的学员选择在实验室中修读专业课程。斯隆商学院金融实验室通过集成课堂理论学习、实验室行动学习以及创业实践，使得学员能够在最新的金融热点问题上与大公司开展合作，帮助发展中国家的企业家采取可持续发展战略或解决现实金融问题，"Learning by doing（做中学）"成为麻省理工学院斯隆商学院办学 DNA 的一部分。

我们认为，经管类专业实验教学应经历一个隐性（鲜为人知）——显性（广受关注）——隐性（趋于平和）的循环回归过程。声势浩大的实验教学改革使得实验教学得到前所未有的重视，高校的实验教学理念、实验教学意识、实验教学条件环境建设、实验教学内容、方法、手段建设得以以一个与理论教学相对独立的姿态实现了显性化改进和提高。但随着未来此轮改革大潮的消退，实验教学终将步入平稳发展阶段，最终要与理论教学归为一体共同服务于高校科学研究、人才培养、服务社会的三大职能。理论教学与实验教学你中有我，我中有你，不分彼此，不应再有刻意的"理论教学"与"实验教学"概念、边界之分。实验教学践行者应跳出理论教学、实验教学的界限桎梏，不能简单地"就实验教学论实验教学"，而应在本科教育教学的总体关照下去审视"实验教学"的现在和未来。

**3. 创新资源配置与共享模式，实现节约型校园**

根据需求，依据虚拟化技术、云计算技术和流程再造理念，创新实验教学资源配置与共享模式。首先，采用虚拟化技术，对服务器、教学管理与安全机制实现虚拟化状态，也可对大型仪器设备实施虚拟仿真化处理，实现共享使用；其次，搭建全新的硬件资源架模式：整合内部资源，依托大数据平台和数字化校园，建立资源池（架构三层平台 IaaS，PaaS，SaaS），改造传统的实验室资源配置模式为"瘦客户端＋胖服务器"；第三，建设实验教学的软资源，包括实验教学内容、实验课程、实验项目、实验指导书、实验手段或共享技术、实验室文化、效果评价体系、教师队伍；第四，打造实验教学共享系统或平台。在硬件资源方面，资源创新建设与使用的"四共"模式：共建＋共有＋共享＝共赢；软件方面，探索"不求拥有，但为我用"模式，形成实验队伍、实验理念、实验文化、实验环境、管理制度的交融，创造条件，推动学校或区域内的高校实验教学协同发展；长短结合的共享时间机制，付费与免费的混合模式，"学校＋企业＋政府部门"的三位一体格局。

### （三）结语

经管类专业一体化实验教学体系综合改革是全方位、深层次、根本性的改革，能够使广大教师的教育理念和教学观念发生深层次、根本性转变，使教师加深对深化实验教学改革意义和重要性的理解，增强实验教学改革的责任感和紧迫性；能够优化盘活实验教学资源，增强实验教学的活力，实现"实验教学"向"实验教育"的转变；能够在专业课程内容体系、教学方法、教学手段、人才培养质量等方面为传统学科专业的调整改造注入活力，加快专业综合调整与改造的步伐；能够从本科教育教学的整体性、系统性和规律性出发，将经济管理专业实验教学改革中所涉及的各项因素统筹考虑、统一计划、分头实施、全面推进，为全面实现高等财经教育、教学改革目标提供可操作性路径。

## 参考文献

1. 曾天山：《教育综合改革的现实意义和实践路径》，载于《教育研究》2014 年第 2 期。

2. 宋德民：《坚定不移地深化教育领域综合改革》，载于《中国教育报》2012 年 12 月 12 日。

3. 网易新闻网：《要打破 985、211 身份壁垒》，http：//edu. gmw. cn/news-paper/，2014 年 11 月 23 日。

4. 沈沛汝、李仰军：《中外工科高等教育实践教学现状的比较》，载于《比较教育研究》2007 年第 2 期。

# 广西财经学院经济与管理实验教学中心建设成果

## 一、中心基本情况

| 学校名称 | 广西财经学院 |
|---|---|
| 中心名称 | 经济与管理实验教学中心 |
| 署名 | 蒙丽珍　翁鸣　李静敏　罗应机 |

## 二、摘要

中心 2016 年初获批为国家级实验教学示范中心，一年来，中心一直致力于培养专业基础扎实、知识结构合理、实践能力突出、具有创新精神和创业能力的高素质应用型经管类专业人才。大力发挥"创新创业引领＋实验实训强基"的经管类人才培养，"技术革新＋机制创新"的联盟式开放共享，"东盟经贸需求＋经管学科优势"的区域办学三大特色，2016 年度取得了丰硕成果，发起倡议"财经实践学堂"教学联盟，共同推动我区高校优质财经实践课程的开放共享；积极探索"产学研"合作育人和协同育人新模式，建立 22 个校外实习实训基地；同时大力引进高层次人才，瞄准社会经济发展的前沿，组织申报并获批 1 个自治区级重点实验室：广西跨境电商智能信息处理重点实验室，实现了我校重点实验室建设的又一重大突破。

## 三、Abstract

In early 2016, we are approved as the National Experimental Teaching Demonstration Center. During this year, we focus on cultivating economy-management-related students with solid fundamental skills, appropriate knowledge structure, outstanding practical ability, and spirit of innovation. We concentrate on developing an "innovating and entrepreneurial leading + experimental training" mechanism to train our students, a "technological innovation + mechanism innovation" method to gain alliance and share our work, and try to build a "ASEAN Economic and trade demand + economy-management advantage" way in our operation. We make great progress in 2016. We initiate "financial practical teaching union" to promote high quality financial practice curriculums sharing in Guangxi. Moreover, we explore the "university-industry cooperation" in our teaching, and build several practice bases off campus. Furthermore, we play close attention to the front zone in economy development by bringing in talents and applying a key laboratory (now approved) in Guangxi, the Cross-broader E-commerce Information-tion processing Laboratory, which is an important breakthrough in the construction of Key Laboratory of our school.

## 四、主要内容

中心 2016 年获得国家级示范中心以来，在实验教学改革、实验室建设、实验平台建设上做出了一定的成就。

### （一）积极探索实验教学规律，推进实验教学改革

2016 年度中心完成省级以上教改论文 10 篇，省级以上教改项目 26 项，具有经管特色的实验教材 4 本，同时努力推动研究成果在实验项目中应用，加快完善实验教学体系，积极推进实验教学改革（见表 1、表 2、图 1、图 2、表 3）。

**表 1　　　　经济与管理实验教学中心 2016 年度主要教学成果一览表**

| 序号 | 成果类别 | 成果名称 | 成果级别 | 成果所属人 |
|---|---|---|---|---|
| 1 | 教材 | 供应链整合三方仓储云服务平台实务 | 国家级 | 黄刚等 |
| 2 | 教材 | 供应链整合专线运输云服务平台服务 | 国家级 | 黄刚等 |
| 3 | 教材 | 智慧物流园 RFID 资产监管系统实务 | 国家级 | 黄刚等 |
| 4 | 教改 | 建筑技术 3D 虚拟仿真教学实训平台开发 | 省级 | 梁华 |
| 5 | 教改 | 《建筑信息化背景下面向项目管理的优质课程建设研究——以工程结构为例》 | 省部级 | 彭益华 |
| 6 | 教改 | 现代农业与农村发展优势特色专业群"多维度立体化"协同育人模式研究与实践 | 省部级 | 欧胜彬 |

续表

| 序号 | 成果类别 | 成果名称 | 成果级别 | 成果所属人 |
|---|---|---|---|---|
| 7 | 教改 | 基于专业教育与双创教育融合的经济学本科生创新创业能力培养模式研究与实践 | 省部级 | 舒银燕 |
| 8 | 教改 | "互联网＋"智能经济时代民族地区文化创意产业人才渐进式创新创业能力培养模式研究与实践——以广西财经学院为例 | 省级 | 戎霞 |
| 9 | 社科 | 《大学生微型创业团队培育及微型企业家人力资本开发研究》 | 省级 | 莫光政 |
| 10 | 论文 | "项目驱动"模式下的《国际贸易单证处理模拟》实践教学方案构建 | 核心 | 樊兢 |
| 11 | 论文 | 马来西亚企业年金会计核算及借鉴 | 核心 | 阳春晖 |
| 12 | 论文 | 调表不调账事项审计责任浅析——以A公司为例 | 核心 | 王秋霞 |
| 13 | 论文 | 经管类课程教学模式创新研究与实践 | 核心 | 滕明兰 |
| 14 | 论文 | 预计负债计提方法及账务处理探讨——兼论预计负债的确认条件 | 核心 | 王秋霞 |
| 15 | 论文 | 创新融合视角下中国高校文化产业人才培养模式研究 | 核心 | 王洪涛 |
| 16 | 论文 | 市场导向下土地资源管理专业应用技术型人才培养模式创新研究——以广西财经学院为例 | 省级 | 黄天能 |
| 17 | 论文 | 我国大学生创新能力培养多维实践平台建设研究——以广西财经学院国际商务专业为例 | 省级 | 李伟 |

资料来源：广西财经学院经济与管理实验教学中心。

表2　　　　经济与管理实验教学中心2016年度主要科研成果一览表

| 序号 | 成果类别 | 成果名称 | 成果级别 | 成果所属人 | 获奖时间 |
|---|---|---|---|---|---|
| 1 | 软件著作权 | 仓单质押系统 V1.0 | 国家级 | 黄刚 | 2016.12 |
| 2 | 软件著作权 | 速邮国际快递物流管理系统 V1.0 | 国家级 | 曾凡涛 | 2016.12 |
| 3 | 软件著作权 | 物流规划模拟软件 V1.0 | 国家级 | 黄毅 | 2016.12 |
| 4 | 软件著作权 | 国际贸易单证管理系统 V1.0 | 国家级 | 谭建新 | 2016.12 |
| 5 | 软件著作权 | 港务管理信息系统 V1.0 | 国家级 | 黄刚 | 2016.12 |
| 6 | 软件著作权 | 层次分析系统 V1.0 | 国家级 | 乐国友 | 2016.12 |
| 7 | 软件著作权 | 采购管理信息系统 V1.0 | 国家级 | 饶学开 | 2016.12 |
| 8 | 软件著作权 | 配送管理系统 V1.0 | 国家级 | 周永明 | 2016.12 |

续表

| 序号 | 成果类别 | 成果名称 | 成果级别 | 成果所属人 | 获奖时间 |
|---|---|---|---|---|---|
| 9 | 软件著作权 | 物流决策系统 V1.0 | 国家级 | 黄刚 | 2016.12 |
| 10 | 软件著作权 | 班轮运输组织管理系统 V1.0 | 国家级 | 马莉 | 2016.12 |
| 11 | 软件著作权 | NN-ZSZY 信息服务平台 V1.0 | 国家级 | 彭欣、乐国友 | 2016.12 |
| 12 | 软件著作权 | XS BIM 课程考试管理系统 V1.0 | 国家级 | 苏杏、彭益华 | 2016.10 |
| 13 | 软件著作权 | 跨境商务信息处理系统 V1.0 | 国家级 | 张建中 | 2016.9 |
| 14 | 课题 | 现代农业与农村发展优势特色专业群"多维度立体化"协同育人模式研究与实践 | 省部级 | 欧胜彬 | 2016.6 |
| 15 | 课题 | 基于专业教育与双创教育融合的经济学本科生创新创业能力培养模式研究与实践 | 省部级 | 舒银燕 | 2016.6 |
| 16 | 课题 | 财经类院校国际合作办学培养创新创业人才的策略研究 | 省部级 | 麦琼丹 | 2016 |

资料来源：广西财经学院经济与管理实验教学中心。

**图1 2016年科研成果部分图示**

**图 2　2016 年全国商科院校技能大赛国际贸易专业竞赛获一等奖**

**表 3　经济与管理实验教学中心 2016 年度省级以上主要学科技能竞赛获奖情况一览表**

| 序号 | 成果类别 | 成果名称 | 成果级别 | 成果所属人 | 获奖时间 |
|---|---|---|---|---|---|
| 1 | 中国"互联网+"大学生创新创业大赛 | 广西汇财科技有限公司淘财务服务平台 | 国家级 | 李颖、陈东丽、卢珍菊 | 2016.11 |
| 2 | 中国"互联网+"大学生创新创业大赛 | 广西南宁高能竞汇网络科技有限公司 | 国家级 | 吴肖云、喻光继 | 2016.11 |
| 3 | 中国"互联网+"大学生创新创业大赛 | 约菜网络科技有限公司 | 国家级 | 罗胜、姚伟民 | 2016.11 |
| 4 | 学科竞赛 | "航信杯"全国大学生财税技能大赛第二名，二等奖 | 国家级 | 李静敏、谢娜 | 2016.11 |
| 5 | 学科竞赛 | "京东杯"第二届全国大学生物流仿真设计大赛全国总决赛三等奖 | 国家级 | 韦燕平、韦军 | 2016.12 |
| 6 | 学科竞赛 | 第九届全国 BIM 算量大赛获全国全能一等奖 | 国家级 | 唐丽芝、向环丽、高冬梅 | 2016.10 |
| 7 | 学科竞赛 | 第十五届中国住博会——BIM 大学生实践赛获得全国三等奖 | 国家级 | 梁华、唐丽芝 | 2016.10 |
| 8 | 学科竞赛 | 第七届全国中、高等院校"斯维尔杯"建筑信息模型技能大赛二等奖 | 国家级 | 向环丽、李丽芳 | 2016.6 |

| 序号 | 成果类别 | 成果名称 | 成果级别 | 成果所属人 | 获奖时间 |
|---|---|---|---|---|---|
| 9 | 全国高校商业精英挑战赛国际贸易竞赛 | 2016年全国高校商业精英挑战赛国际贸易竞赛优秀指导老师 | 国家级 | 张建中、邹忠全、谢涛、刘婷等 | 2016.6 |
| 10 | 第九届全国商科院校技能大赛国际贸易专业竞赛 | 第九届全国商科院校技能大赛国际贸易专业竞赛三等奖 | 国家级 | 陈志佳、江灏潇 | 2016.5 |
| 11 | 第二届"中国创翼"青年创新创业大赛 | 第二届"中国创翼"青年创业大赛"创翼之星"荣誉称号 | 省部级 | 周万献 | 2016.3 |

资料来源：广西财经学院经济与管理实验教学中心。

### （二）大力优化实验环境建设，加大"7+2"经管类实验室群建设规模

2016年度中心以"先进、现代、智能"为标准进行实验教学环境和条件建设，积极进行"7+2"验室群的建设，一是加大资金支持力度，增加实验室规模和更新购置实验教学软硬件，本年度建设金融投资实验室、银行实验室、财税实验室等10间专业实验室；二是营造实验教学文化氛围，建设虚拟仿真实验课程所需的环境，搭建了虚拟平台；三是加快信息化建设，建设实验教学管理智能平台，开发一批虚拟仿真实验课程；四是加强前沿教育技术在实验教学中的运用，实现实验课程MOOCs化。

**图3 财税一体化、市场营销综合模拟、金融实验室的桌面虚拟化应用场景图**

### （三）加强实验资源开放共享，实现大规模、深层次的资源开放共享

为发挥高校优势互补作用，共同提升财经类实践教学的建设与运行管理水平，我校发起倡议成立了"财经实践学堂"教学联盟，共同推动我区高校优质财经实践课程的开放共享，示范引领高校财经类实践教学改革与发展。利用现代信

息技术，建设了强大的互联互通网络，推动联盟内各高校开发、遴选优质实验课程进入资源共享库，建设"广西高校经管实验课程共享服务平台"，为"线上＋线下"教学模式提供现实载体，实现各高校间学生通过平台开展选课、网上实验等各项互访活动以及学分、成绩互认，真正实现优质实验教学资源的开放共享，提高效益。

### （四）积极探索"产学研"合作育人和协同育人新模式，拓展校外实习实训基地

2016 年中心一直坚持"以学生为本，创新创业为主线，理论教学与实践教学螺旋式耦合，知识、技能、思维、价值、行为五位一体协调发展"的实验教学理念，秉承"创新创业为导向、虚拟仿真为核心、开放共享为桥梁"的建设思路，新增与政府、企事业单位紧密合作的教学实践基地 12 个，重点建设了 10 个以"大学生创业中心"为龙头的创新创业基地。并建立长效合作机制，推动校内外资源共同育人，使我校人才培养与社会需求实现无缝对接（见表 4、表 5、图 4）。

**表 4　　　　经济与管理实验教学中心 2016 年度省级以上**
**大学生主要创新创业实践项目一览表**

| 序号 | 项目名称 | 项目级别 | 获奖时间 |
|---|---|---|---|
| 1 | 构建战略支点背景下南宁现代工业体系和增量支撑研究 | 国家级 | 2016.4 |
| 2 | 基于资源共享视角下开放式住宅区发展趋势的研究——以南宁市为例 | 国家级 | 2016.4 |
| 3 | 基于产业融合视角下的养老地产 PPP 融资模式研究——以广西南宁为例 | 国家级 | 2016.4 |
| 4 | 基于 MATLAB 的时间序列地理栅格数据智能化处理 | 国家级 | 2016.4 |
| 5 | "新常态"下南宁市科技支撑经济结构转型升级对策研究 | 国家级 | 2016.4 |
| 6 | 交通支付 C－SIM 感应卡 | 国家级 | 2016.4 |
| 7 | 基于 GIS 和 BIM 的购房选址空间多准则决策方法研究 | 国家级 | 2016.4 |
| 8 | 崇左市"前岸后园"战略发展中物流支持对策研究 | 国家级 | 2016.4 |
| 9 | 第九届全国商科院校技能大赛国际贸易专业竞赛三等奖 | 国家级 | 2016.5 |
| 10 | 农村集体经营性建设用地入市路径与对策研究——以全国改革试点广西北流市为例 | 国家级 | 2016 |
| 11 | 新型城镇化进程中老年移民群体的健康问题研究：基于微观数据的实证研究 | 国家级 | 2016 |
| 12 | 农户农村合作经济组织参与行为及增收效应：来自少数民族贫困地区的经验 | 国家级 | 2016 |

续表

| 序号 | 项目名称 | 项目级别 | 获奖时间 |
|---|---|---|---|
| 13 | "供给侧"改革背景下广西特色农产品产业发展思路研究——以平果县火龙果产业为例 | 国家级 | 2016 |
| 14 | "精准扶贫"视角下连片特困地区扶贫效果评价：以广西隆林各族自治县为例 | 国家级 | 2016 |
| 15 | "精准扶贫"背景下少数民族地区发展特色生态农业调研——以广西罗城仫佬族自治县毛葡萄产业为例 | 国家级 | 2016 |
| 16 | 社区营造视角下富川县古村落资源保护与可持续发展对策研究 | 国家级 | 2016 |

资料来源：广西财经学院经济与管理实验教学中心。

**表5 经济与管理实验教学中心主要校企产学研基地一览表**

| 序号 | 基地名称 | 项目级别 | 建立时间 |
|---|---|---|---|
| 1 | 南方客立方营销管理有限公司 | 省级 | 2016.5 |
| 2 | 广西大学设计院、南宁三维遥感信息工程技术有限公司、南方客立方营销管理有限公司 | 省级 | 2016.3 |
| 3 | 广西九轩文化传媒公司 | 省级 | 2016.10 |
| 4 | 广西建工集团 | 省级 | 2016.10 |
| 5 | 广西三维激光扫描工程技术研究中心 | 省级 | 2016.5 |
| 6 | 广西良创建筑铝膜科技邮箱公司 | 省级 | 2016.11 |
| 7 | BIM 一体化建设——北京互联立方技术服务有限公司 | 省级 | 2016.11 |
| 8 | 广西建通投资集团 | 省级 | 2016.7 |
| 9 | 中天建设集团 | 省级 | 2016.10 |
| 10 | 上海华测导航技术有限公司——广西三维激光扫描工程技术中心 | 省级 | 2016.7 |
| 11 | 广西幕铝墙装饰工程有限公司 | 省级 | 2016.11 |
| 12 | 广西苏宁云商销售有限公司 | 省级 | 2016.5 |

资料来源：广西财经学院经济与管理实验教学中心。

图4　2016年建立主要校企产学研基地图示

## 五、标志性建设成果

**1. 标志性成果一：成立"财经实践学堂"教学联盟**

发挥广西高校优势互补作用，推进财经类实践教学人才团队和学科交叉融合，由我校发起倡议与其他高校一起共同建立"财经实践学堂"教学联盟，推动"双创与科转"的教育发展，促进财经类人才培养质量的提高，为广西经济社会发展提供科技支撑和智力支持（见图5）。

图5　"财经实践学堂"教学联盟　建设方案与章程部分图示

**2. 标志性成果二：成立航信学院，建设财税信息化创新实验班**

2016年4月中心与航信公司共同组建"航信学院"，7月组建"财税信息化创新实验班";同年 6 月,"政府采购实验班"正式获学校批准,作为学校卓越人才培养计划立项。同年 10 月参加"广西财税技能大赛"获得第一名(见图 6),荣获一等奖,参加全国总决赛获得第二名,荣获二等奖。

图 6　获广西财税技能大赛获得第一名

**3. 标志性成果三:建设广西跨境电商智能信息处理重点实验室**

2016 年,中心组织申报并获批 1 个自治区级重点实验室:广西跨境电商智能信息处理重点实验室,实现了我校重点实验室建设的又一重大突破。

## 六、中心团队集体照

图 7　中心团队集体照

# 支撑国家能源转型的电力商业化运营虚拟仿真教学平台

## ——华北电力大学电力经济管理实验中心建设成果

## 一、中心基本情况

| 学校名称 | 华北电力大学 |
|---|---|
| 中心名称 | 华北电力大学电力经济管理虚拟仿真实验教学中心 |
| 署名 | 牛东晓　刘敦楠　郭鑫　马同涛 |

## 二、摘要

自 2014 年获批国家级虚拟仿真实验教学中心以来，中心立足电力行业进行经济管理类实验教学的特色改革，瞄准当下国家电力体制改革的社会需求，确定了"支撑国家能源转型的电力商业化运营虚拟仿真教学平台"研发的阶段目标。经过 2 年多的建设，支撑国家能源转型的电力商业化运营虚拟仿真教学平台在教学中已经投入使用，并逐渐稳定和成熟，为电力特色实验教学提供了支撑。学生利用该平台进行了近 30 余项实验项目，锻炼了电力企业经济管理的能力和实践意识，加深对新时期电力体制改革的理性认识，强化了电力市场人才需求的具体要求，实验教学效果良好，并获得了众多教科研成果，示范效果明显。

## 三、主要内容

### （一）建设背景

电力经济管理虚拟仿真实验教学中心是华北电力大学直属的经济管理类专业实验教学基地，2014 年被评为国家级虚拟仿真实验教学中心。近年来，中心坚持电力特色的核心发展方向，把握"实验教学改革方向与能源电力与社会经济发展需求"相结合的工作定位，在原有虚拟仿真教学资源的基础上，加大教学资源开发力度，建设了一批具有时代特征、符合人才培养特点的电力经济管理虚拟仿真教学平台，并依托这些教学平台开展了内容丰富的教学研究和实践。

实验中心借助我校大量的电力行业科研成果，树立了"科研反哺教学、教学科研相互促进"的指导方针，将大量科研成果进行教学资源转化。在学科责任教授的带领下自主开发了十余套电力经济管理模拟教学软件，依托信息技术，沿着虚拟仿真的发展方向，利用场景仿真、软硬件集成等综合手段，搭建了电力经济管理虚拟仿真教学平台。在汇总大电力行业、电力企业真实数据和教学案例的基础上，电力经济管理虚拟仿真教学平台能够搭建逼真的电力经济管理仿真实验环境。这一举措在实验示范中心建设领域已经成为华北电力大学的一张"名片"。

中心获批国家级虚拟仿真实验教学中心以来，更加坚定电力特色发展道路，立足电力行业进行经济管理类实验教学的特色改革，瞄准当下国家电力体制改革的社会需求，深入分析电力高等教育的内在需要，确定了"支撑国家能源转型的电力商业化运营虚拟仿真教学平台"研发的阶段目标。在 2 年的时间里，实验中心整合资源、建立团队、加强创新，将以往各个分散的教学资源进行重新整合、优化、共享、协同，在实验教学的实践中逐步夯实了该平台的应用基础。目前，支撑国家能源转型的电力商业化运营虚拟仿真教学平台在教学中已经投入使用，并逐渐稳定和成熟，为电力特色实验教学提供了支撑。

## （二）成果介绍

当前，能源转型已经成为国家经济转型的重要命题。电力商业化运行模式将为实现国家能源转型、供给侧优化起到重要的支撑作用。对此，中心针对国家能源转型过程中的一系列商业化运营场景，在多年电力行业前沿研究和电力人才培养实践的基础上，开发了支撑国家能源转型的电力商业化运营虚拟仿真教学平台，平台包含了四个仿真系统，分别是：面向新能源和灵活用电的预测仿真系统、电力市场交易模拟仿真系统、支撑能源互联网规划的源网储荷协调优化仿真系统、基于移动终端的售电服务互动式仿真平台。使学生在校期间即能利用与企业经济管理环境十分接近的虚拟环境进行全过程的实践锻炼，掌握复杂的电力企业经济管理技能，实现了学校培养与未来实际工作的"无缝连接"。

### 1. 面向新能源和灵活用电的预测仿真系统

由于各类新能源出力的随机性，并网后会增加电力系统的不确定性因素，影响系统的稳定运行；随着需求侧响应和灵活互动的用电模式的发展，电力需求的预测的越来越困难。因此，提高电力经济管理类学生的电力负荷预测能力，对电力特色人才培养体系有着很重要的意义。

系统内嵌多种预测仿真算法，包含了电量单耗法、负荷密度法、趋势分析法、回归分析法、指数平滑法、灰色模型法和弹性系数法等经典预测模型，以及神经网络、粒子群算法、遗传算法、决策树等智能学习算法。随着仿真系统样本数据容量的增加，建立了基于大数据的复杂关联预测模型，使预测精度逐渐提升。学生可以通过该平台对各种情形下的电力负荷预测结果进行对比分析，完成仿真条件下的电力负荷预测分析。

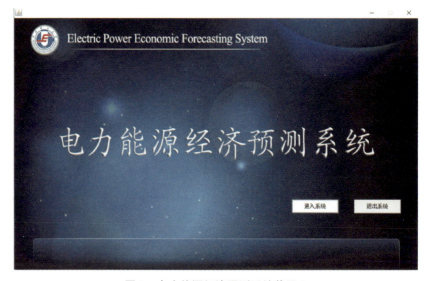

图 1　电力能源经济预测系统截图 1

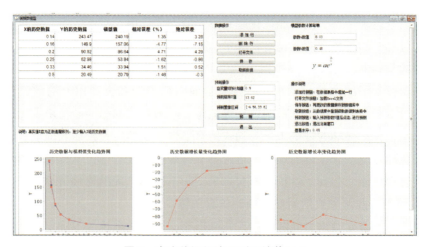

图 2　电力能源经济预测系统截图 2

依托电力企业的实际负荷数据与高校实践教学内容，系统经过了多次的技术改进和升级，不断适应新能源电力负荷发展的特点，有效改善了发电侧新能源出力和用电侧灵活用电需求的预测问题，并获相关软件著作权 6 项。以该仿真系统为基础，出版《电力负荷预测技术及其应用》教材，该教材已印刷 8 次，被引次数超过 2000 次，成为该领域的主要书目，深受广大电力行业高校和企业的欢迎。该仿真平台除用于近十所高校的电力负荷预测课程教学外，还用于国内外电力企业的职业能力培训，社会和经济效益显著。

**2. 新电改下的电力市场交易模拟仿真系统**

我国开启了新一轮电力市场化改革，电力经济管理类学生有必要学习市场规则、竞价策略、决策方法。中心开发了电力市场交易模拟仿真系统，让学生在模拟仿真环境下体验各类市场的竞价行为。该平台是在我校多年教学应用企业 ERP 沙盘模拟平台、电网企业运营模拟平台、电力市场竞价模拟平台的基础上，改进了模拟教学手段、丰富了教学案例资源，针对新电改市场环境下各类售电公司经营管理决策需求的模拟实验平台，是一款互动性强，集电力生产、采购、运营、销售、财务和风险管理为一体，结合了电力市场的动态性、碳市场等因素，有助于实现售电公司经营决策的科学性、合理性和可持续性（见图 3、图 4）。

**图 3 电力市场交易模拟仿真实验平台截图**

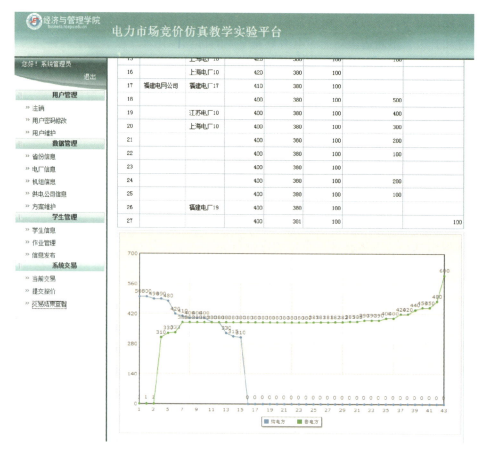

图4 电力市场竞价仿真实验平台截图

系统主要包括以下功能模块：竞价仿真模块、预测预警模块及辅助报价模块、售电经营模块。系统内构建的报价算法库、预测算法库、决策算法库以及模拟仿真库是实现市场竞价模拟的基础。

### 3. 支撑能源互联网规划的源—网—荷—储协调优化仿真系统

随着燃煤电厂的压缩，大规模风光发电并网，将形成发电侧的波动。另外，需求侧也存在较大波动。为了让学生能够更加深入地理解和掌握电力系统的"源—网—荷—储"协调优化问题，中心开发了支撑能源互联网规划的源—网—荷—储协调优化仿真系统（见图5、图6）。

系统包含五大功能模块：系统元件建模、决策计算模块、运行优化的仿真模拟、规划投资的仿真模拟以及典型情景模拟。通过模拟优化，带来三个层面上的显著意义。运行层面：丰富调控手段、提高调度灵活性和安全裕度；市场层面：本地需求侧资源的合理利用，促进跨区跨省集中式新能源的消纳，促进电从远方来的电能替代战略；规划层面：考虑电动汽车发展和储能利用，"源—网—荷—储"协调的综合资源规划，以荷代源。

图 5　源—网—荷—储协调优化仿真平台截图

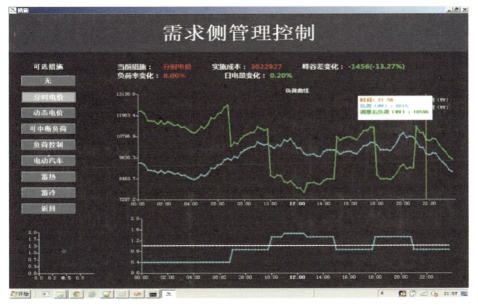

图 6　需求侧管理控制功能截图

### 4. 基于移动终端的售电服务互动式仿真平台

电力体制改革下，售电市场的各参与主体面临较大的机遇与挑战，售电市场信息繁杂，售电市场主体如何挖掘信息潜在价值，打造核心竞争力，抢占市场份额，是当前亟须解决的问题。基于这个问题，中心开发了基于移动终端的售电服务互动式仿真平台（见图7、图8），平台主要包含以下功能：

图7　售电辅助决策支持系统截图1

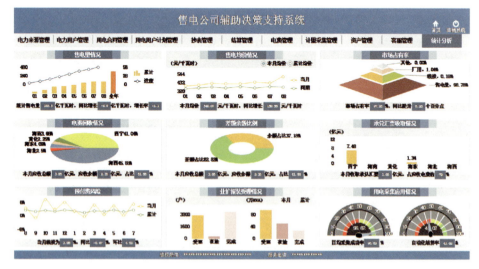

图8　售电辅助决策支持系统截图2

基于移动端的营销信息管理功能、用能大数据平台、智能报价辅助决策、数据增值模块。其中数据增值服务包括基本信息定制、套餐自定制服务和基于用户群自主组合的互动响应习惯发掘。通过以上功能模块的应用，售电主体既可以高效的管理当前的市场信息，也可以挖掘市场有效信息，制定合理的售电服务策略。

## （三）信息化辅助支撑平台建设情况

### 1. 教学信息化平台设备构成

中心充分利用大学已有数据中心、万兆环形以太网和覆盖全校的无线网络，推进虚拟化建设步伐，实现了云计算、云存储，构建了高效、稳定的 IT 架构。中心拥有 PC 服务器和刀片服务器 20 余台，建立了云计算平台，实现了服务器虚拟化、桌面虚拟化、应用虚拟化。中心 20T 的存储空间，完全满足现有实验教学软件运行和教学运行数据的存取。利用云计算的特性，我们解决了扩展性、兼容性的难题，实现了校内外、北京和保定两个校区间及更广范围内的实验教学资源共享，为跨地区、跨学科的虚拟仿真实验教学提供保障。

### 2. 网络管理与信息安全

我校的网络系统有完善的用户管理、认证和计费管理系统，能够提供用户认证、权限等级的识别；通过对全校师生进行安全认证，开放端口有严格的审批程序，中心机房拥有完善的网络防火墙，能够对所有进出学校的数据进行监测，具有网络防病毒、信息过滤和入侵检测功能，为建设具有教学兼备和互动交流等功能的共享教学平台提供稳定的网络运行环境。

华北电力大学校园网为万兆主干网络，千兆到桌面（个别楼宇百到桌面）。校园网出口以 500M 连接教育科研网，1.5G 连接公网，1G 连接 IPV6 网，通过策略路由方式决定用户访问路径，保障用户最优路由。北京本部通过 1G 光纤专线与保定校区校园网相连，实现了两校区一体化办公与资源有效共享。

## （四）平台应用效果

### 1. 特色实验教学效果显著

虚拟仿真实验教学中心依据实际电力系统运行原理，充分运用虚拟仿真技术，虚拟仿真了电网正常运行、预想事故发生对电网影响时的潮流计算，并结合各种情形下的电力负荷预测结果对未来的机组出力运营、有功无功容量、备用辅助容量、机组检修计划进行安排。系统可以根据不同区域环境、不同类型发电形式以及电力负荷需求灵活设定不同种类的发电节点（如火电、水电、风电、光伏发电、核电等）及容量，每种发电节点的个数，用电终端节点的电力需求及类型，节点间电网连接的方式。仿真系统通过加载实际电网企业区域供电的运行数据，再现了实际电力系统中的发电、输配、电源、用户之间的机组出力关系、供用电需求调度关系、节点潮流优化计算、安全稳态分析、机组检修运行、预想事故发生对电网冲击影响等电网企业调度、营销、运检、信息等各个主要部门及相互之间的业务协作关系。

主要实验项目包括：

（1）电网潮流优化操作实验：对设定好的电网运行虚拟环境，编制电网运行方式，指导发电节点开机方式，有功、无功调整方案及负荷调整方案，满足线路稳定要求及电压质量要求。

（2）电网负荷预测能力实训：对不同时刻不同类型的电网需求进行建模，给出用电节点的未来时点的负荷预测值，绘制未来电网负荷需求曲线。

（3）电网调度实验：根据负荷预测结果计算安排调度各发电节点各机组的发电出力情况。

（4）机组检修计划决策实验：根据负荷预测结果对机组检修计划进行决策。

（5）突发事件处理实验：对于电网突发故障，根据潮流计算判断故障位置和可能发生原因，给出检修方案，根据电力需求节点的安全等级，对恢复供电次序进行排序。

（6）发电结构优化操作实训：在含有多种发电形式的虚拟环境中，对不同目标下的发电结构进行测算，进行对比优化。

（7）我国电力市场交易模拟：发电侧单边报价、集中撮合交易、统一发布交易结果、学生扮演发电厂、分组扮演不同发电集团等。

（8）商品拍卖交易模拟：统一给定条件下，多次反复报价行为模拟；

（9）需求侧管理与水电利用关系分析实验。操作软件验证"需求侧管理促进本省水电利用"。通过需求侧资源充分利用，削峰填谷，用电负荷调整，不需要大量水电机组做备用，有利于水电发电量的增加。

（10）需求侧管理与新能源利用的关系分析实验。操作软件验证"需求侧管理增加集中式新能源吸纳能力"。通过需求侧响应手段的实施，使系统拥有更多的备用容量和调频调峰机组，从而更好地消纳具有波动性及间歇性的可再生能源。

（11）源—网—荷—储协调优化的效益分析实验。进行源—网—荷—储协调全局优化，比较整体优化方案与之前各类实验的单独优化方案，评价各个子目标的实现程度与综合效益。

（12）需求侧管理手段投入产出分析实验。包括可中断负荷、蓄冰、蓄热设备、节能设备的更新改造以及分时电价、动态电价等需求侧管理手段的投入产出分析。

（13）荷代源投资成本节约分析实验。针对电力系统长期规划中，用需求侧响应措施的实施替代电源投资，比较两种手段的经济性。

（14）供电企业营销技术支持软件的功能模拟。该部分以电力企业市场营销模拟平台为基础，在供电企业营销技术支持软件平台上模拟业扩业务子系统、变更业务子系统、电费核查管理子系统、用电检查管理子系统、计量管理子系统等电力企业基本营销业务实施流程。

（15）移动实验模块。对基于移动终端的购售电、跨区跨省交易、增值服务等互动售电服务进行了模拟仿真。

学生实验过程及效果：

该系统可以使在校学生在学习电力生产运行、电力负荷预测及电力市场决策的基本理论知识后，即可进行仿真条件下的电网运行调度监测决策实践。在给出不同的发电节点、联网方式以及用电终端基本需求后，学生即可以电网企业调度决策者的身份，综合运用所学的电力生产运行及电力负荷预测的基本理论与方法，理论联系实际，分析当前电网的运行方式，网架结构的安全性，电网需求的基本形势，创造性地就仿真系统中的未来电力需求曲线进行建模预测，对未来机组启停、有功无功容量、备用容量、检修计划、预想事故处理、潮流优化约束、突发事件决策、发电结构调整、需求侧管理等一系列电网企业经营活动中的主要内容做出判断和应对，形成相应的解决决策方案。学生既可以通过不同情景的设定进行决策训练，也可以在同种环境下开展对比实验研究，进行互动性的决策行为比较，选出最优方案。将不同的仿真环境以及决策方案数据输入软件系统后，几分钟内即可计算出仿真条件下不同情况下的潮流优化结果、需求预测结果、机组出力安排、检修计划、备用容量、发电结构等数十项成果数据，并且可以通过设定预期变化时间序列进行逐步仿真模拟，中间产生的数据可供学生分析所作决策正确与否使用，软件系统还可输出预测精度与决策评价总表，给出学生不同情景决策方案的综合评分和名次，可使学生对所拟定的决策方案进一步从整体上做出理论剖析，深刻领会所学的电力生产运行、电力负荷预测及电力市场决策理论内涵，获得在企业实际工作中需几年时间才能感受到的经验和体会，激发学生的自主决策创新意识，提高学生进行现代管理决策的综合能力、实践能力和创新能力。

此外，利用该平台可以提供电力企业管理实践的机会，深化学生在理论课程中学到的电力企业管理的基本原理与方法，通过模拟各个功能模块的具体操作，使学生深入理解与掌握电力企业管理中所涉及的基本内容与原理、国家及电网公司的相关规定，提高分析与解决电力企业问题的能力。帮助学生在实验中获取知识，在实践中增长才干，巩固、深化课堂所学的理论业务知识，提高业务操作能力，缩短课堂与社会实务部门的距离，缩短实际工作的磨合期，在实验室实现"在实践中学"。通过该模拟环节让学生掌握电网企业营销相关系统的操作及基本营销业务的办理流程，从业务办理环节、材料、服务要求、业务相关规定等方面熟悉管理业务。

**2. 教研互动成果丰硕**

中心积极开展实践教学改革活动，引导教师将教学改革活动向实践和实验教学方面聚焦，规划大项目，凝练大成果。近年来，中心教师获得各级各类教改立项项目 20 余项，超过 60% 的项目和实践教学相关，年均发表教改论文 25 篇；出版实验教材和辅导教材十余部，其他教材十余部，充分体现了对实践教学的重视。近年来，中心教师在实验教学方面取得了骄人的成绩，先后获得省部级以上各类教学奖励 20 余项。其中，北京市教学成果二等奖 1 项；拥有全国高等学校特色专业 2 个，北京市特色专业 2 个，国家级教学团队 1 个，北京市优秀教学团队 2 个。

在教学资源建设的道路上，中心取得了骄人的成绩，基于该平台获得省部级以上教学成果九项，科研奖励十余项。其中，第三届管理科学奖（学术类）1 项，全国商科教育实践教学大赛一等奖 1 项、二等奖 1 项，全国高等学校虚拟仿真实验教学资源建设成果一等奖 1 项。

仿真实验平台除用于实验教学外，还为各类大学生创新实践活动提供了支撑。学生创新创业能力显著提升，在相关学科竞赛中获省部级以上团队奖励 90 余项，个人奖励 400 余项。其中，连续两届获得"PEAKTIME"国际商业模拟大赛商业模拟环节全球冠军。

**3. 特色教学示范作用明显**

近年来，中心对外交流更加频繁，与美国普度大学等国内外高校开展远程互动教学；先后有南澳大利亚大学、上海电力学院、三峡大学、沈阳工程学院、上海对外贸易学院、广西工学院、山东财政学院、河北师范大学等几十所国内外高校来中心考察交流。交流中，中心的功能定位与电力特色得到了更多同行的认同和称赞，知名度大大提升。此外，中心教学与科研良性互动的模式引起了许多高校和企业的重视与认可，与中心建立长期合作的单位不断增多，校企合作、校校合作不断深化。

（五）虚拟仿真实验教学建设规划

未来，我们将进一步强化虚拟仿真实验教学的引领作用，不断完善实践教学资源体系、扩展实验功能、优化系统算法、改进系统参数、积累实验数据、开发实验案例，积极推动教学资源共享，努力打造一个国际化的电力市场商业模拟大赛，通过赛事加强师生的国际化交流和合作。

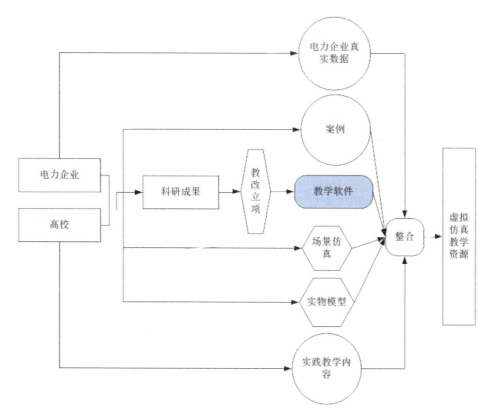

**图9　校企协同—教研互动的实验资源建设理念**

依托虚拟现实、多媒体、人机交互、数据库和网络通讯等技术，建设全院层面的实验资源库，实现资源在校内完全共享，积极推进校际共享，引入市场机制，调动老师开发教学资源的积极性，推动教学资源建设的可持续发展。

进一步完善信息管理系统，充实网络实验教学资源，强化网上实验训练，通过网络平台，充分利用数字仿真技术、多媒体技术和网络技术，将模型、实物、场景、多媒体视频资料相结合，全方位、多角度开展实践教学；发挥学生的主体性、主动性，发挥优秀的科研与教学相结合的师资队伍的指导作用，一方面吸纳学生参与科研项目，另一方面开展各类创新实践活动，将先进的科研理念反映到实践教学活动中，推动学生创新能力的训练和培养。

探索实现基于云计算技术搭建远程共享服务平台，将教学内容与教学资源部署到云服务器端，按照实际教学需求，动态分配教学资源；为国内其他能源和电力行业院校提供资源远程共享服务，为其他高校师生提供教学、科研相关服务。

## 四、标志性建设成果

**1.** 电力需求预测分析平台软件知识产权登记（2015年4月）

**图10** 电力需求预测分析平台软件知识产权证书

**2.** 用电市场需求预测分析系统软件知识产权登记（2015 年 1 月）

图11　用电市场需求预测分析系统软件知识产权证书

**3.** 高等学校虚拟仿真实验教学资源建设成果奖一等奖（2016 年 9 月）

图 12　第一届全国高等学校虚拟仿真实验教学资源建设成果奖一等奖

## 五、中心团队集体照

图 13　团队部分成员合影

# 创新虚拟仿真实验教学体系 培育卓越农林经济管理人才

## ——北京林业大学农林业经营管理实验中心建设成果

## 一、中心基本情况

| 学校名称 | 北京林业大学 |
|---|---|
| 中心名称 | 农林业经营管理国家级虚拟仿真实验教学中心 |
| 署名 | 薛永基 陈建成 李劼 张青 |

## 二、摘要

实践教学是经管类人才培养的重要环节，是培养学生创新意识、创业能力和综合实践素质的关键。经过多年的探索和实践，北京林业大学经济管理实验教学中心基于虚拟仿真，创新实践教学，逐步形成了"围绕一条主线、建设两个平台、构建多套课程、服务多个专业、促进协同创新、培育卓越人才"的实践教学培养体系，有力支撑了卓越农林经济管理人才的培养。其中，"一条主线"指以提升学生创新创业实践能力为教学主线；"两个平台"为实体平台和支撑平台，为农林业经营管理国家级虚拟仿真实验教学中心和北京市经济管理实验教学示范中心；"多套课程"为农林业经营管理虚拟仿真实训课程、农林业创新创业实践课程和沙盘推演实验实践课程等；"多个专业"是指经济管理学院所开设的农林经济管理、工商管理、国际贸易、市场营销等11个专业，同时服务于硕士和博士相关学科；"促进协同创新"是指与企事业单位广泛联系，深入合作，共建实验室。

## 三、Abstract

Practical training is the key stage of talent cultivation in the economic and management specialty and is essential for training the innovation and entrepreneurial ability of students. After years of exploration, the experimental center of economics and management of Beijing Forestry University has developed the practical training system of "concerning on a main axis, constructing two platforms, developing multiple courses, serving different specialties, promoting collaborative innovation, cultivating talents" based on virtual simulations. More specifically, the "main axis" means the teaching axis of improving the innovation and entrepreneurial ability of students; "two platforms" means the main platform and the supporting platform, which are the National virtual simulation experiment teaching center of agricultural and forestry economics and managements and Beijing economic management experimental teaching demonstration center; "multiple courses" are virtual training courses of agricultural and forestry economics and managements, practical trainings of innovation and entrepreneurship in agriculture and forestry, and practical trainings of sandbox experiments, etc.; "different specialties" is the 11 specialties of the school of economics and managements, including the agricultural and forestry economics and managements, industrial and merchant management, international trade and marketing managements while serving the master and doctorial programs of the related specialties; "promoting collaborative innovation" means collaborating with related enterprises and co-constructing laboratories.

## 四、主要内容

### (一) 建设背景

#### 1. 传统经济管理教学产品无法模拟农林业经营管理

目前，针对工业产品生产和管理的虚拟仿真实验教学产品不断涌现，在教学中起到了很好的作用。但是，市面上针对农林业经营管理的实验教学产品尚为空白。与之形成对比的是，传统经济管理实验教学产品较难应用于农林业经营管理实验教学。这一方面是由农林业经营管理的特点决定的，另一方面是由传统经济管理实验教学产品长期忽视农林行业导致的。因此，农林行业有必要开发有别于传统经济管理实验教学产品的虚拟仿真实验产品，以更好地进行教学。

#### 2. 虚拟仿真实验教学更有利于体现农林业经营管理的特点

农林业经营（如林场）面积较大不易现场观察，林业尤为突出。农林场面积动辄几十万亩，小的一般也有上万亩。这一特点使得现场教学不宜展开。

农林业地区交通不便实地调研，观察难度高。农林业分布在农村地区，林业多分布在丘陵和山区，道路不便为实地调研增加了困难。同时，考虑到交通不便易引发的安全问题，故农林业的经营管理教学很少采用现场教学。

林木及林下经营时间周期较长、季节性强，不易组织现场教学。林业的经营周期一般较长，成长最快的毛竹需要 3 年成材，而农业的周期一般也在半年以上且有较强的季节性，这使得现场组织或实验室真实培育均满足不了教学和实习的需要。

**3. 农林业的新发展（生态、气候变化等）通过虚拟仿真进行实验教学更具特色**

随着社会经济的发展，农林行业已不仅仅供应粮食和木材了。相应地，农林业被赋予更多的生态功能。因此，农林业经营管理就增加了新的考量，如碳汇、碳排放、虚拟水等概念的出现。这些考量通过虚拟仿真进行实验呈现和教学更为直观，更有特色。

## （二）建设历程

依托国家重点培育学科"林业经济及管理"，自 1999 起开始探索利用信息技术进行模拟教学。虚拟仿真实验教学发展经历了四个阶段（见图 1），其现状具有以下特点：

**图 1　虚拟仿真实验教学发展阶段图**

**1. 规划合理、布局现代的实验空间为实践教学建设奠定了良好的实验室基础**

北京林业大学经济管理实验教学中心于 2013 年 8 月整体迁入新建楼宇，占地 4000 平方米。搬迁后，经管实验中心所有实验室集中于一层，便于管理，且有利于中心整体规划的科学性和现代化。中心编写了《北京林业大学经济管理实验教学中心 2013～2015 年发展规划》，其中，虚拟仿真实验中心的建设便是规划的核心内容。

利用中央修购专项基金、北京林业大学实验室发展基金、"211"学科建设经费等，中心建有实训实验室、林业经营沙盘实验室、林业金融实验室、林经模拟实验室、人力资源管理实验室、电子商务实验室、经贸实验室、林业统计实验室、林业会计实验室和物业智能化实验室 10 个实验室，服务于农林经济管理等经济管理类专业 11 个，强化了北京市实验教学示范中心的重点建设。中心现有计算机 1000 多台，展示性大屏 6 个，物业模拟设备 1 套，服务器 20 多台，专业模拟软件 30 余套，资产总额近 1500 万元人民币。

中心已纳入学校的信息化管理平台，并借助于该平台进行管理和教学工作。同时，中心建有自己的信息化管理平台，并通过云服务等技术对中心教学资源进行管理，较好地实现了虚拟仿真实验的信息化。

**2. 结构合理、门类齐全的实验教学体系为实践教学建设奠定了良好的课程基础**

中心现有农林业经营管理虚拟仿真实验平台、办公自动化实验系统、股票证券模拟实验系统、保险业务模拟实验系统、商业银行综合业务模拟实验系统、项目管理模拟实验系统、企业竞争模拟系统、市场营销模拟系统、人力资源测评模拟系统等 30 多个模拟教学平台。

依托现有软件，中心开设实验项目 177 个，积累了大量的实验资料，培育了强有力的实验师队伍。这为虚拟仿真实验中心建设奠定了良好的课程基础，也为中心实验教学产品国际化奠定了基础。

**3. 率先研发、成功推出的实验平台是实践教学建设的重要标志**

近年来，合作开发专业软件，并共享知识产权是中心发展的战略重点。中心的核心教学产品"农林业经营管理虚拟仿真实验平台"是与用友新道科技有限公司合作研发的，我中心为著作权人的，农林行业第一个经营管理虚拟仿真实验平台。该项目自 2010 年开始筹划。在研发中，由北京林业大学经管实验中心负责教学设计、经费筹措和产品测试，用友新道科技有限公司负责教学平台研发。目前，研发平台已正式投入使用，并进行多轮教学，学生反响良好。

平台全真模拟农林业经营。每次约 100 人参与，分成 10 个企业化运作的经营体或农林合作组织，学生扮演 CEO、营销经理、财务经理等，然后经营体间进行经营和竞争。通过给定农林业政策（如小额信贷、森林保险、科技创业等），模拟银行、保险、咨询机构等经营环境，实现农林业经营中的市场预测、政策分析、农林产品种植、农林产品销售（如农超对接）等全过程的模拟仿真。

借助该平台，教师可按教学计划自主推送虚拟仿真实践项目，进行课程设计。学生可自主学习。同时，依托该平台，实现了教学和科研的互动。一方面，中心骨干教师的科研成果在教学平台中得到了充分利用。另一方面，利用该平台，中心教师也承担了多项课题和培训业务。

**4. 合作紧密、辐射亚太的"共建队伍"为实践教学建设奠定了良好的发展基础**

协同创新是中心发展的根本动力，为中心建设奠定了良好的发展基础。近年来，中心在软件建设上与用友集团公司、用友新道科技有限公司、深圳市国泰安信息技术有限公司、北京现代中欧软件开发有限公司等建立了良好合作关系；在硬件建设上与金商祺科技有限公司、北京康邦科技有限公司、北京友邦科技有限公司等建立了良好合作关系；在业务关系上与北京市园林绿化局、潞安集团、吉林森工、内蒙古森工、北京林业大学科技园等建立了培训承接关系。这为通过协同创新促进中心虚拟仿真模拟教学发展奠定了良好基础。

在成功合作研发"农林业经营管理虚拟仿真平台"的基础上，中心与用友新道科技有限公司建立了战略合作关系，共同成立"实训教学示范中心"和"案例开发中心"，为实验平台的不断优化奠定了基础。

同时，中心与"亚太森林恢复与可持续管理网络"（APFNet）建立了战略合作关系，面向亚太开发森林恢复与可持续管理的实验课程，为中心的国际化发展奠定了良好基础。

## （三）人才培养思想与成果

### 1. "一体两翼"的改革战略定位

北京林业大学经济管理实验教学中心以搬迁为契机，进行了全面的设计，以支撑未来 10～20 年经济管理学院实验课程开设的需要。实验中心 2016～2020 年的建设规划贯彻《教育部办公厅关于批准清华大学数字化制造系统虚拟仿真实验教学中心等 100 个国家级虚拟仿真实验教学中心的通知》文件等精神，以北京林业大学实验实践教学相关文件为指导，实施"一体两翼"发展规划（"一体"为智慧实验平台教学资源体，"两翼"为农林业经营管理虚拟仿真实验体系和创新创业实验体系）。

发展的指导思想是：

——按照国家级实验教学中心建设标准，以学校优势学科专业特色为基础，形成优质资源融合、教学科研协同、学校企业联合培养人才的实验教学新模式，探索满足新时期人才培养需要的实验室建设和教学改革方向，建立创新人才成长环境，支撑拔尖创新人才培养，服务国家科教兴国战略和人才强国战略；

——瞄准现代化经济管理实验室的发展需求，以服务新时代大学生为目标，进行高水平的设计和建设；

——强化实训和沙盘实验项目，走"实训、上机与模拟"相结合的道路，注重教学研究和教学产品研发。

### 2. 成果体系

经过近三年的探索和实践，中心基于虚拟仿真，创新实践教学，逐步形成了"围绕一条主线、建设两个平台、构建多套课程、服务多个专业、促进协同创新、培育卓越人才"的实践教学人才培养体系，有力支撑了卓越农林经济管理人才的培养。

（1）围绕一条主线。

人才培养以落实《国务院办公厅关于深化高等学校创新创业教育改革的实施意见》、《关于进一步提高北京高等学校人才培养质量的若干意见》等文件精神，以北京林业大学实践教学相关文件为指导，以提升学生创新创业实践能力为教学主线。

（2）建设两个平台。

两个平台为实体依托平台和虚拟支撑平台。

实体依托平台：中心现已被国家教育部和北京教委认可，被授予国家级虚拟仿真实验教学中心和北京市高等学校实验教学示范中心。其中，农林业经营管理国家级虚拟仿真实验教学中心获批于 2015 年 1 月，为国内农林经济管理类首个国家级虚拟仿真实验教学中心。经济管理北京市实验教学示范中心在 2014 年 7 月顺利验收通过，鉴定结果为优秀。

虚拟支撑平台："农林业经营管理虚拟仿真实验教学平台"（软件著作权号：0991342；所有人：北京林业大学；开发人：薛永基、陈建成、田明华、贺超、李劼）。该平台是借助信息化手段，通过软件技术构建系统的逻辑结构模型，依靠硬件设备和计算机网络形成虚拟实验系统，在实验室模拟和还原现实商业社会中农林业经营管理的各种决策环境和业务往来的场景式互动教学平台。

（3）构建多套课程。

"多套课程"为农林业经营管理跨专业综合实训课程、创新创业课程和沙盘推演实验教学课程等。其中，2012 年 9 月～2015 年 9 月，实验中心成功推出的"虚拟商业社会跨专业综合实训"课程为全院必修课，在第三、七学期开设。同时，中心构建了创新创业实验教学体系，并实现了教学过程的软件平台化。目前创新创业实验教学体系开始投入应用，并取得初步成效。在未来的几年里，中心将围绕创新思考与行动等 10 个模块强化教学体系建设，旨在建立特色鲜明的实验教学体系。此外，中心通过虚拟仿真技术有力推进了传统实验实践课程的开展。

（4）服务多个专业。

"多个专业"是指经济管理学院所开设的农林经济管理、统计学、市场营销、工商管理、国际贸易、电子商务、信息管理、人力资源管理、金融学、会计学、物业管理共 11 个本科专业，同时服务于硕士和博士相关学科。经济管理学院下 11 个本科专业均配有相关的实验室和对应的实验课程。跨专业综合实训课程将多个专业有机组合在一起开展实践教学，不同专业的同学从各自专业的角度去参与课程，发挥各自的专长，共同解决问题，合作完成任务。

（5）促进协同创新。

➢ 实验平台软件开发：用友新道科技有限公司。

用友新道科技有限依托多年的 IT 应用经验，在会计、供应链、生产、营销、流通等领域大量的客户数据和应用案例，结合高校经管财经的实践教学规律、结合经营管理最佳实践，针对高校经管专业实践教学开发了大量教学资源。双方现已合作研发"农林业经营管理虚拟仿真实验平台"，运行效果良好。在与用友新道科技有限公司的合作中，中心提出的"个性化设计、'零部件'研发、便于组合、产权共享"的思路将改变标准化产品的供给模式。

与用友新道科技有限公司的合作模式与内容如图 2 所示。

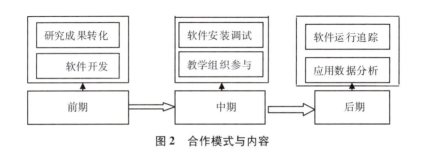

图 2　合作模式与内容

➢ 实验室建设方案：深圳市国泰安信息技术有限公司。

深圳市国泰安信息技术有限公司是从事精准金融信息服务、高端金融分析与交易工具开发的金融高科技公司，是国家科技部重点支持的国家级高新技术企业，一直致力于金融实验室建设解决方案以及专业的金融培训服务。中心与国泰安为战略合作伙伴，曾合作建设的"金融综合实验室"为该公司样板实验室。该公司拥有金融、工商管理实训类产品，本中心执行主任薛永基受聘为该公司"企业实训仿真模拟"项目战略顾问。

➢ 实验课程建设：北京现代中欧软件开发有限公司。

北京现代中欧软件开发有限公司依托北京现代中欧管理科学研究院，是由中国人民大学、北京大学、清华大学等国内院校十余位知名专家教授发起成立的专业教育研究机构，致力于沙盘产品的研发、推广工作。中心先后购置其多款产品，中心执行主任薛永基自 2011 年 10 起担任该公司"沙盘模拟"产品策划顾问，参与其多款产品的策划工作。

➢ 对外培训：潞安集团、吉林森工、北京林业大学科技园等。

山西潞安矿业（集团）有限责任公司，是山西省属七大煤炭企业集团之一，是以煤为基础、多元发展的能源企业集团，中心自 2008 年以来一直承担该集团培训课程。中国吉林森工集团，我国四大森工集团、吉林省十大企业集团之一，施业区位于吉林省长白山林区，是国家重要的生态屏障和木材生产基地，中心承担该集团部分培训课程。北京林业大学科技园是被北京市教委、北京市科委、中关村管委会认定的"北京市大学科技园"，中心承担部分培训和孵化咨询工作。

➤ 产学研合作：中国林权交易所、南方集体林权交易所等。

为了更好地模拟农林业的经营状况，中心与中国林权交易所、南北联合林业产权交易股份有限公司合作成立"研究与模拟中心"。尤其与南北联合林业产权交易股份有限公司的合作，使得中心仿真模拟类项目可以使用真实的数据，提升了该项目的教学质量。同时，中心仿真模拟结果也为公司决策提供了参考。

➤ 战略整合：中心成立协同体。

为了落实中央指示，教育部、财政部于 2012 年 3 月启动实施"2011 计划"，旨在推动高校内部以及与外部创新力量之间创新要素的融合发展，建立协同创新模式。经论证，中心提出"一实验室两'共建'"的发展改革与管理思路，切实发挥系里的学科优势、产业协同基础、校友联络等特点，共同推动实验室的"共建"发展。其中两"共建"是指实验室课程共建和软硬件共建。

（四）改革措施与实施情况

**1. 构建完善的实验实践教学体系**

目前，教学体系包括 177 个实验项目通过北京林业大学实验室与实践教学管理平台（http：//202. 204. 115. 73/aexp）实现校内共享，通过中心网站提供平台入口（外网地址为 http：//www. pj51. net/blwz/；局域网在北京林业大学门户网站 www. bjfu. edu. cn 首页"专题网站"和经济管理学院网站首页提供链接），并向农林行业提供部分培训服务。

典型性的实验项目、功能及效果有：

（1）把农林场搬进校园：跨专业农林业经营管理实验项目。

➤ 简介。

农林业经营管理实验项目依托农林业经营管理虚拟仿真实验教学平台，是农林行业的 VBSE（Virtual Business Social Environment，虚拟商业社会环境）。通过对真实商业社会环境中典型单位、部门与岗位的系统模拟，让学生体验身临其境的岗前实训，认知并熟悉现代商业社会内部不同组织、不同职业岗位的工作内容和特性，培养学生从事经营管理所需的综合执行能力、综合决策能力和创新能力，使其具备全局意识和综合职业素养。

➢ 功能。

该实验提供农林场运营模拟实习的引导系统和相关教学环境，让学生在自主选择的工作岗位通过完成相关岗位对应岗位工作任务，学会基于岗位的基本业务处理，体验基于岗位的业务决策，理解岗位绩效、组织绩效之间的关系；真实感受林场三流之间（物流、信息流、资金流）起承转合的过程；全面认知林场经营管理活动和主要业务流程；体验林场职能部门间协作关系以及政企合作相关等外围相关经济组织与管理部门之间的业务关联。

➢ 效果。

该实验项目在具体执行时按"通识教育 + 农林行业教育"相结合的模式。"通识教育"在老师指导下进行，"农林行业教育"由学生通过平台软件引导自行完成，以提高虚拟仿真的程度。

除了实验室教学外，该课程也纳入到就业辅导体系，面向经济管理学院所有专业使用，有效提升了学生的实践操作能力。包括：与学院就业指导中心联合，组织开展微型"商业社区模拟"实战训练，学生对经济运行和商业环境进行体验和操作，提升实践操作能力。我院就业指导中心将其纳入到"大学生职业生涯微辅导"，获得了国家立项。

同时，该课程2014年也纳入到大学生创新创业辅导体系，面向全校学生使用，有效提升了创新创业教育水平。该部分与团委合作，以"挑战杯"系列赛事为依托，对报名参加竞赛的学生进行培训。该课程有效提升了学生对经营管理，尤其是农林业经营管理的认知，增加了学生对创新创业的认识，取得了良好效果。根据团市委《关于公布2014年"创青春"首都大学生创业大赛成绩的通知》的文件，北京林业大学成绩排名第四（位列清华大学与北京大学（并列）、北京航空航天大学、北京科技大学之后），有2个作品冲击国家金奖（我中心常务副主任薛永基为指导教师），为历史最好成绩。

（2）在校园完成林业资源规划：林业经营 ERP。

➢ 简介。

该课程在用友 ERP 沙盘（含电子和物理沙盘）的基础上进行了进一步研发。课程通过信息系统进行林地的拍卖，之后进行资源整合。课程围绕林场管理，针对物资资源管理（物流）、人力资源管理（人流）、财务资源管理（财流）、信息资源管理（信息流）集成一体化。它将包含客户/服务架构，使用图形用户接口，应用开放系统制作。该课程对于优化林场（或林业企业）的资源配置，进一步进行战略决策具有较好的应用价值。

➢ 功能。

林业生产预测，林业销售计划，林业经营计划（生产计划大纲）、物料需求计划、能力需求计划、采购管理、库存管理、质量管理、设备管理、财务管理。同时还植入了客户关系管理、分销资源管理、供应管理等。

➤ 效果。

该课程是中心较为成熟的实验课程，累计开设课程近百次，受益学生达4000人。该课程是北京林业大学MBA的特色课程，受到在职学员的欢迎。2014"新道杯"亚太区ERP沙盘模拟大赛决赛中，我中心所组团队从全国100多所高校（包括香港、澳门、台湾地区高校）的MBA学员中胜出，名列第七名。

（3）在校园仿真农林产品销售竞争：农林产品营销管理。

➤ 简介。

此课程与北京现代中欧软件开发有限公司合作研发。课程由36～48名学员组成，每6名学员组成一个销售分公司，分别担任总监、市场调研部经理、促销部经理、直销部经理、渠道管理部经理及客户服务部经理。形成6～8个相互竞争的团队，从事多期的销售活动。课程仿真农林产品销售，让学生体验销售的过程和决策要点，尤其是让学生体验创新创业在营销管理中的应用。

➤ 功能。

课程基于竞争情景，致力于让学生体验农林产品营销管理的市场定位，产品定位，定价，促销，渠道管理，人力资源管理，客户服务等业务。同时结合农林产品的特色，增加农超对接等环节。通过实验提高学生的营销决策能力、执行能力；熟悉营销管理的重点模块和关键环节；学会营销活动的策划和执行；学会根据市场和竞争对手变化调整竞争策略；学会理论联系实际，用理论指导实践。

➤ 效果。

该课程累计开设30余次，受益学生达1500人。该课程在执行中对学生的创意进行评价，进而推荐参加相关的大学生赛事。目前，该课程推荐赛事作品100多份，获得各类奖项20多项，典型的有"娃哈哈营销教育实践基地创意大赛全国第3名"、"娃哈哈营销教育实践基地创意大赛北京第1名"、"全国商科院校技能大赛品牌策划专业竞赛全国特等奖"、"北京市大学生创业设计竞赛特等奖"等，取得了较好的教学效果。

**2. 建立科学的实验实践教学云平台**

围绕虚拟仿真实验教学，中心构建了具备现代化功能的教学平台，该平台服务于教学与教学管理，也通过数据中心服务于科研，是信息技术在教学科研上的典型应用。通过信息化平台，借助于局域网，学生可在校园内任何位置登陆软件系统，从而方便了学生课下进行实验。

表1　　　　　　　　　　　　实验中心拥有的主要系统

| 序号 | 名称 | 购置（更新）日期 | 提供单位 | 校内共享地址 |
|---|---|---|---|---|
| 1 | 农林经营管理虚拟仿真平台 | 组织研发 | —— | 202.204.112.11 |
| 2 | 农林 ERP 虚拟仿真平台 | 合作研发 | —— | 202.204.112.31 |
| 3 | 农林产品营销管理仿真平台 | 合作研发 | —— | 202.204.112.30 |
| 4 | BPM 业务流程再造虚拟仿真平台（林业应用） | 合作研发 | —— | 202.204.112.27 |
| 5 | 股票证券虚拟仿真平台 | 2010 年 5 月 | 上海乾龙 | 202.204.112.16 |
| 6 | 商业银行业务虚拟仿真平台 | 2012 年 5 月 | 深圳国泰安 | 202.204.112.17 |
| 7 | 保险业务虚拟仿真平台 | 2012 年 5 月 | 深圳国泰安 | 202.204.112.18 |
| 8 | 项目管理虚拟仿真平台 | 2011 年 5 月 | 北京大学 | 202.204.112.19 |
| 9 | 企业竞争虚拟仿真平台 | 2010 年 5 月 | 北京大学 | 202.204.112.20 |
| 10 | 人力资源测评虚拟仿真平台 | 2011 年 5 月 | 北京北森 | 202.204.112.21 |
| 11 | 国际贸易虚拟仿真平台 | 2009 年 5 月 | 浙科 | 202.204.112.22 |
| 12 | 市场营销虚拟仿真平台 | 2012 年 9 月 | 北京中欧 | 202.204.112.23 |
| 13 | 电子商务虚拟仿真平台 | 2012 年 9 月 | 用友新道 | 202.204.112.24 |
| 14 | 物业管理虚拟仿真平台 | 2012 年 9 月 | 北京中欧 | 202.204.112.25 |
| 15 | 商业智能虚拟仿真平台 | 2012 年 9 月 | 北京德昂 | 202.204.112.26 |
| 16 | 环境测评虚拟仿真平台 | 2012 年 5 月 | Simapro | 202.204.112.28 |
| 17 | 基础会计教学平台 | 2014 年 5 月 | 厦门网中网 | 202.204.112.32 |
| 18 | 审计学教学平台 | 2014 年 5 月 | 厦门网中网 | 202.204.112.33 |
| 19 | 会计实训教学平台 | 2014 年 5 月 | 厦门网中网 | 202.204.112.34 |
| 20 | 税务学教学平台 | 2014 年 5 月 | 厦门网中网 | 202.204.112.35 |

资料来源：北京林业大学农林业经营管理国家级虚拟仿真实验教学中心。

### 3. 完善实验实践教学管理体系

在组织机制上，中心实行学校和学院两级管理，以学院为主的管理体制。学校管理通过教务处实施，主要保障中心的设备修购经费等，并在业务管理上进行指导。学院负责中心的人事、财务和日常运营工作，主管行政工作副院长分管中心日常工作，而主管教学的副院长在教学和业务上对中心工作进行分管。中心实施主任负责制，事业编制为 4 人，非事业编制 2 人，研究生助管 10 人，保证中心教学的正常运行。

为有效推进虚拟仿真实验教学的发展，中心在建制上实现人员、实验室布局的科学化管理。同时，为突出课程研发和组织的定位，中心执行主任由在一线实施教学的教学科研岗教师担任，可保证虚拟仿真实验教学的教学设计、教学组织和教学推进。

中心设立教研室。教研室采用专职和兼职相结合的师资队伍管理模式，具体设置农林业经营管理虚拟仿真实验教学方向、创新创业教学方向和经济管理综合实验教学方向专职实验师 3 人，并从各教学系聘任兼职实验师若干。

在制度上，中心编制了《北京林业大学实验中心管理手册（学生版）》和《北京林业大学实验中心管理手册（教师版）》。同时，为规范各项管理，中心制定了《北京林业大学实验中心实验室维护制度》、《北京林业大学实验中心实验室使用规定》、《北京林业大学实验中心实验室管理制度》、《北京林业大学实验中心管理员守则》、《北京林业大学实验中心实验室安全制度》等管理制度。

### （五）创新与特色

教学的特色与创新主要体现在五个方面。

第一，把虚拟仿真实践教学体系建设纳入学科专业建设，突出农林特色，培育卓越人才：紧紧依靠国家级重点培育学科和国家级特色专业，将其定位为农林业经营管理人才培养体系。

建设充分利用学科专业建设优势，将优质教学资源、实验室资源、创新创业孵化资源用于人才训练活动，并将其纳入到学科专业建设中。为此，建设上始终突出这一"行业"特点，强化现代化人才培养手段在农林业的应用。

第二，把林场、企业搬进校园进行创新实践：牢牢把握经管类人才培养的本质，狠抓项目和产品的研发、建设，着力于将农林商业环境搬进校园。

依托农林业经营管理国家级虚拟仿真实验教学中心、北京市经济管理实验教学示范中心，将实践教学体系定位为从理论提升为实践能力，并为能力转化为实践奠定基础。为此，教学上致力于营造农林商业环境，并建立农林经营的"虚拟社区"。

第三，依托林业经营管理大数据，奠定良好的基地资源平台与数据中心。

在 2000 年左右即着手建设"林业经济信息数据平台"，积累了世界范围内大量的林业经营管理大数据。在人才培养上，创新实践数据可采自"林业经济信息数据平台"，实现了人才培养的数据支撑。

第四，把外智引进基地，切实调动"协同创新"各主体的积极性。

一方面，一开始就走协同共建的道路，调动农林主管政府部门、农林类企业、农林类研究机构的积极性，通过为政府建立"决策咨询中心"、为企业建立

"培训中心"实现合作；另一方面，通过调动终端设备供应商、软件开发商等的积极性，将原应用于工商业经营的教学产品通过再设计应用于农林业经营的基地建设工作中，并开发全新的农林业经营管理人才培养教学产品。

第五，建设云平台，构建自主学习体系，创新实践项目模式。

建设了经济管理创新实践云平台，在"把林场搬进教室、把课堂交给学生"的指导思想下，充分调动了学生自主学习的积极性，锻炼了学生的动手能力，创新实践能力，使学生带着创新精神在走出校园后能够更快地适应社会发展，融入到实际工作当中去。在项目模式上，构建涵盖教务处、招生就业处、经济管理学院、团委、科技园的"创新实践校内生态圈"，调动了各部门的积极性，提升了人才培养质量。

## 五、标志性建设成果

"农林业经营管理虚拟仿真实验教学平台"（软件著作权号：0991342；所有人：北京林业大学；开发人：薛永基、陈建成、田明华、贺超、李劼，见图3）是借助信息化手段，通过软件技术构建系统的逻辑结构模型，依靠硬件设备和计算机网络形成虚拟实验系统，在实验室模拟和还原现实商业社会中农林业经营管理的各种决策环境和业务往来的场景式互动教学平台。围绕该平台，经济管理实验教学中心建设了两个中心，其中农林业经营管理国家级虚拟仿真实验教学中心获批于2015年1月，为国内农林经济管理类首个国家级虚拟仿真实验教学中心。此外，经济管理北京市实验教学示范中心在2014年7月顺利验收通过，鉴定结果为优秀。2012年9月~2015年9月，实验中心成功推出"虚拟商业社会跨专业综合实训"课程为全院必修课，在第三、七学期开设。同时，中心构建了创新创业实验教学体系，并通过虚拟仿真技术有力推进了实验实践课程的开展。

依托实践教学，该成果成功解决了农林业经营管理人才培养的两大难题。

（1）解决了在校园模拟农林业经营管理的难题。

通过"把林场搬进校园"理念，解决了在校园模拟农林业经营管理的难题。在传统教学中，实践环节多是通过现场教学的方式开展，存在一定的障碍。一方面，农林业经营（如林场）面积较大不易现场观察，林业尤为突出。另一方面，林木及林下经营周期较长、季节性强，不易现场组织教学。通过虚拟仿真技术，解决了时间和区域的问题，做到了在校园模拟农林业经营管理。

**图3　教学平台软件截图**

（2）解决了农林业新发展在教学中应用的新问题。

随着社会经济的发展，农林行业已不仅仅供应粮食和木材了。相应地，农林业被赋予更多的生态功能。因此，农林业经营管理就增加了新的考量，如碳汇、碳排放、虚拟水等新概念开始出现。这些考量无法通过实物进行呈现，也难以进行一般意义上的教学，而通过虚拟仿真技术进行呈现和教学更为直观，更有特色。

# 资源共享平台的构建

## ——河北地质大学经济管理实验中心建设成果

## 一、中心基本情况

| 学校名称 | 河北地质大学 |
|---|---|
| 中心名称 | 经济管理实验中心 |
| 署名 | 杨武岐　李素峰　乐腾　孔凯 |

## 二、摘要

经管实验中心资源共享平台是以实现学校实验教学相关资源统一管理及共享为目的，以创建精品资源为核心。本研究首先分析了资源共享平台的运行环境和运行特征，然后详细介绍了经管实验中心资源共享平台构建的指导思想与基本原则，进而明确了经管实验教学资源共享平台的实现过程，最后基于微观—中观—宏观视角分别指出经管实验教学示范中心资源共享平台在校园内、校际跨专业间、区域领域所具有的优势。

## 三、Abstract

Management of experimental teaching center resource sharing platform is to achieve the unity of the school experimental teaching resources for the purpose of sharing and management to create fine resources as the core. Firstly, this paper analyzes the running environment and running characteristics of resource sharing platform, then introduces the guiding ideology and basic principles of the construction of the resource sharing platform of the experimental teaching center, and then clarifies the realization process of the experimental resource sharing platform, Finally, based on the microscopic-meso-macro perspective, this paper points out the advantages of the resource sharing platform of the experimental teaching demonstration center in the campus, inter-school inter-disciplinary and regional areas respectively.

## 四、主要内容

经管实验中心资源共享平台是以实现学校实验教学相关资源统一管理及共享为目的，以创建精品资源为核心，帮助学校收集、整合及深度利用所有实验教学相关的资源和素材，形成体现学校专业建设、课程建设、教师教学、学生学习等功能的专业实验教学资源库，也是集资源分布式存储、资源管理、资源评价、知识管理为一体的实验教学资源管理平台。

### （一）经管实验教学资源共享平台运行环境与特征

#### 1. 运行环境

经管实验教学资源共享平台实现既需要一定硬件环境，也需要一定的软件环境。硬件环境的基本条件为，服务器最低配置：P4 1.7G CPU、1G 内存；服务器建议配置：主流 CPU、2G 以上内存；客户端最低配置：P4 1.7G CPU、256M 内存；客户端建议配置：主流 CPU、1G 以上内存；软件环境的基本条件分为服务端和客户端。服务端环境条件为，Windows Server 2008 R2（SP1/SP2 x64）；Windows server 2008（x86）；Windows Server 2003 Stand 资源共享开放平台 d /Enterprise（x86 and x64）；Windows Server 2000；Windows XP 及其他非 server 版（需第三方软件支持）。客户端环境为：Windows 操作系统；安卓 Android 移动系统；苹果 IOS 系统（iPhone/iPad）。

基于以上软硬件环境分析，为实现我校经管实验教学资源共享平台正常运转，特提供如下软硬件环境，如表 1 所示。

表 1　　　　　河北地质大学经管实验教学示范中心资源共享平台环境

| | | 服务器编号 | 操作系统 | CPU | 内存 | 硬盘 |
|---|---|---|---|---|---|---|
| 资源共享环境 | 硬件资源 | 01 | Winserver2008 | Xeon E5 | 16G | 1TB |
| | | 02 | Winserver2008 | Xeon E5 | 16G | 1TB |
| | | 03 | LINUX | Xeon E5 | 16G | 500G |
| | | 04 | Winserver2003 | Xeon E5 | 4G | 1TB |

续表

| 资源共享环境 | 软件资源 | 广联达软件 |
| --- | --- | --- |
| | | 金蝶 ERP 软件 K/3 |
| | | 实验教学示范中心管理平台 |
| | | 晨鸟电子商务体验式实践系统 |
| | | 实验室开放管理系统 |
| | | 乐龙物流仿真实验软件 |
| | | 奥派客户关系管理模拟教学软件 |
| | | 踏瑞人力测评教学软件 |
| | | 踏瑞绩效管理关键技能深度实训教学软件 |
| | | 踏瑞薪酬管理深度实训教学软件 |
| | | 集团财务管控 erp-nc 软件 |
| | | 佳成酒店管理软件 |
| | | 因纳特工商管理综合实训软件 |
| | | 因纳特经营决策模拟软件 |
| | | 因纳特工商注册登记训练软件 |
| | | 新道新商战沙盘系统 |
| | | 3D 金融教学软件 |
| | | 国泰安商务礼仪 |
| | | 智邦采购仓储软件 |

资料来源：河北地质大学经济管理实验中心。

由表 1 可见，软硬件环境足可以满足资源共享平台的基本要求，同时经管实验中心预计实现广联达等 19 款软件在该平台实现资源共享，为全校师生教学和学习提供便捷服务。

**2. 技术特征**

（1）支持全系列 Windows Server 操作环境；

（2）高度集成数据结构，可自由升迁至指定的企业内部数据库中；

（3）支持多种服务器负载均衡算法：权重、CPU 均衡、线程均衡；

（4）多语言环境自动识别；

（5）支持多种报警方式：Beep，Message，Email；

（6）支持动态域名免客户端自动更新：DynDns. com、NoIP. com、ChangIP. Com 等 217 项系统安全选项；

虚拟文件夹分设公共区、私有区、用户组区，并可以分别设置 8 种用户权限。

（二）经管实验教学资源共享平台构建的指导思想与基本原则

### 1. 指导思想

资源共享平台体系的建设依托我校国家级经济管理实验教学示范中心，发挥学校经管类学科优势，以移动互联网下云技术共享网络基础平台为支撑，构建经管实验教学资源跨专业、跨学科共享体系，在校园网范围内，允许全校师生对平台进行访问。经管实验教学资源共享平台建设可提高经管实验教学共享化、信息化、智能化水平，打造河北省一流，我国领先的实验教学团队，确保实验教学技术手段和方法不断革新、实验教学体系不断完善和实验教学质量稳步提升，力争建成河北地区具有显著示范效应与引领作用的，面向全校范围内的经管类实验教学资源共享体系。

经管实验教学示范中心资源共享平台总体上除为全校师生提供经管教学资源共享平台，还本着覆盖所有资源、覆盖所有人群、随时随地学习、易于获取平台、资源持续优化等指导思想，实现资源平台有序、高效、持续开放。

（1）资源共享覆盖经管实验教学的所有资源。

资源共享平台将经管实验教学课程、课件、教材、图书馆资源统一进入平台，让分散资源集中信息化管理。支持文本资源、图片资源、视频资源、教学网站等全面的文档管理，支持如 AICC、SCORM、Flash、各种流媒体、pdf\word\ppt\html 等全面的视频媒体格式，如图 1 所示。

**图 1　资源共享平台资源覆盖图**

（2）资源共享平台覆盖全校所有用户。

通过经管实验中心资源共享平台，河北地质大学的全校本科和研究生学生、教师、校领导、管理员等均可以根据自己的角色进行权限自定义，统一平台实现经管实验中心资源互联互通，如图 2 所示。

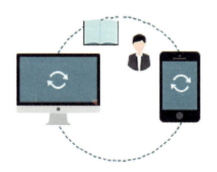

**图2 资源共享平台用户覆盖图**

（3）随时随地功能齐全的移动学习平台。

经管实验教学资源共享平台建成后，具备强大的覆盖功能，既支持 PC 客户端，也支持微信客户端，同时还支持 APP 客户端，用户可以随时随地访问该平台，随时查询该平台的各种信息，实现教学资源的高速下载及点播，共享该平台的电子资源，如图3所示。

**图3 功能齐全的移动学习平台图**

（4）轻松获取资源共享平台。

经管实验教学资源共享平台中各种特色功能让资源管理更清晰，资源共享更智能，精品推荐、热点推荐、最新推荐等功能应有尽有，如图4所示。

（5）先进性与实用性相结合的资源持续优化模式。

建立实验教学资源共享平台评价反馈机制，遵循国家资源建设的标准，采取"先进性、实用性、开放性、可靠性、可扩充性、安全保密性"相结合的资源共享功能，学生教师共同参与，帮助资源持续优化提升，如图5所示。

**图4　便捷获取资源共享平台图**

**图5　资源共享平台优化方案图**

**2. 基本原则**

经管实验教学资源共享平台致力于为高校教育改革，培养创新能力强、综合水平高的大学生提供最优质便捷的服务。因此，为保证平台能够稳定运行和可持续发展，必须明确平台功能设计的基本原则，即全面、安全、快速、畅通地为大学生提供各种便捷资源。因此经管实验教学资源共享平台在构建和设计时遵守以下基本原则：

（1）全面性原则。

全面性是经管实验教学资源共享平台首要的原则。资源共享平台为全校师生提供方便、快捷地资源寻求方式，快速搜索到自己所需的资源。基于这一思想，我们要做到的最主要的一点，就是共享的全面性，使共享效果达到最大化。

（2）安全性原则。

安全性是保证大学生资源共享平台经管实验教学资源共享平台可持续运转必不可或缺的因素，资源共享平台的安全保障机制是平台自身建设和用户使用所必需的机制，确保系统本身和应用环境的安全是后台管理者的基本职责。因此，平台的功能设计充分考虑安全性这一原则，为平台的运行和用户使用提供安全保证。

（3）快速性原则。

经管实验教学示范中心资源共享平台遵循快速性原则，不仅使用户在利用平台功能时操作快捷简便、层次清楚，还要为用户提供最新最佳的筛选结果，节省用户时间，让全校师生第一时间掌握优质的资源。

（三）经管实验教学资源共享平台的实现

**1. 经管实验教学资源共享平台的基础框架**

经管实验教学示范中心在建设中构建了"数字化管理"平台，使日常行政与业务工作均实现了网络化管理。为满足办公网络化和实验室管理信息化的要求，中心建立了专用网站和一系列管理规章制度，涵盖教学应用资源共享、实验管理应用资源共享以及学习资源应用共享。其中教学应用资源共享包括教学大纲、教学日历、教学案例、试题、教案或课件等资源的共享，以提高实验教学运行效率；实验管理应用共享包括中心管理运行制度、实验室责任管理、仪器设备管理、教学管理、实验室安全管理、科研成果资料、录像和图片等制度的资源共享管理，以提高管理效率；学习应用共享涵盖学习笔记、学习心得等资源，节约搜寻知识资源成本，实现教学应用、资源无缝漫游，具体运行框架结构如图6所示。

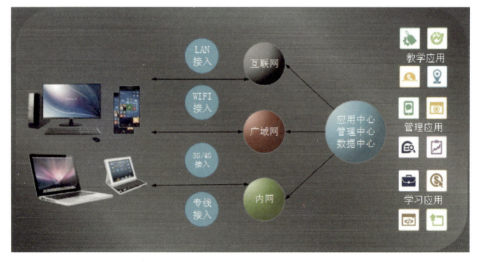

**图6　资源共享平台的基础框架图**

**2. 经管实验教学资源共享平台的知识转化与共享**

知识管理涉及显性知识和隐性知识两类。显性知识是指能够使用文字、图标和公式等清晰表达的规范性语言符号，而隐性知识则是与个体的价值观念、实践经验和思维方式等密切相关的知识，高度个人化，难以言传，这两种知识在一定条件可以相互转化，隐性知识可以转化为显性知识，不仅有助于为用户提供个性化的资源服务，还可以作为新资源补充到资源共享平台库中进行共享。

**3. 经管实验教学资源共享平台的资源流动过程**

在知识管理的实践中，经过知识的获取、存储、应用和共享形成了不断螺旋上升的知识流动和增值趋势。同样，从资源流动的过程来分析，实验教学资源共享平台也包含了资源的获取、存储、整合利用和共享交流，如图7所示。

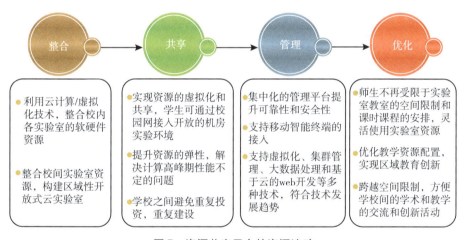

图7 资源共享平台的资源流动

如图所示，这是一个不断循环提升的过程，资源库的资源在不断更新，实现共建共享。同时，随着用户偏好规则的积累，平台对用户的偏好判断也越来越准确，提升个性化和智能化的服务水平。

**4. 经管实验教学资源共享平台用户安全接入与访问**

实验室对资源共享的桌面虚拟化的设计方案中，将网络环境划分成三个部分：终端层、虚拟桌面层和后台应用层。保证各部分之间使用防火墙严格隔离，只开放访问必需的端口。将用户终端隔离后可以对后台应用服务器起到很好的保护作用，用户所有的个人桌面、应用和文档被集中控制在虚拟桌面层，详见图8。

**5. 经管实验教学资源共享平台的技术实现过程**

在开放平台的支持下，更多的教学软件及应用可以部署，更高的内部网络带宽可以保证应用体验更理想，通过实验教学资源共享平台，更好地实现实验教学资源集中管理、降低教学的运行成本。

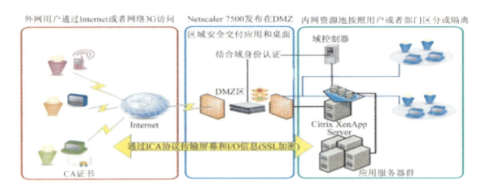

**图8　资源共享平台用户接入与访问示意图**

实验教学资源共享平台的技术实现过程首先通过信息中心的多功能平台，进行实验教学资源的全方位管理；然后，通过互联网的接入，内网外网一体化管理，实现快捷方便的远程或移动办公，拓展信息化应用物理时空；同时还开发了集中统一的用户和应用管理系统，可实现多应用单点登录。

### （四）经管实验教学资源共享平台的功能

实验室教学软件资源共享平台可以将各种应用软件集中部署在开放平台集群服务器上，内网、外网统一管理，升级、维护也都集中在服务器上完成，显著提高 IT 管理效率。可以将实验数据和软件集中部署、集中管理，发挥集约优势，提高效率，降低成本，强化管理，增强安全保密。实现校内实验室资源软硬件的有机整合。校园网范围内实验教学软件资源的共享，跨区域、跨网络、不同应用的实验教学软件资源的共享等功能。

#### 1. 实现校内各实验室的软硬件资源的整合

通过实验室资源共享平台将全校的软硬件资源整合于一体，提高资源利用效率，实现实验室教学现有资源的共享与应用，具体如图9所示。

由图9可见，资源共享平台的实现可以是单一入口、集中管理平台中的软硬件资源，其中包括计算、存储、网络、安全，实现资源自动发现、统一监控；集中管理各类异构平台包括各类终端接入，PC、瘦终端、平板电脑，应用的操作系统为安卓、iOS、Windows 等，网络运行环境为局域网、互联网、移动网络（3G，4G）、无线 WIFI，集中管理平台实现虚拟网络、IP 网络、移动网络、互联网等各类网络资源的共享。

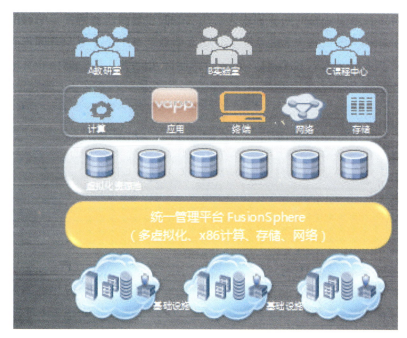

图 9　资源共享平台校内资源整合模式

## 2. 实现校园网范围内实验教学软件资源的共享

通过实验资源共享平台统一校内实验室的软件资源，师生通过校园网平台可以自由访问资源共享平台的资源并进行共享，具体如图 10 所示。

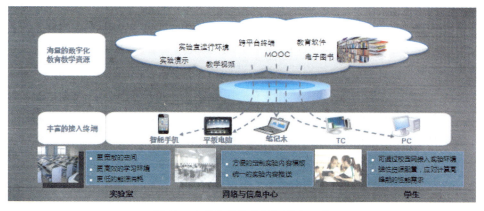

图 10　实验教学软件资源共享平台

该平台的构建不仅提升不同学院间的资源共享度，还避免重复投资和重复建设，挖掘可利用资源的潜力，充分提升实验教学资源在整个教学资源中的地位。

### 3. 实现跨区域、跨网络、不同应用的实验教学软件资源的共享

为适应区域经济一体化发展需要，利用区位优势，跨区域、跨网络不同实验教学软件资源的共享成为今后的资源共享的发展主流，具体如图11所示。

图 11　实验教学软件资源共享

经管实验教学资源共享平台建设完成实验教学软件开放平台共享、全天候网上在线学习机会、教师和学生沟通和交流的平台，提高学生实践动手能力，实现实验教学资源统一管理制度，提高实验教学资源的应用价值。

### 4. 实现经管实验教学信息交互管理系统

经管中心建有10个标准化多媒体实验室，结合数字化校园建设项目引入了"实验教学多媒体交互管理系统"，管理人员授权登录后通过该系统可同时实现实验教学过程录播、实验室安全监控和多种形式的编组教学功能，为加强实验教学管理提供了有力保证。该系统不仅对所有实验教学过程的实时监控，也可管理老师在任意教室端设备的远程管理和控制，实时查看学生上课情况，同时将实验室正在进行的教学活动进行实时录播，及时存储为教学资料，有效防范实验教学中突发事件。

### 5. 实现资源共享平台与相关教学资源网站链接

经管实验中心网站链接国家双一流经管大学、国家经管实验重点实验室、河北省经管重点实验室，全校师生利用校园网根据自己的需求、爱好和兴趣，从资源共享网站中获取相关的科技知识、最新科研成果和国际科技动态，满足自身发展所需。

### 6. 极大提高资源利用效率

经管实验中心构建资源共享平台，不仅让全校师生了解经管实验教学示范中心发展动态，更重要的是将经管实验教学资源共享于全校师生，节约资源重复投资成本，提高资源的有效利用水平。

### 7. 实现系统资源从微观领域向中宏观领域的转变

从微观上，资源共享涉及每所学校的老师和同学；从中观层面来看，资源共

享涉及京津冀范围内教育资源的配置问题；从宏观上，资源共享涉及本校高等教育、基础教育、成人教育和研究省教育等各个层次。资源共享平台的建设短期内提升微观领域的资源利用效率，长期来看通过资源共享平台极大地提升中观资源和宏观资源的利用效率，实现资源由微观效率向中宏观效率转变，实现空间实验教学资源的共享。

## 五、标志性建设成果

经管实验中心资源共享平台的构建。

## 六、中心团队集体照

图 12　中心团队集体照

# 科教协同·校企协作·卓越培养： 旅游实践教学模式的创建与实践

## ——华侨大学旅游实验中心建设成果

## 一、中心基本情况

| 学校名称 | 华侨大学 | | | |
|---|---|---|---|---|
| 中心名称 | 旅游实验中心 | | | |
| 署名 | 汪京强 | 刘建华 | 吴贵华 | 丁鑫 |

## 二、摘要

针对我国旅游产业超常规、跨越式发展和旅游高等教育转型期出现的实践教学问题，根据国家、教育部、国家旅游局关于提高旅游人才培养质量的要求，中心开展了旅游实践教学模式的创建与实践工作。基于协同创新理论，创建了一种适合国情的旅游实践教学模式，创新了旅游实践教学质量管理机制，形成了保证和提高旅游人才培养质量的长效机制，得到了国内同行专家高度评价，成果具有独创性、新颖性、实用性和示范性。

（1）实践教学模式方面，实行实验教学分层培养机制，理论实践并进构建教学模式，构建"三横四纵"旅游实验教学体系，培养卓越旅游人才；改革实验教学队伍的激励机制，不断强化中心的职能；科教协同，多维开发实验教学资源；

（2）旅游实验教学手段方面，提出"主题实验"课程范式，并进行资源整合，构建实践教学平台；

（3）创新"实验室养实验室"的经营型实验室管理模式；

（4）信息平台建设，改革实验管理模式；

（5）经验共享，在全国旅游院校输出实验教学与实验室管理模式。

## 三、Abstract

Aiming at the practical teaching problems in the transitional period of China's tourism industry, such as the unconventional, leap-forward development and tourism higher education, according to the national, the Ministry of education, the National Tourism Administration's requirements on improving the quality of tourism personnel training, experimental center tries hard to carry out the tourism practice teaching mode。 Based on the theory of collaborative innovation, this center has created a tourism practice teaching model suitable for the national conditions, innovated teaching quality management mechanism of tourism practice, formed a guarantee and improve the quality of tourism personnel training long-term mechanism, has been highly praised by the domestic peer experts. The results are original, novel, practical and exemplary.

(1) For practice teaching mode, putting experimental teaching layering mechanism in practice, building teaching mode based on both theory and practice teaching thought, proposing "three horizontal and four vertical" tourism experimental teaching system, in order to train outstanding tourism talents; reform experimental teaching team incentive mechanism, constantly strengthen the center functions. Multidimensional develop the experimental teaching resources based on the coordination of science and education.

(2) Put forward the "theme experiment" curriculum paradigm to innovate tourism experimental teaching methods, and integrate resource to construct practice teaching platform.

(3) Innovate the operating laboratory management model based on the "laboratory supporting the laboratory" concept.

(4) Information platform construction, to reform experimental management mode.

(5) Experience of experimental teaching and laboratory management model sharing within the tourism colleges and universities.

## 四、主要内容

华侨大学旅游实验中心起源于 1990 年华侨大学旅游系的教学实验酒吧，2002 年成立旅游实习培训基地，2007 年被评为省级实验教学示范中心，2012 年获批国家级实验教学示范中心，2016 年获批国家级虚拟仿真实验教学中心。

针对我国旅游高等教育与旅游产业超常规、跨越式发展相脱节的实践问题，根据教育部、国家旅游局关于提高旅游人才培养质量的要求，旅游学院始终按照"科学规划、共享资源、突出重点、提高效益、持续发展"的建设思路，以旅游产业发展的人才需求为导向，以提高学生实践能力和创新能力为目标，坚持教学与科研相结合，学校与社会协同育人，系统探索与实践了旅游实践教学模式，旅游学科实验教学工作取得了长期稳步发展，并取得了卓越旅游人才培养的系列成果：福建省第七届高等教育教学成果奖一等奖、国家旅游局科研项目（13TAAG017）、福建省第七批特色专业建设点、教育部第四批高等学校特色专业建设点、教改项目9项等。

建设成果主要有以下几个方面：

## （一）创新旅游实验教学模式

### 1. 构建协同创新的实践教学模式

（1）实验教学分层培养机制。

经过多年的深入探索和旅游实验教学改革，结合旅游学科人才多层次需求和旅游实验教学的综合性特征，中心根据学校的侨校特色和学院实验教学定位，在学科建设、科学研究、校企共建、自我发展的支撑下，始终以旅游专业实验教学体系为主体，建立集"研究生、本科生实验教学"于一体的实验教学分层培养机制。

（2）理实并进构建教学模式。

中心将实验教学与理论教学放在同等地位来抓，按专业人才培养模式，打破理论课程内容的壁垒，打破以单门课程设置的实验体系以及单个实验室的界限，优化实验教学内容、改革实验教学方法、创新实验教学手段，重新建构理论课程与实验教学体系的协调配合结构。注重专业层次的细化与融合，并将演示验证型实验项目、综合设计型实验项目和研究创新型实验项目进行一体化整合设计，融合通识技能、基础实验、专业实训、特色创新于一体，构建旅游实践教学模式。

（3）三横四纵，培养卓越旅游人才。

中心立足学科优势，结合旅游类专业人才培养计划，依据人才培养规律，把实验教学内容分为三层次：一是以市场营销、会计、人力资源管理、财务管理等相关学科实验为基础，强化专业基础技能训练；二是以景区、旅行社、会展、酒店等旅游企业为虚拟仿真对象，创建面向旅游运营过程的旅游虚拟仿真实验，强化专业技能训练；三是结合我院学科优势，创建以旅游安全、在线旅游创业、旅游创新大赛等行业发展前沿主题的旅游创新创业训练。通过整合，各种形式的实验教学资源构成了层次化、模块化、系统化，既各有侧重又相互促进的"三横四纵"实践教学体系，服务于"卓越旅游管理人才"培养目标（见图1）。

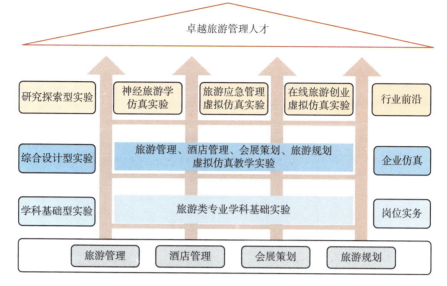

**图1 "三横四纵"的旅游实验教学体系**

### 2. 激励机制创新的实验教学队伍

（1）敢于创新，实现模式改革。

近年来，中心根据学科人才培养、科学研究的发展要求，建立起以实验教学中心为主体，由旅游学院、实验室与设备管理处、后勤与资产管理处、财务处、教务处五部门联合打造的"五位三线一体"实验管理模式。在此基础上，中心通过理顺体制与机制，在现有基础上创新适合旅游学科发展的组织形式和管理模式。具体做到：将中心将进行新一轮的优化整合，强化中心教学职能，实现"多位一体"管理模式，建立以旅游学院为支撑的实体单位，实行二级管理体制，在实现人、财、物统一管理、资源共享的基础上，承担全校的相关的实验课、实验室的建设和管理工作，实现3方面的集成管理：教学资源集成管理、教学课程集成管理、教学设备集成管理。

（2）机制改革，强化中心职能。

中心重视实验教学队伍建设，制定相应的机制改革政策，采取有效措施，鼓励和吸引高水平教师积极投入实验教学工作。具体做到：坚持"稳定、吸引、培养"的原则，建立有利于实验教学核心团队建立和发展的机制，包括实验教学改革、实验教材、主讲教师制度、高级职称评审、进修制度、项目制辅助性岗位等，实现"实验教学与理论教学，实验教师与理论教师"同等对待。

### 3. 科教协同，多维开发实验教学资源

通过科研与教学协同合作，依托中国旅游研究院旅游安全研究基地和我校旅

游安全学科优势，开发了旅游安全虚拟仿真实验资源。通过与旅游企业合作，提取旅游发展真实案例，仿真企业运营过程，结合上海晨鸟科技、北京中视典、深圳国泰安等企业虚拟仿真技术，共同开发旅游专业（景区、会展、酒店）虚拟仿真实验资源。中心逐步形成了科教协同、校企合作反哺教学的良性循环，多维开发实验资源（见图2）。

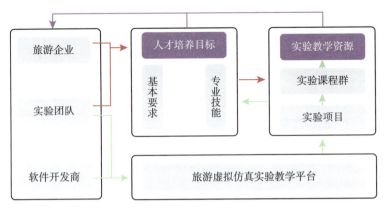

**图2　多方联合开发实验教学资源**

## （二）创新旅游实验教学手段

### 1. 主题实验—旅游实验课程范式

中心紧扣旅游学科的应用型特征，将企业经营与实验教学相融合，创新性地提出"主题实验"教学方法。学生通过"自行组队—自主选题—开题审定—实境实验—管理提升—结项评审"的教学过程和团队运作经营过程，创建了"实验过程经营化、实验能力实战化"的主题实验教学模式（见图3）。经过五年的实践探索，确定了卓越旅游人才培养模式——"高比例的对口就业率、高职位的行业就业率、高比例的行业停留率、高比例的行业发展率"。

《主题实验》课程的实施，包括实验前、实验中、实验后三个阶段。实验前，学生首先要按照老师的人数要求自组团队，选举小组的组长，抽签决定小组实验的先后；其次，小组内部与老师沟通确定小组的实验主题；然后，组员任务分配，共同撰写《主题实验》开题报告，准备实验期间的装饰物品、服装等；最后，通过开题仪式，准备课程实验。实验中是指实验期间，学生作为餐厅服务人员，日常工作的重点是为客人提供服务，学习实践技能，提升自身的能力。此外，学生在实验期间还要注意实验案例、相关数据等资料的收集，以为结题做准备。实验后，学生主要任务是撰写实验结题报告，主要包括：总结实验期间遇到的问题，分析实验目标实现与否的原因，提交个人的实验心得，准备实验结题的相关事宜等。

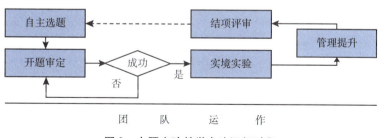

**图3  主题实验教学方法运行过程**

### 2. 资源整合，构建实践教学平台

整合硬件建设成果，打造四大平台。旅游通识基础平台完成旅游行业的通识基础技能、基本素养。旅游专业基础平台完成基于技术嵌入的旅游企业运作的基本实验技能培养。旅游专业实验平台完成旅游规划设计实验、旅游服务运营实训、智慧旅游运作实验教学三大模块。旅游创新创业平台完成大学生创新创业能力提升，建成了融合大经管类专业综合实训的跨专业综合实训基地和境内外资源融合的跨文化素质教育基地。

融合软件建设成果，发挥服务功能。一是发挥资源共享功能，通过旅游四大实验平台达到不同专业协同发展格局，把教师科研活动与旅游专业实验教学活动相结合，成为教师实验教学协作平台。二是发挥服务学生功能，成为有利于增强学生实战能力的创新实践平台。

## （三）创新经营型实验室管理模式

### 1. 实行全员聘用制

按照"按需设岗、以岗定人、经济调控"的原则，采用"竞争上岗、择优聘用、合约管理"的用人机制。聘用人员由旅游学院审核，报人事处备案，聘用相关手续参照学校编制外用工规定执行。

### 2. 实行实体薪酬制

经营型实验室建立"服务主导、绩效考核、优劳优酬"的薪酬分配制度。旅游实验教学中心应明确经营型实验室的服务目标、安全目标和经营目标，并建立服务质量、安全任务、日常管理和经济效益相挂钩的绩效考评办法，与学校收入分配办法脱钩，形成独立的实体薪酬分配制度，建立员工待遇调整和奖惩机制。

经营型实验室按照"以岗定薪、绩效考评、优劳优酬"的原则，进一步完善员工绩效工资制。经营型实验室全体人员的薪酬由基本工资＋绩效工资＋年度单项考评奖构成，薪酬分配向工作成绩突出的骨干倾斜，进行医社保五险一金等福利待遇。具体分配办法由旅游实验教学中心自行制定，报旅游学院领导小组核准后实施。

**3. 财务管理模式**

经营型实验室财务实行"统一领导、院级管理、校级核算"管理模式和中心主任（常务副主任）负责制。可浓餐厅遵循以教学为主、经营为辅的原则，实行微利润的经营模式。经营型实验室财务管理实行专业人员负责制，会计人员由财务处派任，出纳人员由实验中心派任，起到监督与核算作用（见图4）。

**图4 "实验室养实验室"运行模式**

（四）改革实验管理模式

中心重视实验技术应用，积极引入适合旅游实验教学、满足旅游实验项目创新、实现教师科研工作与学生实验教学相结合的新技术，形成技术嵌入的实验教学中心。积极做好中心网站建设工作，完善网络化实验教学平台；做好智能化实验室管理工作，建立实验室管理信息平台；做好实验教学资源网络化工作，建立具有丰富的网络实验教学资源数据库；实现网上辅助教学网络化和管理智能化目标（见图5）。

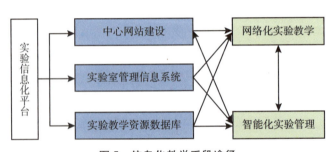

**图5 信息化教学手段途径**

### （五）旅游实验教学经验共享

中心通过举办会议、成立论坛、接待参访等形式，与校内外及国内外兄弟院校、相关机构的对口院系和实验室进行了实验室建设思路、经验和成果的资源共享。2010 年举办的"全国旅游实验教学与实训基地建设研讨会"，来自全国 23 个省市自治区的 71 所旅游院校的专业负责人共 200 多名代表与会。2013 年，中国旅游研究院外设研究机构工作年会在我校召开，中心向 12 家研究基地代表、10 家观察员单位代表及华侨大学师生近 300 人介绍了中心实验教学建设成果。2014 年，中国旅游安全高峰论坛（2014）在我校召开，中心向来自全国 27 家院校、150 余人介绍了旅游应急虚拟仿真实验室。2014 年起，为推广我校旅游实践教学经验，成立"刺桐论坛"，旨在推动旅游实践教学、凝聚校企合作，该论坛已举办 2 届。同时，中心还接受大量来访参观交流，三年来，接待参访学校 70 余家、参访人员 220 余人。通过虚拟仿真实验教学经验共享，为全国旅游院校实验教学发展、实验室建设、旅游人才培养提供了重要的参考，发挥了示范中心建设应有的作用。

## 五、标志性建设成果

**图 6　酒店管理沙盘虚拟仿真实验**

## 六、中心团队集体照

图7 华侨大学旅游实验中心核心成员

# 附录1：国家级实验教学示范中心联席会经济管理学科组成员单位

**国家级实验教学示范中心**

| 批准/立项年度 | 学校名称 | 中心名称 |
|---|---|---|
| 2006 年 | 广东商学院 | 经济与管理实验教学中心 |
| | 上海理工大学 | 经济管理实验中心 |
| 2007 年 | 厦门大学 | 经济与管理教学实验中心 |
| | 山东大学 | 管理学科实验中心 |
| | 北京大学 | 经济管理实验教学中心 |
| | 重庆大学 | 经济管理实验教学中心 |
| | 中南财经政法大学 | 经济管理实验教学中心 |
| | 嘉兴学院 | 经济管理实验中心 |
| | 重庆工商大学 | 经济管理实验教学中心 |
| | 上海对外贸易学院 | 国际商务实验中心 |
| | 北京工商大学 | 经济管理实验中心 |
| | 江西财经大学 | 经济管理与创业模拟实验教学中心 |
| | 贵州财经学院 | 经济管理实验中心 |
| | 河北经贸大学 | 经济管理实验中心 |
| | 内蒙古财经学院 | 经济管理实验实训中心 |
| 2008 年 | 安徽大学 | 经济管理实验教学中心 |
| | 东北财经大学 | 经济管理实验教学中心 |
| | 广西大学 | 经济与管理实验中心 |
| | 哈尔滨商业大学 | 经管综合实践中心 |
| | 兰州商学院 | 经济管理实验教学中心 |
| | 南京财经大学 | 经济管理实验教学中心 |
| | 南开大学 | 经济实验教学中心 |
| | 上海财经大学 | 经济与管理实验教学中心 |

续表

| 批准/立项年度 | 学校名称 | 中心名称 |
|---|---|---|
| 2008 年 | 石河子大学 | 经济与管理实验中心 |
| | 首都经济贸易大学 | 经济与管理实验教学中心 |
| | 武汉大学 | 经济与管理实验教学中心 |
| | 西安交通大学 | 管理教学实验中心 |
| | 西南财经大学 | 经济管理实验教学中心 |
| | 中国人民大学 | 经济与管理实验教学中心 |
| 2012 年 | 北京外国语大学 | 跨国经济管理人才培养实验教学中心 |
| | 中央财经大学 | 经济与管理实验教学中心 |
| | 对外经济贸易大学 | 现代服务业人才培养实验教学中心 |
| | 上海财经大学 | 经济与管理实验教学中心 |
| | 华侨大学 | 旅游实验教学中心 |
| | 中山大学 | 经济管理实验教学中心 |
| | 暨南大学 | 经济管理实验教学中心 |
| | 西南财经大学 | 现代金融创新实验教学中心 |
| | 中国劳动关系学院 | 劳动关系协调与发展综合实验教学中心 |
| 2013 年 | 北京物资学院 | 物流系统与技术实验教学中心 |
| | 山西财经大学 | 经济管理实验教学中心 |
| | 东北财经大学 | 金融学综合实验教学中心 |
| | 上海商学院 | 现代流通实验教学中心 |
| | 湘潭大学 | 经济管理实验教学中心 |
| | 广东金融学院 | 金融学科实验教学中心 |
| 2014 年 | 石家庄经济学院 | 经济管理实验中心 |
| | 河北金融学院 | 金融实验教学中心 |
| | 山东财经大学 | 经济与管理实验教学中心 |
| | 湖北经济学院 | 经济管理实验教学中心 |
| | 西北大学 | 应用经济学与管理学实验教学中心 |
| 2015 年 | 北京联合大学 | 旅游实验教学中心 |
| | 广西财经学院 | 经济与管理实验教学中心 |

## 国家级虚拟仿真中心

| 年度 | 学校名称 | 中心名称 |
|---|---|---|
| 2013 年 | 南开大学 | 经济虚拟仿真实验教学中心 |
| | 东华大学 | 管理决策虚拟仿真实验教学中心 |
| | 南京大学 | 社会经济环境系统虚拟仿真实验教学中心 |
| | 中南财经政法大学 | 经济管理行为仿真实验中心 |
| | 西南财经大学 | 现代金融虚拟仿真实验教学中心 |
| | 北京工商大学 | 经济管理虚拟仿真实验教学中心 |
| | 哈尔滨商业大学 | 现代企业商务运营虚拟仿真实验教学中心 |
| | 福州大学 | 企业经济活动虚拟仿真实验教学中心 |
| | 广东财经大学 | 企业综合运作虚拟仿真实验教学中心 |
| | 贵州财经大学 | 经济管理虚拟仿真实验教学中心 |
| 2014 年 | 华北电力大学 | 电力经济管理虚拟仿真实验教学中心 |
| | 北京林业大学 | 农林业经营管理拟仿真实验教学中心 |
| | 河北经贸大学 | 企业运营虚拟仿真实验教学中心 |
| | 上海财经大学 | 金融科学虚拟仿真实验中心 |
| | 上海对外经贸大学 | 全球运营虚拟仿真实验教学中心 |
| | 江西财经大学 | 经济管理与创业模拟实验中心 |
| | 山东大学 | 管理学科虚拟仿真实验教学中心 |
| | 广东金融学院 | 金融虚拟仿真实验教学中心 |
| | 云南师范大学 | 经济与管理虚拟仿真实验教学中心 |
| 2015 年 | 北京交通大学 | 经济管理虚拟仿真实验教学中心 |
| | 中央财经大学 | 经管学科虚拟仿真实验教学中心 |
| | 上海理工大学 | 现代企业运营虚拟仿真实验教学中心 |
| | 浙江工商大学 | 电子商务虚拟仿真实验教学中心 |
| | 厦门大学 | 经济学科虚拟仿真实验教学中心 |
| | 华侨大学 | 旅游虚拟仿真实验教学中心 |
| | 重庆工商大学 | 经济管理虚拟仿真实验教学中心 |
| | 西安交通大学 | 应急管理决策虚拟仿真实验教学中心 |

# 附录 2：国家级实验教学示范中心联席会 经济管理学科组主要活动汇总

| 时间 | 地点 | 活动名称 | 标志性活动成果 |
|---|---|---|---|
| 2008 年 8 月 | 贵州财经大学 | 经济管理、传媒学科组联席会议（第一次学科组联席会议） | 1. 高等学校国家级实验教学示范中心联席会成立以来，学科组的第一次会议。<br>2. 会议讨论了"经管/传媒"学科组的组织机制，决定成立常务委员会和秘书处（具体单位未定）。<br>3. 会议明确了要"进一步建立和完善联席会议制度及其运行机制，出台规范性的方案和标准，要建立信息沟通，成果通报，示范中心宣传机制"，决定每年至少召开一次中心主任联席会议，同时确定了下一次联席会议的时间与地点。 |
| 2008 年 9 月 | 武汉大学 | 国家级实验教学示范中心建设系列报告及现场交流会 | 1. 经管/传媒学科组第一次以团队集体的形式对外亮相，在总结了各成员单位的建设成果的基础上，朱孟楠组长代表学科组做主题发言。<br>2. 同时，学科组在中南财经政法大学召开了第二次会议。 |
| 2008 年 12 月 | 北京工商大学 | 第九届全国高校经济管理类专业实验室建设研讨会 | 1. 学科组第一次与中国信息经济学会合作举办大会。<br>2. 全国高校经济管理类专业实验室建设研讨会是规模最大、历史最久的经管类专业实验室建设方面的会议。<br>3. 本次合作办会，代表经管学科组积极融合经管类实验教学建设领域内已有的优势资源，为在更大范围内发挥国家级实验教学示范中心的示范与辐射作用搭建更多的平台，对进一步发挥学科组的组织优势具有重大意义。 |
| 2009 年 7 月 | 山东大学 | 国家级实验教学示范中心经济与管理/法学学科组第三次会议暨海峡两岸经管/法学类实验教学研讨会 | 1. 在高教司实验室处的指导下，本次会议进一步完善了学科组的组织架构：选举山东大学戚桂杰教授和北京工商大学秦艳梅教授任学科组副组长，选举广东商学院任晓阳教授任秘书长。另外，大会还确定了秘书处单位并实施动态管理。<br>2. 研讨会邀请了来自台湾 18 所高校的 28 名同行共同交流实验教学建设心得，这是我国高校经管类实验室建设会议方面的首创。 |
| 2009 年 11 月 | 武汉大学 | 第十届全国高校经济管理类实验室建设研讨会 | 中国信息经济学会决定正式将大会转交给学科组主办，这代表着学科组的工作组织能力、影响力等受到了同行们的一致认可，是经管类实验室建设优质资源成功整合的一个标志。 |

续表

| 时间 | 地点 | 活动名称 | 标志性活动成果 |
|---|---|---|---|
| 2010 年 3 月 | 广西大学 | 西南地区经济管理国家级实验教学示范中心建设研讨会 | 为进一步提高研讨会议的效率，学科组鼓励更多举办区域性的、专题性的研讨会议，让参会者可以针对一些相对个性化的问题进行深入探讨。 |
| 2010 年 5 月 | 西南财经大学 | 西部地区经管类国家级实验教学示范中心专题研讨会 | 这两次会议开了个好头，之后此类会议数量明显增多。 |
| 2010 年 5 月 | | 国家级实验教学示范中心联席会经管法学科组工作网站开始试用 | 在广东商学院的大力支持下，为学科组搭建了一个公共信息交流平台。 |
| 2010 年 9 月 | 上海对外贸易大学 | 第十一届全国高校经济管理类实验室建设研讨会 | 本届研讨会围绕着"经济管理实验教学体系的建设"的主题，开设了四个分会场进行专题研讨，分别是："经管实验课程建设模式"、"示范中心建设与资源共享—示范中心建设激励机制与验收"、"实验中心建设与运行中的产学研合作—基于实验中心平台的科研项目"、"经管实验体系建设与学科建设"。 |
| 2010 年 10 月 | 北京工业大学 | 1. 高等学校国家级实验教学示范中心建设成果展示交流会和第三届全国高等学校实验室工作论坛 2. 经管学科组的建设成果交流研讨会 | 这是学科组的第一次集体建设成果对外公开展示，在学科组秘书处的协调下，29 家单位群策群力，多次讨论、设计和修改模板内容，设计、布置展示现场等，获得了极佳的展示效果。在随后学科组组织的"经管学科组的建设成果交流研讨会"上，教育部高教司实验室处孙丽为处长、国家级实验教学示范中心联席会主任张新祥亲自与会，这其实就是对我们学科组工作成效的一种肯定。 |
| 2011 年 7 月 | 重庆工商大学 | 全国大学生管理决策模拟大赛总决赛暨 2011 年全国经济管理实验教学研讨会 | 为进一步推动高校经管类实验教学改革，强化实践教学环节，激发大学生参与实验实践训练的热情，受联席会委托，学科组首次与社会企业合作举办全国性的大学生学业竞赛。学科组开始尝试通过组织大学生学业竞赛这一渠道进一步发挥示范与辐射作用，开始筹划具有"国赛"性质的经济管理类实验教学方面的大学生学业竞赛。 |
| 2011 年 7 月 | 石河子大学 | 经管学科组主任联席会议 | 本次会议的重要主题之一是：聘任上海理工大学陶田教授、武汉大学尤赤矶教授、中南财经政法大学毛志山教授为学科组顾问专家。这既是对他们长期以来对我们实验教学事业辛勤付出的肯定，也是我们对他们的一种尊敬，同时也希望他们能继续关心、支持我们事业的发展。在之后的这几年中，我们学科组的顾问专家也积极参与了学科组的各项活动，为学科组献计献策，发挥了重要的作用。 |

| 时间 | 地点 | 活动名称 | 标志性活动成果 |
|---|---|---|---|
| 2011 年 11 月 | 贵州财经大学 | 第十二届全国高校经管类专业实验室建设暨国家级经济管理实验教学示范中心建设研讨会 | 要特别感谢景娅萍教授，她组织承办了我们学科组的第一次会议，又为这次会议进行了精心的设计与安排，专门制作了会议的视频材料，回顾总结我国经管类实验教学的发展历程，补充丰富了学科组的数据材料。 |
| 2012 年 1 月 | 安徽大学 | 经管学科组专项工作会议 | 这是一次需要特别点出的学科组专项工作会议，在对学科组第一次组织大学生学业竞赛进行经验总结的基础上，进一步规范、修改全国大学生管理决策模拟大赛比赛章程及组织规则等，为今后此类活动的组织制定了基本的组织原则。其核心是：比赛必须以服务实验教学建设为核心，比赛的组织必须以我为主，在此基础上实现高校与社会企业的合作共赢。 |
| 2012 年 7 月 | 安徽大学/山东大学 | 全国大学生管理决策模拟大赛总决赛暨 2012 全国经济管理实验教学研讨会 | 首次两校合作共同承办大赛，山东大学积极支持、高风亮节，安徽大学精心组织，大赛圆满成功。 |
| 2012 年 8 月 | 东北财经大学 | 经管学科组主任联席会议 | 进一步学习贯彻《教育部关于全面提高高等教育质量的若干意见》（教高［2012］4 号）文件精神，总结和探讨新形势下经济管理类专业实验教学的规律，围绕实践（实验）育人和提高本科教学质量的主题进行工作研讨和交流。议题涵盖：1. 高校经管类专业实验教学中心建设与改革创新；2. 高校经管类专业实验教学体系构建与实验项目建设；3. 高校经管类实验教学平台建设与资源共享；4. 高校经管类实验教学师资队伍建设；5. 国家级实验教学示范中心联席会经管学科组年度工作总结与交流。会议重点解读了实验教学示范中心建设标准及验收指标，助力各中心总结、凝练建设成果。会议对即将开展的国家级实验教学示范中心建设单位的验收进行了深入探讨，广东商学院副校长于海峰教授作了题为《以验收促建设，凝练特色，推广应用》的报告。 |
| 2012 年 11 月 | 云南师范大学 | 第十三届全国高校经济管理类专业实验室建设暨经济管理实验教学示范中心建设研讨会议 | 自学科组参与及主办大会以来，第一次由非国家级示范中心单位承办大会（注：云南师范大学于 2014 年成功获批国家级经济与管理虚拟仿真实验教学中心）。我们的目的就是要在更广的范围发挥示范中心的示范与辐射作用，我们有义务帮助与扶持那些教育资源相对不够丰富的地方高校一同发展，实现经管类实验教学的共同繁荣。 |
| 2012 年 | | "十一五"国家级实验教学示范中心（建设单位）验收工作 | 按照教育部的要求，学科组积极组织各成员单位准备和修改建设材料，秘书处在统计整理后，形成多种材料上报教育部。工作很烦琐，但成绩很理想，27 家建设单位（不包括上海理工大学与广东商学院，这 2 所学校于 2006 年即获批国家级实验教学示范中心）全部顺利通过验收。 |

续表

| 时间 | 地点 | 活动名称 | 标志性活动成果 |
|------|------|----------|----------------|
| 2013 年 6 月 | 武汉大学/ 江汉大学 | 全国高等学校创业创新实验教学研讨会 | 学科组首次举办创业创新方面的专题研讨会，旨在促进经管实验教学与创业教育的有效衔接，进一步发挥"国家级实验教学示范中心"的示范与辐射作用，推动高校创业创新教育的深入与完善。 |
| 2013 年 7 月 | 深圳大学 | 2013 全国大学生管理决策模拟大赛总决赛暨 2013 年全国经济管理实验教学研讨会 | 参赛学生规模创新高，学科组主办的管理模拟赛事在国内高校影响力增强。 |
| 2013 年 8 月 | 广东中山 | 经管学科组主任联席会议 | 这是在无特殊商业约束条件的情况下，由企业资助举办的一次主任联席会议。为学科组会议的组织提供了一条新的方式，也为高校实验室建设与社会企业的协同提供了一种新的合作思路。 |
| 2013 年 10 月 | 四川师范大学 | 第十四届全国高校经管类专业实验室建设暨国家级经济管理实验教学示范中心建设研讨会 | 本次会议重点围绕"十二五"期间经管类专业实验室建设如何可持续发展以及虚拟仿真实验教学中心如何建设、如何进行资源共享等进行了深入的探讨。 |
| 2014 年 5 月 | 重庆工商大学 | 全国大学生创业综合模拟大赛总决赛暨全国高校创业创新实践教学研讨会 | 响应国家"创新创业教育"的思路，希望能通过以赛促学的方式，交流创业课程教学与创业实践教育经验，有效促进高校大学生创业品质的培养和创业能力的提升，学科组与杭州贝腾科技有限公司结成战略合作伙伴关系，由学科组主导、贝腾提供资金和技术支持，创办每年一次的"全国大学生创业综合模拟大赛总决赛"，促使创业教育能扎实落地。 |
| 2014 年 12 月 | 厦门大学 | 第十五届全国高校经管类专业实验室建设会议暨经济管理实验教学示范中心建设研讨会议 | 在联席会的要求下，进一步完善了学科组的组织机构：补选广东商学院任晓阳任学科组副组长、厦门大学周红刚任学科组秘书长。<br>国家级实验教学示范中心经管学科组正式启动"学而业实验教学奖教项目"及"学而业人才质量援助工程"。经过1 年多的沟通与准备，学科组同中山学而业科技有限公司达成协议，借助企业会议商讨通过设立"经管类实验教学奖教项目"及"学而业人才质量援助工程"，每年评选出 10 名经管实验教学一线的教师进行表彰和奖励（5000 元/人），每年（共 2 年）选出 5 所高校可免费获得 |
| | | 经济与管理学科组主任联席会议 | "学而业跨专业仿真实习云平台"及"基础仿真包"，受赠高校必须受赠软件切实投入教学使用，要提供使用情况报告等。 |

续表

| 时间 | 地点 | 活动名称 | 标志性活动成果 |
|---|---|---|---|
| 2015 年 5 月 | 贵州商学院 | 2015 全国经济管理类虚拟仿真实验教学研讨会 | 根据教育部评选国家级虚拟仿真实验教学中心的精神，学科组积极组织，推动经管类虚拟仿真实验教学建设。 |
| 2015 年 6 月 | 重庆工商大学 | 2015 高校经管类虚拟仿真实验教学高峰论坛 | |
| 2015 年 9 月 | 福州海峡国际会展中心 | 国家级实验教学示范中心 10 年建设成果展 | 按联席会的要求举办"国家级实验教学示范中心 10 年建设成果展"，学科组秘书处通过多种方式与各成员单位联系，征集素材。最终有 22 个中心提供了材料，学科组完成了视频制作、展板设计与制作、现场展示与讲解等一系列工作。 |
| 2015 年 10 月 | 天津商业大学 | 第十六届全国高校经管类专业实验室建设暨经济管理实验教学示范中心建设研讨会议 | 由学科组发起的首次"全国高校经管类实验教学优秀教师"评选正式颁奖，在企业及高校一线实验教师中引起巨大反响，会议期间，学科组又和中经网数据有限公司、深圳智盛科技有限公司签了合作协议，进一步扩大经管类实验教学奖教的受益面和影响面。 |
| 2015 年 11 月 | 广西大学 | 第二届"学创杯"全国大学生创业综合模拟大赛总决赛暨全国高校创业创新教育论坛 | 本次会议围绕高校创新创业教育主题开设了高校创新创业教育分论坛、创业工作坊等，同时举办了"互联网＋"创业项目路演及全国高校创新创业教育成果展，取得了良好的效果。 |
| | | 经济与管理学科组主任联席会议 | |
| 2016 年 4 月 | 河北经贸大学 | 第三届学创杯筹备会议 | 会议对"学创杯"全国大学生创业综合模拟大赛、创新创业教育师资培训等相关工作进行了深入细致的讨论。 |
| 2016 年 4 月 | 上海商学院 | 经管类学科高等学校国家级实验教学示范中心建设暨双创建设主题讲堂 | 国家级实验教学示范中心联席会主办经管类学科高等学校国家级实验教学示范中心建设暨双创建设主题讲堂，邀请各位专家从以下几个方面对参会教师进行培训：1. 新形势下经管实验教学示范中心建设思考；2. 经管虚拟仿真实验教学中心建设特征与模式分析；3. 大学生双创能力培养的探索；4. "互联网＋"与跨学科综合实验教学平台建设和实践；5. 翻转课堂教学模式在综合实验课程教学中的应用；6. "协同育人"创新实验教学平台模式探索与实践；7. 国家级实验教学示范中心、虚拟仿真实验教学中心申报过程详解等。会后给参加完培训的教师发放了结业证书。 |

续表

| 时间 | 地点 | 活动名称 | 标志性活动成果 |
|---|---|---|---|
| 2016 年 4 月 | 重庆工商大学 | 2016 高校经管类虚拟仿真实验教学暨创新创业高峰论坛 | 为推动经济管理虚拟仿真实验资源建设和共享，促进实验教学改革发展，本次论坛邀请郝永胜教授、秦艳梅教授、戚桂杰教授、薛永基博士和新道科技宋国荣院长就"国家级虚拟仿真实验教学中心评价体系及信息化建设动向"、"国家级虚拟仿真实验教学中心建设经验分享"、"经管类虚拟仿真实验教学课程建设、资源建设与开放共享"、"大学生创业虚拟仿真实验教学探索与实践"等内容进行了深入探讨。 |
| 2016 年 8 月 | 哈尔滨商业大学 | 国家级实验教学示范中心联席会经济与管理学科组主任联席会议 | 1. 总结学科组 2016 年上半年工作并安排下半年工作。<br>2. 学科组组织机构换届工作：选举山东大学戚桂杰教授为学科组组长，广东财经大学任晓阳教授、哈尔滨商业大学张莉教授为学科组副组长。<br>3. 国家级实验教学中心和虚拟仿真实验教学中心成果总结出版进展安排。<br>4. 经管类实验教学案例库建设工作。<br>5. 经管类虚拟仿真实验教学课程建设、资源建设与开放共享。<br>6. 经管类虚拟仿真实验教学平台与管理服务平台建设。 |
| 2016 年 9 月 | 河北经贸大学 | "学创杯"2016 全国大学生创业综合模拟大赛总决赛暨创新创业教育师资培训 | 总决赛阶段围绕大学生绿色创业教育的主题，同期举办了 5 项活动，分别是"学创杯"2016 全国大学生创业综合模拟大赛总决赛、2016 年全国高校创新创业教育论坛、2016 全国高校创新创业教育师资培训、全国高校优秀大学生创新创业项目路演、《创业基础》互动体验式课程教学示范。本次大赛校内赛共有近 20000 支参赛队伍，涵盖全国数百所不同类型的本科与高职院校。经校内赛、省赛选拔最终全国 100 余所高校的 102 支代表队、300 多名学生和 100 余名教师参加了在河北经贸大学举办的总决赛。 |
| 2016 年 10 月 | 北京工商大学 | 首届全国高校经管类实验教学案例大赛研讨会 | 对经管类实验教学案例的设计原则进行探讨，分享经管类实验教学优秀案例，任晓阳教授作了题为"关于经管类实验教学案例大赛有关问题的说明与探讨"的报告，为 12 月份召开的首届全国高校经管类实验教学案例大赛预热并奠定了坚实的基础。 |
| 2016 年 11 月 | 北京联合大学 | 旅游管理学科国家级实验教学示范中心建设暨旅游实验室建设主题讲堂 | 高等学校国家级实验教学示范中心联席会主办的旅游学科专题讲堂，讲习内容包括：国家级实验教学示范中心 – 旅游实验室建设工作及成果；全国高校旅游类专业教学改革与创新的思路；探讨旅游实践教学工作未来的发展方向；在推进高校旅游实践教学"双创"人才培养方面的思考和实践；高校旅游实践教学改革、队伍建设等方面的措施和经验等。 |

续表

| 时间 | 地点 | 活动名称 | 标志性活动成果 |
|---|---|---|---|
| 2016 年 11 月 | 广东金融学院 | 第十七届全国高校经管类专业实验室建设暨经济管理实验教学示范中心建设研讨会议 | 本届会议以"经管类特色实验教学平台建设与实践"为主题，围绕创新创业教育的经管类虚拟仿真实验教学体系建设以及大数据云计算技术背景下的实验教学资源整合与共享等问题进□行深入研讨。 |
| 2016 年 12 月 | 武汉大学 | 首届全国高校经管类实验教学案例大赛 | 作为首届全国高校经管类实验教学案例大赛，进入决赛的 32 支参赛队伍分经济与管理两个组进行比赛，推动了实验教学案例在高校中的开发与应用，促进了高等学校经管类实验教学案例库的建设工作。 |
| 2016 年 12 月 | 重庆大学 | 高校经管微实验教学改革研讨会 | 作为实验教学改革的尝试，本次研讨会深入研究了高校经管微实验教学的相关问题，进一步推进了高等学校微实验教学改革。 |
| 2017 年 1 月 | 哈尔滨 | 联席会 2017 年第一次组长会议 | 张新祥教授做了"2017 年第一次工作组会议报告"；各学科组组长汇报了各学科实验教学示范中心建设的成果。会议初步讨论了"国家级虚拟仿真资源共享平台建设方案"；讨论了"国家级实验教学示范中心管理办法"。 |
| 2017 年 4 月 | 烟台大学 | 第八届（2017）全国高等院校企业竞争模拟大赛全国赛及 2017 年全国决策模拟实验教学大赛 | 在国家级实验教学示范中心联席会的指导下，学科组和中国管理现代化研究会决策模拟专业委员会联合主办本次大赛，丰富了学科组大赛内容，促进了更多院校学生之间的交流，提升了大学生的管理实践能力。 |